“十二五”国家重点图书出版规划项目
当代经济与管理跨学科新著丛书

税法教程

（第二版）

主　编　李维刚
副主编　胡爱荣　王环宇
　　　　周常盛　祝丽杰
主　审　张忠慧

哈爾濱工業大學出版社

内 容 简 介

本书以国家最新颁布实施的税收法规(包括公告和通知)为依据,按照税法基础、税收实体法和税收程序法的顺序进行编写。本书共分为五篇十三章内容,第一篇税法基础,包括第一章税收概论和第二章税法概论;第二篇商品和劳务税法律制度,包括第三章增值税法、第四章消费税法和第五章关税法;第三篇所得税法律制度,包括第六章企业所得税法和第七章个人所得税法;第四篇其他税法律制度,包括第八章资源税类法律制度,第九章财产、行为税法,第十章特定目的税法;第五篇税收程序法律制度,包括第十一章税务管理制度、第十二章税收处罚制度和第十三章税收救济制度。每章有学习目标,章后有本章小结、中英文关键词对照、复习思考题,个别章节有相关链接和案例分析,便于读者学习和掌握。

本书主要用于高等院校经济管理专业税法课程的教材,也可作为纳税人、财税机关的工作人员以及广大税法爱好者学习税法的参考书。

图书在版编目(CIP)数据

税法教程/李维刚主编. —2 版. —哈尔滨:哈尔滨工业大学出版社, 2017.12
(当代经济与管理跨学科新著丛书)
ISBN 978-7-5603-7098-9

Ⅰ. ①税… Ⅱ. ①李… Ⅲ. ①税法-中国-高等学校-教材
Ⅳ. ①D922.22

中国版本图书馆 CIP 数据核字(2017)第 294524 号

责任编辑 杨秀华
封面设计 刘长友
出版发行 哈尔滨工业大学出版社
社　　址 哈尔滨市南岗区复华四道街 10 号 邮编 150006
传　　真 0451-86414749
网　　址 http://hitpress.hit.edu.cn
印　　刷 哈尔滨市工大节能印刷厂
开　　本 787mm×1092mm 1/16 印张 17.5 字数 437 千字
版　　次 2017 年 12 月第 2 版 2017 年 12 月第 1 次印刷
书　　号 ISBN 978-7-5603-7098-9
定　　价 41.00 元

前　言

税收是一个国家的经济基础和经济命脉。霍尔姆斯曾经说过:"税收是我们为文明社会付出的代价。"它对于国家经济生活和社会文明的重要作用不言而喻。税法是税收的法律依据和法律保障,税收是税法存在的前提和基础。税法在我国经济法律体系中,具有十分重要的地位。完善税法体系,加强税收立法、税收执法和监督,对产业结构调节、经济结构转型、供给侧改革都具有深远的意义。

从1950年1月由政务院公布的《全国税政实施要则》至今,伴随着经济社会的进步,我国税收法律也得到了不断的丰富和发展。尤其是1994年元月全国工商税制改革实施以来的20余年,我国税法体制得到了进一步的健全与完善,如2006年的消费税的重大调整,2008年内外资企业所得税的并轨,2009年的增值税的转型, 2011年个人所得税费用减除的标准及税率的调整,2014年消费税的调整。2016年5月1日起,中国全面推行营改增试点,将建筑业、房地产业、金融业、生活服务业全部纳入营改增试点,至此,营业税退出历史舞台。同时车船税、城镇土地使用税、资源税等税法的改革,使现有税法体系更加科学、更加规范,在保证国家财政收入的同时真正起到调节消费、促进经济结构转型的作用。这些变化是本书再版的核心原因。

当然我们的初衷不变:第一,更好地服务地方高校的实际教学不变。税法具有显著时效性特点,若税法教材的更新跟不上税制改革的步伐,则在实践教学中,既不利于教师授课,也不利于学生学习。第二,为广大税法学习者服务的宗旨不变,为广大税法教育工作者服务,始终是我们追求的目标。

本书以培养学生能力为主线,遵循"有利教学、内容更新、注重技能、突出应用"的原则,体现税法的基本理论、基本知识、基本技能的"三基"理念,力求体现时效性、科学性、实用性等特点,做到重点突出,内容丰富。本书以国家最新颁布实施的税收法律法规为依据,按现行税法体系编写,分为税收实体法和税收程序法,其中税收实体法包括18个实体法和1个教育费附加;税收程序法包括税收征收管理法、税收处罚制度和税务救济法等内容。

本书分为五篇十三章,由佳木斯大学经济管理学院李维刚教授担任主编,负责大纲的设计和整个编写的组织工作,并最后统稿,黑龙江科技大学经济管理学院胡爱荣教授等任副主编。具体编写分工为:李维刚编写第一章、第三章和第四章;胡爱荣编写第六章和第七章;黑龙江省教育财务管理服务中心王环宇编写第二章、第五章、第八章和第十一章;佳木斯市人大财经委研究员级高级会计师周常盛编写第九章和第十章;广东工贸职业技术学院祝丽杰编写第十二章和十三章。本书由佳木斯大学经济管理学院财政金融教研室张忠慧主任主审。

本书在编写过程中,参考了很多国内外税法专家、一线税法教师的最新研究成果,吸收了我国最新的注册会计师和注册税务师考试等税法教材的精华。在此,我代表本书编者对前著者的辛勤努力和严谨的治学态度表示真挚的感谢。非常感谢哈尔滨工业大学出版社编辑老师们,尤其是杨秀华老师,一直在关注一直在支持,是你们的敬业精神和与时俱进的工作态度,一直在鞭策我们砥砺前行。

编者

2017 年 11 月

目　录

第一篇　税法基础

第二篇　商品和劳务税法律制度

第三篇 所得税法律制度

第四篇 其他税法律制度

第五篇　税收程序法律制度

第一篇 税法基础

第一章 税收概论

【学习目标】

税收是一个古老的经济概念,从公元前21世纪夏朝产生的税收萌芽开始,已经有几千年的历史了;税收又是一个不断发展与完善的经济概念,随着经济的发展和国家职能的扩大,税收的内容不断丰富。在现代经济生活中,税收的作用也日益增强。

通过本章学习,了解税收的起源与发展,掌握税收产生的两个基本条件,掌握税收的基本内涵及特征,正确理解税收的原则与作用。

第一节 税收的起源与发展

一、税收的起源

税收既属于财政范畴,又属于历史范畴。公元前21世纪夏朝产生税收萌芽,到西周后期,由于商品经济的发展,在官营工商业之外,出现了以家庭副业为主的私营手工业和商业,集市贸易日益增多,因此出现了我国历史上最早的市场税收。

税收并不是人类社会所固有的社会现象,而是社会发展到一定阶段的产物,与其他社会现象一样,都有其产生和发展的过程。

(一)税收的产生过程

税收的产生是一个漫长的过程。在原始社会,由于生产工具落后、生产力水平低下,没有剩余产品,因此不可能产生税收。随着劳动工具的改进、生产力的发展和剩余产品的出现,逐渐出现了私有制。人类社会也逐渐分裂成为两大敌对的阶级,进而产生了国家。所以,列宁说:“在阶级矛盾客观上达到不可调和的地方、时候和程度,便产生了国家。”国家为了维持自身的存在和发展,就需要消耗大量的物质资料和货币资金。它只能凭借自己的政治力量,从社会产品和国民收入的分配中占有一定的份额。这样,便产生了税收。

我国最早的税收形式是农业税赋,史学家一般认为出现在夏朝时期,当时称为“贡”,是王室对其所属部落以及本国平民征收的农产品;到了商朝称为“助”,是王室对其农户的一种力役之征,类似“井字田”;周代时称为“彻”,平民耕种的土地要求以产量的一定比例缴纳给王室,即“民耕百亩者,彻取十亩以为赋”,较之“贡”和“助”有了较大进步。周代开始对经过关卡或交易的物品,以及伐木、采矿、捕鱼、狩猎、制盐等征收“关市之赋”或“山泽之赋”,是我国工商税赋的雏形。

但我国税收成熟的标志是公元前594年的春秋鲁国实行的“初税亩”制度,当时鲁国为了增加财政收入和抑制私田开垦,不论是公田还是私田一律按亩征税,即“履亩十取一也”,

以土地面积为计税依据,是我国税收历史上的一次重要改革,也是我国税收制度规范的形成,在人类税收史上具有重要的意义。

(二)税收产生的条件

税收的产生应具备两个相互联系、缺一不可的条件。

1. 剩余产品的普遍化及私有制的产生

税收无论采取何种形式,都表现为一定的社会产品和国民收入。税收分配的客体,只能是社会剩余产品。没有剩余产品的普遍产生,就没有税收产生的源泉。只有在社会剩余产品普遍化的时候,国家才能以法律的形式规范分配关系,向社会公开征税;也只有随着社会剩余产品普遍增多,税收的种类和数量才能增加。但如果剩余产品都是国家的,也不存在税收问题。因此,从根本上讲,剩余产品的普遍化及私有制的产生是税收产生的经济基础。

2. 国家公共权力的建立

国家之所以要征税,是因为国家成为行使社会管理职能的专门机构,国家要行使自己的职能,就需要消耗一定的物质资料,也只能依靠自己的政治权力来取得,从社会产品的分配和再分配的过程中占有一定的份额。

正如恩格斯在《家庭、私有制和国家的起源》一书中指出的:"为了维护这种公共权利,就需要居民缴纳费用——捐税。捐税是以前的氏族社会完全没有的,但是现在我们十分熟悉它了。"恩格斯认为赋税是官僚、军队、教师和宫廷的生活源泉,是行政权力整个机构的生活源泉。

马克思关于税收的理解为:"赋税是政府机器的经济基础,而不是其他任何东西。"所以说国家职能的专门化及国家公共权力的建立是税收产生的政治条件。

国家要公开、公平、合理地处理好税收分配关系,就需要设立专门的机构,配备专门的人员,搞好税收立法、执法和司法,保证税款的顺利征收。

二、税收的发展

税收是国家得以履行其职能的物质基础。国家通过税收方式取得财政收入,是为了实现国家职能的需要。同其他事物一样,税收也是一个发展的概念。税收并不是一蹴而就、一夜之间就产生的,而是经历了一个漫长的历史发展过程,即经历了一个从萌芽到逐步完善的过程。即使在税收成为一个相对独立、比较规范的分配形式以后,其内容仍在不断地发展和完善。从税收发展史来看,国家职能的存在和拓展是税收产生、发展的根本因素;而经济发展本身在客观上为税收的产生和发展提供了可能。

(一)国家职能的存在和拓展是税收产生、发展的根本因素

首先,国家无论是为履行其政治职能、社会职能,还是为履行其经济职能,都需要筹集相应的物质财力。

其次,随着经济的发展和社会的进步,国家的职能正日益扩大,政府已从一个单纯的统治者发展成为一个社会的管理者和经济的积极干预者。国家职能的扩大:一方面,意味着政府需要更多的财政收入,从而大大促进了税收规模的扩大和税收征收内容的完善,表现在税收收入占财政收入和国内生产总值的比重都呈现上升趋势;另一方面,国家职能的扩大,特别是政府社会管理职能和经济调控职能的拓展,又促进了税收职能的扩大,即税收不仅为政府组织财政收入,而且已成为政府的重要调节手段。

(二)经济发展本身在客观上为税收的产生和发展提供了可能

首先,生产力的提高和剩余产品的出现,不仅是社会分工的进一步细化和国家产生的前提,而且也为税收分配提供了现实可能。

其次,经济发展和新经济形式的出现,促进了税种和税制的创新,如财产的积累为财产税的开征创造了条件;收入的提高是所得税开征的物质基础;工商业的发展促进了流转税的发展;国际贸易的出现促使关税的产生;知识经济的迅速发展极大地促进了税收的发展。

从秦始皇统一税制以来的两千多年,我国的税收经历了一个不断发展不断完善的过程,特别是中华人民共和国成立至今,几经风雨历程,现在已形成了较为完备和较为科学的税收法律制度。

资本主义的税收最早产生于古希腊和古罗马时代,经历了奴隶社会、封建社会和资本主义社会,也是一个不断发展和不断完善的过程。

税收的产生经历了多长时间,是一个难以准确考证的问题。但从世界范围来看,税收发展演变的过程是非常相似的:从农业实物税逐渐发展到货币税,从单一的土地税发展到对货物、劳务、财产等多种对象的征税,从流转税到对所得的征税。现在,世界各国都根据自己的政治经济状况,设置不同的税种,形成了商品和劳务税、所得税、资源税、财产和行为税、特定目的税等税收实体税类,各种税相互联系,相互配合,加之《税收征管法》《海关法》和《进出口关税条例》等程序税法,形成了完整的税制体系。

第二节　税收的内涵与特征

一、税收的内涵

税收,历史上称为"赋税""捐税""租税",简称为"税",是国家凭借政治权力,按照预定标准,无偿地征收实物或货币而形成的特定的分配关系。从税收这一基本概念中可以看到:税是国家为了行使其职能的需要而取得财政收入的一种方式,征税的主体是国家,税收的客体是人民创造的社会产品和国民收入,国家征税的基础是政治权力。国家征税凭借的是国家政治行政的权力,满足国家行使职能的需要,运用税后固定的形式特征,于社会生产尤其是再生产过程中的有关层面或环节上进行征收或缴纳的分配范畴,体现着一种特定的分配关系。

税收的概念可以从以下几方面来理解。

(一)征税的目的

税收是为了满足国家实现职能的资金需要。一个国家要维持政权,就必须建立相应的国家机器,同时还要兴办各种必不可少的社会事业。这些都需要庞大的财政收入作为后盾。税收作为取得财政收入的方式之一,已被现代国家普遍采用,并成为满足国家行使其职能需要的重要方式。

(二)税收的依据

税收的依据是国家政治权力。就其实质,国家权力归根结底不外乎有两种,即财产权利和政治权力。国家要把生产单位的一部分产品价值归于自己所有,除了凭借它所特有的政治权力和财产权利外,别无他途。国家凭借对生产资料的占有,即财产权利,对一部分社会产品价值的分配是社会再生产中的一般分配;而参与社会产品分配和再分配的税收正是国家凭借政治权力征收的。

（三）征税体现特殊的分配关系

税收就是国家把生产者创造的一部分社会产品强制地变为国家所有的过程。这一过程会引起一部分社会产品和国民收入在不同社会成员之间的转移，导致社会分配关系的变化。这些分配关系主要是国家与企业之间的分配关系、国家和个人之间的分配关系、国家和国家之间的分配关系，以及由于上述分配活动引起的企业与企业之间、企业与个人之间、个人与个人之间的分配关系的变化。所以，税种、税目、税率等要素的设计和调整都必须反映国家、企业和劳动者个人三者的经济利益关系。

（四）税收的分配对象

税收是对一部分社会产品，主要是剩余产品价值进行分配。在一定时期内，全社会劳动者所生产的社会总产品价值中，有一部分是生产过程中消耗掉的生产资料价值 C，经过企业财务初次分配，回到再生产过程中，不是税收的分配对象；社会产品价值中用于补偿劳动消耗的部分 V，是个人消费基金的最主要部分，参与税收分配；而剩余产品价值部分 M，是新价值中的主要构成部分，它的分配和使用直接影响着整个国家的发展速度和方向，是国家税收分配的主要对象。

二、税收的特征

税收的一般特征也就是税收固有的形式特征。税收的固定形式特征是它区别于其他财政收入的基本标志，是区别于其他财政分配关系的显著特征。根据税收的定义，我们可以总结出税收具有三个特征，即强制性、无偿性和固定性。

（一）税收的强制性

强制性是指税收是以国家政治权力为依托，国家用法律形式规定纳税人必须依照税法的规定，按时足额地纳税。税收的这种强制性，同国有企业上缴利润的非强制性和自愿平等的其他分配方式有明显的区别。

（二）税收的无偿性

无偿性是税收这种特殊分配手段本质的体现。无偿性是指国家征税以后，纳税人缴纳的货币或实物就转变为国家所有，纳税人得不到任何报酬，不存在等价交换，也不再返还。税收的这种无偿性，同必须按期归还的债务收入和其他等价有偿的分配方式也有根本的区别。

（三）税收的固定性

固定性一般是指在征税之前，国家采取法律的形式，把每种税的征收对象、纳税人以及征收数额和比例都规定下来，由税务机关和纳税人共同遵守。这种固定性也是税收固有的一个特征。

税收的三个特征是相互联系、缺一不可的，这是税收区别于其他分配形式的主要标志。掌握税收的特征，对于坚持税收制度、加强税收立法、扩大税收来源、增加财政收入、促进经济发展、改善人民生活等都有重要意义。

第三节 税收的原则与作用

一、税收的原则

(一)税收法定主义原则

税收法定主义原则是指税收的征纳活动必须依照法律的规定进行,包括征税主体依法征税和纳税。税收法定主义原则的实质是有关征税权行使方式的原则。按照这个原则的要求,依法行使的征税权只能是依据国家立法机关指定的税法征税,而不能依据行政法规和行政规章进行征税。各个国家和各位学者对税收法定主义的理解不尽相同,但是应该包括以下几点:

(1)税种的设置或开征必须由法律规定,每开征一种税都必须制定税法,并予以公布。

(2)国家严格依照税法规定征税。每一种税的税法都规定该种税的征税对象、纳税人、税目、税率等要素,征税机关只能严格执行,不能随心所欲、自由量裁。

(二)税收公平主义原则

税收公平主义原则是设计和实施税收制度的最重要的原则之一,所谓税收公平是指使纳税人所承担的税负与其实际经济状况相适应,同时使各个纳税人之间感觉公平,即"不患多寡而患不公"。具体表现在两个方面:一是税收与经济负担能力成正比例关系,包括横向公平和纵向公平。二是从宏观经济条件方面来看,对于客观经济条件优越而取得的超额收入或级差收入,应该多负担税收;相反,客观条件差的负担较少的税收,以利于公平竞争。

(三)宏观经济调控原则

税收是调节经济的一个重要杠杆,所以国家在建立税收制度时,要体现国家宏观经济政策的导向。为了改革开放吸引外资,为了开发我国西部,为了东北老工业基地的振兴,制定有利于外商投资企业、西部开发的企业以及东北地区增值税转型的税收优惠制度;为了缩小城乡差距和贫富差距,制定提高税收扣除标准的个人所得税制度;为了从资源粗放型向资源节约型经济增长方式转变,为了治理污染、保护生态环境,国家应制定相应的税收制度,如消费税的减征和相应税收制度的调整等。可以说税收制度的制定和调整是国家宏观经济政策导向的晴雨表。

除上述原则外,税收原则还包括效率原则、稳定性原则和税收征收简化手续等。

二、税收的作用

税收的作用,是税收职能在一定经济条件下,具体表现出来的效果。税收的作用具体表现为能够体现公平税负,促进平等竞争;调节经济总量,保持经济稳定;体现产业政策,促进结构调整;合理调节分配,促进共同富裕;维护国家权益,促进对外开放等。

一方面,不同的国家或同一国家的不同历史时期,由于社会政治经济条件的不同,国家赋予税收的任务不同,税收的作用也就不同。另一方面,预期的税收作用依赖于正确的税收政策,优化的税制体系,以及系统完备、严格执行的税收法制等具体措施的实施。

(一)组织财政收入的作用

在社会主义市场经济条件下,税收成为中国财政收入的主要形式,税收收入逐年大幅度上升。税收组织财政收入的作用,体现在以下两个方面:

(1)税收来源的广泛性,税收不仅可以对流转额征税,还可以对各种收益、资源、财产、行为征税;不仅可以对国有企业、集体企业征税,还可以对外资企业、私营企业、个体工商户征税等。税收保证财政收入来源的广泛性,是其他任何一种财政收入形式不能比拟的。

(2)税收收入的及时性、稳定性和可靠性。由于税收具有强制性、无偿性、固定性的特征,因此税收就把财政收入建立在及时、稳定、可靠的基础之上,成为国家满足公共需要的主要财力保障。

随着经济体制改革不断深入,对外开放不断扩大,国家的宏观调控体系逐步建立起来,税收的作用得到不断加强,税收收入连年上升,占国家财政收入的90%以上。

(二)税收具有调节经济的杠杆作用

税收作为重要的经济杠杆,其调节作用是多方面的。一是调节中央与地方、国家与企业和个人之间的分配关系。国家利用分税制财政体制,确定中央与地方的分配关系。在国家与企业和个人之间,国家按照规定的税种、税率计算征税,税后利润留给企业和个人。二是调节社会总供给量与总需求量,处理积累与消费的关系。在计划经济条件下,国家通过国民经济计划进行调节。在市场经济条件下,则主要是运用价格、利润、税收等经济杠杆进行调节。适度的税收总量以及税收优惠和限制性措施,可以对社会的总需求和总供给进行调节。三是对所有制结构的调节。中华人民共和国成立初期,为了配合社会主义改造,通过"公司区别对待,繁简不同"的税收政策,利用并限制了民族资本主义工商业,使社会主义经济不断发展壮大。现在我国进入了社会主义现代化建设时期,实行市场经济体制,给予同等的税收优惠,使各种不同经济成分、不同经营规模的企业,都能在平等的条件下展开公平的竞争。四是对配置资源的调节。在社会主义市场经济条件下,市场对资源配置起主导作用,但市场配置资源,也有它的局限性,可能出现市场失灵(如无法提供公共产品、外部效应、自然垄断等)。这时,就有必要通过税收保证公共产品的提供,以税收纠正外部效应,以税收配合价格调节具有自然垄断性质的企业和行业的生产,使资源配置更加有效。五是对产业及产品结构的调节。税收是实现国家政策的工具。国家可以通过税种设置、税目税率设计、税收优惠等措施,体现国家的产业政策,促使产业结构更加合理,使产品结构与市场需求相适应。

(三)调节收入分配的作用

在市场经济条件下,由市场决定的分配机制,不可避免地会拉大收入分配上的差距,客观上要求通过税收调节,缩小这种收入差距。

(1)公平收入分配。通过开征个人所得税、遗产税等,可以适当调节个人间的收入水平,缓解社会分配不公的矛盾,促进经济发展和社会稳定。

(2)鼓励平等竞争。在市场机制失灵的情况下,由于价格、资源等外部因素引起的不平等竞争,需要通过税收进行合理调节,以创造平等竞争的经济环境,促进经济的稳定和发展。

(四)税收具有监督经济活动的作用

税收涉及社会生产、流通、分配、消费各个领域,能够综合反映国家经济运行的质量和效率。既可以通过税收收入的增减及税源的变化,及时掌握宏观经济的发展变化趋势,也可以在税收征管活动中了解微观经济状况,发现并纠正纳税人在生产经营及财务管理中存在的问题,从而促进国民经济持续健康发展。

(五)保护国家权益的作用

(1)根据独立自主、平等互利的原则,与各国进行税收谈判,签订避免双重征税的协定,以发展中国的对外贸易和国际经济技术交往。

(2)根据国家经济建设发展的需要,对进口商品征收进口关税,保护国内市场和幼稚产业,维护国家的经济独立和经济利益。

(3)根据中国的实际情况,对某些出口产品征收出口关税,以限制国内紧缺资源的外流,保证国内生产、生活的需要。

(4)为扩大出口,实行出口退税制度,鼓励国内产品走向国际市场,增强出口产品在国际市场上的竞争力。

(5)根据发展生产和技术进步的需要,实行税收优惠政策,鼓励引进国外资金、技术和设备,加速中国经济的发展。

(6)对外国人和外国企业来源于中国的收入和所得征收所得税,维护国家主权和利益。

【本章小结】

税收作为国家财政收入的主要来源,具有强制性、无偿性和固定性三个特征。它既是一个经济概念也是一个历史概念,既是剩余产品分配过程也是国家行使其职能的需要。国家公共权力的建立和私有制的产生是税收产生的必不可少的两个条件,税收随着国家的产生而产生,也会随着国家的消亡而消亡。所以正确理解税收的概念和特征,以及如何看待新时期税收的作用是本章的重点,也是学好税法的前提和基础。

【中英文关键词对照】

税收	Revenue
税收的起源	The Origins of the Revenue
税收的发展	The Development of the Revenue
剩余产品	Surplus Product
强制性	Compulsoriness
无偿性	Gratis
固定性	Stableness

【复习思考题】

1. 简述税收的起源和发展。
2. 如何正确理解税收产生的两个条件?
3. 如何正确理解税收的含义和特征?
4. 我国社会主义建设时期税收的作用是什么?

第二章　税法概论

【学习目标】

通过本章学习，要求掌握税法的概念和分类等基本知识，了解我国税制的历史沿革和我国现行的税法体系，重点掌握税法的构成要素，正确理解超额累进税率的应用，注意其与全额累进税率的区别。通过本章学习，形成税法知识的基本框架，为以后各章内容的学习打下基础。

第一节　税法的概念、分类与构成要素

一、税法的概念

(一)税法的概念

税法是国家制定的用以调整国家与纳税人之间在征纳方面的权利与义务关系的法律规范的总称。它是国家及纳税人依法征税、依法纳税的行为准则，其目的是保障国家利益和纳税人的合法权益，维护正常的税收秩序，保证国家的财政收入。

(二)税收法律关系

1. 税收法律关系的构成

国家与纳税人之间实际体现的是利益分配关系，利益分配关系上升到法律，就变成了税收法律关系。税收法律关系在总体上与其他法律关系一样，都是由权利主体、客体和法律关系内容三方面构成的，但在这三方面的内涵上，税收法律关系则有其特殊性。

(1)税收法律关系主体。

税收法律关系主体是税收法律关系中享有权利和承担义务的当事人。在我国税收法律关系中，权利主体一方是代表国家行使征税职责的国家税务机关，包括国家各级税务机关、海关和财政机关；另一方是义务主体，指履行纳税义务的人，包括法人、自然人和其他组织，在华的外国企业、组织、外籍人、无国籍人，以及在华虽没有机构、场所但有来源于中国境内所得的外国企业或组织。这种对税收法律关系权利主体另一方的确定，在我国采取的是属地兼属人的原则。

在税收法律关系中权利主体双方法律地位平等，只是因为主体双方是行政管理者与被管理者的关系，双方的权利与义务不对等，因此，与一般民事法律关系中主体双方权利与义务平等是不一样的。这是税收法律关系的一个重要特征。

(2)税收法律关系客体。

税收法律关系客体是税收法律关系主体的权利、义务所共同指向的对象，也就是征税对象。如财产税税收法律关系客体是财产，流转税税收法律关系客体是货物销售收入或劳务收入。税收法律关系客体也是国家利用税收杠杆调整和控制的目标，国家在一定时期根据经济形势发展的需要，通过扩大或缩小征税范围调整征税对象，以达到限制或鼓励国民经济中某些产业、行业发展的目的。

(3)税收法律关系的内容。

税收法律关系的内容是指权利主体在征纳活动中依法所享有的权利和所应承担的义务,这是税收法律关系中最实质的东西,也是税法的灵魂。它规定权利主体可以有什么作为,不可以有什么作为,若违反了这些规定,须承担什么样的法律责任。

2.税收法律关系的产生、变更与消灭

税法是引起税收法律关系的前提条件,但税法本身并不能产生具体的税收法律关系。税收法律关系的产生、变更与消灭必须有能够引起税收法律关系产生、变更或消灭的客观情况,也就是由税收法律事实来决定。这种税收法律事实,一般指税务机关依法征税的行为和纳税人的经济活动行为,发生这种行为才能产生、变更或消灭税收法律关系。如纳税人开业经营即产生税收法律关系,纳税人转业或停业就造成税收法律关系的变更或消灭。

二、税法的分类

从法学角度来说,税法可以进行如下分类。

(一)按税法的职能作用不同,分为税收实体法和税收程序法

1.税收实体法

税收实体法是规定税收法律关系主体的权利和义务的法律规范的总称,其主要内容包括纳税主体、征税客体、计税依据、税目、税率、减税、免税和违章处理等。税收实体法直接影响到国家与纳税人之间权利义务的分配,是税法的核心部分,没有税收实体法,税法体系就不能成立。我国的《中华人民共和国个人所得税法》就属于税收实体法。

2.税收程序法

税收程序法是税收实体法的对称,是指以国家税收活动中所发生的程序关系为调整对象的税法,是规定国家征税权利行使程序和纳税人纳税义务履行程序的法律规范的总称,其主要内容包括税收确定程序、税收征收程序、税收检查程序和税收争议的解决程序。税收程序法是税法体系的基本组成部分,《中华人民共和国税收征收管理法》即属于税收程序法。

(二)按税法效力不同,分为税收法律、法规和规章

1.税收法律

税收法律是指享有国家立法权的国家最高权力机关,依照法律程序制定的规范性税收文件。我国税收法律是由全国人民代表大会及其常务委员会制定的,其法律地位仅次于宪法,而高于税收法规、规章。我国现行税法体系中,《中华人民共和国个人所得税法》《中华人民共和国外商投资企业和外国企业所得税法》《中华人民共和国税收征收管理法》属于税收法律。

2.税收法规

税收法规是指国家最高行政机关、地方立法机关根据其职权或国家最高权力机关的授权,依据宪法和税收法律,通过一定法律程序制定的规范性税收文件。我国目前税法体系的主要组成部分是税收法规,它由国务院制定的税收行政法规和由地方立法机关制定的地方税收法规两部分组成,具体形式主要是“条例”或“暂行条例”,如2003年11月23日国务院颁布的《中华人民共和国进出口关税条例》。税收法规的效力低于宪法、税收法律,高于税收规章。

3.税收规章

税收规章是指国家税收管理职能部门、地方政府根据其职权和国家最高行政机关的授

权,依据有关法律、法规制定的规范性税收文件。在我国,具体是指财政部、国家税务总局、海关总署,以及地方政府在其权限内制定的有关税收的“办法”“规则”“规定”,如《税务代理试行办法》。税收规章可以增强税法的灵活性和可操作性,是税法体系的必要组成部分,但其法律效力比较低。

(三)按税收管辖权不同,分为国内税法和国际税法

1. 国内税法

国内税法是指一国在其税收管辖权范围内调整税收分配过程中形成的权利义务关系的法律规范的总称,是由国家最高权力机关和经由授权或依法律规定由国家行政机关制定的税收法律、法规和规章等规范性文件。国内税法的效力范围在地域上和对人上均以国家税收管辖权所能达到的管辖范围为准。通常所说的税法即是指国内税法。

2. 国际税法

国际税法是指调整国家与国家之间税收权益分配的法律规范的总称,包括政府之间的双边或多边税收协定、关税互惠公约以及国际税收管理等,其内容涉及税收管辖权的确定、税收抵免、最惠国待遇以及无差别待遇等。国际税法是国际法的特殊组成部分,一旦得到一国政府和立法机关法律承认,其效力就高于国内税法。

三、税法构成要素

税法要素是指各种单行税法具有的共同的基本要素的总称,税法要素既包括实体性的也包括程序性的,是所有完善的单行税法都共同具备的。一个国家开征什么税,在税收法规中都要规定基本要素内容,如向谁征收、根据什么征收、征收多少和怎样征收等。一部完整的税法通常由 11 个要素构成如表 2.1 所示。

表 2.1　税法构成要素

构成要素	内　容	举　例
总则	主要包括立法依据、立法目的、适用原则等	
纳税义务人	即纳税主体,包括一切履行纳税义务的法人、自然人及其他组织	公司、歌星等
征税对象	即纳税客体,主要是指税收法律关系中征纳双方权利义务所指向的物或行为	个人所得税的征税对象是个人的所得
税目	各个税种所规定的具体征税项目,是征税对象的具体化	消费税有 15 个税目
税率	对征税对象的征收比例或征收额度	我国现行的税率主要有比例税率、超额累进税率(个人所得税)、定额税率(车船税、资源税)、超率累进税率(土地增值税)
纳税环节	指税法规定的征税对象在从生产到消费的流转过程应当缴纳税款的环节	流转税在生产流通环节纳税,资源税在生产环节纳税,所得税在分配环节纳税
纳税期限	指纳税人按照税法规定缴纳税款的期限	增值税的纳税期限为 1 天、3 天、5 天、10 天、15 天、1 个月,或按次

续表 2.1

构成要素	内容	举例
纳税地点	纳税人(包括代征、代扣、代缴义务人)的具体纳税地点	增值税的非固定业户销售货物或者提供劳务,应当向销售地主管税务机关申报纳税
减税免税	指对某些纳税人和征税对象采取减少征税或者免予征税的特殊规定	企业所得税中对新办高新技术企业自投产年度起免征两年所得税
罚则	指对纳税人违反税法的行为采取的处罚措施	滞纳金、罚款等
附则	与该税法相关的其他内容	该税法的解释权、生效时间等

下面主要介绍累进税率。

1. 全额累进税率

全额累进税率是把征税对象按绝对数额划分为若干级,对每一级制定不同的税率,纳税人的全部征税对象都按照相应级次的税率计算应纳税款的税率。全额累进税率原理浅显,计税方法简便;缺点是结构设计不合理,尤其是在各级距的临界点上,会出现税款的增长超过计税依据增长的不合理现象,目前税收实践上一般很少采用。以个人所得税中个体经营者生产经营所得税率为例,见表 2.2。

表 2.2 全额累进税率表

级 数	计税依据	税率/%
1	不超过 15 000 元的部分	5
2	超过 15 000 元至 30 000 元的部分	10
3	超过 30 000 元至 60 000 元的部分	20
4	超过 60 000 元至 100 000 元的部分	30
5	超过 100 000 元的部分	35

$$应纳税额 = 计税依据全额 \times 该级距适用税率 \tag{2.1}$$

例 2.1 纳税人甲计税依据 29 999 元,按全额累进税率计算为

$$应纳税额=29\,999\times10\% =2\,999.9 \text{ 元}$$

例 2.2 纳税人乙计税依据 30 001 元,按全额累进税率计算为

$$应纳税额=30\,001\times20\% =6\,000.2 \text{ 元}$$

从上述两例可以明显看出全额累进税率的不合理。

2. 超额累进税率

超额累进税率是把征税对象按绝对数额划分为若干等级,每一等级规定一个税率,税率依次提高,每一级都有与其相适应的税率,先分段计算各级距的应纳税额,然后将计算结果相加后得出应纳税款的税率。超额累进税率见表 2.3。

表 2.3 超额累进税率表

级 数	计税依据	税率/%	速算扣除数
1	不超过 15 000 元的部分	5	0
2	超过 15 000 元至 30 000 元的部分	10	750
3	超过 30 000 元至 60 000 元的部分	20	3 750
4	超过 60 000 元至 100 000 元的部分	30	9 750
5	超过 100 000 元的部分	35	14 750

$$\text{应纳税额} = \sum(\text{各级距计税依据} \times \text{该级距适用税率}) \tag{2.2}$$

例 2.3 纳税人甲计税依据 29 999 元,按超额累进税率计算为

应纳税额=15 000×5% +14 999×10% =2 249.9 元

例 2.4 纳税人乙计税依据 30 001 元,按超额累进税率计算为

应纳税额=15 000×5% +15 000×10% +1×20% =2 250.2 元

超额累进税率结构设计合理,税收负担比较公平,缺点是计税方法复杂。为简化计算应纳税额,税收实践中一般采用速算扣除的方法。采用超额累进税率计算应纳税额时,直接使用速算扣除数,能快速计算出结果。目前,我国个人所得税中工资、薪金所得、个体工商户生产经营所得、承包承租经营所得和劳务报酬所得四个应税项目采用超额累进税率。

$$\text{应纳税额} = \text{计税依据全额} \times \text{该级距适用税率} - \text{该级距速算扣除数} \tag{2.3}$$

例 2.5 纳税人乙计税依据仍为 30 001 元,按超额累进税率,采用速算扣除法计算为

应纳税额=30 001×20% -3 750=2 250.2 元

速算扣除数是指为避免应纳税额按超额累进税率确定的多级计算,而采取全额累进税率的方法快速计算其应纳税额所必须扣除的标准数额。速算扣除数确定下来以后,就像各类数学用表一样成为计算时的已知数。

速算扣除数的确定方法是先分别按照全额累进税率和超额累进税率计算征税项目的各级距应纳税额,然后两者相减,其差额即为各级距的速算扣除数。

例 2.6 当应纳税所得额为 30 001 元时,根据例 2.2、例 2.4 和例 2.5 计算的结果,可知两个应纳税额的差额是(6 000.2-2 250.2)= 3 750 元,即是第二级距的速算扣除数。

3. 全率累进税率

全率累进税率是把征税对象按相对比率数额划分为若干级距,对每一级距制定不同的税率,纳税人的全部征税对象都按照相应级距的税率计算应纳税款的税率。目前,税收实践中一般不采用全率累进税率。

4. 超率累进税率

超率累进税率是把征税对象数额按相对比率数额划分为若干级距,分别规定相应的差别税率,相对率每超过一个级距的,对超过部分就按高一级的税率计算应纳税额的税率。目前,我国税法中采用这种税率的是土地增值税。

第二节 我国税制的历史沿革

一、中华人民共和国税制的建立

1950年1月,我国政府制定了《全国税政实施要则》,规定了我国税收工作的一系列重大原则问题,标志着中华人民共和国税法制度的初步建立。在党的十一届三中全会以前的30年间,我国的税收制度经历了1950年建立全国统一的新税制、1953年修订若干税制和试行商品流通税、1958年改革工商税和统一全国农业税制、1973年进一步变革工商税制及试行工商税等几个阶段。

二、1979年至1991年的税制改革

1979年4月,党中央工作会议提出了对整个国民经济实行"调整、改革、整顿、提高"的方针。国家税收制度从1979年起也进行了一系列的调整改革。本次改革以两步"利改税"为核心,第一步"利改税"是在1983年6月1日实施的,第二步"利改税"是在1984年10月1日实施的;在两步"利改税"基础上,于1985年至1991年六年时间,不断改革和完善,统一了涉外企业所得税,全面改革关税制度,实行了统一的税收征管法。

三、1994年以来的税制改革

1993年10月3日,八届全国人民代表大会常务委员会第四次会议审议通过了《关于修改〈中华人民共和国个人所得税法〉的决定》,并颁布了新的《中华人民共和国个人所得税法》;1993年11月26日,国务院第十二次会议审议通过了《中华人民共和国增值税暂行条例》《中华人民共和国消费税暂行条例》《中华人民共和国营业税暂行条例》《中华人民共和国企业所得税暂行条例》《中华人民共和国土地增值税暂行条例》《中华人民共和国资源税暂行条例》。上述税收法律法规均从1994年1月1日起施行。此次改革包括:

(1)流转税的改革。实行了比较规范的、内外统一的流转税制。

(2)所得税的改革。将过去对国有企业、集体企业和私营企业分别征收的多种所得税合并为统一的企业所得税。

(3)个人所得税的改革。将以前实行的个人所得税合并为统一的个人所得税。

(4)资源税、特定目的税、财产税和行为税的调整。扩大了资源税的征收范围,开征了土地增值税,取消了盐税、奖金税、集市交易税等7个税种,将屠宰税、筵席税的管理权下放给地方。

(5)建立了普遍纳税申报制度、税务代理制度、税务稽查制度、分税制,组建了中央和地方两套税务系统。

从1994年税制改革至今的20余年间,我国税收制度也是一个不断调整和不断完善的过程,主要包括:

(1)增值税的调整。在东北地区试行增值税的改革后,于2009年1月1日在全国范围内全面实施了增值税转型,进一步完善了增值税出口退税制度。

(2)为了突出促进环境保护和节约资源以及突出合理引导消费和间接调节收入分配的重点,2006年4月1日国家税务总局对消费税进行了重大调整,例如,对游艇、高尔夫球及

球具、高档手表等高档消费品征收消费税以及停止对已具有大众消费特征的护肤护发品征收消费税等。

(3)1999 年 8 月 30 日对《中华人民共和国个人所得税法》进行了第二次修正。2000 年 9 月又做出了“对个人独资企业和合伙企业停征企业所得税,只对其投资者的经营所得征收个人所得税”的规定。从 2006 年 1 月 1 日起,对工资薪金所得的费用减除标准由原来的每月 800 元调整为每月 1 600 元;从 2008 年 3 月 1 日起,对工资、薪金所得的费用减除标准由原来的每月 1 600 元调整为每月 2 000 元;2011 年 6 月 30 日第十一届全国人民代表大会常务委员会第二十一次会议通过《关于修改〈中华人民共和国个人所得税法〉的决定》,于 2011 年 9 月 1 日起工资、薪金所得的费用减除标准为每月 3 500 元。

(4)自 2006 年 1 月 1 日起,废止了 1958 年 6 月 3 日通过的《中华人民共和国农业税条例》,2006 年 4 月 28 日国务院出台《中华人民共和国烟叶税暂行条例》,并于公布之日起实施。

(5)对车船使用税和车船使用牌照税进行了改革,2006 年 12 月 27 日国务院第 162 次常务会议通过了《中华人民共和国车船税暂行条例》,自 2007 年 1 月 1 日起施行。

(6)国务院修改《中华人民共和国城镇土地使用税暂行条例》,并于 2006 年 12 月 30 日国务院第 163 次常务会议通过,自 2007 年 1 月 1 日起施行。

(7)《中华人民共和国企业所得税法》于 2007 年 3 月 16 日由第十届全国人民代表大会第五次全体会议通过,并于 2008 年 1 月 1 日起施行,完成了内外资企业所得税法的统一。

(8)2011 年 10 月,财政部、国家税务总局决定对《中华人民共和国增值税暂行条例实施细则》和《中华人民共和国营业税暂行条例实施细则》的部分条款予以修改并公布,自 2011 年 11 月 1 日起施行。

(9)2011 年 11 月 16 日,财政部和国家税务总局发布经国务院同意的《营业税改征增值税试点方案》,这次改革是继 2009 年全面实施增值税转型之后货物劳务税收制度的又一次重大改革,也是一项重要的结构性减税措施。

(10)“营改增”的改革。自 2012 年开始在上海市对交通运输业和部分现代服务业实施“营改增”试点,2013 年 8 月 1 日在全国范围内试点,截至 2015 年 1 月试点范围增加了广播影视服务业、铁路运输、邮政服务业和电信服务业。自 2016 年 5 月 1 日起,中国全面实施“营改增”,营业税退出历史舞台,增值税制度更加规范。

第三节 我国现行税法体系

由于我国目前尚没有统一的税收母法,所以我国现行税法体系是由各种单行的税收法律、法规和规章构成的,是在原有税制的基础上,经过 1994 年工商税制改革逐渐完善形成的。现行税法体系由实体法和程序法构成。

一、实体法

实体法按其性质和作用大致分为以下五类。

(一)商品和劳务税类

商品和劳务税类包括增值税、消费税、营业税和关税,主要在生产、流通或者服务业中发挥调节作用。

（二）所得税类

所得税类包括企业所得税、个人所得税，主要是在国民收入形成后，对生产经营者的利润和个人的纯收入发挥调节作用。

（三）资源税类

资源税类包括资源税、城镇土地使用税和土地增值税，主要是对因开发和利用自然资源差异而形成的级差收入发挥调节作用。

（四）财产和行为税类

财产和行为税类包括房产税、车船税、印花税、契税，主要是对某些财产和行为发挥调节作用。

（五）特定目的税类

特定目的税类包括城市维护建设税（教育费附加）、车辆购置税、耕地占用税、船舶吨税、烟叶税，主要是为了达到特定目的，对特定对象和特定行为发挥调节作用。

原来对取得农业或者牧业收入的企业、单位和个人征收的农业税、农业特产税、牧业税三个税种，于2006年1月1日起全部停征。

现在与农业挂钩的税种是烟叶税，现划归特定目的税类。2006年4月28日，《中华人民共和国烟叶税暂行条例》（中华人民共和国国务院令第464号）正式施行。条例规定烟叶税实行比例税率，税率为20%。烟叶收购单位为烟叶税的纳税人。

上述税种，除企业所得税税法和个人所得税税法是以国家法律的形式发布实施外，其他17个税法均是经全国人民代表大会授权立法，由国务院以暂行条例的形式发布实施的。这19个税收法律、法规组成了我国的税收实体法体系。

二、程序法

（1）由税务机关负责征收的税种的征收管理，按照全国人大常委会发布实施的《税收征收管理法》执行。

（2）由海关机关负责征收的税种的征收管理，按照《海关法》《进出口关税条例》等有关规定执行。

上述税收实体法和税收征收管理法律制度构成了我国现行税法体系。

第四节　我国税收管理体制

一、税收管理体制的概念

税收管理体制是在各级国家机构之间划分税权的制度，是税收制度的重要组成部分，也是财政管理体制的重要内容。税权的划分有纵向划分和横向划分的区别。纵向划分是指税权在中央与地方国家机构之间的划分；横向划分是指税权在同级立法、司法、行政等国家机构之间的划分。

二、我国税收管理体制的划分

我国的税收管理体制，按大类划分可以简单地将税收管理权限划分为税收立法权和税收执法权两类。

(一)税收立法权的划分

我国在税收立法上坚持“统一税法”的原则,地方权力机构制定地方法规要严格按照税收法律授权行使。

目前,我国税收立法权划分为以下六个层次。

(1)全国性税种的立法权,即包括全部中央税、中央与地方共享税和在全国范围内征收的地方税税法的制定、公布和税种的开征、停征权,属于全国人民代表大会(简称全国人大)及其常务委员会(简称常委会)。

(2)经全国人大及其常委会授权,全国性税种可先由国务院以“条例”或“暂行条例”的形式发布施行,经一段时期后再行修订并通过立法程序,由全国人大及其常委会正式立法。

(3)经全国人大及其常委会授权,国务院有制定税法实施细则、增减税目和调整税率的权力。

(4)经全国人大及其常委会授权,国务院有税法的解释权;经国务院授权,国家税务主管部门(财政部和国家税务总局)有税收条例的解释权和制定税收条例实施细则的权力。

(5)省级人民代表大会及其常务委员会有根据本地区经济发展的具体情况和实际需要,在不违背国家统一税法的前提下,有开征全国性税种以外的地方税种的税收立法权。目前,海南和民族自治地区按照全国人大授权立法规定,在遵循宪法、法律和行政法规的原则基础上,可以制定有关税收的地方性法规,税法在公布实施前须报全国人大常委会备案。

(6)经省级人民代表大会及其常务委员会授权,省级人民政府有本地区地方税法的解释权和制定税法实施细则,调整税目、税率的权力,也可在上述规定的前提下,制定一些税收征收办法。

(二)税收执法权的划分

税收执法权具体包括税款征收管理权、税务检查权、税务行政复议裁决权及其他税收管理权,目前在我国大部分地区,地方附加、契税、耕地占用税仍由地方财政部门征收和管理;海关系统负责征收和管理的项目有关税、行李和邮递物品进口税、船舶吨税,同时负责代征进出口环节的增值税和消费税。

绝大部分税收都是由税务系统负责征收和管理,根据国务院关于实行分税制财政管理体制的决定,按税种划分中央和地方的收入。将维护国家权益、实施宏观调控所必需的税种划为中央税;将同国民经济发展直接相关的主要税种划为中央与地方共享税;将适合地方征管的税种划为地方税,并充实地方税税种,增加地方税收收入。同时根据按收入归属划分税收管理权限的原则,中央税的税收管理权由国务院及其税务主管部门(财政部和国家税务总局)掌握,由中央税务机构负责征收;地方税的税收管理权由地方人民政府及其税务主管部门掌握,由地方税务机构负责征收;中央与地方共享税原则上由中央税务机构负责征收,共享税中地方分享的部分由中央税务机构直接划入地方金库。

根据我国经济和社会发展及实行分税制财政管理体制的需要,现行税务机构设置是中央政府设立国家税务总局(正部级),省及省以下税务机构分为国家税务局和地方税务局两个系统,并确定各自的征管范围,见表2.4。

表 2.4　税务机构及征管范围

	国家税务总局	
	国家税务局	地方税务局
我国税务机构设置	省、自治区、直辖市国家税务局，地区、地级市、自治州、盟国家税务局，县、县级市、旗国家税务局，征收分局、税务所	省、自治区、直辖市地方税务局，地区、地级市、自治州、盟地方税务局，县、县级市、旗地方税务局，征收分局、税务所
	国家税务总局对国家税务局系统实行机构、编制、干部、经费的垂直管理，协同省级人民政府对省级地方税务局实行双重领导	省以下地方税务局实行上级税务机关和同级政府双重领导、以上级税务机关垂直领导为主的管理体制，即地区（市）、县（市）地方税务局的机构设置、干部管理、人员编制和经费开支均由所在省（自治区、直辖市）地方税务局垂直管理 省级地方税务局是省级人民政府所属的主管本地区地方税收工作的职能部门，一般为正厅（局）级行政机构，实行地方政府和国家税务总局双重领导，以地方政府领导为主的管理体制
征管范围的划分	①增值税、消费税、车辆购置税 ②铁道部门、各银行总行、各保险总公司集中缴纳的所得税、城市维护建设税 ③中央企业缴纳的所得税，中央与地方所属企业、事业单位组成的联营企业、股份制企业缴纳的所得税，地方银行、非银行金融企业缴纳的所得税，海洋石油企业缴纳的所得税、资源税，部分企业的企业所得税 ④证券交易税（之前为对证券交易征收的印花税） ⑤个人所得税中对银行储蓄存款利息所得征收的部分 ⑥中央税的滞纳金、补税、罚款	①城市维护建设税（不包括上述由国家税务局系统负责征收管理的部分） ②地方国有企业、集体企业、私营企业缴纳的所得税 ③个人所得税（不包括对银行储蓄存款利息所得征收的部分） ④资源税、城镇土地使用税、耕地占用税、土地增值税、房产税、车船税、印花税、契税及其地方附加 ⑤地方税的滞纳金、补税、罚款

三、中央政府与地方政府税收收入划分

根据国务院关于实行分税制财政管理体制的规定，我国的税收收入分为中央政府固定收入、地方政府固定收入和中央政府与地方政府共享收入。

（一）中央政府固定收入

中央政府固定收入包括消费税（含进口环节海关代征的部分）、车辆购置税、关税、海关代征的进口环节增值税等。

（二）地方政府固定收入

地方政府固定收入包括城镇土地使用税、耕地占用税、土地增值税、房产税、车船税、契税。

（三）中央政府与地方政府共享收入

中央政府与地方政府共享收入主要包括以下几方面：

（1）增值税（不含进口环节由海关代征的部分）。中央政府分享 50%，地方政府分享 50%。

（2）营业税。铁道部、各银行总行、各保险总公司集中缴纳的部分归中央政府，其余部分归地方政府。

（3）企业所得税。铁道部、各银行总行及海洋石油企业缴纳的部分归中央政府，其余部分中央与地方政府按 60% 与 40% 的比例分享。

（4）个人所得税。除银行储蓄存款利息所得的个人所得税外，其余部分的分享比例与企业所得税相同。

（5）资源税。海洋石油企业缴纳的部分归中央政府，其余部分归地方政府。

（6）城市维护建设税。铁道部、各银行总行、各保险总公司集中缴纳的部分归中央政府，其余部分归地方政府。

（7）印花税。证券交易印花税收入的 97% 归中央政府，其余 3% 和其他印花税收入归地方政府。

【本章小结】

税法与税收互有联系、密不可分，税法是税收的法律表现形式，税收则是税法所确定的具体内容；税收反映的是国家与纳税人之间的经济利益分配关系，而税法反映的则是主体双方权利和义务的法律关系。税法与税收相互依赖、不可分割，离开了税法，税收的财政、经济职能就无从体现。国家征税与纳税人纳税形式上表现为利益分配关系，经过税法明确双方权利义务后，这种关系就上升为税收法律关系。沿着我国税法制度变革的轨迹，可以看出我国税法制度是一个不断发展的过程，1994 年工商税制改革以及分税制的实施，是我国现行税法体系不断完善的体现。我国目前税制基本上是以间接税和直接税为主体的税制结构，其中，间接税占全部税收收入的比例为 60% 左右，直接税占全部税收收入的比例只有 25% 左右。随着我国经济的发展，我国税收法律将会不断地改革，以适应新的经济形势发展的需要。

【中英文关键词对照】

税法	Tax Law
税收法律关系	The Legal Relationship of the Tax Law
税法构成要素	The Factors of Tax Law
税率	Tax Rate
税法体系	Tax Law System
税收制度	Tax System
税收管理体制	Taxation Administration System
税收立法权	Tax Law Legislative Power
税收执法权	Tax Law Enforcement Power

【复习思考题】

1. 如何理解税法的概念？税法的分类有哪些？
2. 税收的法律关系包括哪些内容？
3. 通常情况下税法包括哪些要素？
4. 我国现行税法体系包括哪些内容？
5. 阐述我国税收管理体制的基本内容。

第二篇　商品和劳务税法律制度

第三章　增 值 税 法

【学习目标】

增值税是对纳税人在生产经营过程中实现的增值额征收的一种流转税。尽管增值税从产生至今仅仅60余年,但由于其具有征收范围广、避免重复征税等特点,被世界各国所青睐,成为最优良的税种之一,增值税法也成为最重要的税法之一。

通过本章的学习,理解增值税的内涵,掌握增值税的征税范围,掌握增值税两类纳税人的划分,掌握销项税额、进项税额和应纳税额的计算,掌握增值税出口退免税的基本内容,明确增值税税收征收管理和专用发票的管理;重点掌握视同销售货物行为,营改增内容,应纳税额的计算,出口退税,增值税专用发票使用及管理。

第一节　增值税概述

一、增值税的产生和发展

美国耶鲁大学经济学教授亚当斯(Adams)是提出增值税概念的第一人,他于1917年在国家税务学会《营业税》(*The Taxation of Business*)报告中首先提出了对增值额征税的思想,指出对营业毛利(销售额-进货额)课税比对利润课税的公司所得额好得多,这一营业毛利相当于工资薪金、租金、利息和利润之和,即相当于增值额。

第二次世界大战结束以后,法国率先进行了营业税改革,1948年法国政府允许制造商扣除中间投入后再对产成品价值征税。1954年,在时任法国事务总局局长助理莫里斯·劳莱的积极努力下,法国开始实行增值税制度并取得成功,莫里斯·劳莱被后人誉为“增值税之父”。由于增值税具有消除重复征税、保持税收中性、稳定税收收入等特点,1962年欧洲共同体(欧共体)财政与金融委员会向所有成员国建议开征增值税,1968年当时的联邦德国开始实行,到了20世纪70年代,意大利、爱尔兰和英国等其他欧共体成员国都开始征收增值税。随后增值税的实行范围扩大到发展中国家,亚洲、非洲、南美洲等许多国家都相继实行了增值税。至今世界上已有100多个国家实行了增值税,很多国家对增值税的重视和研究,使得增值税成为各国税制中的主要税种。值得一提的是,尽管增值税最早是由美国人提出来的,然而时至今日,由于种种原因,美国一直还未征收增值税。

我国从1978年开始对增值税进行研究,1979年在部分城市开始试行增值税,1984年我国进行了国有企业利改税的第二步改革和工商税制的全面改革,全国人大授权国务院颁布增值税等11个税收条例,从1984年10月1日开始实施增值税,标志着我国增值税制度的正式建立。为适应建立社会主义市场经济体制的目标,1993年12月13日,国务院发布了

《中华人民共和国增值税暂行条例》,自1994年1月起在全国范围内统一实行增值税,经过20余年的实践和调整,增值税逐渐走向规范化和法制化的轨道。现行的增值税税收法律规范是2008年11月5日经国务院第34次常务会议审议修订通过的《中华人民共和国增值税暂行条例》和财政部、国家税务总局第50号令修订的《中华人民共和国增值税暂行条例实施细则》,自2009年1月1日起,全国所有地区、所有行业推行新增值税制度,完成了生产型增值税向消费型增值税转型的改革。

二、增值税的概念和类型

(一)增值税的概念

增值税,即以生产、销售商品或提供加工、修理修配劳务过程中产生的增值额为征税对象而征收的一种流转税。从理论上讲,增值额是企业在生产经营过程中新创造的价值,即货物或应税劳务价值中 $V+M$ 部分,相当于我国的净产值或国民收入部分。但由于在实际工作中增值额的确定是一件很困难的事情,因此,世界各国计算增值税都不是先求出各生产经营环节的增值额,而是采取先计算销售额的应纳税额,然后扣除外购项目已纳税款这样的一种变通方式;同时对进口我国的货物,我国海关要代征进口环节增值税和消费税。

所以,增值税的概念可表述为:对在我国境内销售货物或提供加工修理修配劳务以及进口货物的单位和个人,就其取得的货物或应税劳务销售额以及进口货物金额计算税额,并实行税款抵扣制的一种流转税。

(二)增值税的特点

增值税作为一种流转税,既保留了按流转额征税的长处,又避免了按流转额全值征税的弊端,其特点如下。

1. 征税范围广泛

增值税的征税范围可以广泛涉及商品生产、批发、零售和各种服务业以及农业等诸多领域。凡从事销售应税商品或应税劳务,取得增值额的,均应缴纳增值税。

2. 消除重复征税

增值税以增值额作为征税对象,只对销售额中本企业新创造的、尚未征过税的新增价值额征税,而对销售额中由以前各环节创造、已征过税的转移价值额不再征税,所以,对同一商品而言,无论流转环节多少,在理论上都不存在重复征税的问题,见表3.1。但由于采用的增值税类型不同,有的还存在部分重复征税的问题(如生产型增值税)。

表3.1 某商品在生产和流通中每一环节的销售额和增值额 单位:万元

项 目	制造环节	批发环节	零售环节	合 计
销售额	150	200	260	610
增值额	150	50	60	260
传统流转税	150×税率	200×税率	260×税率	610×税率
增值税	150×税率	50×税率	60×税率	260×税率

(三)增值税的类型

根据对固定资产处理方式的不同,增值税可分为以下三种类型。

1. 生产型增值税

在计算增值额时,只允许从销售额中扣除外购的原材料等劳动对象的消耗部分,其课税对象为企业新创造的价值加上折旧,对整个社会而言,相当于国民生产总值,所以称之为"生产型"增值税,印度尼西亚等国采用这种类型。

2. 收入型增值税

在计算增值额时,允许从销售收入中扣除外购原材料等劳动对象的消耗部分和固定资产的折旧价值,对整个社会而言,其征税对象相当于国民收入,所以称为"收入型"增值税。但由于具体折旧额的确定很难把握,有很大的估计成分,对增值税的征收管理有一定的难度。因此,国际上采用收入型增值税的国家不多,主要有南美的阿根廷及部分中东国家。

3. 消费型增值税

在计算增值税时,允许从销售收入中扣除外购的原材料等劳动对象的消耗部分和纳税期内购进的全部固定资产价值。消费型增值税实际上把所有的生产资料都排除在征税对象之外,只对消费资料征税,所以称之为"消费型"增值税。目前,欧盟各国以及很多发达国家和发展中国家都采用的是消费型增值税,其也是增值税发展的主要方向,我国于2009年1月1日起转型为消费型增值税。

根据财政部、国家税务总局《关于印发〈东北地区扩大增值税抵扣范围若干问题的规定〉的通知》(财税〔2004〕156号)文件的精神,为支持东北老工业基地的振兴,东北老工业基地企业享受扩大增值税抵扣范围政策。纳税人通过购进、自制、融资租赁等方式取得的固定资产及为此支付运输费用而发生的进项税额准予按规定抵扣,增值税类型见表3.2。

表3.2 增值税类型总结

类 型	特 点	优 点	缺 点
生产型增值税	①确定法定增值额不允许扣除任何外购固定资产价款 ② 法定增值额>理论增值额	保证财政收入	不利于鼓励投资
收入型增值税	①对外购固定资产只允许扣除当期计入产品价值的折旧费部分 ②法定增值额=理论增值额	完全避免重复征税	对以票扣税造成困难
消费型增值税	①当期购入固定资产价款一次全部扣除 ②法定增值额<理论增值额	体现增值税优越性,便于操作	对国家而言,征税额较前两种少

第二节 增值税征税范围

一、增值税征税的一般范围

根据《增值税暂行条例》规定,中华人民共和国境内销售货物或者提供应税劳务和应税服务以及进口的单位和个人,为增值税纳税人,应当按照本条例规定缴纳增值税。

(一)销售货物

这里的"货物"是指除去土地、房屋和其他建筑物等一切不动产之外的有形动产,包括电力、热力和气体在内。销售货物是指有偿转让货物的所有权。

(二)进口货物

进口货物指申报进入我国海关境内的货物。确定一项货物是否属于进口货物,必须看其是否办理了报关进口手续。通常境外产品要输入境内,必须向我国海关申报进口,并办理有关报关手续。只要是报关进口的应税货物,均属于增值税征税范围,在进口环节缴纳增值税。

(三)提供加工和修理修配劳务

加工和修理修配属于劳务服务性业务。"加工"是指接收来料承做货物,加工后的货物所有权仍属于委托者的业务,即通常所说的委托加工业务。委托加工业务是指由委托方提供原料及主要材料,受托方按照委托方的要求制造货物并收取加工费的业务。"修理修配"是指受托方对损伤和丧失功能的货物进行修复,使其恢复原状和功能的业务。这里的"提供加工和修理修配劳务"都是指有偿提供加工和修理修配劳务。但单位或个体经营者聘用的员工为本单位或雇主提供加工、修理修配劳务则不包括在内。"有偿"不仅仅指从购买方取得货币,还包括取得货物或其他经济利益。

(四)提供的应税服务

应税服务包括交通运输业、建筑业、文化体育业、邮政通信业、金融保险业、服务业、娱乐业、转让无形资产和销售不动产。

提供应税服务,是指有偿提供应税服务,但不包括非营业活动中提供的应税服务。

非营业活动,是指:

(1)非企业性单位按照法律和行政法规的规定,为履行国家行政管理和公共服务职能收取政府性基金或者行政事业性收费的活动;

(2)单位或者个体工商户聘用的员工为本单位或者雇主提供应税服务;

(3)单位或者个体工商户为员工提供应税服务;

(4)财政部和国家税务总局规定的其他情形。

在境内提供应税服务,是指应税服务提供方或者接收方在境内。下列情形不属于在境内提供应税服务:

(1)境外单位或者个人向境内单位或者个人提供完全在境外消费的应税服务;

(2)境外单位或者个人向境内单位或者个人出租完全在境外使用的有形动产;

(3)财政部和国家税务总局规定的其他情形。

单位和个体工商户的下列情形,视同提供应税服务:

(1)向其他单位或者个人无偿提供交通运输业和部分现代服务业服务,但以公益活动为目的的或者以社会公众为对象的除外;

(2)财政部和国家税务总局规定的其他情形。

二、属于增值税征税范围的特殊项目

(1)货物期货(商品期货和贵重金属期货)。

(2)银行销售金银业务。

(3)典当业的死当销售业务。

(4)寄售业代委托人销售物品的业务。

(5)集邮商品的生产以及邮政部门以外的其他单位和个人销售的集邮商品的业务。

(6)电力公司向发电企业收取的过网费。

(7)纳税人提供的矿产资源开采、挖掘、切割、破碎、分拣、洗选等劳务,属于增值税应税劳务。

(8)电梯属于增值税应税货物的范围,但安装运行之后,则与建筑物一道形成不动产。因此,对企业销售电梯(购进的)并负责安装及保养、维修取得的收入,一并征收增值税;企业销售自产的电梯并负责安装,属于纳税人销售货物的同时提供建筑业劳务,要分别计算增值税和营业税;对不从事电梯生产、销售,只从事电梯保养和维修的专业公司对安装运行后的电梯进行保养、维修取得的收入,征收营业税。

(9)出租车公司向使用本公司自有出租车的出租车司机收取的管理费用,按陆路运输服务征收增值税。

(10)在水路运输服务中远洋运输的程租、期租业务,属于水路运输服务。

(11)在航空运输服务中航空运输的湿租业务,属于航空运输服务。

(12)在港口码头服务中港口设施经营人收取的港口设施保安费按照"港口码头服务"征收增值税。

(13)远洋运输的光租业务、航空运输的干租业务,属于有形动产经营性租赁。

(14)代理记账按照"咨询服务"征收增值税。

(15)广播影视服务,包括放映服务。

(16)航空运输企业的征税范围确定:航空运输企业提供的旅客利用里程积分兑换的航空运输服务,不征收增值税;航空运输企业根据国家指令无偿提供的航空运输服务,属于以公益活动为目的的服务,不征收增值税;航空运输企业已售票但未提供航空运输服务的逾期票证收入,不属于增值税应税收入,不征收增值税。

(17)邮政储蓄业务按照金融保险业税目征收营业税。

(18)中国移动通信集团公司、中国联合网络通信集团有限公司、中国电信集团公司以及其成员单位通过手机短信公益特服号为公益性机构接受捐款服务,以其取得的全部价款和价外费用,扣除支付给公益性机构捐款后的余额为销售额。

(19)境内单位和个人向中华人民共和国境外单位提供电信业服务,免征增值税。

(20)以积分兑换形式赠送的电信业服务,不征收增值税。

(21)其他特殊项目。

三、属于增值税征税范围的视同销售货物的行为

(1)将货物交付他人代销;

(2)销售代销货物;

(3)设有两个以上机构并实行统一核算的纳税人,将货物从一个机构移送至其他机构用于销售,但相关机构设在同一县(市)的除外;

(4)将自产、委托加工的货物用于非应税项目;

(5)将自产、委托加工的货物用于集体福利或个人消费;

(6)将自产、委托加工或购买的货物作为投资,提供给其他单位或个体经营者;

(7)将自产、委托加工或购买的货物分配给股东或投资者;

(8)将自产、委托加工或购买的货物无偿赠送他人;

(9)单位和个体工商户向其他单位和个人无偿提供交通运输业和部分现代服务业服

务,但以公益活动为目的或者以社会公众为对象的除外;

(10)财政部和国家税务总局规定的其他情形。

四、增值税免税项目的规定

(1)农业生产者销售的自产农业产品;

(2)避孕药品和用具;

(3)古旧图书;

(4)直接用于科学研究、科学实验和教学的进口仪器、设备;

(5)外国政府、国际组织无偿援助的进口物资和设备;

(6)有残疾人的组织直接进口供残疾人专用的物品;

(7)销售自己使用过的物品;

(8)自2008年6月1日起,纳税人生产销售和批发、零售有机肥产品免税;

(9)自2012年1月1日起,免征蔬菜流通环节增值税;

(10)财政部、国家税务总局规定的其他增值税优惠政策。

五、增值税起征点

根据财政部2011年10月31日发布的第65号、66号财政部令,增值税、营业税起征点有较大幅度上调,于2011年11月起在全国实施。各地制定本地区的起征点,并报财政部、国家税务总局备案。起征点的适用范围限于个人,不包括认定为一般纳税人的个体工商户。起征点为:

(1)销售货物的,为月销售额5 000~20 000元。

(2)销售应税劳务的,为月销售额5 000~20 000元。

(3)按次纳税的,为每次(日)销售额300~500元。

(4)应税服务起征点:

①按期纳税的,为月销售额5 000~20 000元(含)。

②按次纳税的,为每次(日)销售额300~500元(含)。

上述销售额是指小规模纳税义务人不含增值税的销售额。

第三节　增值税纳税义务人及增值税税率

一、纳税义务人

(一)概念

凡在中华人民共和国境内销售或者进口货物、提供应税劳务和应税服务的单位和个人都是增值税纳税义务人。

(二)包括内容

(1)单位;

(2)个人;

(3)外商投资企业和外国企业;

(4)承包人(挂靠人)和承租人;

(5)扣缴义务人；

(6)对报关进口的货物，以进口货物的收货人或办理报关手续的单位和个人为进口货物的纳税人。

(三)两类纳税义务人

1. 小规模纳税义务人

(1)概念。小规模纳税义务人是指年销售额在规定标准以下，并且会计核算不健全，不能按规定报送有关税务资料的增值税纳税人。

(2)标准。

①从事货物生产或提供应税劳务的纳税人，以及以从事货物生产或提供应税劳务为主，并兼营货物批发或零售的纳税人，年应税销售额在50万元以下的。

②从事货物批发或零售的纳税人，年应税销售额在80万元以下的。

③应税服务年销售额标准为500万元，应税服务年销售额未超过500万元的纳税人为小规模纳税人。

④旅店业和饮食业纳税人销售非现场消费的食品，属于不经常发生增值税应税行为，可以选择按小规模纳税人缴纳增值税。

⑤兼有销售货物、提供加工修理修配劳务以及应税服务，且不经常发生应税行为的单位和个体工商户可以选择按照小规模纳税人纳税。

(3)自1998年7月1日起，凡年应税销售额在80万元以下的小规模商业企业，无论财务核算是否健全，一律不得认定为一般纳税人，均应按照小规模纳税人的规定征收增值税。这里的商业企业是指从事货物批发或零售的企业、企业性单位以及从事货物批发或零售为主，并兼营货物生产或提供应税劳务的企业或企业性单位。

(4)下列纳税人视为小规模纳税人。

①个人(除个体经营者以外的其他个人)；

②非企业性单位；

③不经常发生增值税应税行为的企业。

2. 一般纳税人

根据规定，下列纳税人可认定为一般纳税人。

(1)凡年应税销售额超过小规模纳税人标准的企业和企业性单位，可认定为一般纳税人。

(2)一般纳税人总分支机构不在同一县(市)的，应分别向其机构所在地主管税务机关申请办理一般纳税人认定手续。

(3)纳税人总、分支机构实行统一核算，其总机构年应税销售额超过小规模企业标准，但分支机构年应税销售额未超过小规模企业标准的，其分支机构可申请办理一般纳税人认定手续，但须提供总机构所在地主管税务机关批准其总机构为一般纳税人的证明。但分支机构属于小规模商业企业的，该分支机构不得认定为一般纳税人。

(4)年应税销售额未超过标准的，从事货物生产或提供劳务的小规模企业和企业性单位，账簿健全，能准确核算并提供销项税额、进项税额，并能按规定报送有关税务资料的，经企业申请，可办理一般纳税人手续。

(5)新开业的符合一般纳税人条件的企业，应在办理税务登记的同时申请办理一般纳税人认定手续；已开业的小规模企业，其年应税销售额超过小规模纳税人标准的，应在次年

1 月底以前申请办理一般纳税人认定手续。

(6)个体经营者符合增值税暂行条例所规定条件的,经省级国家税务局批准,可以认定为一般纳税人。

(7)使用增值税防伪税控系统的一般纳税人资格认定。对已使用增值税防伪税控系统但年应税销售额未达到规定标准的一般纳税人,如会计核算健全,且未有下列情形之一者,不取消其一般纳税人资格:虚开增值税专用发票或者有偷、骗、抗税行为;连续 3 个月未申报或连续 6 个月纳税申报异常且无正当理由;不按规定保管、使用增值税专用发票、税控装置,造成严重后果的。

(8)为了加强对加油站成品油销售的增值税征收管理,从 2002 年 1 月 1 日起,对从事成品油销售的加油站,无论其年应税销售额是否超过 80 万元,一律按增值税一般纳税人征税。

(四)一般纳税人和小规模纳税人的区别

1. 使用的发票不同

一般纳税人使用增值税专用发票,并凭进货的专用发票和购进劳务的专用发票抵扣进项税额;小规模纳税人销货时,不能使用增值税专用发票,只能使用普通发票,购进货物或应税劳务时,也不得抵扣进项税。

2. 适用的税率不同

一般纳税人适用 17% 或 13% 的税率,小规模纳税人适用 3% 的征收率。

3. 计税方法不同

一般纳税人的计税方法为

$$应纳税额 = 当期销项税额 - 当期进项税额 \tag{3.1}$$

小规模纳税人的计税方法为

$$应纳税额 = 销售额 \times 征收率 \tag{3.2}$$

二、增值税税率

(一)基本税率

增值税一般纳税人销售或者进口货物,提供应税劳务、应税服务,除低税率适用范围外,税率一律为 17% 。

(二)低税率

增值税一般纳税人销售或者进口下列货物,按低税率计征增值税,低税率为 11% 。

(1)粮食、食用植物油、鲜奶、食用盐。

(2)自来水、暖气、冷气、热水、煤气、石油液化气、天然气、沼气、居民用煤制品。

(3)图书、报纸、杂志。

(4)饲料、化肥、农药、农机(不包括农机零部件)、农膜。

(5)农业产品、音像制品、电子出版物、二甲醚(CH_3OCH_3)。

(6)国务院规定的其他货物。

(7)提供交通运输业服务,税率为 11% 。

(8)提供邮政业服务,税率为 11% 。

(9)提供现代服务业服务(有形动产租赁服务除外),税率为 6% ;有形动产租赁服务,税率为 17% 。

(10)提供基础电信服务,税率为 11% ;提供增值电信服务,税率为 6% 。

(11)提供建筑业服务,税率为11%。

(12)提供金融保险业服务,税率为6%。

(13)转让无形资产,税率为6%。

(14)销售不动产,税率为11%。

(三)零税率

纳税人出口货物和财政部、国家税务总局规定的应税服务,税率为零;但是,国务院另有规定的除外。

(1)中华人民共和国境内(以下称"境内")的单位和个人提供的国际运输服务、向境外单位提供的研发服务和设计服务,适用增值税零税率。

国际运输服务是指:

①在境内载运旅客或者货物出境;

②在境外载运旅客或者货物入境;

③在境外载运旅客或者货物。

(2)境内的单位和个人适用增值税零税率,以水路运输方式提供国际运输服务的,应当取得《国际船舶运输经营许可证》;以公路运输方式提供国际运输服务的,应当取得《道路运输经营许可证》和《国际汽车运输行车许可证》。

(3)航天运输服务参照国际运输服务,适用增值税零税率。

(4)向境外单位提供的设计服务,不包括对境内不动产提供的设计服务。

(5)向境内的单位和个人提供的往返香港、澳门、台湾地区的交通运输服务以及在香港、澳门、台湾地区提供的交通运输服务,适用增值税零税率。

(四)征收率

考虑到小规模纳税人经营规模小,且会计核算不健全,难以按上述两档税率计税和使用增值税专用发票抵扣进项税款,因此实行按销售额与征收率计算应纳税额的简易办法,自2009年1月1日起,统一适用3%的征收率。

"营改增"相关规定:

根据规定,交通运输业、邮政业、电信业和部分现代服务业营业税改征增值税中的小规模纳税人适用3%的征收率。

一般纳税人应该按照一般计税方法计算缴纳增值税,但是下列情形属于可在两种方法中选择的范畴:

(1)试点纳税人中的一般纳税人提供的公共交通运输服务,可以选择按照简易计税方法计算缴纳增值税。

(2)试点纳税人中的一般纳税人,以该地区试点实施之日前购进或者自制的有形动产为标的物提供的经营租赁服务,试点期间可以选择适用简易计税方法计算缴纳增值税。

(3)试点纳税人中的一般纳税人提供的电影放映服务、仓储服务、装卸搬运服务和收派服务,可以选择按照简易计税办法计算缴纳增值税。

三、下列按简易办法征收增值税的优惠政策继续执行,不得抵扣进项税额

(1)纳税人销售自己使用过的物品,按下列政策执行。

①一般纳税人销售自己使用过的属于条例第十条规定不得抵扣且未抵扣进项税额的固定资产,按简易办法依4%征收率减半征收增值税。

一般纳税人销售自己使用过的其他固定资产，按照《财政部、国家税务总局关于全国实施增值税转型改革若干问题的通知》（财税〔2008〕170号）第四条的规定执行。

一般纳税人销售自己使用过的除固定资产以外的物品，应当按照适用税率征收增值税。

按照“营改增”规定认定的一般纳税人，销售自己使用过的本地区试点实施之日（含）以后购进或自制的固定资产，按照适用税率征收增值税；销售自己使用过的本地区试点实施之日以前购进或者自制的固定资产，按照4%征收率减半征收增值税。

②小规模纳税人（除其他个人外）销售自己使用过的固定资产，应按2%征收率征收增值税。

小规模纳税人销售自己使用过的除固定资产以外的物品，应按3%征收率征收增值税。

（2）纳税人销售旧货，按照简易办法依照4%征收率减半征收增值税。

所称旧货，是指进入二次流通的具有部分使用价值的货物（含旧汽车、旧摩托车和旧游艇），但不包括自己使用过的物品。

一般纳税人销售自己使用过的物品和旧货，适用按简易办法以4%征收率为基数减半征收增值税政策的，按下列公式确定销售额和应纳税额：

$$销售额=含税销售额\div(1+4\%)$$

$$应纳税额=销售额\times4\%\div2$$

小规模纳税人销售自己使用过的固定资产和旧货，按下列公式确定销售额和应纳税额：

$$销售额=含税销售额\div(1+3\%)$$

$$应纳税额=销售额\times2\%$$

（3）一般纳税人销售自产的下列货物，可选择按照简易办法依照6%征收率计算缴纳增值税。

①县级及县级以下小型水力发电单位生产的电力。小型水力发电单位是指各类投资主体建设的装机容量为5万千瓦以下（含5万千瓦）的小型水力发电单位。

②建筑用和生产建筑材料所用的砂、土、石料。

③以自己采掘的砂、土、石料或其他矿物连续生产的砖、瓦、石灰（不含黏土实心砖、瓦）。

④用微生物、微生物代谢产物、动物毒素、人或动物的血液或组织制成的生物制品。

⑤自来水。

⑥商品混凝土（仅限于以水泥为原料生产的水泥混凝土）。

一般纳税人选择简易办法计算缴纳增值税后，36个月内不得变更。

（4）一般纳税人销售货物属于下列情形之一的，暂按简易办法依照4%征收率计算缴纳增值税。

①寄售商店代销寄售物品（包括居民个人寄售的物品在内）；

②典当业销售死当物品；

③经国务院或国务院授权机关批准的免税商店零售的免税品。

（5）对属于一般纳税人的自来水公司销售自来水按简易办法依照6%征收率征收增值税，不得抵扣其购进自来水取得增值税扣税凭证上注明的增值税税款。

（6）在2015年12月31日以前，境内单位中的一般纳税人通过卫星提供的语音通话服务、电子数据和信息的传输服务，可以选择按照简易办法计算缴纳增值税。

第四节 应纳税额的计算

一、一般纳税人销售额的确定

（一）一般销售方式下的销售额概念

一般销售方式下的销售额为纳税人销售货物或者提供应税劳务向购买方收取的全部价款和价外费用。

（1）价外费用是指价外向对方收取的各种费用。但在计税时，价外费用应视为含税的。

（2）下列项目不包括在内。

①向购买方收取的销项税额。

②受托加工应征消费税的消费品所代收代缴的消费税。

③同时符合以下条件的代垫运费。

a. 承运者的运费发票开具给购货方的；

b. 纳税人将该项发票转交给购货方的。

（3）同时符合以下条件代为收取的政府性基金或者行政事业性收费。

①由国务院或者财政部批准设立的政府性基金，由国务院或者省级人民政府及其财政、价格主管部门批准设立的行政事业性收费；

②收取时开具省级以上财政部门印制的财政票据；

③所收款项全额上缴财政。

（4）销售货物的同时代办保险等而向购买方收取的保险费，以及向购买方收取的代购买方缴纳的车辆购置税、车辆牌照费。

（二）特殊销售方式下销售额的确定

1. 采取折扣方式销售

纳税人销售过程中的折扣分为两种，即商业折扣和现金折扣。

（1）商业折扣，也称价格折扣。它是销货方为鼓励购买者多买而给予的价格优惠，即购买越多，价格越低。由于折扣是在实现销售时同时发生的，因此税法规定：纳税人采取商业折扣方式销售货物的，如果销售额和折扣额在同一张发票上分别注明的，可以按折扣后的销售额征收增值税；如果将折扣额另开发票，不论其在财务上如何处理，均不得从销售额中减除折扣额。

（2）现金折扣。现金折扣是销货方为鼓励购买方在一定期限内早日偿还货款，而给予购买方的一种债务扣除。如某企业销售一批商品，付款条件为2/10，1/20，*n*/30。如果购买方在10天内付款，货款折扣2%；20天内付款，货款折扣1%；30天内付款，要全额支付。现金折扣发生在销货之后，是一种融资性质的理财费用，因此，现金折扣不得从销售额中扣除。折扣折让方式的税务处理见表3.3。

表3.3 折扣折让方式的税务处理

折扣折让方式	税务处理
折扣销售	关键看销售额与折扣额是否在同一张发票上注明： ① 如果是在同一张发票上分别注明的，按折扣后的余额作为销售额；如果折扣额另开发票，则不论财务如何处理，均不得从销售额中减除折扣额 ② 这里的折扣仅限于货物价格折扣，如果是实物折扣应按视同销售中"无偿赠送"处理，实物款额不能从原销售额中减除
销售折扣	发生在销货之后，属于一种融资行为，折扣额不得从销售额中减除
销售折让	也发生在销货之后，作为已售产品出现品种、质量问题而给予购买方的补偿，是原销售额的减少，折让额可以从销售额中减除

2. 采取以旧换新方式销售货物

以旧换新是指纳税人在销售自己的货物时，有偿收回旧货物，并以折价款部分冲减货物价款的一种销售方式。税法规定，采取以旧换新方式销售货物的（金银首饰除外），应按新货物的同期销售价格确定销售额，不得扣减旧货物的收购价格。考虑到金银首饰以旧换新业务的特殊情况，对金银首饰以旧换新业务，可以按销售方实际收取的不含增值税的全部价款征收增值税。

3. 采取还本销售方式销售货物

还本销售是指纳税人在销售货物后，按约定时间，一次或分次将购货款部分或全部退还给购货方，退还的货款即为还本支出。税法规定，纳税人采取还本销售方式销售货物的，其销售额就是货物的销售价格，不得从销售额中减除还本支出。

4. 采取以物易物方式销售

以物易物是一种较为特殊的购销活动，在货物所有权转让过程中，交易双方不是以货币结算，而是以同等价款的货物相互结算。从税务处理角度看，以物易物双方都应作购销处理，即以各自发出的货物核算销售额并计算销项税额，以各自收到的货物核算购货额并计算进项税额。

5. 包装物租金与包装物押金的处理

包装物是指纳税人包装本单位货物的各种包装容器。包装物的租金属于价外费用，应并入销售额计算销项税额。

根据税法规定，对于纳税人为销售货物而出租、出借包装物收取的押金，单独记账核算的，不并入销售额征税。但对逾期（以一年为期限）包装物押金，无论是否退还均并入销售额征税。在将包装物押金并入销售额征税时，需要将该押金换算为不含税价，再并入销售额征税。个别包装物周转使用期限较长的，报经税务征收机关确定后，可适当放宽逾期期限。从1995年6月1日起，对销售除啤酒、黄酒外的其他酒类产品收取的包装物押金，无论是否返还以及会计上如何核算，均应并入当期销售额征税。

6. 对视同销售货物行为的销售额的确定

税法规定，对视同销售货物征税而无销售额的，纳税人提供应税服务的价格明显偏低或者偏高且不具有合理商业目的的，或者发生视同提供应税服务而无销售额的，主管税务机关有权按照下列顺序确定销售额：

(1)按纳税人当月同类货物的平均销售价格确定。

(2)按纳税人最近时期同类货物的平均销售价格确定。

(3)按组成计税价格确定。组成计税价格的公式为

$$组成计税价格=成本\times(1+成本利润率) \tag{3.3}$$

属于应征消费税的货物,其组成计税价格中应加计消费税税额。公式为

$$组成计税价格=成本\times(1+成本利润率)+消费税税额 \tag{3.4}$$

或

$$组成计税价格=成本\times(1+成本利润率)/(1-消费税税率) \tag{3.5}$$

式(3.5)中的"成本",销售自产货物的为实际生产成本,销售外购货物的为实际采购成本。式(3.5)中的"成本利润率"由国家税务总局统一确定为10%,但属于应从价定率征收消费税的货物,其成本利润率为消费税有关法规确定的成本利润率。

7. 含税销售额的换算

在实际工作中,一般纳税人将销售货物或者应税劳务采取销售额和销项税额合并征收的方法,就会出现含税销售额,但由于增值税属于价外税,所以,在计算销项税额时,必须将含税销售额换算为不含增值税的销售额,即

$$不含税销售额=含税销售额/(1+税率) \tag{3.6}$$

8. 应税服务

(1)融资租赁企业,见表3.4。

表3.4 融资租赁企业

经中国人民银行、银监会或者商务部批准从事融资租赁业务的试点纳税人	
有形动产融资性售后回租服务	以收取的全部价款和价外费用,扣除向承租方收取的有形动产价款本金,以及对外支付的借款利息(包括外汇借款和人民币借款利息)、发行债券利息后的余额为销售额
其他有形动产融资租赁服务	以收取的全部价款和价外费用,扣除支付的借款利息(包括外汇借款和人民币借款利息)、发行债券利息、保险费、安装费和车辆购置税后的余额为销售额

(2)客运场站服务。

试点纳税人中的一般纳税人提供的客运场站服务,以其取得的全部价款和价外费用,扣除支付给承运方运费后的余额为销售额,其从承运方取得的增值税专用发票注明的增值税,不得抵扣。

(3)知识产权代理服务、货物运输代理服务、代理报关服务。

试点纳税人提供知识产权代理服务、货物运输代理服务和代理报关服务,以其取得的全部价款和价外费用,扣除向委托方收取并代为支付的政府性基金或者行政事业性收费后的余额为销售额。

向委托方收取的政府性基金或者行政事业性收费,不得开具增值税专用发票。

(4)国际货运代理服务。

试点纳税人中的一般纳税人提供国际货物运输代理服务,以其取得的全部价款和价外费用,扣除支付给国际运输企业的国际运输费用后的余额为销售额。

差额纳税可以扣除项目总结见表3.5。

表3.5 差额纳税可以扣除项目

有形动产融资性售后回租服务	向承租方收取的有形动产价款本金,以及对外支付的借款利息、发行债券利息
其他有形动产融资租赁服务	借款利息、发行债券利息、保险费、安装费和车辆购置税
客运场站服务	支付给承运方运费
知识产权代理服务、货物运输代理服务、代理报关服务	向委托方收取并代为支付的政府性基金或者行政事业性收费
国际货运代理服务	支付给国际运输企业的国际运输费用

(5)航空运输企业的销售额,不包括代收的机场建设费和代售其他航空运输企业客票而代收转付的价款。

二、销项税额

销项税额是指纳税人销售货物或者提供应税劳务,按照销售额或应税劳务收入和规定的税率计算并向购买方收取的增值税额。这个概念包括两层含义:

(1)销项税额是计算出来的,对销货方来说,在没有依法抵扣其进项税额前,销项税额不是其应纳增值税额,而是销售货物或应税劳务的整体税负。

(2)销项税额是向购买方收取的,其计算公式为

$$销项税额 = 销售额 \times 增值税税率 \quad (3.7)$$

公式中的销售额必须是不含销项税额的销售额,销项税额应在增值税专用发票的“税额”中填写。

三、进项税额

进项税额是指纳税人购进货物或者接受应税劳务所支付或者负担的增值税额。这个概念包含两层含义:

(1)增值税税额是销售方通过价外收取的。因此,进项税额实际上是购货方支付给销售方的税额。

(2)进项税额是发票上注明的,不是计算的,但购进免税农产品除外。

进项税额是与销项税额相对应的一个概念,两者之间的对应关系是销售方收取的销项税额就是购货方支付的进项税额。增值税一般纳税人以其收取的销项税额抵扣支付的进项税额后的余额,就是实际缴纳的增值税额。这样,纳税人支付的进项税额能否抵扣以及抵扣多少,直接关系到纳税人的税收负担以及国家的税收收入。因此,正确审定进项税额,严格按照税法规定进行进项税额抵扣,是保证增值税制贯彻实施和国家财政收入的重要环节。准予抵扣进项税额的只限增值税一般纳税人,增值税小规模纳税人在计算应纳增值税时不得抵扣进项税额。

(一)准予抵扣的进项税额

根据税法规定,准予从销项税额中抵扣的进项税额如下:

(1)从销售方取得的增值税专用发票(含税控机动车销售统一发票,下同)上注明的增值税额。

(2)从海关取得的海关进口增值税专用缴款书上注明的增值税额。

(3)购进农产品,除取得增值税专用发票或者海关进口增值税专用缴款书外,按照农产品收购发票或者销售发票上注明的农产品买价和11%的扣除率计算的进项税额。计算公式为

进项税额=买价×扣除率

买价,是指纳税人购进农产品在农产品收购发票或者销售发票上注明的价款和按照规定缴纳的烟叶税。

购进农产品,按照《农产品增值税进项税额核定扣除试点实施办法》抵扣进项税额的除外。

(二)允许扣除进项税的特殊规定

1.购进免税农产品的进项税额

购进免税农产品的进项税额见表3.6。

表3.6 购进免税农产品的进项税额

项　目	内　容
税法规定	一般纳税人向农业生产者购买的免税农业产品或向小规模纳税人购买的农业产品,准予按买价和13%的扣除率计算进项税额,从当期销项税额中扣除(注:自2002年1月1日起扣除率由10%改为13%,自2017年7月1日起扣除率改为11%)
计算公式	进项税额=买价×11%
注意问题	第一,所谓"免税农业产品"是指直接从事植物的种植、收割和动物饲养、捕捞的单位和个人销售的自产农业产品,免征增值税;农业产品所包括的具体品目按照1995年6月财政部、国家税务总局印发的《农业产品征收范围注释》执行 第二,购买免税农业产品的买价,仅限于经主管税务机关批准使用的收购凭证上注明的价款;购买农业产品的单位在收购价格之外按规定缴纳并负担的农业特产税,准予并入农业产品的买价,计算进项税额

2.烟叶税允许抵扣的进项税额(如表3.7所示)

表3.7 烟叶税允许抵扣的进项税额

项　目	内　容
税法规定	对烟叶税纳税人按规定缴纳的烟叶税,准予并入烟叶产品的买价计算增值税的进项税额,并在计算缴纳增值税时予以抵扣。烟叶税收购金额包括纳税人支付给烟叶销售者的烟叶收购价款和价外补贴,价外补贴统一暂按烟叶收购价款的10%计算
计算公式	烟叶收购金额=烟叶收购价款×(1+10%) 烟叶税应纳税额=烟叶收购金额×税率(20%) 准予抵扣的进项税额=(烟叶收购金额+烟叶税应纳税额)×扣除率

(三)不得抵扣的进项税额

无论买方是否取得增值税专用发票,下列几种情况均不允许抵扣进项税额。

(1)纳税人购进货物或者应税劳务,未按照规定取得并保存增值税扣税凭证,或者增值税扣税凭证上未按照规定注明增值税额及其他有关事项的。

(2)超过小规模纳税标准,未申请办理一般纳税人认定手续的纳税人。

(3)用于非应税项目的购进货物或者应税劳务。非应税项目是指提供非应税劳务、转让无形资产、销售不动产和固定资产在建工程等。纳税人新建、改建、扩建、修缮、装饰建筑物,无论会计制度规定如何核算,均属于固定资产在建工程。

(4)用于免税项目的购进货物或者应税劳务。免税项目是指农业生产者销售的自产农业产品;避孕药品和用具;古旧图书;直接用于科学研究、科学实验和教学的进口仪器、设备;外国政府、国际组织无偿援助的进口物资、设备;对符合国家产业政策要求的国内投资项目,在投资总额内进口的自由设备(特殊规定不予免税的少数商品除外);由残疾人组织直接进口供残疾人专用的物品;销售自己使用过的物品,即个人(不包括个体经营者)销售自己使用过的除游艇、摩托车、应征消费税的汽车以外的货物。

除上述国家在增值税暂行条例中规定的免税项目外,对少数货物或应税劳务还有以下免税规定,如供残疾人专用的假肢、轮椅、矫形器,残疾人员个人提供的加工和修理、修配、劳务,国家定点企业生产和经销单位经销的专供少数民族饮用的边销茶等均免征增值税。

(5)用于集体福利或者个人消费的购进货物或者应税劳务。集体福利或者个人消费是指企业内部设置的供职工使用的食堂、浴室、理发室、宿舍、幼儿园等福利设施及其设备、物品或者以福利、奖励、津贴等形式发给职工的个人物品。

(6)非正常损失的购进货物以及非正常损失的在产品、产成品所耗用的购进货物或者应税劳务。非正常损失是指生产经营过程中正常损耗外的损失,包括因管理不善造成货物被盗窃、发生霉烂变质等损失。

(7)原增值税一般纳税人接受试点纳税人提供的应税服务,下列项目的进项税额不得从销项税额中抵扣:

①用于简易计税方法计税的项目、非增值税应税项目、免征增值税项目、集体福利或者个人消费,其中涉及的专利技术、非专利技术、商誉、商标、著作权、有形动产租赁,仅指专用于上述项目的专利技术、非专利技术、商誉、商标、著作权、有形动产租赁;

②接受的旅客运输服务;

③与非正常损失的购进货物相关的交通运输业服务;

④与非正常损失的在产品、产成品所耗用购进货物相关的交通运输业服务。

(四)有下列情形之一者,应当按照销售额和增值税税率计算应纳税额,不得抵扣进项税额,也不得使用增值税专用发票

(1)一般纳税人会计核算不健全,或者不能提供准确税务资料的;

(2)应当申请办理一般纳税人资格认定而未申请的。

(五)关于购置税控收款机的税款抵扣的计算

自2004年12月1日起,增值税小规模纳税人购置税控收款机,经主管税务机关审核批准后,可凭购进税控收款机取得增值税专用发票,按照发票上注明的增值税额,抵免当期应纳税额;或者按照购进税控收款机的普通发票上注明的价款,可抵免税额计算的公式为

$$\text{可抵免税额} = \text{价款} / (1 + 17\%) \times 17\% \tag{3.8}$$

当期未抵免的,可在下期继续抵免。

四、一般纳税人应纳税额的计算

一般纳税人销售货物或者提供应税劳务,应纳税额为当期销项税额抵扣当期进项税额

后的余额。应纳税额的计算公式为

$$应纳税额 = 当期销项税额 - 当期进项税额 \tag{3.9}$$

(一)计算应纳税额时进项税额不足抵扣的处理

由于增值税实行购进扣税法,有时企业当期购进的货物很多,在计算应纳税额时会出现当期销项税额小于当期进项税额不足抵扣的情况。因此,根据税法规定,当期进项税额不足抵扣的部分可以结转下期继续抵扣。

(二)扣减发生期进项税额的规定

由于增值税实行以当期销项税额抵扣当期进项税额的“购进扣税法”,当期购进的货物或应税劳务如果事先并未确定将用于非生产经营项目,其进项税额会在当期销项税额中予以抵扣。但已抵扣进项税额的购进货物或应税劳务如果事后改变用途,发生《增值税暂行条例》规定的进项税额不得抵扣(即用于非应税项目、用于免税项目、用于集体福利或者个人消费、购进货物发生非正常损失、在产品或产成品发生非正常损失)的情形时,应将该项购进货物或应税劳务的进项税额从当期发生的进项税额中扣减;无法准确确定该项进项税额的,按当期实际成本计算应扣减的进项税额。

纳税人兼营免税项目或非应税项目(不包括固定资产在建工程)无法准确划分不得抵扣的进项税额部分,按下列公式计算为

$$不得抵扣的进项税额 = \frac{相关的全部进项税额 \times 免税项目或非应税项目的收入额}{免税项目或非应税项目收入额与相关应税收入额的合计} \tag{3.10}$$

(三)销货退回或折让的税务处理

纳税人在货物购销活动中,因货物质量、规格等原因常会发生销货退回或销售折让的情况。由于销货退回或折让不仅涉及销货价款或折让价款的退回,还涉及增值税的退回,这样销货方和购货方应相应对当期的销项税额或进项税额进行调整。

税法规定,一般纳税人因销货退回或折让而退还给购买方的增值税额,应从发生销货退回或折让当期的销项税额中扣减;因进货退出或折让而收回的增值税额,应从发生进货退出或折让当期的进项税额中扣减。对于纳税人进货退出或折让而不扣减当期进项税额,造成不纳税或少纳税的,都将被认定为是偷税行为,并按偷税予以处罚。

“营改增”也规定:纳税人提供的适用一般计税方法计税的应税服务,因服务中止或者折让而退还给购买方的增值税额,应当从当期销项税额中扣减;发生服务中止、购进货物退出、折让而收回的增值税额,应当从当期的进项税额中扣减。

(四)向供货方取得返还收入的税务处理

自2004年7月1日起,对商业企业向供货方收取的与商品销售量、销售额挂钩(如以一定比例、金额、数量计算)的各种返还收入,均应按照平销返利行为的有关规定冲减当期增值税进项税金。应冲减进项税金的计算公式调整为

$$当期应冲减进项税金 = 当期取得的返还资金 /(1 + 所购货物适用增值税税率) \times 所购货物适用增值税税率 \tag{3.11}$$

商业企业向供货方收取的各种返还收入,一律不得开具增值税专用发票。

五、小规模纳税人应纳税额的计算

小规模纳税人销售货物或者应税劳务,按照销售额和条例规定的3%的征收率计算应

纳税额,不得抵扣进项税额。应纳税额的计算公式为

$$应纳税额 = 销售额 \times 征收率 \tag{3.12}$$

其中,销售额是不含增值税的价格,如果有价外费用发生,还原后一并计入销售额中。

第五节　进口货物征税

一、进口货物征税的范围及纳税人

(一)进口货物征税的范围

对进口货物征税是国际上大多数国家的通常做法。

根据《增值税暂行条例》的规定,申报进入中华人民共和国海关境内的货物,均应缴纳增值税。

根据增值税暂行条例的规定,确定一项货物是否属于进口货物,必须首先看其是否有报关进口手续。一般来说,境外产品要输入境内,都必须向我国海关申报进口,并办理有关报关手续。只要是报关进口的应税货物,不论其是国外产制,还是我国已出口而转销国内的货物;是进口者自行采购,还是国外捐赠的货物;是进口者自用,还是作为贸易或其他用途等,均应按照规定缴纳进口环节增值税。

国家在规定对进口货物征税的同时,对某些进口货物制定了减免税的特殊规定,如属于来料加工、进料加工贸易方式进口国外的原材料、零部件等在国内加工后复出口的,对进口的原材料、零部件按规定给予免税或减税;但这些进口免、减税的原材料、零部件若不能加工复出口,而是销往国内的,就要予以补税。对出口货物是否减免税由国务院统一规定,任何地方、部门都无权规定减免税项目。

(二)进口货物的纳税人

进口货物的纳税人范围较宽,对于国内一切从事进口业务的企事业单位、机关团体和个人,都应作为进口货物增值税的纳税人,其包括以下内容:

(1)进口货物的收货人;

(2)办理进口报关手续的单位和个人;

(3)对于委托代理进口应征增值税的货物,一律由进口代理者代交进口环节增值税。

(三)进口货物的适用税率

与第三节规定相同。

二、进口货物应纳税额的计算

纳税人进口货物,按照组成计税价格和条例规定的税率计算应纳税额,不得抵扣任何税额,其计算公式为

$$组成计税价格 = 关税完税价格 + 关税 + 消费税 \tag{3.13}$$

$$应纳税额 = 组成计税价格 \times 税率 \tag{3.14}$$

(1)进口货物增值税的组成计税价格中包括已纳关税税额,如果进口货物属于消费税应税消费品,其组成计税价格中还要包括已纳消费税税额。

(2)“不得抵扣任何税额”是指在计算进口环节的应纳增值税税额时,不得抵扣发生在我国境外的各种税金。

(3)按照《海关法》和《进出口关税条例》的规定,一般贸易下进口货物的关税完税价格以海关审定的成交价格为基础的到岸价格作为完税价格。所谓成交价格是一般贸易项下进口货物的买方为购买该项货物向卖方实际支付或应当支付的价格;到岸价格包括货价,加上货物运抵我国关境内输入地点起卸前的包装费、运费、保险费和其他劳务费等费用构成的一种价格。

例 3.1　某商场于 2016 年 10 月进口一批货物,该批货物在国外的买价为 40 万元,另该批货物运抵我国海关前发生的包装费、运输费、保险费等共计 20 万元。货物报关后,商场按规定缴纳了进口环节的增值税并取得了海关开具的完税凭证。假定该批进口货物在国内全部销售,取得不含税销售额 80 万元。

计算该批货物进口环节、国内销售环节分别应缴纳的增值税税额(货物进口关税税率 15%,增值税税率 17%)。

解　①关税的组成计税价格为 40+20=60 万元。

②应缴纳进口关税为 60×15%=9 万元。

③进口环节应纳增值税的组成计税价格为 60+9=69 万元。

④进口环节应缴纳增值税的税额为 69×17%=11.73 万元。

⑤国内销售环节的销项税额为 80×17%=13.6 万元。

⑥国内销售环节应缴纳增值税税额为 13.6-11.73 =1.87 万元。

三、进口货物的税收管理

对于进口货物,增值税纳税义务发生时间为报关进口的当天;其纳税地点应当由进口人或其代理人向报关地海关申报纳税;其纳税期限应当自海关填发税款缴款书之日起 15 日内缴纳税款;进口货物的增值税由海关代征。

第六节　出口货物退(免)税

出口货物退(免)税是国际贸易中通常采用的并为世界各国普遍接受的,目的在于鼓励各国出口货物公平竞争的一种退还或免征间接税的税收措施,即对出口货物已承担或应承担的增值税和消费税等间接税实行退还或者免征,已成为国际社会通行的惯例。

一、我国的出口货物退(免)税基本政策

(一)出口免税并退税

出口免税是指对货物在出口销售环节不征收增值税;出口退税是指对货物在出口前实际承担的税收负担,按规定的退税率计算后予以退还。

(二)出口免税不退税

出口免税与上述第(一)项含义相同。出口不退税是指适用这个政策的出口货物因在前一道生产、销售环节或进口环节是免税的,即出口时该货物的价格中本身就不含税,也无须退税。

(三)出口不免税也不退税

出口不免税是指对国家限制或禁止出口的某些货物的出口环节视同内销环节,照常征税;出口不退税是指对这些货物出口不退还出口前期所负担的税款。

二、出口货物和劳务及应税服务增值税退(免)税政策

(一)适用增值税退(免)税政策的范围

对下列出口货物劳务及应税服务,除适用本通知第六条和第七条规定外,实行免征和退还增值税(以下称增值税退(免)税)政策:

出口企业,是指依法办理工商登记、税务登记、对外贸易经营者备案登记,自营或委托出口货物的单位或个体工商户,以及依法办理工商登记、税务登记但未办理对外贸易经营者备案登记,委托出口货物的生产企业。

出口货物,是指向海关报关后实际离境并销售给境外单位或个人的货物,分为自营出口货物和委托出口货物两类。

生产企业,是指具有生产能力(包括加工修理修配能力)的单位或个体工商户。

出口企业或其他单位视同出口货物的,具体是指:

(1)出口企业对外援助、对外承包、境外投资的出口货物。

(2)出口企业经海关报关进入国家批准的出口加工区、保税物流园区、保税港区、综合保税区、珠澳跨境工业区(珠海园区)、中哈霍尔果斯国际边境合作中心(中方配套区域)、保税物流中心(B 型)(以下统称特殊区域)并销售给特殊区域内单位或境外单位、个人的货物。

(3)免税品经营企业销售的货物(国家规定不允许经营和限制出口的货物)。具体是指:

①中国免税品(集团)有限责任公司向海关报关运入海关监管仓库,专供其经国家批准设立的统一经营、统一组织进货、统一制定零售价格、统一管理的免税店销售的货物;②国家批准的除中国免税品(集团)有限责任公司外的免税品经营企业,向海关报关运入海关监管仓库,专供其所属的首都机场口岸海关隔离区内的免税店销售的货物;③国家批准的除中国免税品(集团)有限责任公司外的免税品经营企业所属的上海虹桥、浦东机场海关隔离区内的免税店销售的货物。

(4)出口企业或其他单位销售给用于国际金融组织或外国政府贷款国际招标建设项目的中标机电产品(以下称中标机电产品)。上述中标机电产品,包括外国企业中标再分包给出口企业或其他单位的机电产品。

(5)生产企业向海上石油天然气开采企业销售的自产的海洋工程结构物。

(6)出口企业或其他单位销售给国际运输企业用于国际运输工具上的货物。上述规定暂仅适用于外轮供应公司、远洋运输供应公司销售给外轮、远洋国轮的货物,国内航空供应公司生产销售给国内和国外航空公司国际航班的航空食品。

(7)出口企业或其他单位销售给特殊区域内生产企业生产耗用且不向海关报关而输入特殊区域的水(包括蒸汽)、电力、燃气(以下称输入特殊区域的水电气)。

(8)根据规定,融资租赁船舶等出口企业享受出口退税的政策,其范围、条件和具体计算办法按照财税〔2012〕66 号文件相关规定执行。

(二)增值税退(免)税办法

适用增值税退(免)税政策的出口货物、劳务及服务,按照下列规定实行增值税"免、抵、退"税或免退税办法。

(1)"免、抵、退"税办法。生产企业出口自产货物和视同自产货物及对外提供加工修理

修配劳务,以及列名生产企业出口非自产货物,免征增值税,相应的进项税额抵减应纳增值税额(不包括适用增值税即征即退、先征后退政策的应纳增值税额),未抵减完的部分予以退还。

(2)免退税办法。不具有生产能力的出口企业(以下称外贸企业)或其他单位出口货物劳务,免征增值税,相应的进项税额予以退还。

外贸企业外购研发服务和设计服务免征增值税,其对应的外购应税服务的进项税额予以退还。

(三)增值税出口退税率

(1)除财政部和国家税务总局根据国务院决定而明确的增值税出口退税率(以下称退税率)外,出口货物的退税率为其适用税率。

应税服务退税率为其按照"营改增"规定适用的增值税税率。

(2)退税率的特殊规定:

①外贸企业购进按简易办法征税的出口货物、从小规模纳税人购进的出口货物,其退税率分别为简易办法实际执行的征收率、小规模纳税人征收率。上述出口货物取得增值税专用发票的,退税率按照增值税专用发票上的税率和出口货物退税率孰低的原则确定。

②出口企业委托加工修理修配货物,其加工修理修配费用的退税率,为出口货物的退税率。

③中标机电产品、出口企业向海关报关进入特殊区域销售给特殊区域内生产企业生产耗用的列名原材料、输入特殊区域的水电气,其退税率为适用税率。如果国家调整列名原材料的退税率,列名原材料应当自调整之日起按调整后的退税率执行。

(3)适用不同退税率的货物劳务,应分开报关、核算并申报退(免)税,未分开报关、核算或划分不清的,从低适用退税率。

(四)增值税退(免)税的计税依据

出口货物、劳务及应税服务的增值税退(免)税的计税依据,按出口货物、劳务及应税服务的出口发票(外销发票)、其他普通发票或购进出口货物、劳务及应税服务的增值税专用发票、海关进口增值税专用缴款书确定。

(1)生产企业出口货物劳务(进料加工复出口货物除外)增值税退(免)税的计税依据,为出口货物劳务的实际离岸价(FOB)。实际离岸价应以出口发票上的离岸价为准,但如果出口发票不能反映实际离岸价,主管税务机关有权予以核定。

(2)生产企业进料加工复出口货物增值税退(免)税的计税依据,按出口货物的离岸价(FOB)扣除出口货物所含的海关保税进口料件的金额后确定。

(3)生产企业国内购进无进项税额且不计提进项税额的免税原材料加工后出口的货物的计税依据,按出口货物的离岸价(FOB)扣除出口货物所含的国内购进免税原材料的金额后确定。

(4)外贸企业出口货物(委托加工修理修配货物除外)增值税退(免)税的计税依据,为购进出口货物的增值税专用发票注明的金额或海关进口增值税专用缴款书注明的完税价格。

(5)外贸企业出口委托加工修理修配货物增值税退(免)税的计税依据,为加工修理修配费用增值税专用发票注明的金额。外贸企业应将加工修理修配使用的原材料(进料加工海关保税进口料件除外)作价销售给受托加工修理修配的生产企业,受托加工修理修配的生产企业应将原材料成本并入加工修理修配费用开具发票。

(6)出口进项税额未计算抵扣的已使用过的设备增值税退(免)税的计税依据,按下列公式确定:

退(免)税计税依据=增值税专用发票上的金额或海关进口增值税专用缴款书注明的完税价格×已使用过的设备固定资产净值÷已使用过的设备原值

已使用过的设备固定资产净值=已使用过的设备原值-已使用过的设备已提累计折旧

此处已使用过的设备,是指出口企业根据财务会计制度已经计提折旧的固定资产。

(7)免税品经营企业销售的货物增值税退(免)税的计税依据,为购进货物的增值税专用发票注明的金额或海关进口增值税专用缴款书注明的完税价格。

(8)中标机电产品增值税退(免)税的计税依据,生产企业为销售机电产品的普通发票注明的金额,外贸企业为购进货物的增值税专用发票注明的金额或海关进口增值税专用缴款书注明的完税价格。

(9)生产企业向海上石油天然气开采企业销售的自产的海洋工程结构物增值税退(免)税的计税依据,为销售海洋工程结构物的普通发票注明的金额。

(10)输入特殊区域的水电气增值税退(免)税的计税依据,为作为购买方的特殊区域内生产企业购进水(包括蒸汽)、电力、燃气的增值税专用发票注明的金额。

(五)增值税“免抵退”税和免退税的计算

1.生产企业出口货物劳务增值税“免抵退”税办法

“免”是指对生产企业出口自产货物,免征企业生产销售环节增值税;

“抵”是指生产企业出口货物所耗用的原材料、零部件、燃料、动力等所含应予退还的进项税额,抵顶内销货物的应纳税额;

“退”是指生产企业出口的自产货物在当月内应抵顶的进项税额大于应纳税额时,对未抵顶完的部分予以退还。计算步骤如下:

(1)免抵退税不得免征和抵扣的税额。

$$\text{免抵退税不得免征和抵扣税额}=\text{出口货物离岸价}\times\text{外汇人民币牌价}\times\left(\text{出口货物征税率}-\text{出口货物退税率}\right)-\text{免抵退税不得免征和抵扣税额抵减额} \quad (3.15)$$

$$\text{免抵退税不得免征和抵扣税额抵减额}=\text{免税购进原材料价格}\times\left(\text{出口货物征税率}-\text{出口货物退税率}\right) \quad (3.16)$$

(2)当期应纳税额的计算。

$$\text{当期应纳税额}=\text{当期内销货物的销项税额}-\left(\text{当期进项税额}-\text{当期免抵退税不得免征和抵扣税额}\right)-\text{上期未抵扣完的进项税额} \quad (3.17)$$

(3)免抵退税额的计算。

$$\text{免抵退税额}=\text{出口货物离岸价}\times\text{外汇人民币牌价}\times\text{出口货物退税率}-\text{免抵退税额抵减额} \quad (3.18)$$

(4)当期应退税额和免抵税额的计算。

①若当期期末留抵税额(当期应纳税额)≤ 当期免抵退税额,则:

当期应退税额=当期期末留抵税额

当期免抵税额=当期免抵退税额-当期应退税额

②若当期期末留抵税额(当期应纳税额)≥当期免抵退税额,则:

当期应退税额=当期免抵退税额

当期免抵税额=0

(当期期末留抵税额-当期免抵退税额)的余额留在下期继续抵扣。

(5)当期免税购进原材料价格包括当期国内购进的无进项税额且不计提进项税额的免税原材料的价格和当期进料加工保税进口料件的价格,其中当期进料加工保税进口料件的价格为组成计税价格。

当期进料加工保税进口料件的组成计税价格=当期进口料件到岸价格+海关实征关税+海关实征消费税 (3.19)

例 3.2 某自营出口的生产企业为增值税一般纳税人,出口货物的征税税率为 17%,退税税率为 13%。2016 年 10 月有关经营业务为:购原材料一批,取得的增值税专用发票注明的价款 400 万元,外购货物准予抵扣的进项税额 68 万元通过认证,本期没有免税购进原材料。上期末留抵税款 10 万元,本月内销货物不含税销售额 100 万元。本月出口货物的销售额 50 万美元,汇率 6.35 元/美元。

解 (1)当期免抵退税不得免征和抵扣税额=50×6.35×(17%-13%)= 12.7 万元。

(2)当期应纳税额=100×17%-(68-12.7)-10=-48.3 万元。

(3)当期出口货物"免抵退"税额=50×6.35×13%=41.28 万元。

(4)当期期末留抵税额>当期免抵退税额,故:

当期应退税额=当期免抵退税额 41.28 万元。

当期免抵税额=0 万元。

(5)结转下期继续抵扣的税额=48.3-41.28=7.02 万元。

例 3.3 如上题,如果本月内销货物不含税收入为 200 万或 300 万,则当期应退税额分别为多少?

2. 外贸企业出口货物劳务增值税免退税,依下列公式计算

(1)外贸企业出口委托加工修理修配货物以外的货物:

增值税应退税额=增值税退(免)税计税依据×出口货物退税率

(2)外贸企业出口委托加工修理修配货物:

出口委托加工修理修配货物的增值税应退税额=委托加工修理修配的增值税退(免)税计税依据×出口货物退税率

(3)退税率低于适用税率的,相应计算出的差额部分的税款计入出口货物劳务成本。

(4)出口企业既有适用增值税免抵退项目,也有增值税即征即退、先征后退项目的,增值税即征即退和先征后退项目不参与出口项目免抵退税计算。出口企业应分别核算增值税免抵退项目和增值税即征即退、先征后退项目,并分别申请享受增值税即征即退、先征后退和免抵退税政策。

用于增值税即征即退或者先征后退项目的进项税额无法划分的,按照下列公式计算:

无法划分进项税额中用于增值税即征即退或者先征后退项目的部分=当月无法划分的全部进项税额×当月增值税即征即退或者先征后退项目销售额÷当月全部销售额、营业额合计

三、出口货物和劳务及应税服务增值税免税政策

(一)适用范围

适用增值税免税政策的出口货物劳务如下。

1. 出口企业或其他单位出口规定的货物

具体是指：

(1)增值税小规模纳税人出口的货物。

(2)避孕药品和用具,古旧图书。

(3)软件产品。其具体范围是指海关税则号前四位为“9803”的货物。

(4)含黄金、铂金成分的货物,钻石及其饰品。

(5)国家计划内出口的卷烟。

(6)已使用过的设备。其具体范围是指购进时未取得增值税专用发票、海关进口增值税专用缴款书但其他相关单证齐全的已使用过的设备。

(7)非出口企业委托出口的货物。

(8)非列名生产企业出口的非视同自产货物。

(9)农业生产者自产农产品(农产品的具体范围按照《农业产品征税范围注释》(财税〔1995〕52 号)的规定执行)。

(10)油画、花生果仁、黑大豆等财政部和国家税务总局规定的出口免税的货物。

(11)外贸企业取得普通发票、废旧物资收购凭证、农产品收购发票、政府非税收入票据的货物。

(12)来料加工复出口的货物。

(13)特殊区域内的企业出口的特殊区域内的货物。

(14)以人民币现金作为结算方式的边境地区出口企业从所在省(自治区)的边境口岸出口到接壤国家的一般贸易和边境小额贸易出口货物。

(15)以旅游购物贸易方式报关出口的货物。

2. 出口企业或其他单位视同出口的下列货物和劳务

(1)国家批准设立的免税店销售的免税货物(包括进口免税货物和已实现退(免)税的货物)。

(2)特殊区域内的企业为境外的单位或个人提供加工修理修配劳务。

(3)同一特殊区域、不同特殊区域内的企业之间销售特殊区域内的货物。

3. 出口企业或其他单位未按规定申报或未补齐增值税退(免)税凭证的出口货物劳务

具体是指：

(1)未在国家税务总局规定的期限内申报增值税退(免)税的出口货物劳务。

(2)未在规定期限内申报开具《代理出口货物证明》的出口货物劳务。

(3)已申报增值税退(免)税,却未在国家税务总局规定的期限内向税务机关补齐增值税退(免)税凭证的出口货物劳务。

对于适用增值税免税政策的出口货物劳务,出口企业或其他单位可以依照现行增值税有关规定放弃免税,并依照本通知第七条的规定缴纳增值税。

4. 境内的单位和个人提供的下列应税服务免征增值税

(1)工程、矿产资源在境外的工程勘察勘探服务。

(2)会议展览地点在境外的会议展览服务。

(3)存储地点在境外的仓储服务。

(4)标的物在境外使用的有形动产租赁服务。

(5)为出口货物提供的邮政业服务和收派服务。

(6)在境外提供的广播影视节目(作品)的发行、播映服务。

(7)适用零税率以外的国际运输服务。

(8)适用零税率以外的港澳台运输服务。

(9)向境外单位提供的下列应税服务:

①技术转让服务、技术咨询服务、合同能源管理服务、软件服务、电路设计及测试服务、信息系统服务、业务流程管理服务、商标著作权转让服务、知识产权服务、物流辅助服务(仓储服务、收派服务除外)、认证服务、鉴证服务、咨询服务、广播影视节目(作品)制作服务、期租服务、程租服务、湿租服务。但不包括:合同标的物在境内的合同能源管理服务,对境内货物或不动产的认证服务、鉴证服务和咨询服务。

②广告投放地在境外的广告服务。

对于适用增值税免税政策的出口货物劳务,出口企业或其他单位可以依照现行增值税有关规定放弃免税,并按规定缴纳增值税。

(二)进项税额的处理计算

(1)适用增值税免税政策的出口货物劳务,其进项税额不得抵扣和退税,应当转入成本。

(2)出口卷烟,依下列公式计算:

不得抵扣的进项税额=出口卷烟含消费税金额÷(出口卷烟含消费税金额+内销卷烟销售额)×当期全部进项税额

①当生产企业销售的出口卷烟在国内有同类产品销售价格时:

出口卷烟含消费税金额=出口销售数量×销售价格

"销售价格"为同类产品生产企业国内实际调拨价格。实际调拨价格低于税务机关公示的计税价格的,"销售价格"为税务机关公示的计税价格;高于公示计税价格的,销售价格为实际调拨价格。

②当生产企业销售的出口卷烟在国内没有同类产品销售价格时:

出口卷烟含税金额=(出口销售额+出口销售数量×消费税定额税率)÷(1-消费税比例税率)

"出口销售额"以出口发票上的离岸价为准。若出口发票不能如实反映离岸价,生产企业应按实际离岸价计算,否则,税务机关有权按照有关规定予以核定调整。

(3)除出口卷烟外,适用增值税免税政策的其他出口货物劳务的计算,按照增值税免税政策的统一规定执行。其中,如果涉及销售额,除来料加工复出口货物为其加工费收入外,其他均为出口离岸价或销售额。

四、适用增值税征税政策的出口货物劳务

下列出口货物劳务,不适用增值税退(免)税和免税政策,按下列规定及视同内销货物征税的其他规定征收增值税(以下称增值税征税)。

(一)适用范围

适用增值税征税政策的出口货物劳务是指:

(1)出口企业出口或视同出口财政部和国家税务总局根据国务院决定明确取消出口退(免)税的货物(不包括来料加工复出口货物、中标机电产品、列名原材料、输入特殊区域的水电气、海洋工程结构物)。

(2)出口企业或其他单位销售给特殊区域内的生活消费用品和交通运输工具。

(3)出口企业或其他单位因骗取出口退税被税务机关停止办理增值税退(免)税期间出口的货物。

(4)出口企业或其他单位提供虚假备案单证的货物。

(5)出口企业或其他单位增值税退(免)税凭证有伪造或内容不实的货物。

(6)出口企业或其他单位未在国家税务总局规定期限内申报免税核销以及经主管税务机关审核不予免税核销的出口卷烟。

(7)出口企业或其他单位具有以下情形之一的出口货物劳务:

①将空白的出口货物报关单、出口收汇核销单等退(免)税凭证交由除签有委托合同的货代公司、报关行,或由境外进口方指定的货代公司(提供合同约定或者其他相关证明)以外的其他单位或个人使用的。

②以自营名义出口,其出口业务实质上是由本企业及其投资的企业以外的单位或个人借该出口企业名义操作完成的。

③以自营名义出口,其出口的同一批货物既签订购货合同,又签订代理出口合同(或协议)的。

④出口货物在海关验放后,自己或委托货代承运人对该笔货物的海运提单或其他运输单据等上的品名、规格等进行修改,造成出口货物报关单与海运提单或其他运输单据有关内容不符的。

⑤以自营名义出口,但不承担出口货物的质量、收款或退税风险之一的,即出口货物发生质量问题不承担购买方的索赔责任(合同中有约定质量责任承担者除外);不承担未按期收款导致不能核销的责任(合同中有约定收款责任承担者除外);不承担因申报出口退(免)税的资料、单证等出现问题造成不退税责任的。

⑥未实质参与出口经营活动、接受并从事由中间人介绍的其他出口业务,但仍以自营名义出口的。

(二)应纳增值税的计算

适用增值税征税政策的出口货物劳务,其应纳增值税按下列办法计算。

1. 一般纳税人出口货物

销项税额=(出口货物离岸价-出口货物耗用的进料加工保税进口料件金额)÷(1+适用税率)×适用税率

出口货物若已按征退税率之差计算不得免征和抵扣税额并已经转入成本的,相应的税额应转回进项税额。

(1)出口货物耗用的进料加工保税进口料件金额=主营业务成本×(投入的保税进口料件金额÷生产成本)。

主营业务成本、生产成本均为不予退(免)税的进料加工出口货物的主营业务成本、生产成本。当耗用的保税进口料件金额大于不予退(免)税的进料加工出口货物金额时,耗用的保税进口料件金额为不予退(免)税的进料加工出口货物金额。

(2)出口企业应分别核算内销货物和增值税征税的出口货物的生产成本、主营业务成本。未分别核算的，其相应的生产成本、主营业务成本由主管税务机关核定。

进料加工手册海关核销后，出口企业应对出口货物耗用的保税进口料件金额进行清算。清算公式为

清算耗用的保税进口料件总额=实际保税进口料件总额-退(免)税出口货物耗用的保税进口料件总额-进料加工副产品耗用的保税进口料件总额

若耗用的保税进口料件总额与各纳税期扣减的保税进口料件金额之和存在差额，应在清算的当期相应调整销项税额。当耗用的保税进口料件总额大于出口货物离岸金额时，其差额部分不得扣减其他出口货物金额。

2. 小规模纳税人出口货物

应纳税额=出口货物离岸价÷(1+征收率)×征收率

第七节 增值税征收管理

一、纳税义务发生时间

《增值税暂行条例》明确规定了增值税纳税义务的发生时间：

(1)采取直接收款方式销售货物，不论货物是否发出，均为收到销售额或取得索取销售额的凭据，并将提货单交给买方的当天。

(2)采取托收承付和委托银行收款方式销售货物，为发出货物并办妥托收手续的当天。

(3)采取赊销和分期收款方式销售货物，为按合同约定的收款日期的当天。

(4)采取预收货款方式销售货物，为货物发出的当天。

(5)委托其他纳税人代销货物，为收到代销单位销售的代销清单的当天。

(6)销售应税劳务，为提供劳务同时收讫销售额或取得索取销售额凭据的当天。

(7)纳税人发生“征税范围”中第(3)至第(8)项视同销售货物行为，为货物移送的当天。

(8)进口货物，为报关进口的当天。

纳税义务发生时间就是计算销项税额的时间。

二、防伪税控专用发票进项税额抵扣的时间限定

(1)增值税一般纳税人取得2010年1月1日以后开具的增值税专用发票、货物运输业增值税专用发票和机动车销售统一发票，应在开具之日起180日内到税务机关认证，并在认证通过的次月申报期内向主管税务机关申报抵扣进项税额。

(2)纳税人取得的2009年12月31日以前开具的仍按90日当月抵扣规定执行。

三、海关完税凭证进项税额抵扣的时间限定

(1)增值税一般纳税人进口货物，自2013年7月1日以后取得的海关缴款书，需经税务机关稽核比对后，其进项税额方能在销项税额中抵扣。

(2)应当在开具之日起180日内向主管税务机关报送《海关完税凭证抵扣清单》(电子数据)申请稽核比对，逾期申请不得抵扣进项税额。

(3)稽核比对结果相符的海关缴款书，纳税人应在税务机关提供的稽核比对结果的当

月纳税申报配齐后申报抵扣,逾期的进项税额不得抵扣。

四、纳税期限

增值税的纳税期限分别为1日、3日、5日、10日、15日、1个月或1个季度。纳税人具体纳税期限由主管税务机关根据纳税人应纳税额大小分别核定;不能按照固定期限纳税的,可以按次纳税。

纳税人以1个月或1个季度为一期纳税的,自期满之日起15日内申报纳税,遇最后一日为法定节假日的,顺延1日;以1日、3日、5日、10日或者15日为一期纳税的,自期满之日起5日内预缴税款,于次月1日起15日内申报纳税并结清上月应纳税额。

以1个季度为一期纳税的仅限于小规模纳税义务人。

纳税人进口货物,应当自海关填发缴纳书之日起15日内缴纳税款。

纳税人出口适用税率为零的货物,可以按月向税务机关申报办理该项出口货物的退税。

五、纳税地点

(1)固定业户应当向其机构所在地主管税务机关申报纳税。总机构和分支机构不在同一县(市)的,应当分别向各自所在地主管税务机关申报纳税;经国家税务总局或其授权的税务机关批准,也可由总机构汇总向总机构所在地主管税务机关申报纳税。

(2)固定业户到外县(市)销售货物的,应当向其机构所在地主管税务机关申请开具"外出经营活动税收管理证明",向其机构所在地主管税务机关申报纳税。未持有其机构所在地主管税务机关核发的外出经营税收管理证明,到外县(市)销售货物或者应税劳务的,应当向销售地主管税务机关申报纳税;未向销售地主管税务机关申报纳税的,由其机构所在地主管税务机关补征税款。

(3)非固定业户销售货物或者应税劳务,应当向销售地主管税务机关申报纳税。

(4)进口货物,应当由进口人或其代理人向报关地海关申报纳税。

(5)非固定业户到外县(市)销售货物或者应税劳务,未向销售地主管税务机关申报纳税的,由其机构所在地或者居住地主管税务机关补征税款。

第八节 增值税专用发票

增值税实行凭国家印发的增值税专用发票注明的税款进行抵扣的制度。增值税专用发票不仅是纳税人经济活动中重要的商事凭证,而且是兼记销售方销项税额和购货方进项税额进行税款抵扣的抵扣凭证,因此,加强增值税专用发票的管理是增值税征收管理中的一个十分重要的环节。根据《增值税暂行条例》的规定,1993年12月30日国家税务总局制定了《增值税专用发票使用规定》,并自1994年1月1日起执行。为进一步规范增值税专用发票的管理使用,加强增值税征收管理,国家税务总局对《增值税专用发票使用规定》进行了修订,并于2007年1月1日施行。

纳税人必须认真掌握有关增值税专用发票的各项规定,杜绝违法行为的发生。

一、增值税专用发票的领购使用范围

增值税专用发票(简称专用发票)是增值税制度的基本内容之一,它只限于增值税的一

般纳税人凭“发票领购簿”、IC卡或报税盘和经办人身份证领用，小规模纳税人和非增值税纳税人不得领购使用。一般纳税人有下列情况之一者，不得领购使用专用发票。

(1)会计核算不健全，即不能按会计制度和税务机关的要求准确核算增值税的销项税额、进项税额和应纳税额者。

(2)有以下行为，经税务机关责令限期改正而仍未改正者。

①虚开增值税专用发票；

②私自印制专用发票；

③向个人或税务机关以外的单位买取专用发票；

④借用他人专用发票；

⑤未按规定的要求开具专用发票；

⑥未按规定保管专用发票和专用设备；

⑦未按规定申请办理防伪税控系统变更发行；

⑧未按规定接受税务机关的检查。

(3)“营改增”后纳税人发票的使用。

本地区自“营改增”试点实施之日起，主管税务机关不得开具公路、内河货物运输业统一发票，增值税一般纳税人提供的货物运输服务，使用货物运输业增值税专用发票(货运专票)和普通发票。提供的货物运输业务之外的其他增值税应税项目，统一使用增值税专用发票(专用发票)和增值税普通发票。

二、专用发票开具范围

除按规定不得开具专用发票的情形外，一般纳税人销售货物(包括视同销售货物)、应税劳务、应税服务，应向购买方开具专用发票，但下列情形不得开具专用发票。

(1)向消费者个人销售应税项目和应税服务；

(2)销售免税项目和应税服务；

(3)销售报关出口的货物，在境外销售应税劳务；

(4)将货物用于非应税项目；

(5)将货物用于集体福利或个人消费；

(6)提供非应税劳务(征收增值税的除外)、转让无形资产或销售不动产。

向小规模纳税人销售应税项目，可以不开具专用发票。

三、专用发票的开具要求

专用发票作为抵扣税款的法定依据，其记载的信息必须真实、准确、全面、合法。因此，必须按下列要求开具。

(1)项目填写齐全，与实际交易相符；

(2)字迹清楚，不得压线、错格；

(3)发票联和抵扣联加盖发票专用章；

(4)按照增值税纳税义务的发生时间开具专用发票。

四、专用发票开具时限

一般纳税人必须按规定时限开具专用发票，不得提前或滞后。具体规定如下：

(1)采用预收货款、托收承付、委托银行收款结算方式的,为货物发出的当天;

(2)采用交款提货结算方式的,为收到货款的当天;

(3)采用赊销、分期付款结算方式的,为合同约定的收款日期的当天;

(4)将货物交付他人代销的,为收到受托人送交的代销清单的当天;

(5)设有两个以上机构并实行统一核算的纳税人,将货物从一个机构移送其他机构用于销售,按规定应当征收增值税的,为货物移送的当天;

(6)将货物作为投资提供给其他单位或个体经营者的,为货物移送的当天;

(7)将货物分配给股东的,为货物移送的当天。

对已开具专用发票的销售货物,要及时足额计入当期销售额计税。凡开具了专用发票,其销售额未按规定计入销售账户核算的,一律按偷税论处。

五、专用发票开具联次及票样

专用发票由基本联次或基本联次附加其他联次构成,基本联次为三联:发票联、抵扣联和记账联。其他联次用途,由一般纳税人自行确定。

发票联:作为购货方核算采购成本和增值税进项税额的记账凭证;

抵扣联:作为购买方报送主管税务机关认证和留存备查的凭证;

记账联:作为销售方核算销售收入和增值税销项税额的记账凭证。

货物运输业增值税专用发票分为三联次和六联次,第一联:记账联,承运人记账凭证;第二联:抵扣联,受票方扣税凭证;第三联:发票联,受票方记账凭证;第四联至第六联由发票使用单位自行安排使用。

六、专用发票抵扣管理的规定

(1)有下列情形之一的,不得作为增值税进项税额的抵扣凭证:

①无法认证,即专用发票所列密文或者明文不能辨认;

②纳税人识别号认证不符;

③专用发票代码、号码认证不符。

(2)有下列情形之一的,暂不得作为增值税进项税额的抵扣凭证:

①重复认证;

②密文有误,即专用发票所列密文无法解释;

③认证不符;

④列为失控专用发票。

(3)对丢失已开具专用发票的发票联和抵扣联的处理。

可由主管税务机关出具《丢失增值税专用发票已报税证明单》;专用发票联复印件或发票抵扣联复印件留存备查。

丢失货运发票的,承运方主管税务机关出具《丢失货物运输增值税专用发票已报税证明单》,按照专用发票的有关规定执行。

(4)专用发票抵扣联无法认证的,可使用专用发票发票联到主管税务机关认证,专用发票发票联复印件留存备查。

七、开具专用发票后，发生退货或销售折让的处理

销售货物并向购买方开具专用发票后，如发生退货或销售折让，应视不同情况按以下规定办理。

(1)在购买方未付货款并且未作账务处理的情况下，须将原发票联和抵扣联主动退还销售方。销售方在收到后，应在该发票联和抵扣联及有关的存根联、记账联上注明“作废”字样，作为扣减当期销项税额的凭证。属于销售折让的，应按折让后的货款重开专用发票。

(2)在购买方未付货款但销售方已将记账联作账务处理的情况下，可开具相同内容的红字专用发票，将红字专用发票的记账联撕下作为扣减当期销项税额的凭证，存根联、抵扣联和发票联不得撕下；再将从原购买方收到的原抵扣联、发票联贴在红字专用发票联后面，并在上面注明原发票和红字专用发票记账联的存放地点，作为开具红字专用发票的依据。

(3)在购买方已付货款，或货款未付但已作账务处理时，此时发票联和抵扣联已无法退还，购买方必须取得当地主管税务机关开具的“进货退出或索取折让证明单”送交销售方，作为开具红字专用发票的依据。红字专用发票的存根联、记账联作为销售方扣减当期销项税额的凭证，其发票联、抵扣联作为购买方扣减当期进项税额的凭证。

八、加强对增值税专用发票的管理

税法除了对纳税人领购、开具专用发票作了上述各项具体规定外，在严格管理上也作了多项规定，主要内容如下。

(一)关于被盗、丢失专用发票的处理

(1)对违反规定发生被盗、丢失专用发票的纳税人，按《税收征收管理法》和《发票管理办法》的规定，处以一万元以下的罚款，并视具体情况，对丢失专用发票的纳税人，在不超过半年内停止领购专用发票。

(2)纳税人丢失专用发票后，必须按规定程序向当地税务机关、公安机关办理报失。各地税务机关对丢失专用发票的纳税人，在按规定进行处罚的同时，代收取“挂失登报费”，并将丢失专用发票的纳税人名称、发票份数、字轨号码、盖章与否等情况，统一传(寄)中国税务报社刊登《遗失声明》。传(寄)中国税务报社的《遗失声明》，必须经县(市)国家税务机关审核盖章、签署意见。

(二)关于代开、虚开专用发票的处理

代开专用发票指为与自己没有发生直接购销关系的他人开具专用发票的行为；虚开专用发票是指在没有任何购销事实的前提下，为他人、为自己、让他人为自己或介绍他人开具专用发票的行为。

(1)对代开、虚开专用发票的，一律按票面所列货物的适用税率全额补征税款，并按《税收征收管理法》的规定按偷税给予处罚。

(2)对纳税人取得代开、虚开的增值税专用发票，不得作为抵扣凭证抵扣进项税额。

(3)对代开、虚开专用发票构成犯罪的，按《关于惩治虚开、伪造和非法出售增值税专用发票犯罪的决定》处以刑罚。

【本章小结】

就计税原理而言，增值税是对生产经营新增价值或商品附加值进行征税。我国现行税

制是双主体的税制结构,增值税是流转税类的一个税种,在我国现行税法体系中一直占有举足轻重的地位。增值税的税收收入占整个税收收入的比例排在所有税种之首,2013 年仅国内增值税就达到 28 803 亿元,占税收收入的比重为 26%。

本章是全书的一个重点,也是一个难点。对增值税的征税范围、销售额、销项税额、进项税额、出口退税以及增值税专用发票等方面的内容要重点掌握。

【中英文关键词对照】

增值税	Value-added Tax
增值额	Increased Value Volume
一般纳税义务人	General Taxpayer
小规模纳税义务人	Small Scale Taxpayer
销售额	Sales Volume
出口货物退免税	The Goods Returns Tax Exemption Outlet
增值税专用发票	Added Value Tax Appropriation Invoice

【复习思考题】

1. 增值税的含义及增值税的类型。
2. 属于增值税征税范围的视同销售货物行为有哪些?
3. 营改增的基本内容。
4. 哪些进项税额可以抵扣,哪些不可以抵扣?
5. 出口货物退免税的政策有哪些?
6. 增值税专用发票开具范围有哪些?

【案例分析】

1. 某生产企业为增值税一般纳税人,适用增值税税率 17%,2016 年 2 月有关生产经营业务如下。

(1)销售甲产品给某大商场,开具增值税专用发票,取得不含税销售额 80 万元;另外,开具普通发票,取得销售甲产品的送货运输费收入 5.85 万元(含增值税价格,与销售货物不能分别核算)。

(2)销售乙产品,开具普通发票,取得含税销售额 29.25 万元。

(3)将试制的一批应税新产品用于本企业基建工程,成本价为 20 万元,成本利润率为 10%,该新产品无同类产品市场销售价格。

(4)购进货物取得增值税专用发票,注明支付的货款 60 万元,进项税额 10.2 万元;另外,支付购货的运输费用 6 万元(不含税价),取得运输企业增值税专用发票。

(5)向农业生产者购进免税农产品一批,支付收购价 30 万元,支付给运输单位的运费 5 万元(不含税价),未取得相关的合法票据。本月下旬将购进的农产品的 20% 用于本企业职工福利(以上相关票据均符合税法的规定)。

计算该企业 2016 年 2 月应缴纳的增值税税额。

2. 某自营出口的生产企业为增值税一般纳税人,出口货物的征税税率为 17%,退税税率为 13%。2016 年 10 月有关经营业务为:购原材料一批,取得的增值税专用发票注明的价款400万元,外购货物准予抵扣的进项税额68万元通过认证。上期末留抵税款10万元。本月内销货物不含税销售额100万元,本月出口货物的销售额折合人民币300万元。

计算该企业当期的"免抵退"税额。

【"营改增"相关资料】

资料一

营业税改征增值税试点实施办法

第一章 纳税人和扣缴义务人

第一条 在中华人民共和国境内(以下称境内)销售服务、无形资产或者不动产(以下称应税行为)的单位和个人,为增值税纳税人,应当按照本办法缴纳增值税,不缴纳营业税。

单位,是指企业、行政单位、事业单位、军事单位、社会团体及其他单位。

个人,是指个体工商户和其他个人。

第二条 单位以承包、承租、挂靠方式经营的,承包人、承租人、挂靠人(以下统称承包人)以发包人、出租人、被挂靠人(以下统称发包人)名义对外经营并由发包人承担相关法律责任的,以该发包人为纳税人。否则,以承包人为纳税人。

第三条 纳税人分为一般纳税人和小规模纳税人。

应税行为的年应征增值税销售额(以下称应税销售额)超过财政部和国家税务总局规定标准的纳税人为一般纳税人,未超过规定标准的纳税人为小规模纳税人。

年应税销售额超过规定标准的其他个人不属于一般纳税人。年应税销售额超过规定标准但不经常发生应税行为的单位和个体工商户可选择按照小规模纳税人纳税。

第四条 年应税销售额未超过规定标准的纳税人,会计核算健全,能够提供准确税务资料的,可以向主管税务机关办理一般纳税人资格登记,成为一般纳税人。

会计核算健全,是指能够按照国家统一的会计制度规定设置账簿,根据合法、有效凭证核算。

第五条 符合一般纳税人条件的纳税人应当向主管税务机关办理一般纳税人资格登记。具体登记办法由国家税务总局制定。

除国家税务总局另有规定外,一经登记为一般纳税人后,不得转为小规模纳税人。

第六条 中华人民共和国境外(以下称境外)单位或者个人在境内发生应税行为,在境内未设有经营机构的,以购买方为增值税扣缴义务人。财政部和国家税务总局另有规定的除外。

第七条 两个或者两个以上的纳税人,经财政部和国家税务总局批准可以视为一个纳税人合并纳税。具体办法由财政部和国家税务总局另行制定。

第八条 纳税人应当按照国家统一的会计制度进行增值税会计核算。

第二章 征税范围

第九条 应税行为的具体范围,按照本办法所附的《销售服务、无形资产、不动产注释》执行。

第十条 销售服务、无形资产或者不动产,是指有偿提供服务、有偿转让无形资产或者不动产,但属于下列非经营活动的情形除外:

(一)行政单位收取的同时满足以下条件的政府性基金或者行政事业性收费。

1. 由国务院或者财政部批准设立的政府性基金，由国务院或者省级人民政府及其财政、价格主管部门批准设立的行政事业性收费；

2. 收取时开具省级以上（含省级）财政部门监（印）制的财政票据；

3. 所收款项全额上缴财政。

（二）单位或者个体工商户聘用的员工为本单位或者雇主提供取得工资的服务。

（三）单位或者个体工商户为聘用的员工提供服务。

（四）财政部和国家税务总局规定的其他情形。

第十一条　有偿，是指取得货币、货物或者其他经济利益。

第十二条　在境内销售服务、无形资产或者不动产，是指：

（一）服务（租赁不动产除外）或者无形资产（自然资源使用权除外）的销售方或者购买方在境内。

（二）所销售或者租赁的不动产在境内。

（三）所销售自然资源使用权的自然资源在境内。

（四）财政部和国家税务总局规定的其他情形。

第十三条　下列情形不属于在境内销售服务或者无形资产：

（一）境外单位或者个人向境内单位或者个人销售完全在境外发生的服务。

（二）境外单位或者个人向境内单位或者个人销售完全在境外使用的无形资产。

（三）境外单位或者个人向境内单位或者个人出租完全在境外使用的有形动产。

（四）财政部和国家税务总局规定的其他情形。

第十四条　下列情形视同销售服务、无形资产或者不动产：

（一）单位或者个体工商户向其他单位或者个人无偿提供服务，但用于公益事业或者以社会公众为对象的除外。

（二）单位或者个人向其他单位或者个人无偿转让无形资产或者不动产，但用于公益事业或者以社会公众为对象的除外。

（三）财政部和国家税务总局规定的其他情形。

第三章　税率和征收率

第十五条　增值税税率：

（一）纳税人发生应税行为，除本条第（二）项、第（三）项、第（四）项规定外，税率为6%。

（二）提供交通运输、邮政、基础电信、建筑、不动产租赁服务，销售不动产，转让土地使用权，税率为11%。

（三）提供有形动产租赁服务，税率为17%。

（四）境内单位和个人发生的跨境应税行为，税率为零。具体范围由财政部和国家税务总局另行规定。

第十六条　增值税征收率为3%，财政部和国家税务总局另有规定的除外。

第四章　应纳税额的计算

第一节　一般性规定

第十七条　增值税的计税方法，包括一般计税方法和简易计税方法。

第十八条　一般纳税人发生应税行为适用一般计税方法计税。

一般纳税人发生财政部和国家税务总局规定的特定应税行为,可以选择适用简易计税方法计税,但一经选择,36 个月内不得变更。

第十九条　小规模纳税人发生应税行为适用简易计税方法计税。

第二十条　境外单位或者个人在境内发生应税行为,在境内未设有经营机构的,扣缴义务人按照下列公式计算应扣缴税额:

应扣缴税额=购买方支付的价款÷(1+税率)×税率

第二节　一般计税方法

第二十一条　一般计税方法的应纳税额,是指当期销项税额抵扣当期进项税额后的余额。应纳税额计算公式:

应纳税额=当期销项税额-当期进项税额

当期销项税额小于当期进项税额不足抵扣时,其不足部分可以结转下期继续抵扣。

第二十二条　销项税额,是指纳税人发生应税行为按照销售额和增值税税率计算并收取的增值税额。销项税额计算公式:

销项税额=销售额×税率

第二十三条　一般计税方法的销售额不包括销项税额,纳税人采用销售额和销项税额合并定价方法的,按照下列公式计算销售额:

销售额=含税销售额÷(1+税率)

第二十四条　进项税额,是指纳税人购进货物、加工修理修配劳务、服务、无形资产或者不动产,支付或者负担的增值税额。

第二十五条　下列进项税额准予从销项税额中抵扣:

(一)从销售方取得的增值税专用发票(含税控机动车销售统一发票,下同)上注明的增值税额。

(二)从海关取得的海关进口增值税专用缴款书上注明的增值税额。

(三)购进农产品,除取得增值税专用发票或者海关进口增值税专用缴款书外,按照农产品收购发票或者销售发票上注明的农产品买价和 11% 的扣除率计算的进项税额。计算公式为:

进项税额=买价×扣除率

买价,是指纳税人购进农产品在农产品收购发票或者销售发票上注明的价款和按照规定缴纳的烟叶税。

购进农产品,按照《农产品增值税进项税额核定扣除试点实施办法》抵扣进项税额的除外。

(四)从境外单位或者个人购进服务、无形资产或者不动产,自税务机关或者扣缴义务人取得的解缴税款的完税凭证上注明的增值税额。

第二十六条　纳税人取得的增值税扣税凭证不符合法律、行政法规或者国家税务总局有关规定的,其进项税额不得从销项税额中抵扣。

增值税扣税凭证,是指增值税专用发票、海关进口增值税专用缴款书、农产品收购发票、农产品销售发票和完税凭证。

纳税人凭完税凭证抵扣进项税额的,应当具备书面合同、付款证明和境外单位的对账单或者发票。资料不全的,其进项税额不得从销项税额中抵扣。

第二十七条　下列项目的进项税额不得从销项税额中抵扣:

（一）用于简易计税方法计税项目、免征增值税项目、集体福利或者个人消费的购进货物、加工修理修配劳务、服务、无形资产和不动产。其中涉及的固定资产、无形资产、不动产，仅指专用于上述项目的固定资产、无形资产（不包括其他权益性无形资产）、不动产。

纳税人的交际应酬消费属于个人消费。

（二）非正常损失的购进货物，以及相关的加工修理修配劳务和交通运输服务。

（三）非正常损失的在产品、产成品所耗用的购进货物（不包括固定资产）、加工修理修配劳务和交通运输服务。

（四）非正常损失的不动产，以及该不动产所耗用的购进货物、设计服务和建筑服务。

（五）非正常损失的不动产在建工程所耗用的购进货物、设计服务和建筑服务。

纳税人新建、改建、扩建、修缮、装饰不动产，均属于不动产在建工程。

（六）购进的旅客运输服务、贷款服务、餐饮服务、居民日常服务和娱乐服务。

（七）财政部和国家税务总局规定的其他情形。

本条第（四）项、第（五）项所称货物，是指构成不动产实体的材料和设备，包括建筑装饰材料和给排水、采暖、卫生、通风、照明、通信、煤气、消防、中央空调、电梯、电气、智能化楼宇设备及配套设施。

第二十八条　不动产、无形资产的具体范围，按照本办法所附的《销售服务、无形资产、不动产注释》执行。

固定资产，是指使用期限超过12个月的机器、机械、运输工具以及其他与生产经营有关的设备、工具、器具等有形动产。

非正常损失，是指因管理不善造成货物被盗、丢失、霉烂变质，以及因违反法律法规造成货物或者不动产被依法没收、销毁、拆除的情形。

第二十九条　适用一般计税方法的纳税人，兼营简易计税方法计税项目、免征增值税项目而无法划分不得抵扣的进项税额，按照下列公式计算不得抵扣的进项税额：

不得抵扣的进项税额＝当期无法划分的全部进项税额×（当期简易计税方法计税项目销售额+免征增值税项目销售额）÷当期全部销售额

主管税务机关可以按照上述公式依据年度数据对不得抵扣的进项税额进行清算。

第三十条　已抵扣进项税额的购进货物（不含固定资产）、劳务、服务，发生本办法第二十七条规定情形（简易计税方法计税项目、免征增值税项目除外）的，应当将该进项税额从当期进项税额中扣减；无法确定该进项税额的，按照当期实际成本计算应扣减的进项税额。

第三十一条　已抵扣进项税额的固定资产、无形资产或者不动产，发生本办法第二十七条规定情形的，按照下列公式计算不得抵扣的进项税额：

不得抵扣的进项税额＝固定资产、无形资产或者不动产净值×适用税率

固定资产、无形资产或者不动产净值，是指纳税人根据财务会计制度计提折旧或摊销后的余额。

第三十二条　纳税人适用一般计税方法计税的，因销售折让、中止或者退回而退还给购买方的增值税额，应当从当期的销项税额中扣减；因销售折让、中止或者退回而收回的增值税额，应当从当期的进项税额中扣减。

第三十三条　有下列情形之一者，应当按照销售额和增值税税率计算应纳税额，不得抵扣进项税额，也不得使用增值税专用发票：

（一）一般纳税人会计核算不健全，或者不能够提供准确税务资料的。

（二）应当办理一般纳税人资格登记而未办理的。

第三节　简易计税方法

第三十四条　简易计税方法的应纳税额，是指按照销售额和增值税征收率计算的增值税额，不得抵扣进项税额。应纳税额计算公式：

$$应纳税额=销售额\times征收率$$

第三十五条　简易计税方法的销售额不包括其应纳税额，纳税人采用销售额和应纳税额合并定价方法的，按照下列公式计算销售额：

$$销售额=含税销售额\div(1+征收率)$$

第三十六条　纳税人适用简易计税方法计税的，因销售折让、中止或者退回而退还给购买方的销售额，应当从当期销售额中扣减。扣减当期销售额后仍有余额造成多缴的税款，可以从以后的应纳税额中扣减。

第四节　销售额的确定

第三十七条　销售额，是指纳税人发生应税行为取得的全部价款和价外费用，财政部和国家税务总局另有规定的除外。

价外费用，是指价外收取的各种性质的收费，但不包括以下项目：

（一）代为收取并符合本办法第十条规定的政府性基金或者行政事业性收费。

（二）以委托方名义开具发票代委托方收取的款项。

第三十八条　销售额以人民币计算。

纳税人按照人民币以外的货币结算销售额的，应当折合成人民币计算，折合率可以选择销售额发生的当天或者当月 1 日的人民币汇率中间价。纳税人应当在事先确定采用何种折合率，确定后 12 个月内不得变更。

第三十九条　纳税人兼营销售货物、劳务、服务、无形资产或者不动产，适用不同税率或者征收率的，应当分别核算适用不同税率或者征收率的销售额；未分别核算的，从高适用税率。

第四十条　一项销售行为如果既涉及服务又涉及货物，为混合销售。从事货物的生产、批发或者零售的单位和个体工商户的混合销售行为，按照销售货物缴纳增值税；其他单位和个体工商户的混合销售行为，按照销售服务缴纳增值税。

本条所称从事货物的生产、批发或者零售的单位和个体工商户，包括以从事货物的生产、批发或者零售为主，并兼营销售服务的单位和个体工商户在内。

第四十一条　纳税人兼营免税、减税项目的，应当分别核算免税、减税项目的销售额；未分别核算的，不得免税、减税。

第四十二条　纳税人发生应税行为，开具增值税专用发票后，发生开票有误或者销售折让、中止、退回等情形的，应当按照国家税务总局的规定开具红字增值税专用发票；未按照规定开具红字增值税专用发票的，不得按照本办法第三十二条和第三十六条的规定扣减销项税额或者销售额。

第四十三条　纳税人发生应税行为，将价款和折扣额在同一张发票上分别注明的，以折扣后的价款为销售额；未在同一张发票上分别注明的，以价款为销售额，不得扣减折扣额。

第四十四条　纳税人发生应税行为价格明显偏低或者偏高且不具有合理商业目的的，或者发生本办法第十四条所列行为而无销售额的，主管税务机关有权按照下列顺序确定销售额：

（一）按照纳税人最近时期销售同类服务、无形资产或者不动产的平均价格确定。

（二）按照其他纳税人最近时期销售同类服务、无形资产或者不动产的平均价格确定。

（三）按照组成计税价格确定。组成计税价格的公式为：

组成计税价格＝成本×(1+成本利润率)

成本利润率由国家税务总局确定。

不具有合理商业目的，是指以谋取税收利益为主要目的，通过人为安排，减少、免除、推迟缴纳增值税税款，或者增加退还增值税税款。

第五章 纳税义务、扣缴义务发生时间和纳税地点

第四十五条 增值税纳税义务、扣缴义务发生时间为：

（一）纳税人发生应税行为并收讫销售款项或者取得索取销售款项凭据的当天；先开具发票的，为开具发票的当天。

收讫销售款项，是指纳税人销售服务、无形资产、不动产过程中或者完成后收到款项。

取得索取销售款项凭据的当天，是指书面合同确定的付款日期；未签订书面合同或者书面合同未确定付款日期的，为服务、无形资产转让完成的当天或者不动产权属变更的当天。

（二）纳税人提供建筑服务、租赁服务采取预收款方式的，其纳税义务发生时间为收到预收款的当天。

（三）纳税人从事金融商品转让的，为金融商品所有权转移的当天。

（四）纳税人发生本办法第十四条规定情形的，其纳税义务发生时间为服务、无形资产转让完成的当天或者不动产权属变更的当天。

（五）增值税扣缴义务发生时间为纳税人增值税纳税义务发生的当天。

第四十六条 增值税纳税地点为：

（一）固定业户应当向其机构所在地或者居住地主管税务机关申报纳税。总机构和分支机构不在同一县（市）的，应当分别向各自所在地的主管税务机关申报纳税；经财政部和国家税务总局或者其授权的财政和税务机关批准，可以由总机构汇总向总机构所在地的主管税务机关申报纳税。

（二）非固定业户应当向应税行为发生地主管税务机关申报纳税；未申报纳税的，由其机构所在地或者居住地主管税务机关补征税款。

（三）其他个人提供建筑服务，销售或者租赁不动产，转让自然资源使用权，应向建筑服务发生地、不动产所在地、自然资源所在地主管税务机关申报纳税。

（四）扣缴义务人应当向其机构所在地或者居住地主管税务机关申报缴纳扣缴的税款。

第四十七条 增值税的纳税期限分别为 1 日、3 日、5 日、10 日、15 日、1 个月或者 1 个季度。纳税人的具体纳税期限，由主管税务机关根据纳税人应纳税额的大小分别核定。以 1 个季度为纳税期限的规定适用于小规模纳税人、银行、财务公司、信托投资公司、信用社，以及财政部和国家税务总局规定的其他纳税人。不能按照固定期限纳税的，可以按次纳税。

纳税人以 1 个月或者 1 个季度为 1 个纳税期的，自期满之日起 15 日内申报纳税；以 1 日、3 日、5 日、10 日或者 15 日为 1 个纳税期的，自期满之日起 5 日内预缴税款，于次月 1 日起 15 日内申报纳税并结清上月应纳税款。

扣缴义务人解缴税款的期限，按照前两款规定执行。

第六章 税收减免的处理

第四十八条 纳税人发生应税行为适用免税、减税规定的,可以放弃免税、减税,依照本办法的规定缴纳增值税。放弃免税、减税后,36 个月内不得再申请免税、减税。

纳税人发生应税行为同时适用免税和零税率规定的,纳税人可以选择适用免税或者零税率。

第四十九条 个人发生应税行为的销售额未达到增值税起征点的,免征增值税;达到起征点的,全额计算缴纳增值税。

增值税起征点不适用于登记为一般纳税人的个体工商户。

第五十条 增值税起征点幅度如下:

(一)按期纳税的,为月销售额 5 000 ~20 000 元(含本数)。

(二)按次纳税的,为每次(日)销售额 300 ~500 元(含本数)。

起征点的调整由财政部和国家税务总局规定。省、自治区、直辖市财政厅(局)和国家税务局应当在规定的幅度内,根据实际情况确定本地区适用的起征点,并报财政部和国家税务总局备案。

对增值税小规模纳税人中月销售额未达到 2 万元的企业或非企业性单位,免征增值税。2017 年 12 月 31 日前,对月销售额 2 万元(含本数)至 3 万元的增值税小规模纳税人,免征增值税。

第七章 征收管理

第五十一条 营业税改征的增值税,由国家税务局负责征收。纳税人销售取得的不动产和其他个人出租不动产的增值税,国家税务局暂委托地方税务局代为征收。

第五十二条 纳税人发生适用零税率的应税行为,应当按期向主管税务机关申报办理退(免)税,具体办法由财政部和国家税务总局制定。

第五十三条 纳税人发生应税行为,应当向索取增值税专用发票的购买方开具增值税专用发票,并在增值税专用发票上分别注明销售额和销项税额。

属于下列情形之一的,不得开具增值税专用发票:

(一)向消费者个人销售服务、无形资产或者不动产。

(二)适用免征增值税规定的应税行为。

第五十四条 小规模纳税人发生应税行为,购买方索取增值税专用发票的,可以向主管税务机关申请代开。

第五十五条 纳税人增值税的征收管理,按照本办法和《中华人民共和国税收征收管理法》及现行增值税征收管理有关规定执行。

附:

销售服务、无形资产、不动产注释

一、销售服务

销售服务,是指提供交通运输服务、邮政服务、电信服务、建筑服务、金融服务、现代服务、生活服务。

(一)交通运输服务。

交通运输服务,是指利用运输工具将货物或者旅客送达目的地,使其空间位置得到转移的业务活动。包括陆路运输服务、水路运输服务、航空运输服务和管道运输服务。

1. 陆路运输服务

陆路运输服务,是指通过陆路(地上或者地下)运送货物或者旅客的运输业务活动,包括铁路运输服务和其他陆路运输服务。

(1)铁路运输服务,是指通过铁路运送货物或者旅客的运输业务活动。

(2)其他陆路运输服务,是指铁路运输以外的陆路运输业务活动。包括公路运输、缆车运输、索道运输、地铁运输、城市轻轨运输等。

出租车公司向使用本公司自有出租车的出租车司机收取的管理费用,按照陆路运输服务缴纳增值税。

2. 水路运输服务

水路运输服务,是指通过江、河、湖、川等天然、人工水道或者海洋航道运送货物或者旅客的运输业务活动。

水路运输的程租、期租业务,属于水路运输服务。

程租业务,是指运输企业为租船人完成某一特定航次的运输任务并收取租赁费的业务。

期租业务,是指运输企业将配备有操作人员的船舶承租给他人使用一定期限,承租期内听候承租方调遣,不论是否经营,均按天向承租方收取租赁费,发生的固定费用均由船东负担的业务。

3. 航空运输服务

航空运输服务,是指通过空中航线运送货物或者旅客的运输业务活动。

航空运输的湿租业务,属于航空运输服务。

湿租业务,是指航空运输企业将配备有机组人员的飞机承租给他人使用一定期限,承租期内听候承租方调遣,不论是否经营,均按一定标准向承租方收取租赁费,发生的固定费用均由承租方承担的业务。

航天运输服务,按照航空运输服务缴纳增值税。

航天运输服务,是指利用火箭等载体将卫星、空间探测器等空间飞行器发射到空间轨道的业务活动。

4. 管道运输服务

管道运输服务,是指通过管道设施输送气体、液体、固体物质的运输业务活动。

无运输工具承运业务,按照交通运输服务缴纳增值税。

无运输工具承运业务,是指经营者以承运人身份与托运人签订运输服务合同,收取运费并承担承运人责任,然后委托实际承运人完成运输服务的经营活动。

(二)邮政服务

邮政服务,是指中国邮政集团公司及其所属邮政企业提供邮件寄递、邮政汇兑和机要通信等邮政基本服务的业务活动。包括邮政普遍服务、邮政特殊服务和其他邮政服务。

1. 邮政普遍服务

邮政普遍服务,是指函件、包裹等邮件寄递,以及邮票发行、报刊发行和邮政汇兑等业务活动。

函件,是指信函、印刷品、邮资封片卡、无名址函件和邮政小包等。

包裹，是指按照封装上的名址递送给特定个人或者单位的独立封装的物品，其重量不超过五十千克，任何一边的尺寸不超过一百五十厘米，长、宽、高合计不超过三百厘米。

2. 邮政特殊服务

邮政特殊服务，是指义务兵平常信函、机要通信、盲人读物和革命烈士遗物的寄递等业务活动。

3. 其他邮政服务

其他邮政服务，是指邮册等邮品销售、邮政代理等业务活动。

(三)电信服务

电信服务，是指利用有线、无线的电磁系统或者光电系统等各种通信网络资源，提供语音通话服务，传送、发射、接收或者应用图像、短信等电子数据和信息的业务活动。包括基础电信服务和增值电信服务。

1. 基础电信服务

基础电信服务，是指利用固网、移动网、卫星、互联网，提供语音通话服务的业务活动，以及出租或者出售带宽、波长等网络元素的业务活动。

2. 增值电信服务

增值电信服务，是指利用固网、移动网、卫星、互联网、有线电视网络，提供短信和彩信服务、电子数据和信息的传输及应用服务、互联网接入服务等业务活动。

卫星电视信号落地转接服务，按照增值电信服务缴纳增值税。

(四)建筑服务

建筑服务，是指各类建筑物、构筑物及其附属设施的建造、修缮、装饰，线路、管道、设备、设施等的安装以及其他工程作业的业务活动。包括工程服务、安装服务、修缮服务、装饰服务和其他建筑服务。

1. 工程服务

工程服务，是指新建、改建各种建筑物、构筑物的工程作业，包括与建筑物相连的各种设备或者支柱、操作平台的安装或者装设工程作业，以及各种窑炉和金属结构工程作业。

2. 安装服务

安装服务，是指生产设备、动力设备、起重设备、运输设备、传动设备、医疗实验设备以及其他各种设备、设施的装配、安置工程作业，包括与被安装设备相连的工作台、梯子、栏杆的装设工程作业，以及被安装设备的绝缘、防腐、保温、油漆等工程作业。

固定电话、有线电视、宽带、水、电、燃气、暖气等经营者向用户收取的安装费、初装费、开户费、扩容费以及类似收费，按照安装服务缴纳增值税。

3. 修缮服务

修缮服务，是指对建筑物、构筑物进行修补、加固、养护、改善，使之恢复原来的使用价值或者延长其使用期限的工程作业。

4. 装饰服务

装饰服务，是指对建筑物、构筑物进行修饰装修，使之美观或者具有特定用途的工程作业。

5. 其他建筑服务

其他建筑服务，是指上列工程作业之外的各种工程作业服务，如钻井(打井)、拆除建筑物或者构筑物、平整土地、园林绿化、疏浚(不包括航道疏浚)、建筑物平移、搭脚手架、爆破、矿山穿孔、表面附着物(包括岩层、土层、沙层等)剥离和清理等工程作业。

(五)金融服务

金融服务,是指经营金融保险的业务活动。包括贷款服务、直接收费金融服务、保险服务和金融商品转让。

1. 贷款服务

贷款,是指将资金贷与他人使用而取得利息收入的业务活动。

各种占用、拆借资金取得的收入,包括金融商品持有期间(含到期)利息(保本收益、报酬、资金占用费、补偿金等)收入、信用卡透支利息收入、买入返售金融商品利息收入、融资融券收取的利息收入,以及融资性售后回租、押汇、罚息、票据贴现、转贷等业务取得的利息及利息性质的收入,按照贷款服务缴纳增值税。

融资性售后回租,是指承租方以融资为目的,将资产出售给从事融资性售后回租业务的企业后,从事融资性售后回租业务的企业将该资产出租给承租方的业务活动。

以货币资金投资收取的固定利润或者保底利润,按照贷款服务缴纳增值税。

2. 直接收费金融服务

直接收费金融服务,是指为货币资金融通及其他金融业务提供相关服务并且收取费用的业务活动。包括提供货币兑换、账户管理、电子银行、信用卡、信用证、财务担保、资产管理、信托管理、基金管理、金融交易场所(平台)管理、资金结算、资金清算、金融支付等服务。

3. 保险服务

保险服务,是指投保人根据合同约定,向保险人支付保险费,保险人对于合同约定的可能发生的事故因其发生所造成的财产损失承担赔偿保险金责任,或者当被保险人死亡、伤残、疾病或者达到合同约定的年龄、期限等条件时承担给付保险金责任的商业保险行为。包括人身保险服务和财产保险服务。

人身保险服务,是指以人的寿命和身体为保险标的的保险业务活动。

财产保险服务,是指以财产及其有关利益为保险标的的保险业务活动。

4. 金融商品转让

金融商品转让,是指转让外汇、有价证券、非货物期货和其他金融商品所有权的业务活动。

其他金融商品转让包括基金、信托、理财产品等各类资产管理产品和各种金融衍生品的转让。

(六)现代服务

现代服务,是指围绕制造业、文化产业、现代物流产业等提供技术性、知识性服务的业务活动。包括研发和技术服务、信息技术服务、文化创意服务、物流辅助服务、租赁服务、鉴证咨询服务、广播影视服务、商务辅助服务和其他现代服务。

1. 研发和技术服务

研发和技术服务,包括研发服务、合同能源管理服务、工程勘察勘探服务、专业技术服务。

(1)研发服务,也称技术开发服务,是指就新技术、新产品、新工艺或者新材料及其系统进行研究与试验开发的业务活动。

(2)合同能源管理服务,是指节能服务公司与用能单位以契约形式约定节能目标,节能服务公司提供必要的服务,用能单位以节能效果支付节能服务公司投入及其合理报酬的业务活动。

(3)工程勘察勘探服务,是指在采矿、工程施工前后,对地形、地质构造、地下资源蕴藏情况进行实地调查的业务活动。

(4)专业技术服务,是指气象服务、地震服务、海洋服务、测绘服务、城市规划、环境与生态监测服务等专项技术服务。

2. 信息技术服务

信息技术服务,是指利用计算机、通信网络等技术对信息进行生产、收集、处理、加工、存储、运输、检索和利用,并提供信息服务的业务活动。包括软件服务、电路设计及测试服务、信息系统服务、业务流程管理服务和信息系统增值服务。

(1)软件服务,是指提供软件开发服务、软件维护服务、软件测试服务的业务活动。

(2)电路设计及测试服务,是指提供集成电路和电子电路产品设计、测试及相关技术支持服务的业务活动。

(3)信息系统服务,是指提供信息系统集成、网络管理、网站内容维护、桌面管理与维护、信息系统应用、基础信息技术管理平台整合、信息技术基础设施管理、数据中心、托管中心、信息安全服务、在线杀毒、虚拟主机等业务活动。包括网站对非自有的网络游戏提供的网络运营服务。

(4)业务流程管理服务,是指依托信息技术提供的人力资源管理、财务经济管理、审计管理、税务管理、物流信息管理、经营信息管理和呼叫中心等服务的活动。

(5)信息系统增值服务,是指利用信息系统资源为用户附加提供的信息技术服务。包括数据处理、分析和整合、数据库管理、数据备份、数据存储、容灾服务、电子商务平台等。

3. 文化创意服务

文化创意服务,包括设计服务、知识产权服务、广告服务和会议展览服务。

(1)设计服务,是指把计划、规划、设想通过文字、语言、图画、声音、视觉等形式传递出来的业务活动。包括工业设计、内部管理设计、业务运作设计、供应链设计、造型设计、服装设计、环境设计、平面设计、包装设计、动漫设计、网游设计、展示设计、网站设计、机械设计、工程设计、广告设计、创意策划、文印晒图等。

(2)知识产权服务,是指处理知识产权事务的业务活动。包括对专利、商标、著作权、软件、集成电路布图设计的登记、鉴定、评估、认证、检索服务。

(3)广告服务,是指利用图书、报纸、杂志、广播、电视、电影、幻灯、路牌、招贴、橱窗、霓虹灯、灯箱、互联网等各种形式为客户的商品、经营服务项目、文体节目或者通告、声明等委托事项进行宣传和提供相关服务的业务活动。包括广告代理和广告的发布、播映、宣传、展示等。

(4)会议展览服务,是指为商品流通、促销、展示、经贸洽谈、民间交流、企业沟通、国际往来等举办或者组织安排的各类展览和会议的业务活动。

4. 物流辅助服务

物流辅助服务,包括航空服务、港口码头服务、货运客运场站服务、打捞救助服务、装卸搬运服务、仓储服务和收派服务。

(1)航空服务,包括航空地面服务和通用航空服务。

航空地面服务,是指航空公司、飞机场、民航管理局、航站等向在境内航行或者在境内机场停留的境内外飞机或者其他飞行器提供的导航等劳务性地面服务的业务活动。包括旅客安全检查服务、停机坪管理服务、机场候机厅管理服务、飞机清洗消毒服务、空中飞行管理服务、飞机起降服务、飞行通讯服务、地面信号服务、飞机安全服务、飞机跑道管理服务、空中交通管理服务等。

通用航空服务,是指为专业工作提供飞行服务的业务活动,包括航空摄影、航空培训、航空测量、航空勘探、航空护林、航空吊挂播洒、航空降雨、航空气象探测、航空海洋监测、航空科学实验等。

(2)港口码头服务,是指港务船舶调度服务、船舶通讯服务、航道管理服务、航道疏浚服务、灯塔管理服务、航标管理服务、船舶引航服务、理货服务、系解缆服务、停泊和移泊服务、海上船舶溢油清除服务、水上交通管理服务、船只专业清洗消毒检测服务和防止船只漏油服务等为船只提供服务的业务活动。

港口设施经营人收取的港口设施保安费按照港口码头服务缴纳增值税。

(3)货运客运场站服务,是指货运客运场站提供货物配载服务、运输组织服务、中转换乘服务、车辆调度服务、票务服务、货物打包整理、铁路线路使用服务、加挂铁路客车服务、铁路行包专列发送服务、铁路到达和中转服务、铁路车辆编解服务、车辆挂运服务、铁路接触网服务、铁路机车牵引服务等业务活动。

(4)打捞救助服务,是指提供船舶人员救助、船舶财产救助、水上救助和沉船沉物打捞服务的业务活动。

(5)装卸搬运服务,是指使用装卸搬运工具或者人力、畜力将货物在运输工具之间、装卸现场之间或者运输工具与装卸现场之间进行装卸和搬运的业务活动。

(6)仓储服务,是指利用仓库、货场或者其他场所代客贮放、保管货物的业务活动。

(7)收派服务,是指接受寄件人委托,在承诺的时限内完成函件和包裹的收件、分拣、派送服务的业务活动。

收件服务,是指从寄件人收取函件和包裹,并运送到服务提供方同城的集散中心的业务活动。

分拣服务,是指服务提供方在其集散中心对函件和包裹进行归类、分发的业务活动。

派送服务,是指服务提供方从其集散中心将函件和包裹送达同城的收件人的业务活动。

5. 租赁服务

租赁服务,包括融资租赁服务和经营租赁服务。

(1)融资租赁服务,是指具有融资性质和所有权转移特点的租赁活动。即出租人根据承租人所要求的规格、型号、性能等条件购入有形动产或者不动产租赁给承租人,合同期内租赁物所有权属于出租人,承租人只拥有使用权,合同期满付清租金后,承租人有权按照残值购入租赁物,以拥有其所有权。不论出租人是否将租赁物销售给承租人,均属于融资租赁。

按照标的物的不同,融资租赁服务可分为有形动产融资租赁服务和不动产融资租赁服务。

融资性售后回租不按照本税目缴纳增值税。

(2)经营租赁服务,是指在约定时间内将有形动产或者不动产转让他人使用且租赁物所有权不变更的业务活动。

按照标的物的不同,经营租赁服务可分为有形动产经营租赁服务和不动产经营租赁服务。

将建筑物、构筑物等不动产或者飞机、车辆等有形动产的广告位出租给其他单位或者个人用于发布广告,按照经营租赁服务缴纳增值税。

车辆停放服务、道路通行服务(包括过路费、过桥费、过闸费等)等按照不动产经营租赁服务缴纳增值税。

水路运输的光租业务、航空运输的干租业务,属于经营租赁。

光租业务,是指运输企业将船舶在约定的时间内出租给他人使用,不配备操作人员,不承担运输过程中发生的各项费用,只收取固定租赁费的业务活动。

干租业务,是指航空运输企业将飞机在约定的时间内出租给他人使用,不配备机组人员,不承担运输过程中发生的各项费用,只收取固定租赁费的业务活动。

6. 鉴证咨询服务

鉴证咨询服务,包括认证服务、鉴证服务和咨询服务。

(1)认证服务,是指具有专业资质的单位利用检测、检验、计量等技术,证明产品、服务、管理体系符合相关技术规范、相关技术规范的强制性要求或者标准的业务活动。

(2)鉴证服务,是指具有专业资质的单位受托对相关事项进行鉴证,发表具有证明力的意见的业务活动。包括会计鉴证、税务鉴证、法律鉴证、职业技能鉴定、工程造价鉴证、工程监理、资产评估、环境评估、房地产土地评估、建筑图纸审核、医疗事故鉴定等。

(3)咨询服务,是指提供信息、建议、策划、顾问等服务的活动。包括金融、软件、技术、财务、税收、法律、内部管理、业务运作、流程管理、健康等方面的咨询。

翻译服务和市场调查服务按照咨询服务缴纳增值税。

7. 广播影视服务

广播影视服务,包括广播影视节目(作品)的制作服务、发行服务和播映(含放映,下同)服务。

(1)广播影视节目(作品)制作服务,是指进行专题(特别节目)、专栏、综艺、体育、动画片、广播剧、电视剧、电影等广播影视节目和作品制作的服务。具体包括与广播影视节目和作品相关的策划、采编、拍摄、录音、音视频文字图片素材制作、场景布置、后期的剪辑、翻译(编译)、字幕制作、片头、片尾、片花制作、特效制作、影片修复、编目和确权等业务活动。

(2)广播影视节目(作品)发行服务,是指以分账、买断、委托等方式,向影院、电台、电视台、网站等单位和个人发行广播影视节目(作品)以及转让体育赛事等活动的报道及播映权的业务活动。

(3)广播影视节目(作品)播映服务,是指在影院、剧院、录像厅及其他场所播映广播影视节目(作品),以及通过电台、电视台、卫星通信、互联网、有线电视等无线或者有线装置播映广播影视节目(作品)的业务活动。

8. 商务辅助服务

商务辅助服务,包括企业管理服务、经纪代理服务、人力资源服务、安全保护服务。

(1)企业管理服务,是指提供总部管理、投资与资产管理、市场管理、物业管理、日常综合管理等服务的业务活动。

(2)经纪代理服务,是指各类经纪、中介、代理服务。包括金融代理、知识产权代理、货物运输代理、代理报关、法律代理、房地产中介、职业中介、婚姻中介、代理记账、拍卖等。

货物运输代理服务,是指接受货物收货人、发货人、船舶所有人、船舶承租人或者船舶经营人的委托,以委托人的名义,为委托人办理货物运输、装卸、仓储和船舶进出港口、引航、靠泊等相关手续的业务活动。

代理报关服务,是指接受进出口货物的收、发货人委托,代为办理报关手续的业务活动。

(3)人力资源服务,是指提供公共就业、劳务派遣、人才委托招聘、劳动力外包等服务的业务活动。

(4)安全保护服务,是指提供保护人身安全和财产安全,维护社会治安等的业务活动。包括场所住宅保安、特种保安、安全系统监控以及其他安保服务。

9. 其他现代服务

其他现代服务,是指除研发和技术服务、信息技术服务、文化创意服务、物流辅助服务、租赁服务、鉴证咨询服务、广播影视服务和商务辅助服务以外的现代服务。

(七)生活服务

生活服务,是指为满足城乡居民日常生活需求提供的各类服务活动。包括文化体育服务、教育医疗服务、旅游娱乐服务、餐饮住宿服务、居民日常服务和其他生活服务。

1. 文化体育服务

文化体育服务,包括文化服务和体育服务。

(1)文化服务,是指为满足社会公众文化生活需求提供的各种服务。包括:文艺创作、文艺表演、文化比赛,图书馆的图书和资料借阅,档案馆的档案管理,文物及非物质遗产保护,组织举办宗教活动、科技活动、文化活动,提供游览场所。

(2)体育服务,是指组织举办体育比赛、体育表演、体育活动,以及提供体育训练、体育指导、体育管理的业务活动。

2. 教育医疗服务

教育医疗服务,包括教育服务和医疗服务。

(1)教育服务,是指提供学历教育服务、非学历教育服务、教育辅助服务的业务活动。

学历教育服务,是指根据教育行政管理部门确定或者认可的招生和教学计划组织教学,并颁发相应学历证书的业务活动。包括初等教育、初级中等教育、高级中等教育、高等教育等。

非学历教育服务,包括学前教育、各类培训、演讲、讲座、报告会等。

教育辅助服务,包括教育测评、考试、招生等服务。

(2)医疗服务,是指提供医学检查、诊断、治疗、康复、预防、保健、接生、计划生育、防疫服务等方面的服务,以及与这些服务有关的提供药品、医用材料器具、救护车、病房住宿和伙食的业务。

3. 旅游娱乐服务

旅游娱乐服务,包括旅游服务和娱乐服务。

(1)旅游服务,是指根据旅游者的要求,组织安排交通、游览、住宿、餐饮、购物、文娱、商务等服务的业务活动。

(2)娱乐服务,是指为娱乐活动同时提供场所和服务的业务。

具体包括:歌厅、舞厅、夜总会、酒吧、台球、高尔夫球、保龄球、游艺(包括射击、狩猎、跑马、游戏机、蹦极、卡丁车、热气球、动力伞、射箭、飞镖)。

4. 餐饮住宿服务

餐饮住宿服务,包括餐饮服务和住宿服务。

(1)餐饮服务,是指通过同时提供饮食和饮食场所的方式为消费者提供饮食消费服务的业务活动。

(2)住宿服务,是指提供住宿场所及配套服务等的活动。包括宾馆、旅馆、旅社、度假村和其他经营性住宿场所提供的住宿服务。

5. 居民日常服务

居民日常服务,是指主要为满足居民个人及其家庭日常生活需求提供的服务,包括市容市政管理、家政、婚庆、养老、殡葬、照料和护理、救助救济、美容美发、按摩、桑拿、氧吧、足疗、沐浴、洗染、摄影扩印等服务。

6. 其他生活服务

其他生活服务,是指除文化体育服务、教育医疗服务、旅游娱乐服务、餐饮住宿服务和居民日常服务之外的生活服务。

二、销售无形资产

销售无形资产,是指转让无形资产所有权或者使用权的业务活动。无形资产,是指不具实物形态,但能带来经济利益的资产,包括技术、商标、著作权、商誉、自然资源使用权和其他权益性无形资产。

技术,包括专利技术和非专利技术。

自然资源使用权,包括土地使用权、海域使用权、探矿权、采矿权、取水权和其他自然资源使用权。

其他权益性无形资产,包括基础设施资产经营权、公共事业特许权、配额、经营权(包括特许经营权、连锁经营权、其他经营权)、经销权、分销权、代理权、会员权、席位权、网络游戏虚拟道具、域名、名称权、肖像权、冠名权、转会费等。

三、销售不动产

销售不动产,是指转让不动产所有权的业务活动。不动产,是指不能移动或者移动后会引起性质、形状改变的财产,包括建筑物、构筑物等。

建筑物,包括住宅、商业营业用房、办公楼等可供居住、工作或者进行其他活动的建造物。

构筑物,包括道路、桥梁、隧道、水坝等建造物。

转让建筑物有限产权或者永久使用权的,转让在建的建筑物或者构筑物所有权的,以及在转让建筑物或者构筑物时一并转让其所占土地的使用权的,按照销售不动产缴纳增值税。

资料二

营业税改征增值税试点有关事项的规定

一、试点纳税人(指按照《营业税改征增值税试点实施办法》(以下称《试点实施办法》)缴纳增值税的纳税人)有关政策

(一)混业经营

试点纳税人兼有不同税率或者征收率的销售货物、提供加工修理修配劳务或者应税服务的,应当分别核算适用不同税率或者征收率的销售额,未分别核算销售额的,按照以下方法适用税率或者征收率:

1. 兼有不同税率的销售货物、提供加工修理修配劳务或者应税服务的,从高适用税率。

2. 兼有不同征收率的销售货物、提供加工修理修配劳务或者应税服务的,从高适用征收率。

3. 兼有不同税率和征收率的销售货物、提供加工修理修配劳务或者应税服务的,从高适

用税率。

（二）油气田企业

油气田企业提供的应税服务，适用《试点实施办法》规定的增值税税率，不再适用《财政部 国家税务总局关于印发〈油气田企业增值税管理办法〉的通知》（财税〔2009〕8 号）规定的增值税税率。

（三）征税范围

1. 航空运输企业提供的旅客利用里程积分兑换的航空运输服务，不征收增值税。

2. 试点纳税人根据国家指令无偿提供的铁路运输服务、航空运输服务，属于《试点实施办法》第十一条规定的以公益活动为目的的服务，不征收增值税。

（四）销售额

1. 融资租赁企业。

（1）经中国人民银行、银监会或者商务部批准从事融资租赁业务的试点纳税人，提供有形动产融资性售后回租服务，以收取的全部价款和价外费用，扣除向承租方收取的有形动产价款本金，以及对外支付的借款利息（包括外汇借款和人民币借款利息）、发行债券利息后的余额为销售额。

融资性售后回租，是指承租方以融资为目的，将资产出售给从事融资租赁业务的企业后，又将该资产租回的业务活动。

试点纳税人提供融资性售后回租服务，向承租方收取的有形动产价款本金，不得开具增值税专用发票，可以开具普通发票。

（2）经中国人民银行、银监会或者商务部批准从事融资租赁业务的纳税人，提供除融资性售后回租以外的有形动产融资租赁服务，以收取的全部价款和价外费用，扣除支付的借款利息（包括外汇借款和人民币借款利息）、发行债券利息、保险费、安装费和车辆购置税后的余额为销售额。

（3）本规定自 2013 年 8 月 1 日起执行。商务部授权的省级商务主管部门和国家经济技术开发区批准的从事融资租赁业务的试点纳税人，2013 年 12 月 31 日前注册资本达到 1.7 亿元的，自 2013 年 8 月 1 日起，按照上述规定执行；2014 年 1 月 1 日以后注册资本达到 1.7 亿元的，从达到该标准的次月起，按照上述规定执行。

2. 注册在北京市、天津市、上海市、江苏省、浙江省（含宁波市）、安徽省、福建省（含厦门市）、湖北省、广东省（含深圳市）等 9 省市的试点纳税人提供应税服务（不含有形动产融资租赁服务），在 2013 年 8 月 1 日前按有关规定以扣除支付价款后的余额为销售额的，此前尚未抵减的部分，允许在 2014 年 6 月 30 日前继续抵减销售额，到期抵减不完的不得继续抵减。

上述尚未抵减的价款，仅限于凭 2013 年 8 月 1 日前开具的符合规定的凭证计算的部分。

3. 航空运输企业的销售额，不包括代收的机场建设费和代售其他航空运输企业客票而代收转付的价款。

4. 自本地区试点实施之日起，试点纳税人中的一般纳税人提供的客运场站服务，以其取得的全部价款和价外费用，扣除支付给承运方运费后的余额为销售额，其从承运方取得的增值税专用发票注明的增值税，不得抵扣。

5. 试点纳税人提供知识产权代理服务、货物运输代理服务和代理报关服务，以其取得的全部价款和价外费用，扣除向委托方收取并代为支付的政府性基金或者行政事业性收费后的余额为销售额。

向委托方收取的政府性基金或者行政事业性收费，不得开具增值税专用发票。

6. 试点纳税人中的一般纳税人提供国际货物运输代理服务，以其取得的全部价款和价外费用，扣除支付给国际运输企业的国际运输费用后的余额为销售额。

国际货物运输代理服务，是指接受货物收货人或其代理人、发货人或其代理人、运输工具所有人、运输工具承租人或运输工具经营人的委托，以委托人的名义或者以自己的名义，在不直接提供货物运输服务的情况下，直接为委托人办理货物的国际运输、从事国际运输的运输工具进出港口、联系安排引航、靠泊、装卸等货物和船舶代理相关业务手续的业务活动。

7. 试点纳税人从全部价款和价外费用中扣除价款，应当取得符合法律、行政法规和国家税务总局规定的有效凭证。否则，不得扣除。

上述凭证是指：

(1)支付给境内单位或者个人的款项，以发票为合法有效凭证。

(2)支付给境外单位或者个人的款项，以该单位或者个人的签收单据为合法有效凭证，税务机关对签收单据有疑义的，可以要求其提供境外公证机构的确认证明。

(3)缴纳的税款，以完税凭证为合法有效凭证。

(4)融资性售后回租服务中向承租方收取的有形动产价款本金，以承租方开具的发票为合法有效凭证。

(5)扣除政府性基金或者行政事业性收费，以省级以上财政部门印制的财政票据为合法有效凭证。

(6)国家税务总局规定的其他凭证。

(五)一般纳税人资格认定

《试点实施办法》第三条规定的应税服务年销售额标准为500万元(含本数)。

财政部和国家税务总局可以根据试点情况对应税服务年销售额标准进行调整。

(六)计税方法

1. 试点纳税人中的一般纳税人提供的公共交通运输服务，可以选择按照简易计税方法计算缴纳增值税。公共交通运输服务，包括轮客渡、公交客运、地铁、城市轻轨、出租车、长途客运、班车。其中，班车是指按固定路线、固定时间运营并在固定站点停靠的运送旅客的陆路运输。

2. 试点纳税人中的一般纳税人，以该地区试点实施之日前购进或者自制的有形动产为标的物提供的经营租赁服务，试点期间可以选择按照简易计税方法计算缴纳增值税。

3. 自本地区试点实施之日起至2017年12月31日，被认定为动漫企业的试点纳税人中的一般纳税人，为开发动漫产品提供的动漫脚本编撰、形象设计、背景设计、动画设计、分镜、动画制作、摄制、描线、上色、画面合成、配音、配乐、音效合成、剪辑、字幕制作、压缩转码(面向网络动漫、手机动漫格式适配)服务，以及在境内转让动漫版权(包括动漫品牌、形象或者内容的授权及再授权)，可以选择按照简易计税方法计算缴纳增值税。

动漫企业和自主开发、生产动漫产品的认定标准和认定程序，按照《文化部财政部国家税务总局关于印发〈动漫企业认定管理办法(试行)〉的通知》(文市发〔2008〕51号)的规定执行。

4. 试点纳税人中的一般纳税人提供的电影放映服务、仓储服务、装卸搬运服务和收派服务,可以选择按照简易计税办法计算缴纳增值税。

5. 试点纳税人中的一般纳税人兼有销售货物、提供加工修理修配劳务的,凡未规定可以选择按照简易计税方法计算缴纳增值税的,其全部销售额应一并按照一般计税方法计算缴纳增值税。

(七)试点前发生的业务

1. 试点纳税人在本地区试点实施之日前签订的尚未执行完毕的租赁合同,在合同到期日之前继续按照现行营业税政策规定缴纳营业税。

2. 试点纳税人提供应税服务,按照国家有关营业税政策规定差额征收营业税的,因取得的全部价款和价外费用不足以抵减允许扣除项目金额,截至本地区试点实施之日尚未扣除的部分,不得在计算试点纳税人本地区试点实施之日后的销售额时予以抵减,应当向原主管地税机关申请退还营业税。

试点纳税人按照本条第(七)项中第1点规定继续缴纳营业税的有形动产租赁服务,不适用本规定。

3. 试点纳税人提供应税服务在本地区试点实施之日前已缴纳营业税,本地区试点实施之日(含)后因发生退款减除营业额的,应当向原主管地税机关申请退还已缴纳的营业税。

4. 试点纳税人本地区试点实施之日前提供的应税服务,因税收检查等原因需要补缴税款的,应按照现行营业税政策规定补缴营业税。

(八)销售使用过的固定资产

按照《试点实施办法》和本规定认定的一般纳税人,销售自己使用过的本地区试点实施之日(含)后购进或者自制的固定资产,按照适用税率征收增值税;销售自己使用过的本地区试点实施之日前购进或者自制的固定资产,按照现行旧货相关增值税政策执行。

使用过的固定资产,是指纳税人根据财务会计制度已经计提折旧的固定资产。

(九)扣缴增值税适用税率

境内的代理人和接受方为境外单位和个人扣缴增值税的,按照适用税率扣缴增值税。

(十)纳税地点

自2014年1月1日起,属于固定业户的试点纳税人,总分支机构不在同一县(市),但在同一省(自治区、直辖市、计划单列市)范围内的,经省(自治区、直辖市、计划单列市)财政厅(局)和国家税务局批准,可以由总机构汇总向总机构所在地的主管税务机关申报缴纳增值税。

二、原增值税纳税人(指按照《中华人民共和国增值税暂行条例》(以下称《增值税暂行条例》)缴纳增值税的纳税人)有关政策

(一)进项税额

1. 原增值税一般纳税人接受试点纳税人提供的应税服务,取得的增值税专用发票上注明的增值税额为进项税额,准予从销项税额中抵扣。

2. 原增值税一般纳税人自用的应征消费税的摩托车、汽车、游艇,其进项税额准予从销项税额中抵扣。

3. 原增值税一般纳税人接受境外单位或者个人提供的应税服务,按照规定应当扣缴增值税的,准予从销项税额中抵扣的进项税额为从税务机关或者代理人取得的解缴税款的税收缴款凭证上注明的增值税额。

纳税人凭税收缴款凭证抵扣进项税额的,应当具备书面合同、付款证明和境外单位的对

账单或者发票。资料不全的,其进项税额不得从销项税额中抵扣。

4. 原增值税一般纳税人购进货物或者接受加工修理修配劳务,用于《应税服务范围注释》所列项目的,不属于《增值税暂行条例》第十条所称的用于非增值税应税项目,其进项税额准予从销项税额中抵扣。

5. 原增值税一般纳税人接受试点纳税人提供的应税服务,下列项目的进项税额不得从销项税额中抵扣:

(1)用于简易计税方法计税项目、非增值税应税项目、免征增值税项目、集体福利或者个人消费,其中涉及的专利技术、非专利技术、商誉、商标、著作权、有形动产租赁,仅指专用于上述项目的专利技术、非专利技术、商誉、商标、著作权、有形动产租赁。

(2)接受的旅客运输服务。

(3)与非正常损失的购进货物相关的交通运输业服务。

(4)与非正常损失的在产品、产成品所耗用购进货物相关的交通运输业服务。

上述非增值税应税项目,是指《增值税暂行条例》第十条所称的非增值税应税项目,但不包括《应税服务范围注释》所列项目。

(二)一般纳税人认定

原增值税一般纳税人兼有应税服务,按照《试点实施办法》和本规定第一条第(五)项的规定应当申请认定一般纳税人的,不需要重新办理一般纳税人认定手续。

(三)增值税期末留抵税额

原增值税一般纳税人兼有应税服务的,截止到本地区试点实施之日前的增值税期末留抵税额,不得从应税服务的销项税额中抵扣。

三、《国家税务总局关于印发〈营业税税目注释(试行稿)〉的通知》(国税发[1993]149号)中,交通运输业税目,邮电通信业税目中的邮政,服务业税目中仓储业和广告业,转让无形资产税目中的转让商标权、转让著作权、转让专利权、转让非专利技术,停止执行。未停止执行的营业税税目,其中如果有属于《应税服务范围注释》的应税服务,应按本通知规定征收增值税。

邮政储蓄业务按照金融保险业税目征收营业税。

资料三

营业税改征增值税试点过渡政策的规定

一、下列项目免征增值税

(一)个人转让著作权。

(二)残疾人个人提供应税服务。

(三)航空公司提供飞机播洒农药服务。

(四)试点纳税人提供技术转让、技术开发和与之相关的技术咨询、技术服务。

1. 技术转让,是指转让者将其拥有的专利和非专利技术的所有权或者使用权有偿转让他人的行为;技术开发,是指开发者接受他人委托,就新技术、新产品、新工艺或者新材料及其系统进行研究开发的行为;技术咨询,是指就特定技术项目提供可行性论证、技术预测、专题技术调查、分析评价报告等。

与技术转让、技术开发相关的技术咨询、技术服务,是指转让方(或受托方)根据技术转让或开发合同的规定,为帮助受让方(或委托方)掌握所转让(或委托开发)的技术,而提供的技术咨询、技术服务业务,且这部分技术咨询、服务的价款与技术转让(或开发)的价款应当开在同一张发票上。

2. 审批程序。试点纳税人申请免征增值税时，须持技术转让、开发的书面合同，到试点纳税人所在地省级科技主管部门进行认定，并持有关的书面合同和科技主管部门审核意见证明文件报主管国家税务局备查。

（五）符合条件的节能服务公司实施合同能源管理项目中提供的应税服务。

上述“符合条件”是指同时满足下列条件：

1. 节能服务公司实施合同能源管理项目相关技术，应当符合国家质量监督检验检疫总局和国家标准化管理委员会发布的《合同能源管理技术通则》（GB/T 24915—2010）规定的技术要求。

2. 节能服务公司与用能企业签订《节能效益分享型》合同，其合同格式和内容，符合《中华人民共和国合同法》和国家质量监督检验检疫总局和国家标准化管理委员会发布的《合同能源管理技术通则》（GB/T 24915—2010）等规定。

（六）自 2014 年 1 月 1 日至 2018 年 12 月 31 日，试点纳税人提供的离岸服务外包业务。

上述离岸服务外包业务，是指试点纳税人根据境外单位与其签订的委托合同，由本企业或其直接转包的企业为境外提供信息技术外包服务（ITO）、技术性业务流程外包服务（BPO）或技术性知识流程外包服务（KPO）（离岸服务外包业务具体内容附后）。

（七）台湾航运公司从事海峡两岸海上直航业务在大陆取得的运输收入。

台湾航运公司，是指取得交通运输部颁发的“台湾海峡两岸间水路运输许可证”且该许可证上注明的公司登记地址在台湾的航运公司。

（八）台湾航空公司从事海峡两岸空中直航业务在大陆取得的运输收入。

台湾航空公司，是指取得中国民用航空局颁发的“经营许可”或依据《海峡两岸空运协议》和《海峡两岸空运补充协议》规定，批准经营两岸旅客、货物和邮件不定期（包机）运输业务，且公司登记地址在台湾的航空公司。

（九）美国 ABS 船级社在非营利宗旨不变、中国船级社在美国享受同等免税待遇的前提下，在中国境内提供的船检服务。

（十）随军家属就业。

1. 为安置随军家属就业而新开办的企业，自领取税务登记证之日起，其提供的应税服务 3 年内免征增值税。

享受税收优惠政策的企业，随军家属必须占企业总人数的 60%（含）以上，并有军（含）以上政治和后勤机关出具的证明。

2. 从事个体经营的随军家属，自领取税务登记证之日起，其提供的应税服务 3 年内免征增值税。

随军家属必须有师以上政治机关出具的可以表明其身份的证明，但税务部门应当进行相应的审查认定。

主管税务机关在企业或个人享受免税期间，应当对此类企业进行年度检查，凡不符合条件的，取消其免税政策。

按照上述规定，每一名随军家属可以享受一次免税政策。

（十一）军队转业干部就业。

1. 从事个体经营的军队转业干部，经主管税务机关批准，自领取税务登记证之日起，其提供的应税服务 3 年内免征增值税。

2. 为安置自主择业的军队转业干部就业而新开办的企业，凡安置自主择业的军队转业干部占企业总人数60%（含）以上的，经主管税务机关批准，自领取税务登记证之日起，其提供的应税服务3年内免征增值税。

享受上述优惠政策的自主择业的军队转业干部必须持有师以上部队颁发的转业证件。

（十二）城镇退役士兵就业。

1. 为安置自谋职业的城镇退役士兵就业而新办的服务型企业当年新安置自谋职业的城镇退役士兵达到职工总数30%以上，并与其签订1年以上期限劳动合同的，经县级以上民政部门认定、税务机关审核，其提供的应税服务（除广告服务外）3年内免征增值税。

2. 自谋职业的城镇退役士兵从事个体经营的，自领取税务登记证之日起，其提供的应税服务（除广告服务外）3年内免征增值税。

新办的服务型企业，是指《国务院办公厅转发民政部等部门关于扶持城镇退役士兵自谋职业优惠政策意见的通知》（国办发〔2004〕10号）下发后新组建的企业。原有的企业合并、分立、改制、改组、扩建、搬迁、转产以及吸收新成员、改变领导或隶属关系、改变企业名称的，不能视为新办企业。

自谋职业的城镇退役士兵，是指符合城镇安置条件，并与安置地民政部门签订《退役士兵自谋职业协议书》，领取《城镇退役士兵自谋职业证》的士官和义务兵。

（十三）失业人员就业。

1. 持《就业失业登记证》（注明“自主创业税收政策”或附着《高校毕业生自主创业证》）人员从事个体经营的，在3年内按照每户每年8 000元为限额依次扣减其当年实际应缴纳的增值税、城市维护建设税、教育费附加和个人所得税。

试点纳税人年度应缴纳税款小于上述扣减限额的，以其实际缴纳的税款为限；大于上述扣减限额的，应当以上述扣减限额为限。

享受优惠政策的个体经营试点纳税人，是指提供《应税服务范围注释》服务（除广告服务外）的试点纳税人。

持《就业失业登记证》（注明“自主创业税收政策”或附着《高校毕业生自主创业证》）人员是指：(1)在人力资源和社会保障部门公共就业服务机构登记失业半年以上的人员；(2)零就业家庭、享受城市居民最低生活保障家庭劳动年龄内的登记失业人员；(3)毕业年度内高校毕业生。

高校毕业生，是指实施高等学历教育的普通高等学校、成人高等学校毕业的学生；毕业年度，是指毕业所在自然年，即1月1日至12月31日。

2. 服务型企业（除广告服务外）在新增加的岗位中，当年新招用持《就业失业登记证》（注明“企业吸纳税收政策”）人员，与其签订1年以上期限劳动合同并依法缴纳社会保险费的，在3年内按照实际招用人数予以定额依次扣减增值税、城市维护建设税、教育费附加和企业所得税。定额标准为每人每年4 000元，可上下浮动20%，由试点地区省级人民政府根据本地区实际情况在此幅度内确定具体定额标准，并报财政部和国家税务总局备案。

按照上述标准计算的税收扣减额应当在企业当年实际应缴纳的增值税、城市维护建设税、教育费附加和企业所得税税额中扣减，当年扣减不足的，不得结转下年使用。

持《就业失业登记证》（注明“企业吸纳税收政策”）人员是指：(1)国有企业下岗失业人员；(2)国有企业关闭破产需要安置的人员；(3)国有企业所办集体企业（即厂办大集体企业）下岗职工；(4)享受最低生活保障且失业1年以上的城镇其他登记失业人员。

服务型企业，是指从事原营业税"服务业"税目范围内业务的企业。

国有企业所办集体企业（即厂办大集体企业），是指20世纪70、80年代，由国有企业批准或资助兴办的，以安置回城知识青年和国有企业职工子女就业为目的，主要向主办国有企业提供配套产品或劳务服务，在工商行政机关登记注册为集体所有制的企业。厂办大集体企业下岗职工包括在国有企业混岗工作的集体企业下岗职工。

3. 享受上述优惠政策的人员按照下列规定申领《就业失业登记证》《高校毕业生自主创业证》等凭证：

（1）按照《就业服务与就业管理规定》（劳动和社会保障部令第28号）第六十三条的规定，在法定劳动年龄内，有劳动能力，有就业要求，处于无业状态的城镇常住人员，在公共就业服务机构进行失业登记，申领《就业失业登记证》。其中，农村进城务工人员和其他非本地户籍人员在常住地稳定就业满6个月的，失业后可以在常住地登记。

（2）零就业家庭凭社区出具的证明，城镇低保家庭凭低保证明，在公共就业服务机构登记失业，申领《就业失业登记证》。

（3）毕业年度内高校毕业生在校期间凭学校出具的相关证明，经学校所在地省级教育行政部门核实认定，取得《高校毕业生自主创业证》（仅在毕业年度适用），并向创业地公共就业服务机构申请取得《就业失业登记证》；高校毕业生离校后直接向创业地公共就业服务机构申领《就业失业登记证》。

（4）服务型企业招录的人员，在公共就业服务机构申领《就业失业登记证》。

（5）《再就业优惠证》不再发放，原持证人员应当到公共就业服务机构换发《就业失业登记证》。正在享受下岗失业人员再就业税收优惠政策的原持证人员，继续享受原税收优惠政策至期满为止。

（6）上述人员申领相关凭证后，由就业和创业地人力资源社会保障部门对人员范围、就业失业状态、已享受政策情况审核认定，在《就业失业登记证》上注明"自主创业税收政策"或"企业吸纳税收政策"字样，同时符合自主创业和企业吸纳税收政策条件的，可同时加注；主管税务机关在《就业失业登记证》上加盖戳记，注明减免税所属时间。

4. 上述税收优惠政策的审批期限为2011年1月1日至2013年12月31日，以试点纳税人到税务机关办理减免税手续之日起作为优惠政策起始时间。税收优惠政策在2013年12月31日未执行到期的，可继续享受至3年期满为止。

（十四）试点纳税人提供的国际货物运输代理服务。

1. 试点纳税人提供国际货物运输代理服务，向委托方收取的全部国际货物运输代理服务收入，以及向国际运输承运人支付的国际运输费用，必须通过金融机构进行结算。

2. 试点纳税人为大陆与香港、澳门、台湾地区之间的货物运输提供的货物运输代理服务参照国际货物运输代理服务有关规定执行。

3. 委托方索取发票的，试点纳税人应当就国际货物运输代理服务收入向委托方全额开具增值税普通发票。

4. 本规定自2013年8月1日起执行。2013年8月1日至本规定发布之日前，已开具增值税专用发票的，应将专用发票追回后方可适用本规定。

（十五）世界银行贷款粮食流通项目投产后的应税服务。

世界银行贷款粮食流通项目，是指《财政部 国家税务总局关于世行贷款粮食流通项目建筑安装工程和服务收入免征营业税的通知》（财税字〔1998〕87号）所附《世行贷款粮食流通项目一览表》所列明的项目。

本规定自2014年1月1日至2015年12月31日执行。

(十六)中国邮政集团公司及其所属邮政企业提供的邮政普遍服务和邮政特殊服务。

(十七)自2014年1月1日至2015年12月31日,中国邮政集团公司及其所属邮政企业为中国邮政速递物流股份有限公司及其子公司(含各级分支机构)代办速递、物流、国际包裹、快递包裹以及礼仪业务等速递物流类业务取得的代理收入,以及为金融机构代办金融保险业务取得的代理收入。

(十八)青藏铁路公司提供的铁路运输服务。

二、下列项目实行增值税即征即退

(一)2015年12月31日前,注册在洋山保税港区和东疆保税港区内的试点纳税人,提供的国内货物运输服务、仓储服务和装卸搬运服务。

(二)安置残疾人的单位,实行由税务机关按照单位实际安置残疾人的人数,限额即征即退增值税的办法。

上述政策仅适用于从事原营业税“服务业”税目(广告服务除外)范围内业务取得的收入占其增值税和营业税业务合计收入的比例达到50%的单位。

有关享受增值税优惠政策单位的条件、定义、管理要求等按照《财政部 国家税务总局关于促进残疾人就业税收优惠政策的通知》(财税〔2007〕92号)中有关规定执行。

(三)2015年12月31日前,试点纳税人中的一般纳税人提供管道运输服务,对其增值税实际税负超过3%的部分实行增值税即征即退政策。

(四)经中国人民银行、银监会或者商务部批准从事融资租赁业务的试点纳税人中的一般纳税人,提供有形动产融资租赁服务,在2015年12月31日前,对其增值税实际税负超过3%的部分实行增值税即征即退政策。商务部授权的省级商务主管部门和国家经济技术开发区批准的从事融资租赁业务的试点纳税人中的一般纳税人,2013年12月31日前注册资本达到1.7亿元的,自2013年8月1日起,按照上述规定执行;2014年1月1日以后注册资本达到1.7亿元的,从达到该标准的次月起,按照上述规定执行。

三、本规定所称增值税实际税负,是指纳税人当期提供应税服务实际缴纳的增值税额占纳税人当期提供应税服务取得的全部价款和价外费用的比例。

四、本地区试点实施之日前,如果试点纳税人已经按照有关政策规定享受了营业税税收优惠,在剩余税收优惠政策期限内,按照本规定享受有关增值税优惠。

附:

离岸服务外包业务

一、信息技术外包服务(ITO)

(一)软件研发及外包

类 别	适用范围
软件研发及开发服务	用于金融、政府、教育、制造业、零售、服务、能源、物流、交通、媒体、电信、公共事业和医疗卫生等部门和企业,为用户的运营/生产/供应链/客户关系/人力资源和财务管理、计算机辅助设计/工程等业务进行软件开发,包括定制软件开发,嵌入式软件、套装软件开发,系统软件开发、软件测试等
软件技术服务	软件咨询、维护、培训、测试等技术性服务

（二）信息技术研发服务外包

类　别	适用范围
集成电路和电子电路设计	集成电路和电子电路产品设计以及相关技术支持服务等
测试平台	为软件、集成电路和电子电路的开发运用提供测试平台

（三）信息系统运营维护外包

类　别	适用范围
信息系统运营和维护服务	客户内部信息系统集成、网络管理、桌面管理与维护服务；信息工程、地理信息系统、远程维护等信息系统应用服务
基础信息技术服务	基础信息技术管理平台整合、IT 基础设施管理、数据中心、托管中心、安全服务、通信服务等基础信息技术服务

二、技术性业务流程外包服务（BPO）

类 别	适用范围
企业业务流程设计服务	为客户企业提供内部管理、业务运作等流程设计服务
企业内部管理服务	为客户企业提供后台管理、人力资源管理、财务、审计与税务管理、金融支付服务、医疗数据及其他内部管理业务的数据分析、数据挖掘、数据管理、数据使用的服务；承接客户专业数据处理、分析和整合服务
企业运营服务	为客户企业提供技术研发服务、为企业经营、销售、产品售后服务提供的应用客户分析、数据库管理等服务。主要包括金融服务业务、政务与教育业务、制造业务和生命科学、零售和批发与运输业务、卫生保健业务、通信与公共事业业务、呼叫中心、电子商务平台等
企业供应链管理服务	为客户提供采购、物流的整体方案设计及数据库服务

三、技术性知识流程外包服务（KPO）

适用范围
知识产权研究、医药和生物技术研发和测试、产品技术研发、工业设计、分析学和数据挖掘、动漫及网游设计研发、教育课件研发、工程设计等领域

资料四

应税服务适用增值税零税率和免税政策的规定

一、中华人民共和国境内（以下称境内）的单位和个人提供的国际运输服务、向境外单位提供的研发服务和设计服务，适用增值税零税率。

（一）国际运输服务，是指：

1. 在境内载运旅客或者货物出境；

2. 在境外载运旅客或者货物入境；

3. 在境外载运旅客或者货物。

（二）境内的单位和个人适用增值税零税率，以水路运输方式提供国际运输服务的，应当取得《国际船舶运输经营许可证》；以公路运输方式提供国际运输服务的，应当取得《道路运输经营许可证》和《国际汽车运输行车许可证》，且《道路运输经营许可证》的经营范围应当包括“国际运输”；以航空运输方式提供国际运输服务的，应当取得《公共航空运输企业经营许可证》且其经营范围应当包括“国际航空客货邮运输业务”，或者持有《通用航空经营许可证》且其经营范围应当包括“公务飞行”。

（三）航天运输服务参照国际运输服务，适用增值税零税率。

（四）向境外单位提供的设计服务，不包括对境内不动产提供的设计服务。

二、境内的单位和个人提供的往返香港、澳门、台湾的交通运输服务以及在香港、澳门、台湾提供的交通运输服务（以下称港澳台运输服务），适用增值税零税率。

境内的单位和个人适用增值税零税率，以公路运输方式提供至香港、澳门的交通运输服务的，应当取得《道路运输经营许可证》并具有持《道路运输证》的直通港澳运输车辆；以水路运输方式提供至台湾的交通运输服务的，应当取得《台湾海峡两岸间水路运输许可证》并具有持《台湾海峡两岸间船舶营运证》的船舶；以水路运输方式提供至香港、澳门的交通运输服务的，应当具有获得港澳线路运营许可的船舶；以航空运输方式提供上述交通运输服务的，应当取得《公共航空运输企业经营许可证》且其经营范围应当包括“国际、国内（含港澳）航空客货邮运输业务”，或者持有《通用航空经营许可证》且其经营范围应当包括“公务飞行”。

三、自 2013 年 8 月 1 日起，境内的单位或个人提供程租服务，如果租赁的交通工具用于国际运输服务和港澳台运输服务，由出租方按规定申请适用增值税零税率。

自 2013 年 8 月 1 日起，境内的单位或个人向境内单位或个人提供期租、湿租服务，如果承租方利用租赁的交通工具向其他单位或个人提供国际运输服务和港澳台运输服务，由承租方按规定申请适用增值税零税率。境内的单位或个人向境外单位或个人提供期租、湿租服务，由出租方按规定申请适用增值税零税率。

四、境内的单位和个人提供适用增值税零税率的应税服务，如果属于适用简易计税方法的，实行免征增值税办法。如果属于适用增值税一般计税方法的，生产企业实行免抵退税办法，外贸企业外购研发服务和设计服务出口实行免退税办法，外贸企业自己开发的研发服务和设计服务出口，视同生产企业连同其出口货物统一实行免抵退税办法。应税服务退税率为其按照《试点实施办法》第十二条第（一）至（三）项规定适用的增值税税率。实行退（免）税办法的研发服务和设计服务，如果主管税务机关认定出口价格偏高的，有权按照核定的出口价格计算退（免）税，核定的出口价格低于外贸企业购进价格的，低于部分对应的进项税额不予退税，转入成本。

五、境内的单位和个人提供适用增值税零税率应税服务的，可以放弃适用增值税零税率，选择免税或按规定缴纳增值税。放弃适用增值税零税率后，36 个月内不得再申请适用增值税零税率。

六、境内的单位和个人提供适用增值税零税率的应税服务，按月向主管退税的税务机关申报办理增值税免抵退税或免税手续。具体管理办法由国家税务总局商财政部另行制定。

七、境内的单位和个人提供的下列应税服务免征增值税，但财政部和国家税务总局规定适用增值税零税率的除外：

（一）工程、矿产资源在境外的工程勘察勘探服务。

（二）会议展览地点在境外的会议展览服务。

（三）存储地点在境外的仓储服务。

（四）标的物在境外使用的有形动产租赁服务。

（五）为出口货物提供的邮政业服务和收派服务。

（六）在境外提供的广播影视节目（作品）的发行、播映服务。

（七）符合本规定第一条第（一）项规定但不符合第一条第（二）项规定条件的国际运输服务。

（八）符合本规定第二条第一款规定但不符合第二条第二款规定条件的港澳台运输服务。

（九）向境外单位提供的下列应税服务：

1. 技术转让服务、技术咨询服务、合同能源管理服务、软件服务、电路设计及测试服务、信息系统服务、业务流程管理服务、商标著作权转让服务、知识产权服务、物流辅助服务（仓储服务、收派服务除外）、认证服务、鉴证服务、咨询服务、广播影视节目（作品）制作服务、期租服务、程租服务、湿租服务。但不包括：合同标的物在境内的合同能源管理服务，对境内货物或不动产的认证服务、鉴证服务和咨询服务。

2. 广告投放地在境外的广告服务。

第四章　消费税法

【学习目标】

通过本章的学习，掌握消费税的税目和税率，注意与消费税调整前的对比，重点掌握外购消费品已纳消费税扣除、连续加工应税消费品、委托加工应税消费品、进口应税消费品应纳税额的计算。在本章学习过程中，要注意与增值税进行对比学习，认真掌握消费税与增值税的区别，并深刻理解消费税所扮演的调节和补充作用。

第一节　消费税概述

一、消费税的概念

消费税历史悠久，我国较早的消费税产生于公元前81年汉昭帝时代，征收的项目为酒，每升酒缴税4文。新中国成立后，1950年在全国范围内建立新税制，对娱乐、筵席、冷食、旅馆四个税目开征特种消费税。1993年末国务院正式颁布《中华人民共和国消费税暂行条例》，1994年1月1日实施，2006年4月1日对消费税做了较大调整，税目由原来的11个增加到14个。近几年，随着国家经济结构的转型升级，消费税也在不断调整，在节约能源和保护环境方面发挥着重要作用。自2015年2月1日起对电池、涂料征收消费税，在生产、委托加工和进口环节征收，适用税率均为4%。

消费税是对在我国境内生产、委托加工和进口应税消费品的单位和个人，按应税消费品的销售额或销售数量所征收的一种流转税。

消费税是在普遍征收增值税的基础上，为了调节产品结构，引导消费结构，保证国家财政收入的需要，对在我国境内生产、委托加工和进口的部分消费品的单位和个人，以应税消费品的销售额或销售数量为计税依据所征收的一种税，属于流转税的一个税种，是增值税的补充。

二、消费税的特点

与增值税相比，消费税主要具有以下特点：

1. 只对部分特定消费品征税，实行双重调节

消费税是具非中性特征的选择性商品税，为了配合国家的经济政策，我国消费税在对货物普遍征收增值税的基础上，只选择少数特定消费品交叉征税，实行双重调节，使消费税的个别调节与增值税的普遍调节得到合理有效的配置。

2. 实行从价定率和从量定额两种计征方法

消费税是国际上广泛采用的税种，各国对大部分商品多采用从价征收方法，对少数价格不易稳定，或价格变化较大的商品实行从量征收的方法。从价征收可以保证财政收入的稳定实现；从量征收使纳税人税负与市场价格不直接挂钩，不同纳税人的同量货物税负相同，有利于提高产品附加值和产品产量。

3. 纳税环节单一,节约征收费用

除金银首饰、钻石及钻石饰品在零售征税外,其余税目均以生产、委托加工或进口时为纳税环节,既可减少纳税人数量,又可节约征收费用,能够更加直接地发挥消费税的双重调节作用。

4. 消费税是价内税

消费税是价内税,其税金包含在价格当中,计算简便,易于征收,而增值税是价外税。

三、消费税适用的法律依据

消费税法是指国家制定的用以调整消费税征收与缴纳之间的权利与义务关系的法律规范。现行的消费税税收法律规范是2008年11月5日经国务院第34次常务会议审议修订通过的《中华人民共和国消费税暂行条例》和财政部、国家税务总局第51号令修订的《中华人民共和国消费税暂行条例实施细则》,条例及实施细则均于2009年1月1日起施行。

第二节　消费税税收基本规范

一、纳税义务人

根据税法规定,凡在中华人民共和国境内生产、委托加工和进口条例规定的消费品的单位和个人,均为消费税纳税义务人。

所说的"单位",是指国有企业、集体企业、私有企业、股份制企业、外商投资企业、外国企业、其他企业和行政单位、事业单位、军事单位、社会团体及其他单位。

所说的"个人",是指个体经营者及其他个人。

所说的"在中华人民共和国境内",是指生产、委托加工和进口属于应当征收消费税的消费品(以下简称"应税消费品")的起运地或所在地在境内。

二、征税对象、范围和税目

(一)消费税征税对象

消费税征税对象,是在我国境内生产、委托加工和进口的应税消费品,具体包括以下几个方面。

(1)生产销售的应税消费品。

(2)自产自用应税消费品。

(3)委托加工的应税消费品。

(4)进口的应税消费品。

(5)零售应税消费品。

主要对象为金银首饰,仅限于金基、银基合金首饰以及金、银和金基、银基合金的镶嵌首饰;钻石及钻石饰品,适用税率5%。

对既销售金银首饰,又销售非金银首饰的生产经营单位,应将两类商品划分清楚,分别核算销售额。凡划分不清楚或不能分别核算的,在生产环节销售的,一律从高适用税率征收消费税(10%);在零售环节销售的,一律按金银首饰征收消费税。

(5)批发应税消费品,仅适用于批发环节卷烟的消费税。

（二）消费税的征收范围

消费税的征收范围，主要根据我国经济社会发展现状和现行消费政策，并考虑财政的需要加以确定。消费税仅选择部分消费品征收，按照列举的办法，选择的消费品大体可分为以下几类。

（1）一些过度消费会对人类健康、社会秩序、生态环境等方面造成危害的特殊消费品，如烟、酒、鞭炮、焰火等。

（2）奢侈品、非生活必需品，如贵重首饰、化妆品等。

（3）高能耗消费品，如小轿车、摩托车等。

（4）不可再生和替代的资源类消费品，如成品油等。

（5）引导消费和节约木材资源，如实木地板和木制一次性筷子。

（6）引导高档消费、调节收入分配和高消费行为的消费品，如游艇、高档手表、高尔夫球及球具。

（7）具有一定财政意义的产品，如汽车轮胎等。

（三）消费税的税目

消费税经过多次调整，截至 2016 年 10 月 1 日消费税的税目按产品类别设置，共 15 个税目，有的税目还进一步划分若干子目。

（1）烟。无论使用何种辅料，凡是以烟叶为原料加工生产的产品，均属于烟，包括卷烟、雪茄烟和烟丝。

“卷烟”子目下又分“甲类卷烟”和“乙类卷烟”。其中甲类卷烟，每标准条（200 支）调拨价格（不含增值税）大于等于 70 元。乙类卷烟，每标准条调拨价格（不含增值税）小于 70 元。

自 2015 年 5 月 10 日起，将卷烟批发环节从价税税率由 5% 提高至 11%，并按 0.005 元/支加征从量税。纳税人应将卷烟销售额与其他商品销售额分开核算，未分开核算的，一并征收消费税；纳税人销售给纳税人以外的单位和个人的卷烟于销售时纳税。纳税人之间销售的卷烟不缴纳消费税；卷烟批发企业的机构所在地，总机构与分支机构不在同一地区的，由总机构申报纳税；批发企业在计算纳税时不得扣除已含的生产环节的消费税税款。

（2）酒。酒是酒精度在 1 度以上的各种酒类饮料，包括粮食白酒、薯类白酒、黄酒、啤酒和其他酒。

（3）高档化妆品，征收范围包括高档美容、修饰类化妆品、高档护肤类化妆品和成套化妆品。高档美容、修饰类化妆品和高档护肤类化妆品是指生产（进口）环节销售（完税）价格（不含增值税）在 10 元/毫升（克）或 15 元/片（张）及以上的美容、修饰类化妆品和护肤类化妆品。

（4）贵重首饰及珠宝玉石，包括金、银、珠宝首饰及珠宝玉石。

（5）鞭炮、焰火，体育上用的发令纸、鞭炮药引线，不按此征税。

（6）成品油，包括汽油、柴油、石脑油、溶剂油、润滑油、燃料油、航空煤油。

（7）摩托车，包括轻便摩托车和摩托车两种。

（8）小汽车，包括乘用车、中轻型商用客车。

（9）高尔夫球及球具。

（10）高档手表。

（11）游艇。

(12)木制一次性筷子。

(13)实木地板。

三、税率

消费税采用比例税率和定额税率两种形式,以适应不同应税消费品的需要。

采用比例税率形式的税目和子目有:雪茄烟和烟丝、其他酒和酒精、高档化妆品、高尔夫球及球具、高档手表、游艇、木制一次性筷子、实木地板、贵重首饰及珠宝玉石、鞭炮、焰火、摩托车和小汽车。

采用定额税率形式的税目和子目有:黄酒、啤酒、成品油。

同时采用比例税率和定额税率两种形式的税目和子目有:卷烟和白酒。

具体税率见表4.1。

表4.1 消费税税目税率(税额)表

税目	税率
一、烟	
1.卷烟	
(1)甲类卷烟(调拨价70元(不含增值税)/条以上(含70元))	56%加0.003元/支(生产环节)
(2)乙类卷烟(调拨价70元(不含增值税)/条以下)	36%加0.003元/支(生产环节)
(3) 商业批发	11%(批发环节)
2.雪茄烟	36%(生产环节)
3.烟丝	30%(生产环节)
二、酒及酒精	
1.白酒	20%加0.5元/500克(或者500毫升)
2.黄酒	240元/吨
3.啤酒	
(1)甲类啤酒	250元/吨
(2)乙类啤酒	220元/吨
4.其他酒	10%
5.酒精	5%
三、高档化妆品	15%
四、贵重首饰及珠宝玉石	
1.金银首饰、铂金首饰和钻石及钻石饰品	5%
2.其他贵重首饰和珠宝玉石	10%
五、鞭炮、焰火	15%
六、成品油	
1.汽油	

续表 4.1

税目	税率
(1)含铅汽油	1.52 元/升
(2)无铅汽油	1.52 元/升
2. 柴油	1.20 元/升
3. 航空煤油	1.20 元/升
4. 石脑油	1.52 元/升
5. 溶剂油	1.52 元/升
6. 润滑油	1.52 元/升
7. 燃料油	1.20 元/升
七、摩托车	
1. 气缸容量(排气量,下同)在 250 毫升(含 250 毫升)以下的	3%
2. 气缸容量在 250 毫升以上的	10%
八、小汽车	
1. 乘用车	
(1)气缸容量(排气量,下同)在 1.0 升(含 1.0 升)以下的	1%
(2)气缸容量在 1.0 升以上至 1.5 升(含 1.5 升)的	3%
(3)气缸容量在 1.5 升以上至 2.0 升(含 2.0 升)的	5%
(4)气缸容量在 2.0 升以上至 2.5 升(含 2.5 升)的	9%
(5)气缸容量在 2.5 升以上至 3.0 升(含 3.0 升)的	12%
(6)气缸容量在 3.0 升以上至 4.0 升(含 4.0 升)的	25%
(7)气缸容量在 4.0 升以上的	40%
2. 中轻型商用客车	5%
九、高尔夫球及球具	10%
十、高档手表	20%
十一、游艇	10%
十二、木制一次性筷子	5%
十三、实木地板	5%
十四、铅蓄电池	4%
无汞原电池、金属氢化物镍蓄电池、锂原电池、锂离子蓄电池、太阳能电池、燃料电池和全钒液流电池	免征
十五、涂料	4%
施工状态下挥发性有机物(Volatile Organic Compounds,VOC)含量低于 420 克/升(含)	免征

第三节 消费税应纳税额的计算

一、消费税的三种计算方法

由于消费税的税率实行比例税率、定额税率和比例税率与定额税率同时适用,所以相应的消费税计算用三种方法。

(一)从价定率计算

应纳税额 = 应税消费品的销售额 × 适用比例税率 (4.1)

1. 销售额

销售额是纳税人销售应税消费品向购买方收取的全部价款和价外费用。

对于在规定的期限内不予退还的包装物押金,应并入应税消费品的销售额,按照应税消费品的适用税率征收消费税;但对于酒类产品生产企业销售酒类产品(黄酒和啤酒除外)而收取的包装物押金,无论押金是否返还,会计上又如何处理,均须并入酒类产品销售额中,征收消费税。

2. 含增值税销售额的换算

应税消费品在缴纳消费税的同时,还应缴纳增值税,按照《消费税暂行条例实施细则》的规定,应税消费品的销售额不包括向购买方收取的增值税税款,如果应税消费品的销售额中含有增值税,应将增值税还原,然后再计算消费税。

应税消费品销售额 = 含增值税的销售额 /(1 + 增值税税率或征收率) (4.2)

(二)从量定额计算

应纳税额 = 应税消费品的销售量 × 单位税额 (4.3)

1. 销售量

(1)销售应税消费品(销售量);

(2)自产自用消费品(移送使用数量);

(3)委托加工消费品(收回的数量);

(4)进口的消费品(海关核定的进口数量)。

2. 计量单位换算

(1)啤酒 1吨=988升;

(2)黄酒 1吨=962升;

(3)汽油 1吨=1 388升;

(4)柴油 1吨=1 176升;

(5)石脑油 1吨=1 385升;

(6)溶剂油 1吨=1 282升;

(7)润滑油 1吨=1 126升;

(8)燃料油 1吨=1 015升;

(9)航空煤油 1吨=1 246升。

(三)复合计算

采用先从量后从价顺序计算,即

应纳税额 = 应税消费品的销售量 × 单位税额 + 应税消费品的销售额 × 适用比例税率 (4.4)

适用范围:卷烟和白酒。

二、计税依据的特殊规定

(1)卷烟从价定率办法的计税依据为调拨价格或核定价格。

①调拨价格。卷烟生产企业通过卷烟交易市场与购货方签订的卷烟交易价格。

②核定价格。由税务机关按其零售价倒算一定比例的办法核定计税价格,即

$$核定价格=该卷烟市场零售价格/(1+35\%) \tag{4.5}$$

如果实际销售价格高于计税价格和核定价格的卷烟,按实际销售价格征收消费税;反之实际销售价格低于计税价格和核定价格的卷烟,按计税价格或核定价格征收消费税。

(2)纳税人通过自设非独立核算门市部门销售的自产应税消费品,应当按照门市部门对外销售额或者销售数量征收消费税。

(3)纳税人将自产应税消费品换取生产资料和消费资料、投资入股和抵偿债务等方面,应以纳税人同类消费品的最高销售价格作为计税依据。

三、外购消费品已纳消费税的扣除

由于消费税是一次征收,为了避免重复征税,企业用外购已税消费品连续生产应税消费品在计税时,可以将外购消费品已纳的消费税扣除。

(一)扣除范围

(1)外购已税烟丝生产的卷烟;

(2)外购已税化妆品生产的化妆品;

(3)外购已税珠宝玉石生产的贵重首饰及珠宝玉石;

(4)外购已税鞭炮、焰火生产的鞭炮、焰火;

(5)外购已税汽车轮胎(内胎和外胎)生产的汽车轮胎;

(6)外购已税摩托车生产的摩托车;

(7)以外购或委托加工收回的已税杆头、杆身和握把为原料生产的高尔夫球杆;

(8)以外购或委托加工收回的已税木制一次性筷子为原料生产的木制一次性筷子;

(9)以外购或委托加工收回的已税实木地板为原料生产的实木地板;

(10)以外购或委托加工收回的已税石脑油、燃料油为原料生产的应税消费品;

(11)以外购或委托加工收回的已税润滑油为原料生产的润滑油;

(12)外购或委托加工收回的汽油、柴油用于连续生产甲醇汽油、生物柴油。

(二)计算公式

(1) $$\begin{matrix}当期准予扣除的外购\\应税消费品已纳税款\end{matrix}=\begin{matrix}当期准予扣除的外\\购应税消费品买价\end{matrix}\times\begin{matrix}外购应税消费品\\适用税率\end{matrix} \tag{4.6}$$

(2) $$\begin{matrix}当期准予扣除的外\\购应税消费品买价\end{matrix}=\begin{matrix}期初库存的外购应\\税消费品的买价\end{matrix}+\begin{matrix}当期购进的应税\\消费品的买价\end{matrix}-\begin{matrix}期末库存的外购应\\税消费品的买价\end{matrix} \tag{4.7}$$

(3)需要注意的问题。

①外购已税消费品的买价是指购货发票上注明的销售额(不包括增值税税款);

②纳税人用外购的已税珠宝玉石生产的改在零售环节征收消费税的金银首饰(镶嵌首饰),在计税时一律不得扣除外购珠宝玉石的已纳税款;

③对自己不生产应税消费品,而只是购进后再销售应税消费品的工业企业,其销售的化妆品、鞭炮焰火和珠宝玉石,凡不能构成最终消费品直接进入消费品市场,而需进一步生产加工的,应当征收消费税,同时允许扣除上述外购应税消费品的已纳税款;

④允许扣除已纳税款的应税消费品只限于从工业企业购进的应税消费品和进口环节已缴纳消费税的应税消费品,对从境内商业企业购进应税消费品的已纳税款一律不得扣除;

⑤从 2001 年 5 月 1 日起,停止执行生产领用外购酒和酒精已纳消费税税款准予抵扣的政策,没抵扣完的一律停止。

四、税额减征的规定

为了保护生存环境,维护生态平衡,促进环保小汽车升级换代,推进汽车环保工业技术的提升,对汽车生产企业生产销售达到低污染排放值(欧洲二号标准)的小轿车、越野车和小客车减征 30% 的消费税。减征税额和应征税额的公式为

$$\text{减征税额}=\text{按法定税率计算的消费税额}\times 30\% \tag{4.8}$$

$$\text{应征税额}=\text{按法定税率计算的消费税额}-\text{减征税额} \tag{4.9}$$

五、酒类关联企业间关联交易消费税问题处理

如果关联企业之间不按照独立企业之间的业务往来作价的,税务机关可按以下办法进行调整。

(1)按照独立企业之间进行相同或类似业务活动的价格;

(2)按照在销售给无关联关系的第三者的价格所取得的收入和利润水平;

(3)按照成本价合理的费用和利润;

(4)按照其他合理的方法。

对已检查出的酒类生产企业在本次检查年度内发生的利用关联企业关联交易行为规避消费税问题,各省、自治区、直辖市、计划单列市国家税务局可根据本地区被查酒类生产企业与其关联企业间不同的核算方式,选择以上处理方法调整其酒类产品消费税计税收入额,核定应纳税额,补缴消费税。

另外,白酒生产企业向商业销售单位收取的“品牌使用费”是随着应税白酒的销售而向购货方收取的,属于应税白酒销售价款的组成部分,因此,不论企业采取何种方式或以何种名义收取价款,均应并入白酒的销售额中缴纳消费税。

六、兼营不同税率应税消费品的税务处理

纳税人兼营不同税率的应税消费品,应当分别核算不同税率应税消费品的销售额、销售数量。未分别核算销售额、销售数量,或者将不同税率的应税消费品组成成套消费品销售的,从高适用税率。

第四节　自产自用应税消费品应纳税额的计算

一、用于连续生产应税消费品

所谓“纳税人自产自用的应税消费品,用于连续生产应税消费品的”,是指作为生产最

终应税消费品的直接材料、并构成最终产品实体的应税消费品。纳税人自产自用的应税消费品,用于连续生产应税消费品的,不纳税。例如,卷烟厂生产出烟丝,烟丝已是应税消费品,卷烟厂再用生产出的烟丝连续生产卷烟,这样,用于连续生产卷烟的烟丝就不缴纳消费税,只对生产的卷烟征收消费税。

二、用于其他方面的规定

(一)用于其他方面的含义

自产自用应税消费品,用于其他方面是指纳税人用于生产非应税消费品和在建工程、管理部门、非生产机构,提供劳务,以及用于馈赠、赞助、集资、广告、样品、职工福利、奖励等方面的应税消费品。

所谓"用于生产非应税消费品"是指把自产的应税消费品用于生产消费税条例税目税率表所列15类产品以外的产品。

所谓"用于在建工程"是指把自产的应税消费品用于本单位的各项建设工程。

所谓"用于管理部门、非生产机构"是指把自己生产的应税消费品用于与本单位有隶属关系的管理部门或非生产机构。

所谓"用于馈赠、赞助、集资、广告、样品、职工福利、奖励"是指把自己生产的应税消费品无偿赠送给他人或以资金的形式投资于外单位某些事业或作为商品广告、经销样品或以福利、奖励的形式发给职工。

纳税人自产自用的应税消费品,除用于连续生产应税消费品外,凡用于其他方面的,于移送使用时纳税。

(二)组成计税价格及税额的计算

纳税人自产自用的应税消费品,凡用于其他方面,应当纳税的,按照纳税人生产的同类消费品的销售价格计算纳税。同类消费品的销售价格是指纳税人当月销售的同类消费品的销售价格,如果当月同类消费品各期销售价格高低不同,应按销售数量加权平均计算。

但销售的应税消费品有下列情况之一的,不得列入加权平均计算。

(1)销售价格明显偏低又无正当理由的。

(2)无销售价格的,如果当月无销售或者当月未完结,应按照同类消费品上月或最近月份的销售价格计算纳税。

没有同类消费品销售价格的,按照组成计税价格计算纳税。

实行从价定率办法计算纳税的组成计税价格计算公式为

$$组成计税价格=(成本+利润)/(1-比例税率) \tag{4.10}$$

实行复合计税办法计算纳税的组成计税价格计算公式为

$$组成计税价格=(成本+利润+自产自用数量\times定额税率)/(1-比例税率) \tag{4.11}$$

"成本"是指应税消费品的产品生产成本。

"利润"是指根据应税消费品的全国平均成本利润率计算的利润。应税消费品全国平均成本利润率由国家税务总局确定,具体规定见表4.2。

表4.2　应税消费品全国平均成本利润率

序　号	应税消费品	成本利润率	序　号	应税消费品	成本利润率
1	甲类卷烟	10%	12	摩托车	6%
2	乙类卷烟	5%	13	小轿车	8%
3	雪茄烟	5%	14	越野车	6%
4	烟丝	5%	15	小客车	5%
5	粮食白酒	10%	16	高尔夫球及球具	10%
6	薯类白酒	5%	17	高档手表	20%
7	其他酒	5%	18	游艇	10%
8	高档化妆品	5%	19	木制一次性筷子	5%
9	护肤护发品	5%	20	木制地板	5%
10	鞭炮、焰火	5%	21	乘用车	8%
11	贵重首饰及珠宝玉石	6%	22	中轻型商务用车	5%

第五节　委托加工应税消费品应纳税额的计算

一、委托加工应税消费品的确定

委托加工的应税消费品是指由委托方提供原料和主要材料，受托方只收取加工费和代垫部分辅助材料加工的应税消费品。对于由受托方提供原材料生产的应税消费品，或者受托方先将原材料卖给委托方，然后再接受加工的应税消费品，以及由受托方以委托方名义购进原材料生产的应税消费品，不论纳税人在财务上是否作销售处理，都不得作为委托加工应税消费品，而应当按照销售自制应税消费品缴纳消费税。

(1)它明确区分了什么是委托加工应税消费品，什么不是委托加工应税消费品。

(2)对于不符合委托加工应税消费品限定条件的如何处理？税法规定了严格的处理方法，即不论纳税人在财务上是否作销售处理，都不得作为委托加工应税消费品，而应当按照销售自制应税消费品缴纳消费税。也就是说，应确定由受托方按销售自制消费品缴纳消费税。

二、代收代缴税款的规定

对于确实属于委托方提供原料和主要材料，受托方只收取加工费和代垫部分辅助材料加工的应税消费品，税法规定由受托方在向委托方交货时代收代缴消费税。这样，受托方就是法定的代收代缴义务人（注：纳税人委托个体经营者加工应税消费品，一律于委托方收回后在委托方所在地缴纳消费税）。

委托加工的应税消费品，受托方在交货时已代收代缴消费税，委托方将收回的应税消费品，以不高于受托方的计税价格出售的，为直接出售，不再缴纳消费税；委托方以高于受托方的计税价格出售的，不属于直接出售，需按照规定申报缴纳消费税，在计税时准予扣除受托方已代收代缴的消费税。

对于受托方没有按规定代收代缴税款的，并不能因此免除委托方补缴税款的责任。在对委托方进行税务检查中，如果发现其委托加工的应税消费品受托方没有代收代缴税款，委托方要补缴税款（对受托方不再重复补税了，但要按《征管法》的规定，处以应代收代缴税款50%以上3倍以下的罚款）。对委托方补征税款的计税依据是：如果在检查时，收回的应税消费品已经直接销售的，按销售额计税；收回的应税消费品尚未销售或不能直接销售的（如收回后用于连续生产等），按组成计税价格计税，组成计税价格的计算公式与本节“三”中组成计税价格公式相同。

委托加工的应税消费品，受托方在交货时已代收代缴消费税，委托方收回后直接出售的，不再征收消费税。

三、组成计税价格的计算

（一）委托加工的应税消费品，按照受托方的同类消费品的销售价格计算纳税

同类消费品的销售价格是指受托方（即代收代缴义务人）当月销售的同类消费品的销售价格，如果当月同类消费品各期销售价格高低不同，应按销售数量加权平均计算。

但销售的应税消费品有下列情况之一的，不得列入加权平均计算。

（1）销售价格明显偏低又无正当理由的。

（2）无销售价格的。如果当月无销售或者当月未完结，应按照同类消费品上月或最近月份的销售价格计算纳税。

（二）按照组成计税价格计算纳税

没有同类消费品销售价格的，按照组成计税价格计算纳税。

实行从价定率办法计算纳税的组成计税价格计算公式为

$$\text{组成计税价格} = (\text{材料成本} + \text{加工费}) \div (1 - \text{比例税率}) \tag{4.12}$$

实行复合计税办法计算纳税的组成计税价格计算公式为

$$\text{组成计税价格} = (\text{材料成本} + \text{加工费} + \text{委托加工数量} \times \text{定额税率})/(1 - \text{比例税率}) \tag{4.13}$$

“材料成本”是指委托方所提供加工材料的实际成本。

“加工费”是指受托方加工应税消费品向委托方收取的全部费用，包括代垫的辅助材料费，但不包括增值税。

（三）委托加工收回的应税消费品的处理

委托加工收回的应税消费品直接对外出售的，不再征收消费税。

委托加工收回的应税消费品没有对外出售，而是连续生产应税消费品，在对连续生产应税消费品计税时，扣除委托加工收回的应税消费品已纳的消费税，扣除原理与外购消费品已纳消费税扣除一样。

需要说明的是，纳税人用委托加工收回的已税珠宝玉石生产的改在零售环节征收消费税的金银首饰，在计税时一律不得扣除委托加工收回的珠宝玉石的已纳消费税税款。

第六节　进口应税消费品应纳税额的计算

一、进口应税消费品税收基本规定

进口的应税消费品于报关进口时缴纳消费税；进口的应税消费品的消费税由海关代征；进口的应税消费品，由进口人或者其代理人向报关地海关申报纳税；纳税人进口应税消费品，按照关税征收管理的相关规定，应当自海关填发税款缴纳书之日起15日内缴纳消费税款。

进口应税消费品的收货人或办理报关手续的单位和个人，为进口应税消费品消费税的纳税义务人。

二、进口应税消费品的计算

1. 实行从价定率办法

$$组成计税价格=(关税完税价格+关税)\div(1-消费税税率) \tag{4.14}$$

$$应纳税额=组成计税价格\times消费税税率 \tag{4.15}$$

2. 实行从量定额办法

$$应纳税额=应税消费品数量\times消费税单位税额 \tag{4.16}$$

3. 实行复合计税办法计算纳税的组成计税价格

$$组成计税价格=\frac{关税完税价格+关税+进口数量\times消费税定额税率}{1-消费税比例税率} \tag{4.17}$$

$$应纳税额=组成计税价格\times消费税税率+应税消费品进口数量\times消费税定额税额 \tag{4.18}$$

三、进口卷烟应纳税额的计算

根据《财政部、国家税务总局关于调整进口卷烟消费税税率的通知》(财税〔2004〕22号)，为统一进口卷烟与国产卷烟的消费税政策，经国务院批准对进口卷烟消费税税率进行调整：自2004年3月1日起，消费税定额税率为每标准箱(50 000支)150元，即每标准条(200支)0.6元；每标准条进口卷烟(200支)确定消费税适用比例税率的价格≥70元人民币的，适用比例税率为56%；每标准条进口卷烟(200支)确定消费税适用比例税率的价格<70元人民币的，适用比例税率为36%。

计算进口卷烟消费税的具体方法如下：

1. 计算每标准条进口卷烟(200支)价格A

$$每标准条进口卷烟(200支)价格A=(关税完税价格+关税+消费税定额税)\div(1-消费税卷烟固定税率) \tag{4.19}$$

这里的消费税税率固定为36%。

2. 确定进口卷烟从价消费税的适用税率B

若A≥70元，则适用税率B为56%，否则为36%。

3. 计算进口卷烟消费税组成计税价格

进口卷烟消费税组成计税价格C=(关税完税价格+关税+消费税定额税)÷

(1-进口卷烟消费税适用税率 B) (4.20)

4. 计算进口卷烟消费税税额

应纳消费税税额=进口卷烟消费税组成计税价格 C×适用税率+ 消费税定额税 =(关税完税价格+关税+消费税定额税)÷(1 -进口卷烟消费税适用税率 B)×B+海关核定的进口卷烟数量×单位税额 (4.21)

第七节 出口应税消费品退(免)税

一、出口退税率的规定

与增值税的规定不同,企业应将不同税率的出口应税消费品分开核算,分不清的一律从低适用。

二、出口应税消费品退(免)税政策

(1)出口免税并退税;
(2)出口免税但不退税;
(3)出口不免税也不退税。

适用这个政策的是:除生产企业、外贸企业外的其他企业,具体是指一般商贸企业,这类企业委托外贸企业出口应税消费品一律不予退(免)税。

三、出口应税消费品退税额的计算

外贸企业从生产企业购进货物直接出口或受其他外贸企业委托代理出口应税消费品的应退消费税税款,分两种情况处理。

(1)属于从价定率计征消费税的应税消费品,应依照外贸企业从工厂购进货物时征收消费税的价格计算应退消费税税款,其公式为

应退消费税税款 = 出口货物的工厂销售额 × 税率 (4.22)

上述公式中"出口货物的工厂销售额"不包含增值税。

(2)属于从量定额计征消费税的应税消费品,应依货物购进和报关出口的数量计算应退消费税税款,其公式为

应退消费税税款 = 出口数量 × 单位税额 (4.23)

四、出口应税消费品办理退(免)税后的处理

出口的应税消费品办理退税后,发生退关或者国外退货进口时予以免税的,报关出口者必须及时向其所在地主管税务机关申报补缴已退的消费税税款。纳税人直接出口的应税消费品办理免税后发生退关或国外退货,进口时已予以免税的,经所在地主管税务机关批准,可暂不办理补税,待其转为国内销售时,再向其主管税务机关申报补缴消费税。

第八节 消费税征收管理

一、消费税纳税义务发生时间

纳税人生产的应税消费品于销售时纳税,进口消费品应当于应税消费品报关进口环节纳税,但金银首饰、钻石及钻石饰品在零售环节纳税。消费税纳税义务发生的时间,以货款结算方式或行为发生时间分别确定。

纳税人销售的应税消费品,其纳税义务的发生时间如下。

(1)纳税人采取赊销和分期收款结算方式的,其纳税义务的发生时间为销售合同规定的收款日期的当天;

(2)纳税人采取预收货款结算方式的,其纳税义务的发生时间为发出应税消费品的当天;

(3)纳税人采取托收承付和委托银行收款方式销售的应税消费品,其纳税义务的发生时间为发出应税消费品并办妥托收手续的当天;

(4)纳税人采取其他结算方式的,其纳税义务的发生时间为收讫销售款或者取得索取销售款的凭据的当天;

(5)纳税人自产自用的应税消费品,其纳税义务的发生时间为移送使用的当天;

(6)纳税人委托加工的应税消费品,其纳税义务的发生时间为纳税人提货的当天;

(7)纳税人进口的应税消费品,其纳税义务的发生时间为报关进口的当天。

二、消费税纳税期限

按照《消费税暂行条例》规定,消费税的纳税期限分别为 1 日、3 日、5 日、10 日、15 日、1 个月或 1 个季度。纳税人的具体纳税期限,由主管税务机关根据纳税人应纳税额的大小分别核定;不能按照固定期限纳税的,可以按次纳税。

纳税人以 1 个月或 1 个季度为一期纳税的,自期满之日起 15 日内申报纳税;以 1 日、3 日、5 日、10 日或者 15 日为 1 期纳税的,自期满之日起 5 日内预缴税款,于次月 1 日起至 15 日内申报纳税并结清上月应纳税款。

纳税人进口应税消费品,应当在海关填发税款缴纳书之日起 15 日内缴纳税款。

如果纳税人不能按照规定的纳税期限依法纳税,将按《税收征收管理法》的有关规定处理。

三、纳税地点

纳税人销售的应税消费品以及自产自用的应税消费品,除国家另有规定的以外,应当向纳税人核算地主管税务机关申报纳税。

委托加工的应税消费品,由受托方向所在地主管税务机关解缴消费税税款。

进口的应税消费品,由进口人或者其代理人向报关地海关申报纳税。

纳税人到外县(市)销售或委托外县(市)代销自产应税消费品的,于应税消费品销售后回纳税人核算地或所在地缴纳消费税。

纳税人的总机构与分支机构不在同一县(市)的,应在生产应税消费品的分支机构所在地缴纳消费税。但经国家税务总局及所属税务分局批准,纳税人分支机构应纳消费税税款也可由总机构汇总向总机构所在地主管税务机关缴纳。

纳税人销售的应税消费品,如因质量等原因由购买者退回时,经所在地主管税务机关审核批准后,可退还已征收的消费税税款。

【本章小结】

消费税是我国1994年税制改革时设置的税种,是对货物征收增值税以后,再选择部分消费品进行征收的一道流转税。消费税是第二个流转税种,在国家税收中起着重要的调节作用,特别是2006年4月1日,财政部、国家税务总局对消费税的税目和税率进行了较大的调整,增加了高尔夫球及球具、高档手表、游艇、木制一次性筷子和木制地板等五个税目,取消了护肤护发品税目,提高了大排量的乘用车的税率,进一步体现了消费税在调解消费、引导消费中的作用。在学习本章内容时要特别注意消费税调整前后的不同,以便对比记忆,更好地掌握消费税相关税收法律规范。

【中英文关键词对照】

消费税	Consumption Tax
消费税法	Consumption Tax Law
应税消费品	Consumer Goods Respond to the Tax
组成计税价格	Constitute to Account Tax Price
代收代缴税款	The Collection Generation Pays Tax Dues
进口应税消费品	Import Taxed Consumer Goods
出口应税消费品	Export Taxed Consumer Goods

【复习思考题】

1. 消费税有哪些特点?
2. 消费税调整前后的税目和税率有哪些变化?
3. 委托加工应税消费品税收基本规范有哪些?

【案例分析】

1. 甲企业为高尔夫球及球具生产厂家,是增值税一般纳税人,2016年10月发生以下业务。

(1)购进一批PU材料,增值税专用发票注明价款10万元、增值税款1.7万元,委托乙企业将其加工成100个高尔夫球包,增值税专用发票注明加工费用2万元、增值税税款0.34万元;乙企业当月销售同类球包不含税销售价格为0.25万元/个。

(2)将委托加工收回的球包批发给代理商,收到不含税价款28万元。

(3)购进一批碳素材料、钛合金,增值税专用发票注明价款150万元、增值税税款25.5万元,委托丙企业将其加工成高尔夫球杆,增值税专用发票注明加工费用30万元、增值税税款5.1万元。

(4)委托加工收回的高尔夫球杆的80%当月已经销售,收到不含税款300万元,尚有20%留存仓库。

(5)主管税务机关在11月初对甲企业进行税务检查时发现,乙企业已经履行了代收代缴消费税义务,丙企业未履行代收代缴消费税义务。

要求:计算甲企业应纳增值税和消费税。

2. 某企业为增值税一般纳税人,2015年10月发生以下业务:

(1)从农业生产者手中收购玉米40吨,每吨收购价3 000元,共计支付收购价款120 000元。企业将收购的玉米从收购地直接运往异地的某酒厂生产加工药酒,酒厂在加工过程中代垫辅助材料款15 000元。药酒加工完毕,企业收回药酒时取得酒厂开具的增值税专用发票,注明加工费30 000元、增值税额5 100元,加工的药酒当地无同类产品市场价格。本月内企业将收回的药酒批发售出,取得不含税销售额260 000元;另外支付给运输单位的销货运输费用12 000元,取得普通发票。

(2)购进货物取得增值税专用发票,注明金额450 000元、增值税额76 500元;支付给运输单位的购货运输费用22 500元,取得普通发票。本月将已验收入库货物的80%零售,取得含税销售额585 000元,20%用作本企业集体福利。

计算:(1)计算业务(1)中酒厂应代收代缴的消费税。

(2)计算业务(1)中应缴纳的增值税。

(3)计算业务(2)中应缴纳的增值税。

[资料]

资料一

财政部 国家税务总局关于提高成品油消费税税率的通知

【财税〔2008〕167号】

各省、自治区、直辖市、计划单列市财政厅(局)、国家税务局,新疆生产建设兵团财务局:

按照《国务院关于实施成品油价格和税费改革的通知》(国发〔2008〕37号),现将提高成品油消费税税率问题通知如下:

一、将无铅汽油的消费税单位税额由每升0.2元提高到每升1.0元;将含铅汽油的消费税单位税额由每升0.28元提高到每升1.4元。

二、将柴油的消费税单位税额由每升0.1元提高到每升0.8元。

三、将石脑油、溶剂油和润滑油的消费税单位税额由每升0.2元提高到每升1.0元。

四、将航空煤油和燃料油的消费税单位税额由每升0.1元提高到每升0.8元。

五、本通知自2009年1月1日起执行。原消费税的政策规定与本通知有抵触的,依照本通知执行。

附件1. 成品油消费税税目税率表。

2. 成品油消费税征收范围注释

财政部 国家税务总局

二〇〇八年十二月十九日

附件1

成品油消费税税目税率表

税 目	税 率
成品油:	
1. 汽油	
(1) 无铅汽油	1.0元/升
(2) 含铅汽油	1.4元/升
2. 柴油	0.8元/升
3. 航空煤油	0.8元/升
4. 石脑油	1.0元/升
5. 溶剂油	1.0元/升
6. 润滑油	1.0元/升
7. 燃料油	0.8元/升

附件2

成品油消费税征收范围注释

一、汽油

汽油是指用原油或其他原料加工生产的辛烷值不小于66的可用作汽油发动机燃料的各种轻质油。含铅汽油是指铅含量每升超过0.013克的汽油。汽油分为车用汽油和航空汽油。

以汽油、汽油组分调和生产的甲醇汽油、乙醇汽油也属于本税目征收范围。

二、柴油

柴油是指用原油或其他原料加工生产的倾点或凝点在-50至30的可用作柴油发动机燃料的各种轻质油和以柴油组分为主、经调和精制可用作柴油发动机燃料的非标油。

以柴油、柴油组分调和生产的生物柴油也属于本税目征收范围。

三、石脑油

石脑油又叫化工轻油,是以原油或其他原料加工生产的用于化工原料的轻质油。

石脑油的征收范围包括除汽油、柴油、航空煤油、溶剂油以外的各种轻质油。非标汽油、重整生成油、拔头油、戊烷原料油、轻裂解料(减压柴油VGO和常压柴油AGO)、重裂解料、加氢裂化尾油、芳烃抽余油均属轻质油,属于石脑油征收范围。

四、溶剂油

溶剂油是用原油或其他原料加工生产的用于涂料、油漆、食用油、印刷油墨、皮革、农药、橡胶、化妆品生产和机械清洗、胶粘行业的轻质油。

橡胶填充油、溶剂油原料,属于溶剂油征收范围。

五、航空煤油

航空煤油也叫喷气燃料，是用原油或其他原料加工生产的用作喷气发动机和喷气推进系统燃料的各种轻质油。

六、润滑油

润滑油是用原油或其他原料加工生产的用于内燃机、机械加工过程的润滑产品。润滑油分为矿物性润滑油、植物性润滑油、动物性润滑油和化工原料合成润滑油。

润滑油的征收范围包括矿物性润滑油、矿物性润滑油基础油、植物性润滑油、动物性润滑油和化工原料合成润滑油。以植物性、动物性和矿物性基础油（或矿物性润滑油）混合掺配而成的"混合性"润滑油，不论矿物性基础油（或矿物性润滑油）所占比例高低，均属润滑油的征收范围。

七、燃料油

燃料油也称重油、渣油，是用原油或其他原料加工生产，主要用作电厂发电、锅炉用燃料、加热炉燃料、冶金和其他工业炉燃料。腊油、船用重油、常压重油、减压重油、180CTS燃料油、7号燃料油、糠醛油、工业燃料、4-6号燃料油等油品的主要用途是作为燃料燃烧，属于燃料油征收范围。

资料二

财政部 国家税务总局关于调整消费税政策的通知

【财税〔2014〕93号】

各省、自治区、直辖市、计划单列市财政厅（局）、国家税务局，新疆生产建设兵团财务局：

经国务院批准，现将消费税政策调整事项通知如下：

一、取消气缸容量250毫升（不含）以下的小排量摩托车消费税。气缸容量250毫升和250毫升（不含）以上的摩托车继续分别按3%和10%的税率征收消费税。

二、取消汽车轮胎税目。

三、取消车用含铅汽油消费税，汽油税目不再划分二级子目，统一按照无铅汽油税率征收消费税。

四、取消酒精消费税。取消酒精消费税后，"酒及酒精"品目相应改为"酒"，并继续按现行消费税政策执行。

五、本通知自2014年12月1日起执行。

财政部 国家税务总局

2014年11月25日

资料三

财政部 国家税务总局关于提高成品油消费税的通知

【财税〔2014〕94号】

各省、自治区、直辖市、计划单列市财政厅（局）、国家税务局，新疆生产建设兵团财务局：

为促进环境治理和节能减排，经国务院批准，现将提高成品油消费税问题通知如下：

一、将汽油、石脑油、溶剂油和润滑油的消费税单位税额在现行单位税额基础上提高0.12元/升。

二、将柴油、航空煤油和燃料油的消费税单位税额在现行单位税额基础上提高0.14元/升。航空煤油继续暂缓征收。

三、本通知自2014年11月29日起执行。

财政部 国家税务总局

2014年11月28日

资料四

财政部 国家税务总局 关于继续提高成品油消费税的通知

【财税〔2015〕11号】

各省、自治区、直辖市、计划单列市财政厅(局)、国家税务局,新疆生产建设兵团财务局:

为促进环境治理和节能减排,现将提高成品油消费税问题通知如下:

一、将汽油、石脑油、溶剂油和润滑油的消费税单位税额由1.4元/升提高到1.52元/升。

二、将柴油、航空煤油和燃料油的消费税单位税额由1.1元/升提高到1.2元/升。航空煤油继续暂缓征收。

三、本通知自2015年1月13日起执行。

财政部 国家税务总局

2015年1月12日

资料五

财政部 国家税务总局 关于调整化妆品消费税政策的通知

【财税〔2016〕103号】

各省、自治区、直辖市、计划单列市财政厅(局)、国家税务局,新疆生产建设兵团财务局:

为了引导合理消费,经国务院批准,现将化妆品消费税政策调整有关事项通知如下:

一、取消对普通美容、修饰类化妆品征收消费税,将“化妆品”税目名称更名为“高档化妆品”。征收范围包括高档美容、修饰类化妆品、高档护肤类化妆品和成套化妆品。税率调整为15%。

高档美容、修饰类化妆品和高档护肤类化妆品是指生产(进口)环节销售(完税)价格(不含增值税)在10元/毫升(克)或15元/片(张)及以上的美容、修饰类化妆品和护肤类化妆品。

二、本通知自2016年10月1日起执行。

财政部 国家税务总局

2016年9月30日

第五章 关 税 法

【学习目标】

通过本章学习了解关税的征税对象及纳税人义务，我国进出口税则，原产地规定，应纳税额的计算，行李和邮递物品进口税，关税减免，关税征收管理。其中，重点应该掌握关税征税对象及其纳税义务人和我国进出口税则以及应纳税额的计算。

另外，要把握税则的变化情况，即根据 HS 的转版情况，我国 2007 年版《中华人民共和国进出口税则》大约有 1 580 个本国子目变化，是近 10 年来我国进出口税则最大的一次调整。调整后，新《税则》税目共计 7 646 个。关税减免中有关“科教用品”“科技开发用品”作了调整。

第一节 征税对象及纳税义务人

关税法是指国家制定的用以调整关税征收与缴纳之间的权利与义务关系的法律规范。现行的关税税收法律规范以全国人民代表大会于 2000 年 7 月修订的《中华人民共和国海关法》为法律依据，以国务院 2003 年 11 月发布的《中华人民共和国进出口条例关税》和《中华人民共和国海关入境旅客行李物品和个人邮递物品征收进出口税则》为基本法规。

一、关税的概念及关税的征税对象

关税(Customs Duties;Tariff)是进出口商品经过一国关税境域时，由政府所设置的海关向进出口商所征收的税收。

《中华人民共和国进出口关税条例》第 2 条：“中华人民共和国准许进出口的货物、进境物品，除法律、行政法规另有规定外，海关依照本条例规定征收进出口关税。”据此，关税的征税对象是准许进出境的货物和物品，具体可分为两类。

1. 中国准予进出口的货物

中国准予进出口的货物即贸易性商品，包括从中国境外采购进口的原产于中国境内的货物。

2. 非贸易性进口物品

非贸易性进口物品包括入境旅客随身携带的行李物品、个人邮递物品、各种运输工具上的服务人员携带进口的自用物品、馈赠物品以及其他方式进境的个人物品。

二、纳税义务人

《中华人民共和国进出口关税条例》第 5 条：“进口货物的收货人、出口货物的发货人、进境物品的所有人，是关税的纳税义务人。”据此，并根据关税征税对象的不同，纳税义务人具体可分为两类。

1. 贸易性商品的纳税义务人

贸易性商品的关税纳税义务人为进口货物的收货人、出口货物的发货人，他们是依法取得对外贸易经营权,并进口或者出口货物的法人或者其他社会团体。

2. 非贸易性进口物品的纳税义务人

非贸易性进口物品的关税纳税义务人包括进境物品的所有人和推定为所有人的人,即入境旅客随身携带的行李、物品的所有人,各种运输工具上服务人员入境时携带自用物品的持有人,馈赠物品以及以其他方式入境个人物品的所有人,进口个人邮件的收件人。

第二节 我国进出口税则

一、进出口税则概况

进出口税则是一国政府根据国家关税政策和经济政策,通过一定的立法程序制定公布实施的进出口货物和物品应税的关税税率表。进出口税则以税率表为主体,通常还包括实施税则的法令、使用税则的有关说明和附录等。《中华人民共和国海关进出口税则》是我国海关凭以征收关税的法律依据,也是我国关税政策的具体体现。我国现行税则包括《中华人民共和国进出口关税条例》《税率适用说明》《中华人民共和国海关进口税则》《中华人民共和国海关出口税则》及《进口商品从量税、复合税、滑准税税目税率表》《进口商品关税配额税目税率表》《进口商品税则暂定税率表》《出口商品税则暂定税率表》《非全税目信息技术产品税率表》等附录。

税率表作为税则主体,包括税则商品分类目录和税率栏两大部分。税则商品分类目录是把种类繁多的商品加以综合,按照其不同特点分门别类简化成数量有限的商品类目,分别编号按序排列,称为税则号列,并逐号列出该号中应列入的商品名称。商品分类的原则即归类规则,包括归类总规则和各类、章、目的具体注释。税目栏是按商品分类目录逐项定出的税率栏目。我国现行进口税则为四栏税率,出口税则为一栏税率。按税则商品分类目录体系划分,新中国成立以来,我国分别于 1951 年、1985 年、1992 年先后实施了三部进出口税则,自 1992 年 1 月 1 日起,为适应改革开放和对外经济贸易发展的需要,我国实行《商品名称及编码协调制度》(*Harmonized Commodity Description and Coding System*)为基础的进出口税则。

二、税则商品分类目录

(一)《商品名称及编码协调制度》

《商品名称及编码协调制度》(以下简称 HS)是一部科学、系统的国际贸易商品分类体系,是国际上多个商品分类目录协调的产物,适用于与国际贸易有关的多方面的需要,如海关、统计、贸易、运输、生产等,成为国际贸易商品分类的一种“标准语言”。

HS 是《HS 公约》的附件,由海关合作理事会(Customs Cooperation Council,简称 CCC;1994 年 1 月改名为世界海关组织——World Customs Organization,简称 WCO)组织编制,HS 一般每 4 ~ 6 年修订一次,最新版本为 2007 年版,前三版分别为 1992 年版、1996 年版和 2002 年版。

HS 将所有商品分为 21 类、97 章,章下分目和子目。采用 6 位编码,编码前两位数代表“章”,三、四位数代表“目”,五、六位数代表“子目”。

2005 年 2 月,WCO 正式发布了 2007 年版 HS,并将于 2007 年 1 月 1 日起在《HS 公约》

各缔约方执行。2007 年版 HS 涉及 256 个四位税目、598 个六位子目变化，与 2002 年版相比，2007 年版 HS 的修改内容达 354 组之多。修订后，协调制度六位子目总数将从 5 224 个减少到 5 052 个。

2007 版 HS 修订涵盖的范围较广，涉及 30 个章的产品。修改较大的产品范围主要有钢材及钢铁制品（第 73 章）、汽车及其零件（第 87 章）、电子和信息产品（第 84，85 和 90 章）、化工产品（第 28，29 和 38 章）、木制品（第 44 章）等。

2007 版 HS 修改主要有五种情况：

一是因技术发展变化需要对一些高技术产品或新产品单独列目或对有关编码进行重组，如对计算机的定义（第 84 章注释五）和计算机产品的归类原则进行了重大修改；对与印刷和打印技术有关的有关产品的品目结构进行重组。

二是应国际社会对环保问题的关注，对部分涉及环保问题的产品的目录结构进行了调整。应欧盟、澳大利亚以及《鹿特丹公约》《关于消耗臭氧层物质的蒙特利尔议定书》等的要求，对矿灰、石棉、含水银化合物、杀虫剂以及其他有关化学品的列目和命名进行了调整或修改，进一步统一和规范了有关化学品的名称，以利于对有害化学品国际贸易的监控。

三是对国际贸易总量较低（即年贸易总额低于 5 000 万美元）的商品品目和子目予以合并或删除，同时为满足贸易界和其他协调制度应用方提出的简化协调制度的要求，合并或删除部分品目和子目。

四是为了使协调制度法定条文在语义上更严谨，各方在理解和使用上更统一规范，对有关章注、品目或子目条文加以修订。

五是对各国在归类上长期存在争端的商品，经过各方协商、角力和 WCO 协调制度委员会公平讨论和仲裁，各方最终达成妥协的一些商品，在协调制度目录结构和归类原则上进行了调整。

（二）我国 2007 年进出口税则的商品分类

我国现行税则采用 8 位编码，前 6 位等效采用 HS 编码，第 7，8 位为我国根据中国进出口商品的实际情况，在 HS 基础上延伸的两位编码，也称增列税目。如 0101 · 1100 前 6 位是国际上通用的，前两位数代表“章”，第 3，4 位数代表“目”，第 5，6 位数代表“子目”。第 7，8 位是根据我国进出口商品具体情况加列的，这些增列的子目有的是属于为了鼓励进出口的商品，有的是为了保护我国新兴工业发展需要用税率进行宏观调控的商品，还有的是属于我国特有的进出口商品或在技术性能、规格、用途上需要单独列目的商品。

我国作为《HS 公约》缔约国，从 1992 年 1 月 1 日起采用 HS 作为我国《进出口税则》和《海关统计商品目录》的基础目录。WCO 每 4 ~ 6 年对 HS 进行一次较大范围的修改。根据 HS 的修改变化，我国需要对本国《进出口税则》和《统计商品目录》进行对应的转换调整。截至目前，我国海关先后组织开展了 1992 年版、1996 年版、2002 年版、2007 年版 HS 修订翻译和我国《进出口税则》转换工作。

根据 HS 的转版情况，结合我国实际对进出口税则进行相应转换，对部分税则税目进行调整，我国 2007 年版《中华人民共和国进出口税则》（以下简称“新《税则》”）大约有 1 580 个本国子目变化。与 2006 年《税则》相比，新《税则》最显著的特点是新《税则》调整共涉及 1 600 个本国八位税号的变化，占全部八位税号的 20% 以上，主要涉及机电产品、化工产品、纺织品、木制品、贱金属及合金五大类，是近 10 年来我国进出口税则最大的一次调整。调整后，新《税则》税目共计 7 646 个。

三、进口关税税率及运用

(一)进口关税税率设置

在我国加入世界贸易组织(WTO)之前,我国进口税则设有两栏税率,即普通税率和优惠税率。对原产于与我国未订有关税互惠协议的国家或者地区的进口货物,按照普通税率征税;对原产于与我国订有关税互惠协议的国家或者地区的进口货物,按照优惠税率征税。在我国加入 WTO 之后,为履行我国在加入 WTO 关税减让谈判中承诺的有关义务,享有 WTO 成员应有的权利,自 2002 年 1 月 1 日起,我国进口税则设有最惠国税率、协定税率、特惠税率、普通税率、关税配额税率等税率。

(二)进口关税税率的调整与适用

新《税则》于 2007 年 1 月 1 日正式实施。新《税则》与 2006 年版相比作了重大调整,与入世以来每年一次的常规税率调整不同,是 2002 年以来的又一次较大幅度、较大范围的调整。

(1)根据我国加入世界贸易组织承诺的关税减让义务,对进口关税作如下调整。

①降低"进口税则"中聚乙烯等 44 个税目的最惠国税率,其余税目的最惠国税率维持不变。

②对 9 个非全税目信息技术产品继续实行海关核查管理。

③对小麦等 8 类 45 个税目的商品实行关税配额管理;对尿素、复合肥、磷酸氢二铵三种化肥的配额税率执行 1% 的税率;对配额外进口的一定数量棉花实行 6% ~40% 滑准税;其他商品的税率维持不变。

④调整部分商品的从量税税率,对感光材料等 55 种商品实行从量税、复合税。

(2)对棉花采摘机等部分进口商品实行暂定税率。

(3)根据我国与有关国家或地区签署的贸易或关税优惠协定,对有关国家或地区实施协定税率。

①对原产于韩国、印度、斯里兰卡、孟加拉和老挝的部分商品实行"亚太贸易协定"协定税率。

②对原产于文莱、印度尼西亚、马来西亚、新加坡、泰国、菲律宾、越南、缅甸、老挝和柬埔寨的部分商品实施中国—东盟自由贸易区协定税率。

③对原产于智利的部分商品实施"中国—智利自由贸易协定"协定税率。

④对原产于巴基斯坦的部分商品实施中巴自贸区"早期收获"协定税率。

⑤对原产于中国香港的已完成原产地标准核准的产品实施零关税。

⑥对原产于中国澳门的已完成原产地标准核准的产品实施零关税。

(4)根据我国与有关国家或地区签署的贸易或关税优惠协定以及国务院有关决定,实施特惠税率。

①对原产于老挝、柬埔寨和缅甸的部分产品实施特惠税率。

②对原产于老挝和孟加拉的部分产品实施特惠税率。

③对原产于安哥拉共和国、贝宁共和国、布隆迪共和国、佛得角共和国、中非共和国、科摩罗联盟、刚果民主共和国、吉布提共和国、厄立特里亚国、埃塞俄比亚联邦民主共和国、几内亚共和国、几内亚比绍共和国、莱索托王国、利比里亚共和国、马达加斯加共和国、马里共和国、毛里塔尼亚伊斯兰共和国、莫桑比克共和国、尼日尔共和国、卢旺达共和国、塞内加尔

共和国、塞拉利昂共和国、苏丹共和国、坦桑尼亚联合共和国、多哥共和国、乌干达共和国、赞比亚共和国和赤道几内亚共和国的28个非洲最不发达国家的部分商品实施特惠税率。

④对原产于也门共和国、马尔代夫共和国、萨摩亚独立国、瓦努阿图共和国、阿富汗伊斯兰共和国等5个最不发达国家的部分商品实施特惠税率。

(5)普通税率维持不变。

(三)税率计征办法

我国对进口商品基本上都实行从价税，即以进口货物的完税价格作为计税依据，以应征税额占货物完税价格的百分比作为税率。从1997年7月1日起，我国对部分产品实行从量税、复合税和滑准税。

从量税是每一种进口商品的单位应纳税额规定，不受该商品进口价格的影响。因此，这种计税方法的特点是税额计算简便，通关手续快捷，并能起到抑制质次价廉商品或故意低报价商品的进口。目前我国对原油、部分鸡产品、啤酒、胶卷的进口分别以重量、容量、面积计征从量税。

复合税是对某种进口商品同时使用从价和从量计征的一种计征关税的方法。复合税既可以发挥从量税抑制低价商品进口的特点，又可发挥从价税税负合理、稳定的特点。

目前对感光材料等55种商品实行从量税、复合税。

滑准税是一种关税税率随进口商品价格由高到低而由低至高设置计征关税的方法，可以使进口商品价格越高，其进口关税税率越低；进口商品的价格越低，其进口关税税率越高。其主要特点是可保持滑准税商品的国内市场价格的相对稳定，尽可能减少国际市场价格波动的影响。新《税则》对配额外进口的一定数量棉花实行6%～40%的滑准税，其他商品的税率维持不变。

(四)暂定税率与关税配额税率

根据经济发展需要，国家对棉花采摘机等部分进口商品实行暂定税率。暂定税率优先适用于优惠税率或最惠国税率，按普通税率征税的进口货物不适用暂定税率。同时，对小麦等8类45个税目的商品实行关税配额管理，对尿素、复合肥、磷酸氢二铵三种化肥的配额税率执行1%的税率。

(五)税则附录中《非全税目信息技术产品税率表》

我国对9个非全税目信息技术产品继续实行海关核查管理。这些信息技术产品的税率列在现行进口税则附录《非全税目信息技术产品税率表》中，凡申报进口表列9个产品并要求适用低税率的，须经信息产业部审核并经海关确认后，方可以低税率计征关税。

四、出口关税税率和特别关税

(一)出口关税税率

2007年新《税则》对出口关税调整："出口税则"的出口税率维持不变；对钢坯等部分出口商品实行暂定税率，其中，对一般贸易和边境小额贸易出口尿素征收季节性暂定税率。如对税则列号为31021000的尿素的季节性关税税率2007年1月1日至9月30日为30%；2007年10月1日至12月31日为15%。

(二)特别关税

特别关税包括报复性关税、反倾销税与反补贴税、保障性关税。报复性关税是指为报复他国对本国出口货物的关税歧视，而对相关国家的进口货物征收的一种进口附加税。任何国家或者地区对其进口的原产于我国的货物征收歧视性关税或者给予其他歧视性待遇的，我国对原产于该国家或者地区的进口货物征收报复性关税。反倾销税与反补贴税是指进口国海关对外国的倾销商品在征收关税的同时附加征收的一种特别关税，其目的在于抵消他国补贴。在激烈的市场竞争中，倾销与补贴行为在国际贸易中时常发生，且有愈演愈烈之势，其危害是使用不公平手段抢占市场份额，抑制我国相关产业的发展。保障性关税当某类商品进口量剧增，对我国相关产业带来巨大威胁或损害时，按照 WTO 有关规则，可以启动一般保障措施，即在与有实质利益的国家或地区进行磋商后，在一定时期内提高该项商品的进口关税或采取数量限制措施，以保护国内相关产业不受损害。

征收特别关税的货物，适用国别、税率、期限和征收办法由国务院关税税则委员会决定，海关总署负责实施。

第三节 原产地规定

确定原产地（原产国）是为了对产自不同国家或地区的货物适用不同的税率，以促进我国对外贸易的发展。我国确定原产地采用的是国际上通用的“全部产地生产标准”和“实质性加工标准”。

一、全部产地生产标准

全部产地生产标准是指某一进口物“完全在一个国家内生产或制造”，该国即为原产国。这一标准的内容如下。

（1）在该国领土或领海内开采的矿产品；

（2）在该国领土上收获或采集的植物产品；

（3）在该国领土上出生或由该国饲养的活动物及从其所得产品；

（4）在该国领土上狩猎或捕捞所得的产品；

（5）在该国的船只上卸下的海洋捕捞物，以及由该国船只在海上取得的其他产品；

（6）在该国的加工船加工的上述第（5）项所列物品所得的产品；

（7）在该国收集的只适用于作再加工制造的废碎料和废旧物品；

（8）在该国完全使用上述（1）~（7）项所列产品加工成的制成品。

二、实质性加工标准

实质性加工标准是指经过几个国家加工、制造的进口货物，以最后一个对货物进行经济上可以视为实质性加工的国家作为有关货物的原产国。实质性加工是指加工增值部分占新产品总值的比例超过 30%。

三、其他

对机器、仪器、器材或车辆所用零件、部件、配件、备件及工具，如与主件同时进口且数量合理的，其原产地按主件的原产地确定，分别进口的则按各自的原产地决定。

第四节　应纳税额的计算

关税的计税依据是关税的完税价格。进出口货物的完税价格由海关以进出口货物的实际成交价格为基础审定完税价格，实际成交价格是一般贸易项下进口或出口货物的买方为购买该项货物向卖方实际支付或应当支付的价格。实际成交价格不能确定的时候，完税价格由海关依法估定。

一、进口货物的完税价格

（一）一般贸易的进口货物完税价格

我国加入世界贸易组织后，根据《世界贸易组织估价协定》的规定，我国海关遵循客观、公平、统一的估价原则，制定了《中华人民共和国海关审定进出口货物完税价格办法》，从2002年1月1日起实施。

1. 以成交价格为基础的完税价格

我国《海关法》明确规定："进口货物的完税价格包括货物的货价和货物运抵我国境内输入地点起卸之前的运输费、保险费及其他相关费用，即货价加采购费用。"货价以成交价格为基础。进口货物的成交价格是指买方（进口货）为购买该货物，按《完税价格办法》的规定调整后的实付或应付价格。这一价格包括以下内容：

（1）货物的价格。

（2）由买方负担的除购货佣金以外的佣金和经纪费。"购货佣金"是指买方为购买进口货物向自己的采购代理人支付的劳务费用。"经纪费"是指买方的购买进口货物向代表买卖双方利益的经纪人支付的劳务费用。

（3）由买方负担的与该货物视为一体的容器费用。

（4）由买方负担的包装材料和包装劳务费用。

（5）可以按照适当比例分摊，由买方直接或间接免费提供，或以低于成本价方式销售给卖方或有关方的某些货物或服务的价值，如该货物包含的材料、部件、零件和类似货物的价值；在生产该货物过程中使用的工具、模具和类似货物的价值；在生产该货物过程中消耗的材料的价值；在境外进行的为生产该货物所需的工程设计；技术开发、工艺及制图等劳务的价值。

（6）与该货物有关并作为卖方向我国销售该货物的一项条件，应当由买方直接或间接支付特许权使用费。

（7）卖方直接或间接从买方对该货物进口后转售、处置或使用所得中获得的收益。

但在确定完税价格时，下列费用如能与该货物实付或者应付价格区分，不得计入完税价格：

（1）厂房、机械、设备等货物进口后的基建、安装、装配、维修和技术服务的费用。

（2）货物运抵我国境内输入地点之后的运输费用。

（3）进口关税及其国内税。

2. 进口货物的海关估价

如果进口货物的成交价格不能确定的，由海关按以下顺序估定完税价格。

（1）相同货物成交价格。如果进口货物在采购地的正常批发价格不能确定，应当以同时或大约同时(前后得45日内)从该货物的同一出口国或者地区购进的相同货物的成交价格为基础的价格作为完税价格。所谓相同货物是指除包装的差异、外形上的微小差别外,其功能、性能指标、理化性质、材料构成、用途、质量、信誉等都相同。

(2)类似货物成交价格。如果没有相同货物可以比照,应以从该项货物的同一出口国或者地区购进的类似进口货物的成交价格为基础的价格作为完税价格。所谓类似货物是指具有类似原理和结构、类似特性、类似组成材料,并有同样的使用价值,而且在功能上、商业上可以互换的服务。

(3)倒扣价格。倒扣价格是指以被估的进口货物、相同和类似进口货物在境内销售的价格为基础估定的完税价格。

按照倒扣价格销售的货物应同时符合5个条件:①在被估货物进口时或大约同时销售;②按照进口时的状态销售;③在境内第一环节销售;④合计的货物销售总量最大;⑤向境内无特殊关系方的销售。

在确定倒扣价格时,以下项目应当扣除:①与该货物相同等级和同种类的货物,在境内销售时的利润和一般费用及通常支付的佣金;②货物运抵境内输入地点支付的运费、保险费、装卸费及其他相关费用;③进口关税、进口环节税和其他与进口或销售上述货物有关的国内税。

(4)计算价格。计算价格是指按下列项目计算出来的数目估定的完税价格:①生产该货物所使用的原材料的价值和进口装配或其他加工的费用;②与向境内出口销售同等或同种货物的利润、一般费用相符的利润和一般费用;③货物运抵境内输入地点起卸前的运输及相关费用、保险费用。

(5)其他合理方法确定的价格。这是指根据《完税价格办法》规定的估价原则,以在境内获得的数据资料为基础估定的完税价格,但不得使用以下价格:①境内生产的货物在境内的销售价格;②可供选择的价格中较高的价格;③货物在出口地市场的销售价格;④以计算价格方法规定的有关各项之外的价值或费用计算的价格;⑤出口到第三国或货物的销售价格;⑥最低限价和武断虚构的价格。

(二)特殊进口货物的完税价格

特殊贸易方式的进口货物主要有以下几种情况:

(1)运往境外修理的机械器具、运输工具或者其他货物。出境时已向海关报明,并在海关规定期限内复运入境的,应以海关审定的正常修理费和料件费作为完税价格;该货物运回时,若向外方支付了运费、保险费等,也应计算在完税价格内。

(2)运往境外加工的货物。出境时已向海关报明,并在海关规定的期限内复运入境的,应当以海关审定的该出境货物在境外加工时支付的工缴费和料件费,加上运抵我国关境起卸前的包装费、运费、保险费、其他劳务等一切费用估定的价格作为完税价格。

(3)以租赁方式入境的货物。以海关审定的货物的正常租金作为完税价格。留购的租赁货物以海关审定的留购价格作为完税价格;承租人申请一次性缴纳税款的,经海关同意,按照一般进口货物估价办法的规定估定完税价格。

(4)留购的进口货样等。对于境内留购的进口货样、展览品和广告陈列品,以海关审定的留购价格作为完税价格。

(5)暂时进境货物。对经海关批准的暂时进境的货物,应当按照一般进口货物估价办法的规定,估定完税价格。

(6)保税区、出口加工区货物。从保税区(保税仓库)或出口加工区销经区(库)外内销的进口货物(加工贸易进口料件及其制成品除外),以海关审定的价格估定完税价格。如销售价格中未包括在保税区(保税仓库)、出口加工区内发生的仓储、运输及其他相关费用的,应当按照客观量化的数据资料予以计入。

(7)加工贸易进口料件及其制成品。加工贸易进口料件及其制成品需征税或内销补税的,海关按照一般进口货物的完税价格规定,审定完税价格。

(8)予以补税的减免税货物。减税或免税进口的货物需补税的,应当以海关审定的该货物原进口时的价格,扣除折旧部分价值作为完税价格,其计算公式为

$$\text{完税价格} = \text{海关审定的该货物原进口时的价格} \times \left(1 - \frac{\text{申请补贴时实际已使用的时间(月)}}{\text{监管年限} \times 12}\right) \tag{5.1}$$

(9)以其他方式进口的货物。以易货贸易、寄信、捐赠、赠送等其他方式进口的货物,应当按照一般进口货物估价办法的规定,估定完税价格。

二、出口货物的完税价格

(一)以成交价格为基础的完税价格

出口货物的完税价格由海关以该货物向境外销售的成交价格为基础审定,该价格应包括货物运至我国境内输出地点装载前的运输及其相关费用、保险费,但不包括出口关税税额。

出口货物的成交价格是指该货物出口销售到我国境外时买方向卖方实付和应付的价格。出口货物的成交价格中还有支付给境外的佣金,如单独列明的应当扣除。

(二)海关估价

出口货物的成交价格不能确定时,完税价格由海关依次按下列方法估定。

(1)同时或大约同时向同一国家或地区出口的相同货物的成交价格。

(2)同时或大约同时向同一国家或地区出口的类似货物的成交价格。

(3)根据境内生产相同或类似的货物的成本、利润和一般费用、境内发生的运输及其相关费用、保险费计算所得的价格。

(4)按照合理方法估定的价格。

三、进出口货物完税价格中的运输及相关费用、保险费的计算

(一)以一般陆运、空运、海运方式进口的货物

在进口货物的运输及相关费用、保险费计算中,海运进口货物,计算至该货物运抵境内的卸货口岸;如果该货物的卸货口岸是内河(江)口岸,则应当计算至内河(江)口岸。陆运进口货物,计算至该货物运抵境内的第一口岸;如果运输及其相关费用、保险费支付至目的地口岸,则计算至目的地口岸。空运进口货物,计算至该货物运抵境内的第一口岸;如果该货物的目的地为境内的第一口岸外的其他口岸,则计算至目的地口岸。

陆运、空运和海运进口货物的运费和保险费,应当按照实际支付的运费计算。如果进口货物的运费无法确定或未实际发生,海关应当按照该货物进口同期运输行业公布的运费率(额)计算运费;按照“货价加运费”两者总额的3‰计算保险费。

(二)以其他方式进口的货物

邮运的进口货物应当以邮费作为运输及其相关费用、保险费;以境外边境口岸价格条件成交的铁路或公路运输进口货物,海关应当按照价格的1%计算运输及其相关费用、保险费;作为进口货物的自驾进口的运输工具,海关在审定完税价格时,可以不另行计入运费。

(三)出口货物

出口货物的销售价格如果包括离境口岸至境外口岸之间的运输、保险费的,该运费、保险费应当扣除。

四、应纳税额的计算

(一)从价税应纳税额的计算

关税税额 = 应税进(出)口货物的完税价格 × 适用税率 (5.2)

注:应税进(出)口货物的完税价格 = 应税进(出)口货物数量 × 单位完税价格 (5.3)

(二)从量税应纳税额的计算

关税税额 = 应税进(出)口货物数量 × 单位货物税额 (5.4)

(三)复合税应纳税额的计算

我国目前的复合税先计征从量税,再计征从价税。

关税税额 = 应税进(出)口货物数量 × 单位货物税额 + 应税进(出)口货物计税价格 × 适用税率 (5.5)

(四)滑准税应纳税额的计算

关税税额 = 应税进(出)口货物数量 × 单位完税价格 × 滑准税税率 (5.6)

第五节 关税减免

关税减免是对某些纳税人和征税对象给予鼓励和照顾的一种特殊调节手段。正是有了这一手段,使关税政策工作兼顾了普遍性和特殊性、原则性和灵活性。因此,关税减免是贯彻国家关税政策的一项重要措施。关税减免分为法定减免税、特定减免税和临时减免税。根据《海关法》规定,除法定减免税外的其他减免税均由国务院决定。减免关税在我国加入世界贸易组织之前以税则规定税率为基准,在我国加入世界贸易组织之后以最惠国税率或者普通税率为基准。

一、法定减免税

法定减免税是税法中明确列出的减税或免税。符合税法规定可予减免税的进出口货物,纳税义务人无须提出申请,海关可按规定直接予以减免税。海关对法定减免税货物一般不进行后续管理。

我国《海关法》和《进出口条例》明确规定,下列货物、物品予以减免关税:

(1)关税税额在人民币50元以下的一票货物可免征关税。

(2)无商业价值的广告品和货样可免征关税。

(3)外国政府、国际组织无偿赠送的物资可免征关税。

(4)进出境运输工具装载的途中必需的燃料、物料和饮食用品可予免税。

(5)为境外厂商加工、装配成品和为制造外销产品而进口的原材料、辅料、零件、部件、配套件和包装物料,海关按照实际加工出口的成品数量免征进口关税;或者对进口料、件先征进口关税,再按照实际加工出口的成品数量予以退税。

(6)经海关核准暂时进境或者暂时出境,并在6个月内复运出境或者复运进境的货样、展览品、施工机械、工程车辆、工程船舶、供安装设备时使用的仪器和工具;电视或者电影摄制的器械、盛装货物的容器以及剧团服装道具,在货物收发货人向海关缴纳相当于税款的保证金或者提供担保后可予暂时免税。

(7)因故退还的中国出口货物,经海关审查属实可予免征进口关税,但已征收的出口关税不予退还。

(8)因故退还的境外进口货物,经海关审查属实可予免征出口关税,但已征收的进口关税不予退还。

(9)进口货物如有以下情形,经海关查明属实,可酌情减免进口关税。

①在境外运输途中或者在起卸时,遭受损坏或者损失的;

②起卸后海关放行前,因不可抗力遭受损坏或者损失的;

③海关查验时已经破漏、损坏或者腐烂,经证明不是保管不慎造成的。

(10)无代价的抵偿货物,即进口货物在征税放行后,发现货物残损、短少或品质不良而由国外承运人、发货人或保险公司免费补偿或更换的同类货物可以免税;但有残损或质量问题的原进口货物如未退运国外,其进口的无代价的抵偿货物应照章征税。

(11)我国缔结或者参加的国际条约规定减征、免征关税的货物、物品,按照规定予以减免关税。

(12)法律规定减征、免征的其他货物。

二、特定减免税

特定减免税也称政策性减免税。在法定减免税之外,国家按照国际通行规则和我国实际情况,制定发布的有关进出口货物减免关税的政策,称为特定或政策性减免税。特定减免税货物一般有地区、企业和用途的限制,海关需要进行后续管理,也需要进行减免税统计。

(一)科教用品

为了促进科学研究和教育事业的发展,推动科教兴国战略的实施,规范科学研究和教学用品的免税进口行为,根据国务院关于同意对科教用品进口实行税收优惠政策的决定,经财政部、海关总署、国家税务总局审议通过的《科学研究和教学用品免征进口税收规定》,自2007年2月1日起施行。1997年1月22日经国务院批准,1997年4月10日海关总署令第61号发布的《科学研究和教学用品免征进口税收暂行规定》,已经国务院批准同时废止。新《规定》对科学研究机构和学校,以科学研究和教学为目的,在合理数量范围内进口国内不能生产或者性能不能满足需要的科学研究和教学用品,免征进口关税和进口环节增值税、消费税。新《规定》对享受该优惠的科研机构和学校资格、类别作了规定,以及可以免税的物品以附件《免税进口科学研究和教学用品清单》的方式都做了明确规定。

(二)残疾人专用品

为支持残疾人的康复工作,国务院制定了《残疾人专用品免征进口税收暂行规定》(1997年1月22日国务院批准,1997年4月10日海关总署发布)对规定的残疾人个人专用品,免征进口关税和进口环节增值税、消费税;对康复、福利机构、假肢厂和荣誉军人康复医院进口国内不能生产的、《规定》明确的残疾人专用品,免征进口关税和进口环节增值税。

《规定》对可以免税的残疾人专用品种类和品名作了明确规定。

（三）扶贫、慈善性捐赠物资

为促进公益事业的健康发展，经国务院批准，财政部、国家税务总局、海关总署发布了《扶贫、慈善性捐赠物资免征进口税收的暂行办法》。对境外自然人、法人或者其他组织等境外捐赠人，无偿向经国务院主管部门依法批准成立的，以人道救助和发展扶贫、慈善事业为宗旨的社会团体以及国务院有关部门和各省、自治区、直辖市人民政府捐赠的，直接用于扶贫、慈善事业的物资，免征进口关税和进口环节增值税。所称扶贫、慈善事业是指非营利的扶贫济困、慈善救助等社会慈善和福利事业。《办法》对可以免税的捐赠物资种类和品名作了明确规定。

（四）其他

除以上免税产品外，还有如加工贸易产品，边境贸易进口物资，保税区进出口货物，出口加工区进出口货物，进口设备，特定行业或用途的减免税政策。

三、临时减免税

临时减免税是指以上法定和特定减免税以外的其他减免税，即由国务院根据《海关法》对某个单位、某类商品、某个项目或某批进出口货物的特殊情况，给予特别照顾，一案一批，专文下达的减免税。一般有单位、品种、期限、金额和数量等限制，不能比照执行。

我国已经加入世界贸易组织，为遵循统一、规范、公平、公开的原则，有利于统一税法、公平税赋、平等竞争，国家严格控制减免税，一般不办理个案临时性减免税，对特定减免税也在逐步规范、清理，对不符合国际惯例的税收优惠政策将逐步予以废止。

第六节 关税征收管理

一、关税的缴纳方式

我国关税主要采用口岸缴纳方式。口岸纳税是指进出口货物和物品在进出口岸地，按申报进口或出口之日实施的税率计税，由当地海关就地征收。纳税人必须在指定时间向海关指定的当地银行缴纳，再由银行解交中央金库。进口货物在完税后方可进入国际市场，出口货物完税后方可装船出口。为了方便货主，经应纳进口关税的纳税人申请，经海关批准，可以让纳税人在指运地海关办理纳税手续，入境地海关将进口货物作为转关运输货物监管至指运地海关验收。应纳出口关税的纳税人也可以申请由启运地海关办理纳税手续。口岸纳税的优点是税款能及时入库，海关征税与对货物的监管查验密切结合，不易发生漏征、错征问题。这是各国海关通常使用的关税缴纳方式。

二、关税的纳税期限

我国关税的报关期限规定，进口货物的收件人或其代理人应当自运输工具申报入境之日起 14 日内向入境口岸的海关申报；出口货物的发货人应当在装货的 24 小时以前向输出口岸的海关申报。

为了保证关税税款及时入库，我国规定进出口货物的收发货人或者他们的代理人，应在海关填发税款缴款书之日起 15 日内（星期日和节假日除外），按海关核定的税额向指定银行缴纳税款,不能按期缴纳的,经海关总署批准,可以延期不超过6个月缴纳税款。对逾期不缴的,除依法追缴外,由海关自到期之日起到缴清税款之日止,每日加征应纳税款万分之五的比例按日征收滞纳金。

三、关税的退还、补征和追征

海关在课征关税时,根据纳税人的具体情况不同,可以对关税实行缓纳、退补和追征。

(一)退还

退还是指纳税人发生多纳税款,可在规定时间内(现规定自缴纳税款之日起一年内),由纳税人向海关申请退还多纳的税款。需由海关退还税款的情况主要有:

(1)因海关误征而多纳的税款;

(2)已征出口税的出口货物因故未装运出口,申报退关,经海关检查属实的;

(3)在海关放行前发现货物在国外运输途中或起卸时遭受损坏或损失的;

(4)进口货物索赔退货,不再复进口的;

(5)符合特定减免规定的货物,因纳税人在申报进口时未办妥免税手续,征税后补交免税批准证明的;

(6)海关批准免验进口货物,事物发现有短缺,经海关审查认可的。

纳税人可以自缴纳税款之日起一年内,书面声明理由,连同原纳税凭证向海关申请退税。

(二)补征和追征

关税的追征和补征都是海关在货物和物品放行之后,发现少征税款而向纳税人追补税款的规定。它们之间的区别在于纳税人发生少纳税款的原因和追补期限不同。关税的补征是指由于海关的疏漏或纳税人之外的原因造成关税的少征和漏征,海关可在货物或物品经海关放行之日起1年内向纳税人补征少纳的税款。关税的追征是指纳税人因主观故意或失误而造成少纳或漏纳关税,由海关追征少纳的税款,追征关税的期限是在货物或物品放行之日起3年内。

【本章小结】

关税(Customs Duties;Tariff)是进出口商品经过一国关税境域时,由政府所设置的海关向进出口商所征收的税收。关税为一国增加财政收入、调节产业结构及进出口商品结构等方面有着不可替代的作用。本章概要介绍了关税的征税对象及纳税人义务,我国进出口税则,原产地规定,应纳税额的计算,行李和邮递物品进口税,关税减免,关税征收管理。其中,对征税对象及纳税义务人的界定是纳税的前提和关键,对于完税价格的确定作了较为详细的介绍,因为它是确定纳税额的关键,应予以重点掌握。另外,在进出口税则一节中,简要介绍了税则的变化情况,即根据HS的转版情况和结合我国实际,我国2007年版《中华人民共和国进出口税则》(以下简称"新《税则》")大约有1 580个本国子目变化,是近10年来我国进出口税则最大的一次调整。调整后,新《税则》税目共计7 646个。海关负责征收还有船舶吨税,2011年11月23日,国务院通过了《中华人民共和国船舶吨税暂行条例》,自2012年1月1日起施行,海关总署发布的1952年的《中华人民共和国船舶吨税暂行条例》同时废止。船舶吨税是对自中华人民共和国境外港口进入境内港口的船舶,按照船舶净吨位和相应的定额税率征收的一种税。

【中英文关键词对照】

关税	Tariff
商品分类	Classification of Goods
进口税则	Import Tax Regulation
出口税则	Export Tax Regulation
关税减免	Tariff Concession
原产地	Original of Product
保险费	Insurance Fee

【复习思考题】

1. 简述关税的征税对象及纳税义务人的种类。
2. 简述关税税额的计算方法。
3. 简述关税的缴纳方式。
4. 简述关税的纳税期限。

【案例分析】

1. 某企业进口机器设备 5 台,以境外口岸离岸单位成交,每台货价折合人民币 210 万元,其中包括向境外采购代理人支付的买方佣金每台 10 万元;进口后安装调试费用每台 8 万元,两者均单独计价并已经海关审查属实。已知该货物运抵中国关境内输入地点起卸前的包装费、运费、保险费和其他劳务费用每台 35 万元,该机械设备的关税税率为 10%,计算该企业应纳的进口关税税额。

2. 2013 年 4 月 1 日甲公司承担国家重要工程项目,进口了一批特定减免税的电子设备,使用 2 年后项目完工,2015 年 3 月 31 日公司将设备出售给了国内另一家企业。该电子设备的到岸价格为 500 万元,2013 年进口时该设备关税税率为 14%,2015 年转售时该设备关税税率为 10%,海关规定的监管年限为 5 年,按规定该公司应补交关税多少。

第三篇　所得税法律制度

第六章　企业所得税法

【学习目标】

通过本章的学习，要求重点掌握企业所得税的计征范围、应纳税所得额的确认、应纳所得税额的计算、所得税的税收优惠政策；掌握企业所得税境外所得的税额扣除及企业所得税的纳税申报和缴纳。

企业所得税法是指国家制定的用以调整企业所得税征收与缴纳之间权利及义务关系的法律规范。现行《中华人民共和国企业所得税法》于2007年3月16日中华人民共和国第十届全国人民代表大会第五次会议通过，自2008年1月1日起施行。

第一节　企业所得税税收基本规范

一、企业所得税的概念

企业所得税是对在中华人民共和国境内，企业和其他取得收入的组织（以下统称企业）的生产经营所得和其他所得征收的所得税。其中，企业分为居民企业和非居民企业。由于企业所得税实行法人所得税制，所以企业所得税的纳税人不包括依照中国法律、行政法规成立的个人独资企业、合伙企业。

本法所称居民企业是指依法在中国境内成立，或者依照外国（地区）法律成立但实际管理机构在中国境内的企业。本法所称非居民企业是指依照外国（地区）法律成立且实际管理机构不在中国境内，但在中国境内设立机构、场所的，或者在中国境内未设立机构、场所，但有来源于中国境内所得的企业。

上述所称依照外国（地区）法律成立的企业，包括依照外国（地区）法律成立的企业和其他取得收入的组织。所称实际管理机构是指对企业的生产经营、人员、账务、财产等实施实质性全面管理和控制的机构。所称机构、场所是指在中国境内从事生产经营活动的机构、场所，包括：①管理机构、营业机构、办事机构；②工厂、农场、开采自然资源的场所；③提供劳务的场所；④从事建筑、安装、装配、修理、勘探等工程作业的场所；⑤其他从事生产经营活动的机构、场所。

非居民企业委托营业代理人在中国境内从事生产经营活动的，包括委托单位或者个人经常代其签订合同，或者储存、交付货物等，该营业代理人视为非居民企业在中国境内设立的机构、场所。

二、企业所得税的主要特点

（一）以纯所得为征税对象

在中华人民共和国境内，企业和其他取得收入的组织都是企业所得税的纳税人，都要依照税法的规定缴纳企业所得税。企业所得税的征税对象包括生产经营所得和其他所得。

（二）以经过计算得出的应纳税所得额为计税依据

企业所得税的税基是应纳税所得额，即纳税人每个纳税年度的收入总额减去准予扣除项目金额之后的余额。其中，准予扣除的项目主要是指成本和费用，包括工资支出、原材料支出、固定资产折旧和无形资产摊销等。所得税的计税涉及纳税人财务会计核算的各个方面，与企业会计核算关系密切。为了保护税基，企业所得税明确了收入总额、扣除项目金额的确定以及资产的税务处理等内容，使应税所得额的计算相对独立于企业的会计核算，体现了税法的强制性与统一性。

（三）纳税人和实际负担人通常是一致的，因而可以直接调节纳税人的收入

企业所得税属于企业的终端税种，纳税人缴纳的所得税一般不易转嫁，而由纳税人自己负担。在会计利润总额的基础上，扣除企业所得税后的余额为企业生产经营的净利润。

（四）税负公平

企业所得税对企业，不分所有制，不分地区、行业和层次，实行统一的比例税率。在普遍征收的基础上，能使各类企业税负较为公平。由于企业所得税是对企业的经营净收入亦称为经营所得征收的，所以企业一般都具有所得税的承受能力，而且企业所得税的负担水平与纳税人所得多少直接关联，即"所得多的多征，所得少的少征，无所得的不征"，因此，企业所得税是能够较好体现公平税负和税收中性的一个良性税种。

三、各国对企业所得税的一般性做法

（一）纳税义务人

各国在规定纳税义务人上大致是相同的，政府只对具有独立法人资格的公司等法人组织征收企业所得税。

（二）税基

各国企业所得税都是以调整后的利润即应纳税所得额为计税依据的。

（三）税率

各国企业所得税税率分为两类：一是比例税率；二是累进税率。

（四）税收优惠

一是税收抵免；二是税收豁免；三是加速折旧。

另外，各国所得税优惠的一个共同特点是淡化区域优惠，突出行业优惠。

四、中国企业所得税制度改革历程

虽然我国的经济活动由来已久，但因为中国长期处于半封建半殖民地社会，经济发展缓慢，缺乏实行所得税制度的社会经济条件，直到清朝末年之后才有实行所得税的倡议，但屡议屡辍。直到1936年国民政府公布《所得税暂行条例》，于1937年正式实施，其中包括对盈利事业所得征收的所得税。所以税收理论界一般认为1937年1月1日是中国企业所得税诞生日。因此，我国企业所得税从产生至今仅有几十年的历史。

1949 年首届全国税务会议通过了包括对企业所得征税办法在内的统一全国税收政策的基本方案。

1950 年，政务院发布了《全国税政实施要则》，规定在全国开征工商业税（所得税部分），其主要征税对象是私营企业、集体企业和个体工商户的应税所得。国有企业因由政府有关部门直接参与经营管理，所以其上缴国家财政以利润上交为主。

1958 年和 1973 年，中国进行了两次重大的税制改革，其核心是简化税制，其中工商业税主要还是对集体企业征收，国有企业只征一道工商税，不征所得税。

改革开放后，中国的企业所得税制度建设进入一个新的发展时期。为适应改革开放、吸引外资新形势的要求，1980 年 9 月和 1981 年 12 月，全国人民代表大会分别通过了中外合资经营企业所得税法和外国企业所得税法，对中外合资经营企业、外国企业开征企业所得税。同时，作为企业改革和城市经济体制改革的一项重大措施，国务院决定在全国实行国有企业“利改税”。

1984 年 9 月，国务院发布了国有企业所得税条例（草案）和国有企业调节税征收办法；1985 年 4 月，国务院发布了集体企业所得税暂行条例，分别对国有企业、集体企业和私营企业开征企业所得税。

1991 年 4 月 9 日，第七届全国人民代表大会第四次会议通过的《中华人民共和国外商投资企业和外国企业所得税法》和 1993 年 12 月 13 日国务院发布的《中华人民共和国企业所得税暂行条例》，自 1994 年 1 月 1 日起施行。

2007 年 3 月 16 日，由中华人民共和国第十届全国人民代表大会第五次会议通过《中华人民共和国企业所得税法》，自 2008 年 1 月 1 日起施行。

2007 年 11 月 28 日，国务院第 197 次常务会议通过《中华人民共和国企业所得税法实施条例》。

五、企业所得税的作用

（一）促进企业改善经营管理活动，提升企业的盈利能力

由于企业所得税只对利润征税，往往采用比例税率，因此对大多数企业来说承担相同的税负水平。相对于累进税率，采用比例税率的企业所得税更有利于促使企业改善经营管理、努力降低成本、提高盈利能力和水平。

（二）调整产业结构，促进经济发展

所得税的调节作用在于公平税负、量能负担，虽然世界各国（地区）的法人所得税往往采用比例税率的形式，在一定程度上削弱了所得税的调控功能。但在税制设计中，世界各国（地区）往往通过各项税收优惠的实施，发挥政府在对纳税人投资、产业结构调整、环境治理等方面的调控作用。

（三）为国家建设筹集财政资金

税收的首要职能就是筹集财政收入。随着我国收入向企业和居民分配的倾斜，随着经济的发展和企业盈利水平的提高，企业所得税占全部税收收入的比重越来越高，将成为我国税制的主体税种之一。

第二节 企业所得税应纳税所得额

一、企业所得税基本内容

(一)纳税义务人

在中华人民共和国境内,企业和其他取得收入的组织(以下统称企业)为企业所得税的纳税人。个人独资企业、合伙企业不是企业所得税的纳税人。

缴纳企业所得税的企业分为居民企业和非居民企业,分别承担不同的纳税责任。

企业所得税法采用了"登记注册地标准"和"实际管理机构地标准"两个衡量标准,对居民企业和非居民企业做出了明确界定。

居民企业是指依法在中国境内成立,或者依照外国(地区)法律成立但实际管理机构在中国境内的企业,包括除个人独资企业和合伙企业以外的公司、企业、事业单位、社会团体、民办非企业单位、基金会、外国商会、农民专业合作社以及取得收入的其他组织。

非居民企业是指依照外国(地区)法律成立且实际管理机构不在中国境内,但在中国境内设立机构、场所的,或者在中国境内未设立机构、场所,但有来源于中国境内所得的企业。

(二)征税对象

1. 居民企业的征税对象

居民企业应就来源于中国境内、境外的所得作为征税对象。

2. 非居民企业的征税对象

非居民企业在中国境内设立机构、场所的,应当就其所设机构、场所取得的来源于中国境内的所得,以及发生在中国境外但与其所设机构、场所有实际联系的所得,缴纳企业所得税;非居民企业在中国境内未设立机构、场所的,或者虽设立机构、场所但取得的所得与其所设机构、场所没有实际联系的,应当就其来源于中国境内的所得缴纳企业所得税。

(三)税率

1. 基本税率为25%

适用于居民企业和在中国境内设有机构、场所且所得与机构、场所有关联的非居民企业。

2. 低税率为20%

适用于在中国境内未设立机构、场所的,或者虽设立机构、场所但取得的所得与其所设机构、场所没有实际联系的非居民企业。但实际征税时适用10%的税率。

符合条件的小型微利企业,减按20%的税率征收企业所得税。

国家需要重点扶持的高新技术企业,减按15%的税率征收企业所得税。

二、应纳税所得额的确定

应纳税所得额是指企业每一纳税年度的收入总额,减除不征税收入、免税收入、各项扣除以及允许弥补的以前年度亏损后的余额。企业应纳税所得额的计算,以权责发生制为原则,属于当期的收入和费用,不论款项是否收付,均作为当期的收入和费用;不属于当期的收入和费用,即使款项已经在当期收付,均不作为当期的收入和费用。基本公式为

应纳税所得额 = 收入总额 - 不征税收入 - 免税收入 - 各项扣除 - 以前年度亏损 (6.1)

（一）收入总额

企业的收入总额包括以货币形式和非货币形式从各种来源取得的收入，具体内容如下。

（1）销售货物收入。销售货物收入是指企业销售商品、产品、原材料、包装物、低值易耗品以及其他存货取得的收入。

（2）提供劳务收入。提供劳务收入是指企业从事建筑安装、修理修配、交通运输、仓储租赁、金融保险、邮电通信、咨询经纪、文化体育、科学研究、技术服务、教育培训、餐饮住宿、中介代理、卫生保健、社区服务、旅游、娱乐、加工以及其他劳务服务活动取得的收入。

（3）转让财产收入。转让财产收入是指企业转让固定资产、生物资产、无形资产、股权、债权等财产取得的收入。

（4）股息、红利等权益性投资收益。权益性投资收益是指企业因权益性投资从被投资方取得的收入。股息、红利等权益性投资收益除国务院财政、税务主管部门另有规定外，按照被投资方做出利润分配决定的日期确认收入的实现。

（5）利息收入。利息收入是指企业将资金提供他人使用但不构成权益性投资，或者因他人占用本企业资金取得的收入，包括存款利息、贷款利息、债券利息、欠款利息等收入。利息收入按照合同约定的债务人应付利息的日期确认收入的实现。

（6）租金收入。租金收入是指企业提供固定资产、包装物或者其他有形资产的使用权取得的收入。租金收入按照合同约定的承租人应付租金的日期确认收入的实现。

（7）特许权使用费收入。特许权使用费收入是指企业提供专利权、非专利技术、商标权、著作权以及其他特许权的使用权取得的收入。按照合同约定的特许权使用人应付特许权使用费的日期确认收入的实现。

（8）接受捐赠收入。接受捐赠收入是指企业接受的来自其他企业、组织或者个人无偿给予的货币性资产、非货币性资产。接受捐赠收入按照实际收到捐赠资产的日期确认收入的实现。

（9）其他收入。其他收入是指企业取得的除上述规定的收入外的其他收入，包括企业资产溢余收入、逾期未退包装物押金收入、确实无法偿付的应付款项、已作坏账损失处理后又收回的应收款项、债务重组收入、补贴收入、违约金收入、汇兑收益等。

（二）不征税收入

不征税收入是指企业取得的，由国务院财政、税务主管部门规定专项用途并经国务院批准的财政性资金。

（1）财政拨款。财政拨款是指各级人民政府对纳入预算管理的事业单位、社会团体等组织拨付的财政资金，但国务院和国务院财政、税务主管部门另有规定的除外。

（2）依法收取并纳入财政管理的行政事业性收费、政府性基金。它是指依照法律法规等有关规定，按照国务院规定程序批准，在实施社会公共管理，以及在向公民、法人或者其他组织提供特定公共服务过程中，向特定对象收取并纳入财政管理的费用。政府性基金是指企业依照法律、行政法规等有关规定，代政府收取的具有专项用途的财政资金。

（3）国务院规定的其他不征税收入。该收入是指企业取得的，由国务院财政、税务主管部门规定专项用途并经国务院批准的财政性资金。

（4）财政性资金。财政性资金是指企业取得的来源于政府及其有关部门的财政补助、补贴、贷款贴息，以及其他各类财政专项资金，包括直接减免的增值税和即征即退、先征后退、先征后返的各种税收，但不包括企业按规定取得的出口退税款。

(三)免税收入

(1)国债利息收入。为鼓励企业积极购买国债、支援国家建设税法规定,企业因购买国债所得的利息收入免征企业所得税。

(2)符合条件的居民企业之间的股息、红利等权益性收益。该收益指居民企业直接投资于其他居民企业取得的投资收益。

(3)在中国境内设立机构、场所的非居民企业从居民企业取得与该机构、场所有实际联系的股息、红利等权益性投资收益。该收益不包括连续持有居民企业公开发行并上市流通的股票不足12个月取得的投资收益。

(4)符合条件的非营利组织的收入。非营利组织的收入不包括非营利组织从事营利性活动取得的收入,但国务院财政、税务主管部门另有规定的除外。

(四)各项扣除

企业实际发生的与取得收入有关的、合理的支出,包括成本、费用、税金、损失和其他支出,准予在计算应纳税所得额时扣除。

1. 扣除项目的范围

(1)成本。成本是指企业销售商品(产品、材料、下脚料、废料、废旧物资等)、提供劳务、转让固定资产、无形资产(包括技术转让)的成本。

(2)费用。费用即可扣除的费用,是指企业在生产产品及提供劳务等过程中发生的销售费用、管理费用和财务费用,已计入成本的有关费用除外。

(3)税金。税金即可扣除的税金,是指企业发生的除企业所得税和允许抵扣的增值税以外的企业缴纳的各项税金及附加。

(4)损失。损失即是指企业在生产经营活动中发生的固定资产和存货的盘亏、毁损、报废损失、转让财产损失、呆账损失、坏账损失、自然灾害等不可抗力因素造成的损失以及其他损失。企业发生的损失减除责任人赔偿和保险赔款后的余额,依照国务院财政、税务主管部门的规定扣除。

(5)其他支出。其他支出是指除成本、费用、税金、损失外,企业在生产经营活动中发生的与生产经营活动有关的、合理的支出。

在实际中,计算应纳税所得额时还应注意三方面的内容:①企业发生的支出应当区分收益性支出和资本性支出。收益性支出在发生当期直接扣除;资本性支出应当分期扣除或者计入有关资产成本,不得在发生当期直接扣除。②企业的不征税收入用于支出所形成的费用或者财产,不得扣除或者计算对应的折旧、摊销扣除。③除企业所得税法和本条例另有规定外,企业实际发生的成本、费用、税金、损失和其他支出不得重复扣除。

例6.1　某企业当期销售货物实际交纳增值税20万元、消费税15万元、城建税2.45万元、教育费附加1.05万元,还交纳房产税1万元、城镇土地使用税0.5万元、印花税0.6万元。计算企业当期所得税前可扣除的税金。

解　企业当期所得税前可扣除的税金合计为15+2.45+1.05+1+0.5+0.6=20.6万元。其中,随销售税金及附加在所得税前扣除15+2.45+1.05=18.5万元;随管理费在所得税前扣除1+0.5+0.6=2.1万元。

2. 扣除项目及其标准

在计算应纳税所得额时,下列项目可按照实际发生额或规定的标准扣除。

(1)工资、薪金支出。企业发生的合理的工资、薪金支出准予据实扣除。工资、薪金支出是企业每一纳税年度支付给本企业任职或与其有雇佣关系的员工的所有现金或非现金形式的劳动报酬，包括基本工资、奖金、津贴、补贴、年终加薪、加班工资，以及与任职或者是受雇有关的其他支出。

(2)职工福利费、工会经费、职工教育经费。企业发生的职工福利费、工会经费、职工教育经费按标准扣除，未超过标准的按实际数扣除，超过标准的只能按标准扣除。

①企业发生的职工福利费支出，不超过工资薪金总额14%的部分准予扣除；

②企业拨缴的工会经费，不超过工资薪金总额2%的部分准予扣除；

③除国务院财政、税务主管部门另有规定外，企业发生的职工教育经费支出，不超过工资薪金总额2.5%的部分准予扣除，超过部分准予结转以后纳税年度扣除。

例6.2　某企业2014年为本企业雇员支付工资300万元、奖金40万元、地区补贴20万元，家庭财产保险10万元，假定该企业工资薪金支出符合合理标准。计算当年职工福利费、工会经费和职工教育经费可在所得税前列支的限额。

解　①当年工资总额为300+40+20=360万元；

②当年可在所得税前列支的职工福利费限额为360×14%=50.4万元；

③当年可在所得税前列支的职工工会经费限额为360×2%=7.2万元；

④当年可在所得税前列支的职工教育经费限额为360×2.5%=9万元。

(3)社会保险费。

①企业依照国务院有关主管部门或者省级人民政府规定的范围和标准为职工缴纳的“五险一金”，即基本养老保险费、基本医疗保险费、失业保险费、工伤保险费、生育保险费等基本社会保险费和住房公积金准予扣除。

②企业为投资者或者职工支付的补充养老保险费、补充医疗保险费，在国务院财政、税务主管部门规定的范围和标准内准予扣除。企业依照国家有关规定为特殊工种职工支付的人身安全保险费和符合国务院财政、税务主管部门规定可以扣除的商业保险费准予扣除。

③企业为投资者或者职工支付的商业保险费不得扣除。

(4)利息费用。企业在生产、经营活动中发生的利息费用，按下列规定扣除。

①非金融企业向金融企业借款的利息支出、金融企业的各项存款利息支出和同业拆借利息支出、企业经批准发行债券的利息支出可据实扣除；

②非金融企业向非金融企业借款的利息支出，不超过按照金融企业同期同类贷款利率计算的数额的部分可据实扣除，超过部分不许扣除；

③关联企业利息费用扣除。企业从其关联方接受的债权性投资与权益性投资的比例超过规定标准而发生的利息支出，不得在计算应纳税所得额时扣除。

例6.3　某公司2014年度“财务费用”账户中利息含有以年利率8%向银行借入的9个月期限的生产用300万元贷款的借款利息；也包括10.5万元的向本企业职工借入与银行同期的生产用100万元资金的借款利息。计算该公司2014年度可在计算应纳税所得额时扣除的利息费用。

解　①可在计算应纳税所得额时扣除的银行利息费用为300×8%/12×9=18万元。

②向本企业职工借入款项可扣除的利息费用限额为100×8%/12×9=6万元。该企业支付职工的利息超过同类同期银行贷款利率，只可按照限额扣除。

③该公司2014年度可在计算应纳税所得额时扣除的利息费用为18+6=24万元。

(5)借款费用。

①企业在生产经营活动中发生的合理的不需要资本化的借款费用,准予扣除。

②企业为购置、建造固定资产、无形资产和经过 12 个月以上的建造才能达到预定可销售状态的存货发生借款的,在有关资产购置、建造期间发生的合理的借款费用应予以资本化,作为资本性支出计入有关资产的成本;有关资产交付使用后发生的借款利息,可在发生当期扣除。

例 6.4 某企业向银行借款 400 万元用于建造厂房,借款期从 2014 年 1 月 1 日至 12 月 31 日,支付当年全年借款利息 32 万元,该厂房于 2014 年 10 月 31 日达到可使用状态交付使用,11 月 30 日做完完工结算。计算该企业当年税前可扣除的利息费用。

解 固定资产购建期间的合理的利息费用应予以资本化,交付使用后发生的利息可在发生当期扣除。该企业 2014 年税前可扣除的利息费用为 $32/12\times2=5.33$ 万元。

(6)汇兑损失。企业在货币交易中,以及纳税年度终了时将人民币以外的货币性资产、负债按照期末即期人民币汇率中间价折算为人民币时产生的汇兑损失,除已经计入有关资产成本以及与向所有者进行利润分配相关的部分外,准予扣除。

(7)业务招待费。企业发生的与生产经营活动有关的业务招待费支出,按照发生额的 60% 扣除,但最高不得超过当年销售(营业)收入的 5‰。

例 6.5 某企业 2017 年销售货物收入 3 000 万元,让渡专利使用权收入 300 万元,包装物出租收入 100 万元,视同销售货物收入 600 万元,转让商标所有权收入 200 万元,捐赠收入 20 万元,债务重组收益 10 万元,当年实际发生业务招待费 30 万元。计算该企业当年可在所得税前列支的业务招待费金额。

解 ①确定计算招待费的基数为 3 000+300+100+600=4 000 万元。

②转让商标所有权、捐赠收入、债务重组收益均属于营业外收入范畴,不能作为计算业务招待费的收入基数。

③第一标准为发生额 6 折,即 30×60%=18 万元;第二标准为限度计算,即 4 000×5‰=20 万元。

两数据比大小后择其小者,其当年可在所得税前列支的业务招待费金额是 18 万元。

例 6.6 某企业 2017 年销售货物收入 2 000 万元,出租固定资产收取租金 100 万元,提供劳务收入 300 万元,视同销售货物收入 600 万元,转让固定资产收入 200 万元,投资收益 80 万元,当年实际发生业务招待费 30 万元。计算该企业当年可在所得税前列支的业务招待费金额。

解 ①确定计算招待费的收入基数为 2 000+100+300+600=3 000 万元。

②第一标准为发生额 6 折,即 30×60%=18 万元;第二标准为限度计算,即 3 000×5‰=15 万元。

两数据比大小后择其小者,其当年可在所得税前列支的业务招待费金额是 15 万元。

(8)广告费和业务宣传费。企业发生的符合条件的广告费和业务宣传费支出,除国务院财政、税务主管部门另有规定外,不超过当年销售(营业)收入 15% 的部分准予扣除;超过部分准予结转以后纳税年度扣除。

注:化妆品制造、医药制造和饮料制造企业发生的不超过当年销售(营业)收入 15% 的部分准予扣除;超过部分准予结转以后纳税年度扣除。烟草企业的烟草广告费和业务宣传费支出,一律不得税前扣除。

企业依照法律、行政法规有关规定提取的用于环境保护、生态恢复等方面的专项资金准予扣除。上述专项资金提取后改变用途的,不得扣除。

(9)保险费。企业参加财产保险,按照规定缴纳的保险费准予扣除。

(10)租赁费。企业根据生产经营活动的需要租入固定资产支付的租赁费,按照以下方法扣除。

①以经营租赁方式租入固定资产发生的租赁费支出,按照租赁期限均匀扣除。经营性租赁是指所有权不转移的租赁。

②以融资租赁方式租入固定资产发生的租赁费支出,按照规定构成融资租入固定资产价值的部分应当提取折旧费用,分期扣除。融资租赁是指在实质上转移与一项资产所有权有关的全部风险和报酬的一种租赁。

例 6.7 某企业自 2017 年 5 月 1 日起租入一幢门面房用作产品展示厅,一次支付 1 年租金 24 万元。计算计入 2017 年成本费用的租金额是多少?

解 按照受益期,2017 年有 8 个月租用该房屋,则计入 2017 年成本费用的租金额是 24 万元÷12 个月×8 个月 = 16 万元。

(11)劳动保护费。企业发生的合理的劳动保护支出准予扣除。

(12)公益性捐赠支出。公益性捐赠是指企业通过公益性社会团体或者县级(含县级)以上人民政府及其部门,用于《中华人民共和国公益事业捐赠法》规定的公益事业的捐赠。

企业发生的公益性捐赠支出,不超过年度利润总额 12% 的部分,准予扣除。年度利润总额,是指企业依照国家统一会计制度的规定计算的年度会计利润。

例 6.8 某企业按照政府统一会计政策计算出利润总额 300 万元,当年通过政府机关对受灾地区捐赠 50 万元。计算当年公益性捐赠的调整金额。

解 ①当年可在所得税前列支的公益救济性捐赠限额为 300×12% = 36 万元。

②该企业当年公益救济性捐赠超支额为 50-36 = 14 万元。

例 6.9 某企业按照政府统一会计政策计算出利润总额 300 万元,当年直接给受灾灾民发放慰问金 10 万元,通过政府机关对受灾地区捐赠 30 万元。计算当年公益性捐赠的调整金额。

解 当年可在所得税前列支的公益救济性捐赠限额为 300×12% = 36 万元。

该企业当年公益救济性捐赠超支额为 10 万元。

(13)有关资产的费用。企业转让各类固定资产发生的费用,按规定计算的固定资产折旧、无形资产摊销,准予在计算应纳税所得额时扣除。

(14)总机构分摊的费用。非居民企业在中国境内设立的机构、场所,就其中国境外总机构发生的与该机构、场所生产经营有关的费用,能够提供总机构出具的费用汇集范围、金额、分配依据和方法等证明文件,并合理分摊的,准予扣除。

(15)资产损失。企业当期发生的固定资产和流动资产盘亏、毁损净损失,由其提供清查盘存资料经主管税务机关审核后,准予扣除;企业因存货盘亏、毁损、报废等原因不得从销项税金中抵扣的进项税金,应视同企业财产损失,准予与存货损失一起在所得税前按规定扣除。

例 6.10 某企业 2017 年毁损一批库存材料,账面成本 10 139.5 元(含运费 139.5 元),保险公司审理后同意赔付 8 000 元,该企业的损失得到税务机关的审核和确认。计算在所得税前可扣除的损失金额。

解　①不得从销项税额中抵扣的进项税额，应视同企业财产损失，准予与存货损失一起在所得税前按规定扣除。

②不得抵扣的进项税额为(10 139.5-139.5)×17%+139.5/(1-7%)×7%=1 710.5 元。

③在所得税前可扣除的损失金额为 10 139.5+1 710.5-8 000=3 850 元。

(16)依照有关法律、行政法规和国家有关税法规定准予扣除的其他项目，如会员费、合理的会议费、差旅费、违约金、诉讼费用等。

(17)手续费及佣金支出。

3. 不得扣除的项目

在计算应纳税所得额时，下列支出不得扣除。

(1)向投资者支付的股息、红利等权益性投资收益款项。

(2)企业所得税税款。

(3)税收滞纳金。税收滞纳金是指纳税人违反税收法规，被税务机关处以的滞纳金。

(4)罚金、罚款和被没收财物的损失。该损失是指纳税人违反国家有关法律、法规规定，被有关部门处以的罚款，以及被司法机关处以的罚金和被没收财物。

(5)超过规定标准的捐赠支出。

(6)赞助支出。赞助支出是指企业发生的与生产经营活动无关的各种非广告性质支出。

(7)未经核定的准备金支出。该支出是指不符合国务院财政、税务主管部门规定的各项资产减值准备、风险准备等准备金支出。

(8)企业之间支付的管理费、企业内营业机构之间支付的租金和特许权使用费，以及非银行企业内营业机构之间支付的利息。

(9)与取得收入无关的其他支出。

(五)以前年度亏损

亏损是指企业每一纳税年度的收入总额减除不征税收入、免税收入和各项扣除后小于零的数额。税法规定，企业某一纳税年度发生的亏损可以用下一年度的所得弥补，下一年度的所得不足以弥补的，可以逐年延续弥补，但最长不得超过 5 年；而且，企业在汇总计算缴纳企业所得税时，其境外营业机构的亏损不得抵减境内营业机构的盈利。

例 6.11　经税务机关审定的某国有企业 8 年应纳税所得额情况见表 7.1，假设该企业一直执行 5 年亏损弥补规定。计算该企业 8 年间需缴纳的企业所得税。

表 6.1　某国有企业近 8 年应纳税所得额情况表

单位：万元

年　度	2007	2008	2009	2010	2011	2012	2013	2014
应纳税所得额	-100	20	-40	20	20	30	-20	95

解　①2008 年至 2012 年所得 90 万元弥补 2007 年亏损，未弥补完 10 万元但已到 5 年抵亏期满；

②2013 年亏损，不纳税；

③2014 年所得弥补 2009 年和 2013 年亏损后还有余额 35 万元，要计算纳税，应纳税额为 35×25%=8.75 万元。

第三节　企业所得税应纳所得税额

一、居民纳税人应纳税额的计算

企业的应纳税所得额乘以适用税率，减除依照本法关于税收优惠的规定减免和抵免的税额后的余额为应纳税额，其公式为

$$应纳税额 = 应纳税所得额 \times 适用税率 - 减免税额 - 抵免税额 \tag{6.2}$$

应纳税所得额的计算一般有直接计算法和间接计算法两种方法。

1. 直接计算法的应纳税所得额计算公式

在直接计算法下，企业每一纳税年度的收入总额减除不征税收入、免税收入、各项扣除以及允许弥补的以前年度亏损后的余额为应纳税所得额。计算公式与前述相同，即为

$$应纳税所得额 = 收入总额 - 不征税收入 - 免税收入 - 各项扣除金额 - 弥补亏损 \tag{6.3}$$

上述公式中的数据均为税法规定口径的数据。税法规定的收入总额不同于会计规定的收入总额，税法规定的准予扣除项目金额也不同于会计成本、费用、税金和损失。上述公式能从理论上展示应纳税所得额的计算因素。

2. 间接计算法的应纳税所得额计算公式

在间接计算法下，在会计利润总额的基础上加或减按照税法规定调整的项目金额后，即为应纳税所得额。即

$$应纳税所得额 = 会计利润总额 \pm 纳税调整项目金额 \tag{6.4}$$

例 6.12　某企业 2017 年发生下列业务：

①销售产品收入 2 000 万元；

②接受捐赠材料一批，取得赠出方开具的增值税发票，注明价款 10 万元，增值税 1.7 万元；企业找一运输公司将该批材料运回企业，支付运杂费 0.3 万元；

③转让一项商标所有权，取得营业外收入 60 万元；

④收取当年让渡资产使用权的专利实施许可费，取得其他业务收入 10 万元；

⑤取得国债利息 2 万元；

⑥全年销售成本 1 000 万元，销售税金及附加 100 万元；

⑦全年销售费用 500 万元，含广告费 400 万元；全年管理费用 200 万元，含招待费 80 万元；全年财务费用 50 万元；

⑧全年营业外支出 40 万元，含通过政府部门对灾区捐款 20 万元；直接对私立小学捐款 10 万元；违反政府规定被工商局罚款 2 万元。

请计算：

①该企业的会计利润总额；

②该企业对收入的纳税调整额；

③该企业对广告费用的纳税调整额；

④该企业对招待费的纳税调整额；

⑤该企业对营业外支出的纳税调整额；

⑥该企业应纳税所得额；

⑦该企业应纳所得税额。

解 ①该企业的会计利润总额为 2 000+10+1.7+60+10+2-1 000-100-500-200-50-40=193.7 万元。

②该企业对收入的纳税调整额为 2 万元国债利息属于免税收入。

③该企业对广告费用的纳税调整额以销售(营业)收入(2 000+10)万元为基数,不能包括营业外收入。

广告费限额为(2 000+10)×15% =301.5 万元。

广告费超支为 400-301.5=98.5 万元。

调增应纳税所得额 98.5 万元。

④该企业对招待费的纳税调整额如下。

招待费限额计算:80×60% =48 万元;(2 000+10)×5‰=10.05 万元。

招待费限额为 10.05 万元,超支 69.95 万元。

⑤该企业对营业外支出的纳税调整额:捐赠限额为 193.7×12% =23.24 万元。

该企业 20 万元公益性捐赠可以扣除,直接对私立小学的捐赠不得扣除,行政罚款不得扣除。对营业外支出的纳税调整额 12 万元。

⑥该企业应纳税所得额为 193.7-2+98.5+69.95+12=372.15 万元。

⑦该企业应纳所得税额为 372.15×25% =93.037 5 万元。

例 6.13 某外商投资企业 2014 年全年实现营业收入 860 万元,营业成本 320 万元,税金 35 万元,投资收益 6 万元(其中国债利息收入 4 万元,金融债券利息收入 2 万元),营业外收入 20 万元,营业外支出 85 万元(包括非公益性捐赠 80 万元,因未代扣代缴个人所得税而被税务机关罚款 3 万元),管理费用 280 万元,财务费用 150 万元。该企业自行申报当年企业所得税是应纳税所得额为 860-320-35+ 6+20-85-280-150=16 万元,应纳企业所得税为 16×25% =4 万元。

要求:根据上述资料以及所得税法律制度的有关规定,回答下列问题。

①请分析该公司计算的当年应纳企业所得税是否正确;

②如不正确请指出错误之处,并正确计算应纳企业所得税。

解 ①该公司计算缴纳的企业所得税税额不正确,其错误是:

投资收益 6 万元中,购买国债利息收入 4 万元可不计入应纳税所得额;

非公益性捐赠 80 万元不得从应纳税所得额中扣除;

被税务机关罚款的 3 万元不得从应纳税所得额中扣除。

②应纳企业所得税:

应纳税所得额为 860-320-35+(6-4)+20-(85-80-3)-280-150=95 万元。

应纳企业所得税为 95×25% =23.75 万元。

例 6.14 2014 年度某企业会计报表上的利润总额为 100 万元,已累计预缴企业所得税 25 万元。该企业 2011 年度其他有关情况如下。

①发生的公益性捐赠支出 18 万元;

②开发新技术的研究开发费用 20 万元(已计入管理费用),假定税法规定研发费用可实行 150% 加计扣除政策;

③支付在建办公楼工程款 20 万元,已列入当期费用;

④直接向某足球队捐款 15 万元,已列入当期费用;

⑤支付诉讼费2.3万元,已列入当期费用;

⑥支付违反交通法规罚款0.8万元,已列入当期费用。

已知:该企业适用所得税税率为25%(答案中的金额单位用万元表示)。

要求:

①计算该企业公益性捐赠支出所得税前纳税调整额;

②计算该企业研究开发费用所得税前扣除数额;

③计算该企业2014年度应纳税所得额;

④计算该企业2014年度应纳所得税税额;

⑤计算该企业2014年度应汇算清缴的所得税税额。

解　①根据现行规定,企业发生的公益性捐赠支出,在年度利润总额12%以内的部分,准予在计算应纳税所得额时扣除。公益性捐赠支出所得税前扣除限额为100×12%=12万元。实际发生的公益性捐赠支出18万元,超过限额6万元,应调增所得额6万元。

②假定税法规定研发费用可实行150%加计扣除政策,那么如果企业当年开发新产品研发费用实际支出为20万元,就可按30万元(20×150%)数额在税前进行扣除,利润总额中已扣除20万元,应调减所得额10万元。

③该企业2014年度应纳税所得额:

在建办公楼工程款不得扣除,应调增应纳税所得额20万元;

向某足球队捐款不得扣除,应调增应纳税所得额15万元;

支付违反交通法规罚款不得扣除,应调增应纳税所得额0.8万元;

该企业2014年度应纳税所得额为100+6-10+20+15+0.8=131.8万元。

④该企业2014年度应纳所得税税额为131.8×25%=32.95万元。

⑤该企业2014年度应汇算清缴的所得税税额为32.95-25(已预缴)=7.95万元。

二、营改增对企业所得税的影响

1.收入确认的变化

在“营改增”之前,企业按照含税价格确认收入。而在“营改增”之后,企业需要按照不含税价格确认收入,因此企业在确认收入时,“营改增”之前和之后会有变化。

例6.15　某交通运输企业取得收入1 000万元,营业税税率3%,在“营改增”之前,该项业务企业应确认收入1 000万元,营业税金及附加30万元。会计处理如下:

借:银行存款　　1 000

　贷:主营业务收入　　1 000

借:营业税金及附加　　30(1 000×3%)

　贷:应交税费——应交营业税　　30

而在“营改增”之后,该交通运输企业被认定为一般纳税人,增值税税率11%,取得收入1 000万元,会计处理如下:

借:银行存款　　1 000

　贷:主营业务收入　　900.9(1 000÷1.11)

　　应交税费——应交增值税(销项税额)　99.1(1 000÷1.11×11%)

可以看出,“营改增”之后,企业该项业务应确认收入900.9万元,比“营改增”之前的1 000万有所减少。

2. 税前扣除项目的变化

(1)可扣除的流转税减少。

在"营改增"实施之前，纳税人缴纳的营业税可以在企业所得税税前全额扣除。而在"营改增"实施之后，由于增值税是价外税，并不包含在收入总额中，在计算企业应纳税所得额时，增值税不得在收入总额中扣除，因此导致应纳税所得额增加。这是"营改增"对企业所得税最明显，也是最直接的影响。

(2)可扣除的成本费用减少。

营业税制下的成本是价税合计，企业支付的运费或其他劳务费用，可以作为企业的成本费用在税前扣除。"营改增"实施之后，企业支付的各类原料成本、运费或其他劳务费用，由于可以抵扣增值税进项税额，包含进项税额的那部分，就不能再作为成本费用在企业所得税前扣除，而应进行价税分离，因此在"营改增"实施后企业的生产成本也会下降。

(3)购进固定资产计税基础的减少。

"营改增"还会带来购进固定资产计税基础的变化。比如交通运输业，"营改增"之前按照3%税率缴纳营业税，之后按照11%税率缴纳增值税，但购进的运输汽车、汽油等生产工具和原料可以抵扣进项税额。

3. 对应纳税所得额的影响

"营改增"必然会带来企业所得税的变化，将使企业整体税负下降，由于应纳税所得额减少，可以使一些处于临界点的企业(应纳税所得额30万元)享受到小型微利企业税收优惠，减税的幅度将更加明显。

但不排除个别企业税负有所增加，有些试点地区采取了政府补助的方法，对企业进行财政补贴。企业在取得该财政补贴时，应对照《财政部、国家税务总局关于专项用途财政性资金企业所得税处理问题的通知》(财税〔2011〕70号)规定的三项标准来处理。若符合标准，则作为不征税收入，不用征收企业所得税，但其用于支出所形成的费用，以及用于支出所形成的资产的折旧、摊销也不得在税前扣除；反之，则应缴纳企业所得税。企业应关注企业所得税的相关变化，正确计算应纳税所得额，避免税收风险。

例6.16 某交通运输企业全年取得营业收入1 000万元(含税)，2014年6月购买3辆运输卡车金额300万元(按5年折旧)，全年汽油花费200万元，相关费用300万元(包括业务招待费10万元)。

(1)"营改增"之前：

该企业缴纳营业税：1 000×3%＝30(万元)；

该企业缴纳城建税和教育费附加：30×10%＝3(万元)；

该企业卡车折旧：300÷5÷2＝30(万元)；

该企业会计利润：1 000－200－30－300－30－3＝437(万元)；

可以税前扣除的业务招待费：1 000×0.5%＝5<10×60%＝6，纳税调增10－5＝5(万元)；

该企业应纳税所得额：437+5＝442(万元)；

该企业应缴纳企业所得税：442×25%＝110.5(万元)；

该企业税后利润：437－110.5＝326.5(万元)。

(2)"营改增"之后：

该企业缴纳增值税：1 000÷1.11×11%－(200+300)÷1.17×17%＝26.45(万元)；

该企业缴纳城建税和教育费附加：26.45×10%＝2.65(万元)；

该企业卡车折旧：300÷1.17÷5÷2＝25.64（万元）；

该企业会计利润：1 000÷1.11－200÷1.17－25.64－300－2.65＝401.67（万元）；

可以税前扣除的业务招待费：1 000÷1.11×0.5%＝4.5<10×60%＝6；

纳税调增：10－4.5＝5.5（万元）；

该企业应纳税所得额：401.67＋5.5＝407.17（万元）；

该企业应缴纳企业所得税：407.17×25%＝101.79（万元）；

该企业税后利润：401.67－101.79＝299.88（万元）。

三、境外所得抵扣税额的计算

（一）抵免适用情况

1. 对进行境外经营所得已纳税款的抵扣——（总分机构之间）直接抵免

（1）居民企业来源于中国境外的应税所得。

（2）非居民企业在中国境内设立机构、场所，取得发生在中国境外但与该机构、场所有实际联系的应税所得。

2. 对进行境外投资所得已纳税款的抵扣——（母子或母子孙机构之间）间接抵免

居民企业从其直接或者间接控制的外国企业分得的来源于中国境外的股息、红利等权益性投资收益，外国企业在境外实际缴纳的所得税税额中属于该项所得负担的部分，可以作为该居民企业的可抵免境外所得税税额，在税法规定的抵免限额内抵免。

（二）抵免限额的计算

境外所得税税款扣除限额公式为

抵免限额＝境内、境外所得按税法计算的应纳税总额×

来源于某国（地区）的应纳税所得额／境内、境外应纳税所得总额　　（6.5）

注：公式中的所得是税前所得（含税所得）。如果分回的是税后所得，可选用以下两种方法还原成税前所得：①用分回的税后所得除以（1－境外税率）还原；②用境外已纳税额加分回税后收益还原。

该公式可以简化成

抵免限额＝来源于某国的（税前）应纳税所得额×我国法定税率　　（6.6）

（三）抵免限额的具体应用

理论应用——用抵免限额与境外实纳税额比大小，择其小者在境内外合计应纳税额中抵扣。

（1）如果纳税人来源于境外的所得在境外实际缴纳的税款低于扣除限额，可从应纳税额中据实扣除。

（2）如果超过扣除限额，其超过部分不得从本年度应纳税额中扣除，也不得列为本年度费用支出，但可以用以后年度抵免限额抵免当年应抵税额后的余额进行抵补，补扣期限最长不能超过5年。

例6.17　某企业2016年来自境外A国的已纳所得税因超过抵免限额尚未扣除的余额为1万元，2017年在我国境内所得160万元，来自A国税后所得20万元，在A国已纳所得税额5万元。计算应在我国汇总缴纳的所得税。

解　①2017年境内外所得总额为160+20+5＝185万元。

②境内外总税额为185×25%＝46.25万元。

③2017 年 A 国扣除限额为 46.25×(20+5)/185=6.25 万元；

或扣除限额为(20+5)×25%=6.25 万元。

当年境外实纳税额 5 万元<6.25 万元，故在我国汇总缴纳所得税为 46.25-5-1=40.25 万元。

四、居民纳税人核定征收应纳税额的计算

核定征收办法仅适用于账簿不全、核算不清、逾期不申报、申报不正常的居民纳税人，具体分为定率（核定应税所得率）和定额（核定应纳所得税额）两种方法。

1. 税务机关采用下列方法核定征收企业所得税

(1)参照当地同类行业或者类似行业中经营规模和收入水平相近的纳税人的税负水平核定；

(2)按照应税收入额或成本费用支出额定率核定；

(3)按照耗用的原材料、燃料、动力等推算或测算核定；

(4)按照其他合理方法核定。

采用上述所列一种方法不足以正确核定应纳税所得额或应纳税额的，可以同时采用两种以上的方法核定。采用两种以上方法测算的应纳税额不一致时，可按测算的应纳税额从高核定。

2. 采用应税所得率方式核定征收企业所得税的，应纳所得税额计算公式为

$$应纳所得税额 = 应纳税所得额 \times 适用税率 \tag{6.7}$$

$$应纳税所得额 = 应税收入额 \times 应税所得率 \tag{6.8}$$

或

$$应纳税所得额 = 成本（费用）支出额 / (1 - 应税所得率) \times 应税所得率 \tag{6.9}$$

实行应税所得率方式核定征收企业所得税的纳税人，经营多业的，无论其经营项目是否单独核算，均由税务机关根据其主营项目确定适用的应税所得率。

例 6.18　某私营企业，注册资金 300 万元，从业人员 20 人，2017 年 2 月 10 日向其主管税务机关申报 2016 年度取得收入总额 146 万元，发生的直接成本 120 万元、其他费用 33 万元，全年应纳税所得额-7 万元。后经税务机关审核，其成本、费用无误，但收入总额不能准确核算。

计算该企业 2016 年度应缴纳的企业所得税（假定应税所得率为 15%，按照核定征收企业所得税的办法）。

解　①该企业按成本费用推算应纳税所得额为(120+33)/(1-15%)×15%=27 万元。

按照新企业所得税法，采用核定纳税的企业，即使符合小型微利企业的标准，也不能使用小型微利企业的优惠税率。

②该企业应纳税额为 27×25%=6.75 万元。

五、非居民企业应纳税额的计算

非居民企业在中国境内未设立机构、场所的，或者虽设立机构、场所但取得的所得与其所设机构、场所没有实际联系的，应当就其来源于中国境内的所得缴纳企业所得税。

其应纳税所得额按照下列方法计算。

(1)股息、红利等权益性投资收益和利息、租金、特许权使用费所得，以收入全额为应纳税所得额；

(2)转让财产所得，以收入全额减除财产净值后的余额为应纳税所得额；

(3)其他所得,参照前两项规定的方法计算应纳税所得额。

六、房地产开发企业所得税预缴税款的处理

在未完工前采取预售方式销售取得的预售收入,按照规定的预计利润率计算预缴利润,计入利润总额预缴所得税,待完工结算实际成本后,按照实际利润再调整。

第四节　企业所得税税收优惠

税收优惠指国家运用税收政策在税收法律、行政法规中规定对某一部分特定企业和课税对象给予减轻或免除税收负担的一种措施。税法规定的企业所得税的税收优惠方式包括免税、减税、加计扣除、加速折旧、减计收入、税额抵免等。

一、免征与减征优惠

企业的下列所得,可以免征、减征企业所得税。企业如果从事国家限制和禁止发展的项目,不得享受企业所得税优惠。

(一)从事农、林、牧、渔业项目的所得

企业从事农、林、牧、渔业项目的所得,包括免征和减征两部分。

1. 免征企业所得税项目

从事蔬菜、谷物、薯类、油料、豆类、棉花、麻类、糖料、水果、坚果的种植;农作物新品种的选育;中药材的种植;林木的培育和种植;牲畜、家禽的饲养;林产品的采集;灌溉、农产品初加工、兽医、农技推广、农机作业和维修等农、林、牧、渔服务业项目及远洋捕捞等关系民生、维持基本生活的必需品项目的所得。

2. 减半征收项目

对于从事提升生活品质的非必需品类项目所得给予减半征收企业所得税,主要包括花卉、茶以及其他饮料作物和香料作物的种植;海水养殖、内陆养殖。

(二)从事国家重点扶持的公共基础设施项目投资经营的所得

企业所得税法所称国家重点扶持的公共基础设施项目是指《公共基础设施项目企业所得税优惠目录》规定的港口码头、机场、铁路、公路、电力、水利等项目。

企业从事国家重点扶持的公共基础设施项目的投资经营的所得,自项目取得第一笔生产经营收入所属纳税年度起,第1年至第3年免征企业所得税,第4年至第6年减半征收企业所得税。

(三)从事符合条件的环境保护、节能节水项目的所得

环境保护、节能节水项目的所得,自项目取得第一笔生产经营收入所属纳税年度起,第1年至第3年免征企业所得税,第4年至第6年减半征收企业所得税。

(四)符合条件的技术转让所得

企业所得税法所称符合条件的技术转让所得免征、减征企业所得税,是指一个纳税年度内,居民企业转让技术所有权所得不超过500万元的部分,免征企业所得税;超过500万元的部分,减半征收企业所得税。

二、高新技术企业优惠

国家需要重点扶持的高新技术企业减按15%的税率征收企业所得税。经认定的技术

先进型服务企业发生的职工教育经费支出，不超过工资薪金总额 8% 的部分，准予在计算应纳税所得额时扣除；超过部分，准予在以后纳税年度结转扣除。

国家需要重点扶持的高新技术企业是指拥有核心自主知识产权，并同时符合以下方面条件的企业：

(1) 从事《技术先进型服务业务认定范围（试行）》中的一种或多种技术先进型服务业务，采用先进技术或具备较强的研发能力；

(2) 企业的注册地及生产经营地在示范城市（含所辖区、县、县级市等全部行政区划）内；

(3) 企业具有法人资格，近两年在进出口业务管理、财务管理、税收管理、外汇管理、海关管理等方面无违法行为；

(4) 具有大专以上学历的员工占企业职工总数的 50% 以上；

(5) 从事《技术先进型服务业务认定范围（试行）》中的技术先进型服务业务取得的收入占企业当年总收入的 50% 以上。

对经济特区和上海浦东新区内在 2008 年 1 月 1 日（含）之后完成登记注册的国家需要重点扶持的高新技术企业（以下简称新设高新技术企业），在经济特区和上海浦东新区内取得的所得，自取得第一笔生产经营收入所属纳税年度起，第 1 年至第 2 年免征企业所得税，第 3 年至第 5 年按照 25% 的法定税率减半征收企业所得税。

三、小型微利企业

小型微利企业的条件如下：

(1) 工业企业，年度应纳税所得额不超过 30 万元，从业人数不超过 100 人，资产总额不超过 3 000 万元。

(2) 其他企业，年度应纳税所得额不超过 30 万元，从业人数不超过 80 人，资产总额不超过 1 000 万元。

符合条件的小型微利企业，减按 20% 的税率征收企业所得税。针对来源于我国的所得征税的非居民企业不适用小型微利企业。

四、加计扣除优惠

（一）研究开发费

研究开发费是指企业为开发新技术、新产品、新工艺发生的研究开发费用，未形成无形资产计入当期损益的，在按照规定据实扣除的基础上，按照研究开发费用的 50% 加计扣除；形成无形资产的，按照无形资产成本的 150% 摊销。

（二）企业安置残疾人员所支付的工资

企业安置残疾人员所支付工资费用的加计扣除，是指企业安置残疾人员的，在按照支付给残疾职工工资据实扣除的基础上，按照支付给残疾职工工资的 100% 加计扣除。残疾人员的范围适用《中华人民共和国残疾人保障法》的有关规定。企业安置国家鼓励安置的其他就业人员所支付的工资的加计扣除办法，由国务院另行规定。

五、创投企业优惠

创业投资企业从事国家需要重点扶持和鼓励的创业投资，可以按投资额的一定比例抵扣应纳税所得额。

创投企业优惠是指创业投资企业采取股权投资方式投资于未上市的中小高新技术企业两年以上的，可以按照其投资额的70%在股权持有满两年的当年抵扣该创业投资企业的应纳税所得额；当年不足抵扣的，可以在以后纳税年度结转抵扣。

六、加速折旧优惠

企业的固定资产由于技术进步等原因，确需加速折旧的，可以缩短折旧年限或者采取加速折旧的方法。可采用以上折旧方法的固定资产是指：

(1)由于技术进步，产品更新换代较快的固定资产；

(2)常年处于强震动、高腐蚀状态的固定资产。

采取缩短折旧年限方法的，最低折旧年限不得低于规定折旧年限的60%；采取加速折旧方法的，可以采取双倍余额递减法或者年数总和法。

七、减计收入优惠

减计收入优惠是指企业综合利用资源，生产符合国家产业政策规定的产品所取得的收入，可以在计算应纳税所得额时减计收入。

综合利用资源指企业以《资源综合利用企业所得税优惠目录》规定的资源作为主要原材料，生产国家非限制和禁止并符合国家和行业相关标准的产品取得的收入，减按90%计入收入总额。

上述所称原材料占生产产品材料的比例不得低于《资源综合利用企业所得税优惠目录》规定的标准。

八、税额抵免优惠

税额抵免是指企业购置并实际使用《环境保护专用设备企业所得税优惠目录》《节能节水专用设备企业所得税优惠目录》和《安全生产专用设备企业所得税优惠目录》规定的环境保护、节能节水、安全生产等专用设备的，该专用设备的投资额的10%可以从企业当年的应纳税额中抵免；当年不足抵免的，可以在以后5个纳税年度结转抵免。

享受前款规定的企业所得税优惠的企业，应当实际购置并自身实际投入使用前款规定的专用设备；企业购置上述专用设备在5年内转让、出租的，应当停止享受企业所得税优惠，并补缴已经抵免的企业所得税税款。转让的受让方可以按照该专用设备投资额的10%抵免当年企业所得税应纳税额；当年应纳税额不足抵免的，可以在以后5个纳税年度结转抵免。

九、民族自治地方的优惠

民族自治地方的自治机关对本民族自治地方的企业应缴纳的企业所得税中属于地方分享的部分，可以决定减征或者免征。自治州、自治县决定减征或者免征的，须报省、自治区、直辖市人民政府批准。

十、非居民企业优惠

非居民企业减按10%的税率征收企业所得税。这里的非居民企业是指在中国境内未设立机构、场所的，或者虽设立机构、场所但取得的所得与其所设机构、场所没有实际联系的企业。该类非居民企业取得下列所得免征企业所得税。

(1)外国政府向中国政府提供贷款取得的利息所得。

(2)国际金融组织向中国政府和居民企业提供优惠贷款取得的利息所得。

(3)经国务院批准的其他所得。

十一、其他有关行业的优惠

(一)关于鼓励软件产业和集成电路产业发展的优惠政策

(1)软件生产企业实行增值税即征即退政策所退还的税款，由企业用于研究开发软件产品和扩大再生产，不作为企业所得税应税收入，不予征收企业所得税。

(2)我国境内新办软件生产企业经认定后，自获利年度起，第一年和第二年免征企业所得税，第三年至第五年减半征收企业所得税。

(3)国家规划布局内的重点软件生产企业，如当年未享受免税优惠的，减按10%的税率征收企业所得税。

(4)软件生产企业的职工培训费用，可按实际发生额在计算应纳税所得额时扣除。

(5)企事业单位购进软件，凡符合固定资产或无形资产确认条件的，可以按照固定资产或无形资产进行核算，经主管税务机关核准，其折旧或摊销年限可以适当缩短，最短可为两年。

(6)集成电路设计企业视同软件企业，享受上述软件企业的有关企业所得税政策。

(7)集成电路生产企业的生产性设备，经主管税务机关核准，其折旧年限可以适当缩短，最短可为3年。

(8)投资额超过80亿元人民币或集成电路线宽小于0.25 μm的集成电路生产企业，可以减按15%的税率缴纳企业所得税，其中，经营期在15年以上的，从开始获利的年度起，第1年至第5年免征企业所得税，第6年至第10年减半征收企业所得税。

(9)对生产线宽小于0.8 μm(含)集成电路产品的生产企业，经认定后，自获利年度起，第1年和第2年免征企业所得税，第3年至第5年减半征收企业所得税；已经享受自获利年度起企业所得税“两免三减半”政策的企业，不再重复执行本条规定。

(10)自2008年1月1日起至2010年底，对集成电路生产企业、封装企业的投资者，以其取得的缴纳企业所得税后的利润直接投资于本企业增加注册资本，或作为资本投资开办其他集成电路生产企业、封装企业，经营期不少于5年的，按40%的比例退还其再投资部分已缴纳的企业所得税税款。再投资不满5年撤出该项投资的，追缴已退的企业所得税税款。

自2008年1月1日起至2010年底，对国内外经济组织作为投资者，以其在境内取得的缴纳企业所得税后的利润作为资本投资于西部地区开办集成电路生产企业、封装企业或软件产品生产企业，经营期不少于5年的，按80%的比例退还其再投资部分已缴纳的企业所得税税款。再投资不满5年撤出该项投资的，追缴已退的企业所得税税款。

(二)关于鼓励证券投资基金发展的优惠政策

(1)对证券投资基金从证券市场中取得的收入，包括买卖股票、债券的差价收入，股权的股息、红利收入，债券的利息收入及其他收入，暂不征收企业所得税。

(2)对投资者从证券投资基金分配中取得的收入，暂不征收企业所得税。

(3)对证券投资基金管理人运用基金买卖股票、债券的差价收入，暂不征收企业所得税。

(4)根据国民经济和社会发展的需要，或者由于突发事件等原因对企业经营活动产生重大影响的，国务院可以制定企业所得税专项优惠政策，报全国人民代表大会常务委员会备案。

例6.19 某使用25%税率的企业的投资者，决定用分配的100万元税后利润全部投资西部开办封装企业，期限10年。计算能得到多少再投资退税？

解 该企业可得到再投资退税为100/(1-25%)×25%×80%=26.67万元。

例6.20 某使用15%税率的集成电路企业正处于减半征税的年度，该企业投资者决定用分配的100万元税后利润全部投资本企业增加注册资本，期限10年。计算能得到多少再投资退税？

解 该企业可得到再投资退税为100/(1-15%×50%)×15%×50%×40%=3.24万元。

第五节 企业所得税境外所得的税额扣除

企业已在境外缴纳的所得税税额是指企业来源于中国境外的所得依照中国境外税收法律以及相关规定应当缴纳并已经实际缴纳的企业所得税性质的税款。

一、企业境外应纳税所得额的内容

(1)居民企业在境外投资设立不具有独立纳税地位的分支机构，其来源于境外的所得，以境外收入总额扣除与取得境外收入有关的各项合理支出后的余额为应纳税所得额。各项收入、支出按企业所得税法及实施条例的有关规定确定。

居民企业在境外设立不具有独立纳税地位的分支机构取得的各项境外所得，无论是否汇回中国境内，均应计入该企业所属纳税年度的境外应纳税所得额。

(2)居民企业应就其来源于境外的股息、红利等权益性投资收益，以及利息、租金、特许权使用费、转让财产等收入，扣除按照企业所得税法及实施条例等规定计算的与取得该项收入有关的各项合理支出后的余额为应纳税所得额。来源于境外的股息、红利等权益性投资收益，应按被投资方做出利润分配决定的日期确认收入实现；来源于境外的利息、租金、特许权使用费、转让财产等收入，应按有关合同约定应付交易价款的日期确认收入实现。

(3)非居民企业在境内设立机构、场所的，应就其发生在境外但与境内所设机构、场所有实际联系的各项应税所得，比照上述第(2)项的规定计算相应的应纳税所得额。

(4)在计算境外应纳税所得额时，企业为取得境内、外所得而在境内、境外发生的共同支出，与取得境外应税所得有关的、合理的部分，应在境内、境外(分国(地区)别，下同)应税所得之间，按照合理比例进行分摊后扣除。

(5)在汇总计算境外应纳税所得额时，企业在境外同一国家(地区)设立不具有独立纳税地位的分支机构，按照企业所得税法及实施条例的有关规定计算的亏损，不得抵减其境内或他国(地区)的应纳税所得额，但可以用同一国家(地区)其他项目或以后年度的所得按规定弥补。

二、企业境外所得税额抵免的规定

(一)基本规定

企业取得的下列所得已在境外缴纳的所得税税额,可以从其当期应纳税额中抵免,抵免限额为该项所得依照本法规定计算的应纳税额;超过抵免限额的部分,可以在以后5个年度内,用每年度抵免限额抵免当年应抵税额后的余额进行抵补。上述5个年度是指从企业取得的来源于中国境外的所得,已经在中国境外缴纳的企业所得税性质的税额超过抵免限额的当年的次年起连续5个纳税年度。可抵免的所得为:

(1)居民企业来源于中国境外的应税所得。

(2)非居民企业在中国境内设立机构、场所,取得发生在中国境外但与该机构、场所有实际联系的应税所得。

(二)具体规定

企业应按照企业所得税法及其实施条例、税收协定的规定,准确计算下列当期与抵免境外所得税有关的项目后,确定当期实际可抵免分国(地区)别的境外所得税税额和抵免限额。

(1)境内所得的应纳税所得额(以下简称境内应纳税所得额)和分国(地区)别的境外所得的应纳税所得额(以下称境外应纳税所得额)。

(2)分国(地区)别的可抵免境外所得税税额。

(3)分国(地区)别的境外所得税的抵免限额。

企业不能准确计算上述项目实际可抵免分国(地区)别的境外所得税税额的,在相应国家(地区)缴纳的税收均不得在该企业当期应纳税额中抵免,也不得结转以后年度抵免。

三、企业境外所得税额扣除的计算

(1)居民企业从其直接或者间接控制的外国企业分得的来源于中国境外的股息、红利等权益性投资收益,外国企业在境外实际缴纳的所得税税额中属于该项所得负担的部分,可以作为该居民企业的可抵免境外所得税税额,在企业所得税税法规定的抵免限额内抵免。

抵免限额是指企业来源于中国境外的所得,依照企业所得税法和本条例的规定计算的应纳税额。除国务院财政、税务主管部门另有规定外,该抵免限额应当分国(地区)不分项计算,计算公式为

$$\text{某国(地区)所得税抵免限额} = \text{中国境内、境外所得依照《企业所得税法》及实施条例规定计算的应纳税总额} \times \text{来源于某国(地区)的应纳税所得额} \div \text{中国境内、境外应纳税所得总额} \quad (6.10)$$

(2)居民企业从与我国政府订立税收协定(或安排)的国家(地区)取得的所得,按照该国(地区)税收法律享受了免税或减税待遇,且该免税或减税的数额按照税收协定规定应视同已缴税额在中国的应纳税额中抵免的,该免税或减税数额可作为企业实际缴纳的境外所得税额用于办理税收抵免。

(3)企业按照企业所得税法及其实施条例和本通知的有关规定计算的当期境内、境外应纳税所得总额小于零的,应以零计算当期境内、境外应纳税所得总额,其当期境外所得税的抵免限额也为零。企业抵免企业所得税税额时,应当提供中国境外税务机关出具的税款所属年度的有关纳税凭证。

(4)在计算实际应抵免的境外已缴纳和间接负担的所得税税额时,企业在境外一国(地区)当年缴纳和间接负担的符合规定的所得税税额低于所计算的该国(地区)抵免限额的,应以该项税额作为境外所得税抵免额从企业应纳税总额中据实抵免;超过抵免限额的,当年应以抵免限额作为境外所得税抵免额进行抵免,超过抵免限额的余额允许从次年起在连续5个纳税年度内,用每年度抵免限额抵免当年应抵税额后的余额进行抵补。

四、境外所得已纳税额的简易办法

属于下列情形的,经企业申请,主管税务机关核准,可以采取简易办法对境外所得已纳税额计算抵免。

(1)企业从境外取得营业利润所得以及符合境外税额间接抵免条件的股息所得,虽有所得来源国(地区)政府机关核发的具有纳税性质的凭证或证明,但因客观原因无法真实、准确地确认应当缴纳并已经实际缴纳的境外所得税税额的,除就该所得直接缴纳及间接负担的税额在所得来源国(地区)的实际有效税率低于我国企业所得税法规定税率50%以上的以外,可按境外应纳税所得额的12.5%作为抵免限额,企业按该国(地区)税务机关或政府机关核发具有纳税性质凭证或证明的金额,其不超过抵免限额的部分准予抵免;超过的部分不得抵免。

(2)企业从境外取得营业利润所得以及符合境外税额间接抵免条件的股息所得,凡就该所得缴纳及间接负担的税额在所得来源国(地区)的法定税率且其实际有效税率明显高于我国的,可直接以按本通知规定计算的境外应纳税所得额和我国企业所得税法规定的税率计算的抵免限额作为可抵免的已在境外实际缴纳的企业所得税税额。

(3)企业在境外投资设立不具有独立纳税地位的分支机构,其计算生产、经营所得的纳税年度与我国规定的纳税年度不一致的,与我国纳税年度当年度相对应的境外纳税年度,应为在我国有关纳税年度中任何一日结束的境外纳税年度。

企业取得上款以外的境外所得实际缴纳或间接负担的境外所得税,应在该项境外所得实现日所在的我国对应纳税年度的应纳税额中计算抵免。

(4)企业抵免境外所得税额后实际应纳所得税额的计算公式为

$$\text{企业实际应纳所得税额} = \text{企业境内外所得应纳税总额} - \text{企业所得税减免、抵免优惠税额} - \text{境外所得税抵免额} \tag{6.11}$$

第六节　企业所得税的纳税申报和缴纳

一、纳税地点

(1)除税收法律、行政法规另有规定外,居民企业以企业登记注册地为纳税地点;但登记注册地在境外的,以实际管理机构所在地为纳税地点。企业注册登记地是指企业依照国家有关规定登记注册的住所地。

(2)居民企业在中国境内设立不具有法人资格的营业机构,应当汇总计算并缴纳企业所得税。企业汇总计算并缴纳企业所得税时,应当统一核算应纳税所得额,具体办法由国务院财政、税务主管部门另行制定。

(3)非居民企业在中国境内设立机构、场所的,应当就其所设机构、场所取得的来源于中国境内的所得,以及发生在中国境外但与其所设机构、场所有实际联系的所得,以机构、场所所在地为纳税地点。

(4)非居民企业在中国境内未设立机构、场所的,或者虽设立机构、场所但取得的所得与其所设机构、场所没有实际联系的所得,以扣缴义务人所在地为纳税地点。

(5)除国务院另有规定外,企业之间不得合并缴纳企业所得税。

二、纳税期限

(1)企业所得税按年计征,分月或者分季预缴,年终汇算清缴,多退少补。

(2)企业所得税的纳税年度,自公历1月1日起至12月31日止。企业在一个纳税年度的中间开业,或者由于合并、关闭等原因终止经营活动,使该纳税年度的实际经营期不足12个月的,应当以其实际经营期为1个纳税年度。企业清算时,应当以清算期间作为1个纳税年度。

(3)自年度终了之日起5个月内,向税务机关报送年度企业所得税纳税申报表,并汇算清缴,结清应缴应退税款。

(4)企业在年度中间终止经营活动的,应当自实际经营终止之日起60日内,向税务机关办理当期企业所得税汇算清缴。

三、企业所得税的缴纳

(1)按月或按季预缴的,企业应当自月份或者季度终了之日起15日内,向税务机关报送预缴企业所得税纳税申报表,预缴税款。

(2)企业在报送企业所得税纳税申报表时,应当按照规定附送财务会计报告和其他有关资料。

(3)依照企业所得税法缴纳的企业所得税以人民币计算;所得以人民币以外的货币计算的,应当折合成人民币计算并缴纳税款。

(4)企业应当在办理注销登记前,就其清算所得向税务机关申报并依法缴纳企业所得税。

四、扣缴义务人

对非居民企业应缴纳的所得税实行源泉扣缴,以支付人为扣缴义务人。税款由扣缴义务人在每次支付或者到期应支付时,从支付或者到期应支付的款项中扣缴。

对非居民企业在中国境内取得工程作业和劳务所得应缴纳的所得税,税务机关可以指定工程价款或者劳务费的支付人为扣缴义务人。

应当扣缴的所得税,扣缴义务人未依法扣缴或者无法履行扣缴义务的,由纳税人在所得发生地缴纳。纳税人未依法缴纳的,税务机关可以从该纳税人在中国境内其他收入项目的支付人应付的款项中,追缴该纳税人的应纳税款。

扣缴义务人每次代扣的税款,应当自代扣之日起7日内缴入国库,并向所在地的税务机关报送扣缴企业所得税报告表。

五、跨地区经营汇总纳税企业所得税征收管理

(1)居民企业在中国境内跨地区(指跨省、自治区、直辖市和计划单列市,下同)设立不

具有法人资格的营业机构、场所(以下称分支机构)的,该居民企业为汇总纳税企业(另有规定者除外)。

居民企业在同一省、自治区、直辖市和计划单列市内跨地、市(区、县)设立不具有法人资格营业机构、场所的,由各省、自治区、直辖市和计划单列市国家税务局、地方税务局参照本办法联合制定征管办法。

缴纳所得税未纳入中央和地方分享范围的企业,不适用汇总纳税办法。

(2)企业实行"统一计算、分级管理、就地预缴、汇总清算、财政调库"的企业所得税征收管理办法。

(3)企业应根据当期实际利润额,按照规定的预缴分摊方法计算总机构和分支机构的企业所得税预缴额,分别由总机构和分支机构分月或者分季就地预缴。

在规定期限内按实际利润额预缴有困难的,经总机构所在地主管税务机关认可,可以按照上一年度应纳税所得额的1/12或1/4,由总机构、分支机构就地预缴企业所得税。预缴方式一经确定,当年度不得变更。

(4)分支机构分摊税款比例。总机构应按照以前年度(1~6月份按上上年度,7~12月份按上年度)分支机构的经营收入、职工工资和资产总额三个因素计算各分支机构应分摊所得税款的比例,三因素的权重依次为0.35,0.35,0.30,计算公式为

$$\text{某分支机构分摊比例} = 0.35 \times (\text{该分支机构营业收入} \div \text{各分支机构营业收入之和}) + 0.35 \times (\text{该分支机构工资总额} \div \text{各分支机构工资总额之和}) + 0.30 \times (\text{该分支机构资产总额} \div \text{各分支机构资产总额之和}) \tag{6.12}$$

式(6.12)中分支机构仅指需要就地预缴的分支机构,该税款分摊比例按上述方法一经确定后,当年不作调整。

【相关链接】

1. 上年度认定为小型微利企业的,其分支机构不就地预缴企业所得税。

2. 新设立的分支机构,设立当年不就地预缴企业所得税。

3. 撤销的分支机构,撤销当年剩余期限内应分摊的企业所得税税款由总机构缴入中央国库。

4. 企业在中国境外设立的不具有法人资格的营业机构,不就地预缴企业所得税。

5. 企业计算分期预缴的所得税时,其实际利润额、应纳税额及分摊因素数额均不包括其在中国境外设立的营业机构。

六、新增企业所得税征管范围调整

自2009年1月1日起,新增企业所得税纳税人中,应缴纳增值税的企业,其企业所得税由国税局管理;应缴纳营业税的企业,其企业所得税由地税局管理。以2008年为基年,2008年底之前国税局、地税局各自管理的企业所得税纳税人不作调整。

【本章小结】

企业所得税是一个非常重要的税种,在我国经济发展过程中起着重要的作用。学习时应关注本章基本计税规定,以及企业所得税与其他税种的结合。本章重点内容有居民纳税人与非居民纳税人的划分、企业所得税的税率、纳税调整、税额计算、税收优惠政策。本章难

点内容有允许扣除项目的规定、应纳税所得额的计算、税收优惠的运用、税收与会计差异的纳税调整。

【中英文关键词对照】

企业所得税法	Enterprise Income Tax Law
居民纳税人	A Resident Taxpayer
非居民纳税人	Non Resident Taxpayer
企业所得税的税率	Enterprise Income Tax
应纳税所得额	Taxable Income
扣除项目	Deduction Items
税收优惠的运用	The Application of Preferential Tax

【复习思考题】

1. 企业所得税的概念及包含的内容有哪些?
2. 企业所得税应纳所得包括哪些内容?
3. 企业所得的应纳税额如何计算?
4. 企业所得税的税收优惠包括哪些内容?
5. 企业所得税境外已纳税额如何计算扣除?
6. 企业所得税如何申报和缴纳?
7. 营改增后对企业所得税有哪些影响?

【案例分析】

1. 某市居民企业2015年度主营业务收入1 625万元,转让专有技术取得收入160万元,专有技术成本80万元,出租专有技术取得租金收入30万元,主营业务成本700万元,营业税金及附加为25万元,三项费用合计326万元,其中业务招待费13万元,广告费50万元;营业外支出3.5万元,其中0.2万元为交通罚款,当期支付2014年的税收滞纳金2万元;当期用自产货物投资,同类售价80万元,货物成本38万元,企业只是按照成本进行了结转。不考虑其他税费,根据以下问题分别计算:

(1)该企业会计利润;

(2)业务招待费应调整的应纳税所得额;

(3)广告费、业务宣传费应调整的应纳税所得额;

(4)营业外支出应调整的应纳税所得额;

(5)应纳税所得额;

(6)应纳所得税。

2. 某县生产企业为增值税一般纳税人,员工30人,注册资本50万元,主营办公用品。2016年有关经营情况和纳税情况如下。

(1)销售办公用品开具专用发票150万元,开具普通发票58.5万元,以物换货取得原材料一批,换出资产公允价值20万元(不含税),企业已经确认收入,出租商铺,取得租金收入10万元。

(2)销售成本120万元。

(3)全年购进原材料取得专用发票上注明金额50万元,水费取得专用发票金额6万元,电费专用发票注明10万元。

(4)销售费用60万元,其中业务宣传费5万元,自制凭证支付给单位销售员佣金2万元;管理费用20万元,其中业务招待费5.5万元,财务费用5万元。

要求计算:

(1)当年应纳的增值税;

(2)所得税前可以扣除的销售费用;

(3)所得税前可以扣除的管理费用;

(4)应纳税所得额;

(5)应纳所得税税额。

第七章 个人所得税法

【学习目标】

通过本章的学习，要求重点掌握个人所得税纳税人身份判定、应税所得项目、税率、不同税目的费用扣除标准、应纳税额计算、减免税优惠、境外所得税额扣除、纳税办法等。

第一节 个人所得税税收基本规范

一、个人所得税的概念

个人所得税是以自然人取得的各类应税所得为征税对象而征收的一种所得税，是国家对本国公民、居住在本国境内的个人的所得和境外个人来源于本国的所得征收的一种所得税，是政府利用税收对个人收入进行调节的一种手段。个人所得税的征税对象不仅包括个人，还包括具有自然人性质的企业。

二、个人所得税的发展

个人所得税最早产生于1799年的英国，现在是世界各国普遍征收的一个税种，在有些国家，个人所得税是主体税种，在财政收入中占较大比重，对经济也有较大影响。

我国个人所得税的发展经历了以下几个发展阶段。

1. 计划经济时期的个人税收概况

1950年7月，政务院发布了新中国税制建设的纲领性文件《全国税政实施要则》，就曾列举有对个人所得课税的税种，当时定名为“薪给报酬所得税”。但由于我国生产力和人均收入水平低，虽然设立了税种，却一直没有开征。

2. 1980年至1994年的个人所得税概况

1980年9月10日由第五届全国人民代表大会第三次会议通过《中华人民共和国个人所得税法》，这是我国最早的独立的个人所得税法律文件，主要是对外国来华工作人员和外商征收。我国的个人所得税制度至此方始建立。

1986年和1987年，针对我国国内个人收入发生很大变化的情况，国务院发布了《中华人民共和国个人收入调节税暂行条例》和《个人收入调节税暂行条例》，对个人所得税制度形成了个人所得税、城乡个体工商业户所得税和个人收入调节税三税并存的格局。

为了统一税政、公平税负、规范税制，1993年10月31日，第八届全国人民代表大会常务委员会第四次会议通过了《关于修改〈中华人民共和国个人所得税法〉的决定》的修正案，规定不分内、外，所有中国居民和有来源于中国所得的非居民，均应依法缴纳个人所得税。

3. 1994年税制改革后的个人所得税

1994年1月28日，国务院配套发布了《中华人民共和国个人所得税法实施条例》。合并个人所得税、个人收入调节税和城乡个体工商业户所得税为新的个人所得税法，征税的主体对象由外国来华工作人员、国内高收入群体向中高工薪收入阶层过渡。

1999 年 8 月 30 日，第九届全国人大常务委员会第十一次会议通过了《关于修改〈中华人民共和国个人所得税法〉的决定》，开征了《个人储蓄存款利息所得税》，并于当日公布生效。

4. 2005 年全国人大修改税法

中华人民共和国第十届全国人民代表大会常务委员会第十八次会议于 2005 年 10 月 27 日通过《全国人民代表大会常务委员会关于修改〈中华人民共和国个人所得税法〉的决定》，自 2006 年 1 月 1 日起施行。全国范围内提高工薪所得减除费用标准至 1 600 元，推行扣缴义务人全员全额扣缴申报，要求年所得超过 12 万元的纳税人年度终了自行申报，并严格津贴、补贴的扣除项目范围。

5. 2007 年个税改革

2007 年 6 月 29 日，第十届全国人民代表大会常务委员会第二十八次会议通过了《关于修改〈中华人民共和国个人所得税法〉的决定》，对个人所得税法进行了第四次修正。

2007 年 12 月 29 日，十届全国人大常委会第三十一次会议表决通过了关于修改个人所得税法的决定。个人所得税免征额自 2008 年 3 月 1 日起由 1 600 元提高到 2 000 元。

2008 年暂免征收储蓄存款利息所得个人所得税。

6. 2011 年个税改革

中华人民共和国第十一届全国人大常委会第二十一次会议 2011 年 6 月 30 日下午表决通过了全国人大常委会关于修改个人所得税法的决定。根据决定，个税免征额将从现行的 2 000 元提高到 3 500 元，税率由原来 9 级超额累进税率变为 7 级超额累进税率，自 2011 年 9 月 1 日起施行。

三、个人所得税的计税原理——纯所得为计税依据

个人所得税以个人的纯所得为计税依据。因此计税时以纳税人的收入或报酬扣除有关费用以后的余额为计税依据。有关费用一方面是指与获取收入和报酬有关的经营费用；另一方面是指维持纳税人自身及家庭生活需要的费用。具体分为三类：第一，与应税收入相配比的经营成本和费用；第二，与个人总体能力相匹配的免税扣除和家庭生计扣除；第三，为了体现特定社会目标而鼓励的支出，称为“特别费用扣除”，如慈善捐赠等。

四、个人所得税的征收模式

一般说来，个人所得税的征收模式有三种，即分类征收制、综合征收制与混合征收制。

分类征收制就是将纳税人不同来源、性质的所得项目分别规定不同的税率征税。综合征收制是对纳税人全年的各项所得加以汇总，就其总额进行征税。混合征收制是对纳税人不同来源、性质的所得先分别按照不同的税率征税，然后将全年的各项所得进行汇总征税。

目前，我国个人所得税的征收采用的是分类征收制的模式。

五、个人所得税的作用

个人所得税作为一个重要的税种，基本功能是组织财政收入、收入分配、经济调节。其具体作用在不同国家或一个国家的不同时期有不同的表现或侧重点。我国现行个人所得税的作用如下：

1. 调节收入分配,体现社会公平

随着经济的发展,我国人民的生活水平不断提高,一部分人已经达到较高的收入水平。因此,有必要对个人收入进行适当的税收调节。在保证人们基本生活费用支出不受影响的前提下,高收入者多纳税,中等收入者少纳税,低收入者不纳税,以此缓解社会分配不公的矛盾,在不损害分配效率的前提下体现社会公平。

2. 扩大聚财渠道,增加财政收入

目前我国个人所得税收入占全部税收收入的比重不断提高,成为国家筹集财政收入的渠道之一。随着经济的发展,居民的收入水平还将继续提高,个人所得税占全部税收收入的比重还将继续提高,最终将成为我国的主体税种之一。

3. 增强纳税意识,树立义务观念

长期以来,我国公民的纳税意识普遍较为薄弱,义务观念也比较缺乏。通过个人所得税税法宣传、税收的管理和税款的缴纳、源泉扣缴和自行申报制度实施,使公民在纳税过程中逐步树立公民必须依法履行纳税义务的观念。

第二节　个人所得税应纳税所得额的确定

一、个人所得税的纳税义务人

我国个人所得税的纳税义务人是在中国境内居住有所得的人,以及不在中国境内居住而从中国境内取得所得的个人。个人所得税的纳税人不仅涉及中国公民,也涉及在华取得所得的外籍人员和中国的港、澳、台同胞,还涉及个体户、个人独资企业和合伙企业的投资者。

个人所得税的纳税人按照国际通常的做法,依据住所和居住时间两个标准,区分为居民和非居民,并分别承担不同的纳税义务。

(一)居民纳税人

在中国境内有住所或者无住所而在境内居住满 1 年的个人是居民纳税义务人,应当承担无限纳税义务,即就其在中国境内和境外取得的所得,依法缴纳个人所得税。

1. 判定标准

住所标准和居住时间标准只要具备一个就可确认为居民纳税人。

(1)住所标准。"在中国境内有住所"是指因户籍、家庭、经济利益关系而在中国境内习惯性居住。

(2)居住时间标准。"在中国境内居住满 1 年"是指在一个纳税年度(即公历 1 月 1 日起至 12 月 31 日止)内,在中国境内居住满 365 日。在计算居住天数时,对临时离境应视同在华居住,不扣减其在华居住的天数。"临时离境"是指在一个纳税年度内,一次不超过 30 日或者多次累计不超过 90 日的离境。

2. 承担的纳税义务

居民纳税人负有无限纳税义务,其所取得的应纳税所得,无论是来源于中国境内还是中国境外任何地方,都要在中国境内缴纳个人所得税。

(二)非居民纳税人

在中国境内无住所又不居住或者无住所而在境内居住不满一年的个人,是非居民纳税义务人,承担有限纳税义务,仅就其从中国境内取得的所得,依法缴纳个人所得税。

1. 判定标准

判定标准为在我国境内无住所又不居住或者无住所而在境内居住不满1年的个人。所以,非居民纳税的判定条件是以下两条必须同时具备。

(1)在我国无住所;

(2)在我国不居住或居住不满1年。

2. 承担的纳税义务

非居民纳税人承担有限纳税义务,只就其来源于中国境内的所得,向中国缴纳个人所得税。

二、所得来源的确定

从中国境内取得的所得,是指来源于中国境内的所得;所说的从中国境外取得的所得,是指来源于中国境外的所得。所得的来源地和所得的支付地不是一个概念,来源于中国境内的所得的支付地可能在境内,也可能在境外;来源于中国境外的所得的支付地可能在境外,也可能在境内。

下列所得,不论支付地点是否在中国境内,均为来源于中国境内的所得。

(1)因任职、受雇、履约等而在中国境内提供劳务取得的所得。

(2)将财产出租给承租人在中国境内使用而取得的所得。

(3)转让中国境内的建筑物、土地使用权等财产或者在中国境内转让其他财产取得的所得。

(4)许可各种特许权在中国境内使用而取得的所得。

(5)从中国境内的公司、企业以及其他经济组织或者个人取得的利息、股息、红利所得。

三、应税所得项目

个人所得税是对个人(自然人)取得的各项所得征收的一种所得税。下列所得为应纳个人所得税的应税项目。

(1)工资、薪金所得;

(2)个体工商户的生产、经营所得;

(3)对企事业单位的承包经营、承租经营所得;

(4)劳务报酬所得;

(5)稿酬所得;

(6)特许权使用费所得;

(7)利息、股息、红利所得;

(8)财产租赁所得;

(9)财产转让所得;

(10)偶然所得;

(11)其他所得。

四、应纳税所得额的规定

(一)应纳税所得的相关规定

(1)个人取得的应纳税所得,包括现金、实物、有价证券和其他形式的经济利益。所得为实物的,应当按照取得的凭证上所注明的价格计算应纳税所得额;无凭证的实物或者凭证上所注明的价格明显偏低的,参照市场价格核定应纳税所得额。所得为有价证券的,根据票面价格和市场价格核定应纳税所得额。所得为其他形式的经济利益的,参照市场价格核定应纳税所得额。

(2)各项所得的计算,以人民币为单位。所得为外国货币的,应当按照填开完税凭证的上一月最后一日中国人民银行公布的外汇牌价折合成人民币计算应纳税所得额。在年度终了后汇算清缴的,对已经按月或者按次预缴税款的外国货币所得,不再重新折算;对应当补缴税款的所得部分,按照上一纳税年度最后一日中国人民银行公布的外汇牌价,折合成人民币计算应纳税所得额。

(3)纳税义务人兼有税法所列的两项或者两项以上的所得的,按项分别计算纳税。在中国境内两处以上取得工资薪金所得,或没有扣缴义务人的,纳税人应当自行申报纳税。个体工商户的生产、经营所得,对企事业单位的承包经营、承租经营所得的,同项所得合并计算纳税。

(4)两个或者两个以上的个人共同取得同一项目收入的,应当对每个人取得的收入分别按照税法规定减除费用后计算纳税。

(5)在中国境内无住所,但是居住 1 年以上 5 年以下的个人,其来源于中国境外的所得,经主管税务机关批准,可以只就由中国境内公司、企业以及其他经济组织或者个人支付的部分缴纳个人所得税;居住超过 5 年的个人,从第 6 年起,应当就其来源于中国境外的全部所得缴纳个人所得税。

在中国境内无住所,但是在一个纳税年度中在中国境内连续或者累计居住不超过 90 日的个人,其来源于中国境内的所得,由境外雇主支付并且不由该雇主在中国境内的机构、场所负担的部分,免予缴纳个人所得税。

(6)个人将其所得通过中国境内的社会团体、国家机关向教育和其他社会公益事业以及遭受严重自然灾害地区、贫困地区捐赠,捐赠额未超过纳税义务人申报的应纳税所得额 30% 的部分,可以从其应纳税所得额中扣除。

个人通过非营利的社会团体和国家机关向农村义务教育、汶川地震的捐赠,准予在缴纳个人所得税前的所得额中全额扣除。

(7)个人的所得(不含偶然所得和经国务院财政部门确定征税的其他所得)用于资助非关联的科研机构和高等学校研究开发新产品、新技术、新工艺所发生的研究开发经费,经主管税务机关确定,可以全额在下月(工资、薪金所得)或下次(按次计征的所得)或当年(按年计征的所得)计征个人所得税时,从应纳税所得额中扣除,不足抵扣的,不得结转抵扣。

(二)各项所得的具体规定

1. 工资薪金所得

工资薪金所得是指个人因任职或者受雇而取得的工资、薪金、奖金、年终加薪、劳动分红、津贴、补贴以及与任职或者受雇有关的其他所得。

2. 个体工商户生产、经营所得

个体工商户的生产、经营所得是指：

(1)个体工商户从事工业、手工业、建筑业、交通运输业、商业、饮食业、服务业、修理业以及其他行业生产、经营取得的所得。

(2)个人经政府有关部门批准，取得执照，从事办学、医疗、咨询以及其他有偿服务活动取得的所得。

(3)其他个人从事个体工商业生产、经营取得的所得。

(4)上述个体工商户和个人取得的与生产、经营有关的各项应纳税所得。

3. 对企事业单位的承包经营、承租经营所得

对企事业单位的承包经营、承租经营所得是指个人承包经营、承租经营以及转包、转租取得的所得，承包可分为生产经营、采购、销售、建筑安装等各种承包。转包分全部转包和部分转包。

4. 劳务报酬所得

劳务报酬所得是指个人从事设计、装潢、安装、制图、化验、测试、医疗、法律、会计、咨询、讲学、新闻、广播、翻译、审稿、书画、雕刻、影视、录音、录像、演出、表演、广告、展览、技术服务、介绍服务、经纪服务、代办服务以及其他劳务取得的所得。个人担任董事职务所取得的董事费收入，按劳务报酬所得项目纳税。

5. 稿酬所得

稿酬所得是指个人因其作品以图书、报刊形式出版、发表而取得的所得。作者去世后，财产继承人取得的遗作稿酬所得也应纳税。考虑出版、发表作品的特殊性，对不以图书、报刊形式出版、发表的翻译、审稿、书画所得归为劳务报酬所得。稿酬所得与劳务报酬所得不同，应给予适当优惠照顾。

6. 特许权使用费所得

特许权使用费所得是指个人提供专利权、商标权、著作权、非专利技术以及其他特许权的使用权取得的所得。提供著作权的使用权取得的所得不包括稿酬的所得。个人提供和转让专利权取得的所得，应按“特许权使用费所得”纳税。对于作者将自己的文字作品手稿原件或复印件公开拍卖(竞价)取得的所得，应按特许权使用费所得项目纳税。

7. 利息、股息、红利所得

利息、股息、红利所得是指个人拥有债权、股权而取得的利息、股息、红利所得。

除个人独资企业、合伙企业以外的其他企业的个人投资者，以企业资金为本人、家庭成员及相关人员支付与生产经营无关的消费性支出以及购买汽车、住房等财产性支出，视为企业对个人投资者的红利分配，按“利息、股息、红利所得”项目计征个人所得税。

纳税年度内个人投资者从其投资企业(个人独资企业、合伙企业除外)借款，在该纳税年度终了后既不归还，又未用于企业生产经营的，其未归还的借款可视为企业对个人投资者的红利分配，按“利息、股息、红利所得”项目计征个人所得税。

个体工商户与企业联营而分得的利润，按“利息、股息、红利所得”项目征收个人所得税。

8. 财产租赁所得

财产租赁所得是指个人出租建筑物、土地使用权、机器设备、车船以及其他财产取得的所得。

个人取得的财产转租收入,属于"财产租赁所得"的征税范围,由财产转租人缴纳个人所得税。在确认纳税义务人时,应以产权凭证为依据;对无产权凭证的,由主管税务机关根据实际情况确定。产权所有人死亡,在未办理产权继承手续期间,该财产出租而有租金收入的,以领取租金的个人为纳税义务人。

9. 财产转让所得

财产转让所得是指个人转让有价证券(除股票转让所得外)、股权、建筑物、土地使用权、机器设备、车船以及其他财产取得的所得。对股票转让所得征收个人所得税的办法,由国务院财政部门另行制定,报国务院批准施行。

10. 偶然所得

偶然所得是指个人得奖、中奖、中彩以及其他偶然性质的所得,包括现金、实物和有价证券。取得偶然所得的个人为纳税义务人;向个人支付偶然所得的单位为扣缴义务人。偶然所得应纳的个人所得税由发奖单位或机构代扣代缴。

11. 经国务院财政部门确定征税的其他所得。

除上述列举的各项个人应税所得外,其他确有必要征税的个人所得,由国务院财政部门确定。个人取得的所得,难以界定应纳税所得项目的,由主管税务机关确定。

(三)费用减除标准

1. 可以扣除费用

(1)对于工资薪金所得,对企事业单位的承包经营、承租经营所得项目可以采用定额扣除费用的方法;对于劳务报酬所得、稿酬所得、特许权使用费所得、财产租赁所得等采用定额和定率扣除方法;对于个体工商户生产经营所得、财产转让所得等采用核算扣除方法。

(2)个人将其所得对教育事业和其他公益事业捐赠的部分,按照国务院有关规定从应纳税所得中扣除。

(3)对在中国境内无住所而在中国境内取得工资、薪金所得的纳税义务人和在中国境内有住所而在中国境外取得工资、薪金所得的纳税义务人,可以根据其平均收入水平、生活水平以及汇率变化情况确定附加减除费用,附加减除费用适用的范围和标准由国务院规定。

2. 不得扣除费用

对于利息、股息、红利所得、偶然所得、其他所得等不得扣除费用。

3. 附加减除费用

(1)在中国境内的外商投资企业和外国企业中工作取得工资、薪金所得的外籍人员。

(2)应聘在中国境内的企业、事业单位、社会团体、国家机关中工作取得工资、薪金所得的外籍专家。

(3)在中国境内有住所而在中国境外任职或者受雇取得工资、薪金所得的个人。

(4)财政部确定的取得工资、薪金所得的其他人员。

第三节 个人所得税应纳所得税额

一、工资薪金所得应纳税额的计算

(一)工资薪金所得的计税依据

工资、薪金所得以每月收入额减除费用 3 500 元后的余额,为应纳税所得额。

（二）适用税率

适用7级超额累进税率（3%～45%）计缴个人所得税，见表7.1。

表7.1　工资薪金所得税率表

级　数	含税级距	不含税级距	税　率/%	速算扣除数
1	不超过1 500元的	不超过1 455元的	3	0
2	超过1 500元至4 500元的	超过1 455元至4 155元的	10	105
3	超过4 500元至9 000元的	超过4 155元至7 755元的	20	555
4	超过9 000元至35 000元的	超过7 755元至27 255元的	25	1 005
5	超过35 000元至55 000元的	超过27 255元至41 255元的	30	2 755
6	超过55 000元至80 000元的	超过41 255元至57 505元的	35	5 505
7	超过80 000元的部分	超过57 505元的部分	45	13 505

注：①表中所列含税级距、不含税级距，均为按照税法规定减除有关费用后的所得额。②含税级距适用于由纳税人负担税款的工资、薪金所得；不含税级距适用于由他人（单位）代付税款的工资、薪金所得

（三）应纳税额计算公式

$$应纳税额=应纳税所得额\times 适用税率-速算扣除数 \quad (7.1)$$

$$应纳税所得额=月工资、薪金收入-各项社会保险费-起征额(3\ 500元) \quad (7.2)$$

外籍、港澳台在华人员及其他特殊人员附加减除费用1 300元，即

$$应纳税所得额=月工薪收入-(3\ 500+1\ 300)元 \quad (7.3)$$

公式说明：

（1）公式中“工资薪金所得”，是指本月的工资收入，如基本工资、岗位津贴、加班费、绩效奖金等等，都要合计作为本月工资薪金所得。

（2）“各项社会保险费”，是指个人缴纳的各项社会保险费用，即三险一金，三险是指个人扣缴的养老保险、医疗保险、失业保险，一金是指个人扣缴的公积金。

例7.1　王某2015年3月取得工资收入9 800元，当月个人承担住房公积金、基本养老保险金、医疗保险金、失业保险金共计1 000元，费用扣除额为3 500元，计算王某当月应纳个人所得税税额。

解　（1）王某当月应纳税所得额=9 800−1 050−3 500=5 250（元）。

（2）应纳个人所得税税额=5 250×20%−555=495（元）。

例7.2　假定某外商投资企业中工作的美国专家（假设为非居民纳税人），2014年10月份取得由该企业发放的工资收入10 400元人民币。计算其应纳个人所得税税额。

解　①应纳税所得额为10 400−(3 500+1 300)=5 600元。

②应纳个人所得税税额为5 600×20%−555=565元。

（四）工资薪金计税的几种特殊情况

1. 全年一次性奖金计税

（1）全年一次性奖金是指行政机关、企事业单位等根据其全年经济效益和对雇员全年工作业绩的综合考核情况，向雇员发放的一次性奖金。上述一次性奖金也包括年终加薪、实行年薪制和绩效工资办法的单位根据考核情况兑现的年薪和绩效工资。

(2)年终奖计税方法共有两种,分别如下:

①先将当月内取得的全年一次性奖金除以 12 个月,按其商数确定适用税率和速算扣除数。如果雇员当月工资薪金所得高于(或等于)税法规定的费用扣除额的,适用公式为

$$应纳税额 = 雇员当月取得全年一次性奖金 \times 适用税率 - 速算扣除数 \tag{7.4}$$

②如果在发放年终一次性奖金的当月,雇员当月工资薪金所得低于税法规定的费用扣除额,应将全年一次性奖金减除"雇员当月工资薪金所得与费用扣除额的差额"后的余额,按上述办法确定全年一次性奖金的适用税率和速算扣除数,适用公式为

$$应纳税额 = (雇员当月取得全年一次性奖金 - 雇员当月工资薪金所得与费用扣除额的差额) \times 适用税率 - 速算扣除数 \tag{7.5}$$

(3)基本计税规则。纳税人取得全年一次性奖金,单独作为一个月工资、薪金所得计算纳税,并按规定计税办法,由扣缴义务人发放时代扣代缴。

(4)限制性要求。

①在一个纳税年度内,对每一个纳税人,该计税办法只允许采用一次。

②雇员取得除全年一次性奖金以外的其他各种名目奖金,如半年奖、季度奖、加班奖、先进奖、考勤奖等,一律与当月工资、薪金收入合并,按税法规定缴纳个人所得税。

(5)工资薪金所得的计算。

①员工当月的工资薪金超过 3 500 元,再发放的年终奖单独作为一个月的工资计算缴纳个人所得税。

例 7.3　中国公民赵某 2015 年 1 月工资 5 000 元,年终奖 24 000 元,无其他收入。计算赵某 1 月份应缴纳的个人所得税。

解　1 月份赵某工资部分应缴纳个人所得税:(5 000−3 500) ×3% =45 元。

赵某年终奖(24 000)部分应缴纳个人所得税计算:

先将赵某当月取得的全年一次性奖金,除以 12 个月,即:24 000÷12=2 000 元,再按其商数确定适用税率为 10%,速算扣除数为 105。

赵某年终奖 24 000 元应缴纳个人所得税:24 000×10% −105=2 295 元。

赵某 2015 年 1 月份共应缴纳个人所得税=45+2 295=2 340 元。

②员工当月的工资薪金不超过 3 500 元,再发放的年终奖单独作为一个月的工资计算缴纳个人所得税。

例 7.4　李某 2015 年 1 月工资 2 000 元,年终奖 24 000 元,无其他收入。计算李某当月年终奖应缴的个人所得税。

解　李某当月工资 2 000 元,未超过费用扣除标准 3 500 元,不需要缴纳个人所得税。

李某 2015 年 1 月当月工资薪金所得与费用扣除额的差额为 3 500−2 000=1 500 元。

李某年终奖 24 000 元,先减除"当月工资薪金所得与费用扣除额的差额(1 500 元)",即 24 000−1 500=22 500 元为应纳税所得额。用 22 500 元除以 12 个月,即:22 500÷12=1 875元,再按其商数确定适用税率为 10%,速算扣除数为 105。

李某年终奖 24 000 元应缴纳个人所得税:(24 000−1 500) ×10% −105=2 145 元。

李某 2015 年 1 月份共应缴纳个人所得税 2 145 元。

③员工无论在本单位工作多长时间,都可以按照国税发[2005]9 号文件规定:"先将雇员当月内取得的全年一次性奖金,除以 12 个月,按其商数确定适用税率和速算扣除数。"

例 7.5　周某是 2014 年应届大学毕业生,2014 年 7 月入职,以前没有工作。2014 年 12

月工资 3 500 元,年终奖 12 000 元,计算周某 2014 年 12 月应交纳的个人所得税。

解　周某当月工资 3 500 元不需要纳税。年终奖 12 000 元部分应缴纳个人所得税。

先将周某当月内取得的全年一次性奖金,除以 12 个月,即:12 000÷12＝1 000 元,再按其商数确定适用税率为 3%,速算扣除数为 0。

周某年终奖 12 000 元应缴纳个人所得税:12 000×3%－0＝360 元。

周某 2014 年 12 月应交纳的个人所得税＝0+360＝360 元。

④补发年终奖需要在发放时按规定计算缴纳个人所得税。年终奖本月发放了一部分,按税法的有关规定计算了个人所得税,后在次月又补发年终奖,不能与上月的年终奖合并计算个人所得税,应合并到再发放当月工资中计算个人所得税。

例 7.6　吴某 2015 年 1 月工资 5 000 元,按本企业考核要求,应得年终奖 30 000 元,当月发放了 24 000 元,余下 6 000 元,准备在 2015 年 7 月再发放。2015 年 1 月实际取得所得为 29 000 元,无其他收入。计算吴某年终奖 30 000 元应交纳的个人所得税。

解　2015 年 1 月,吴某工资部分应缴纳个人所得税:(5 000－3 500)×3%＝45 元。

吴某实际取得的年终奖 24 000 元部分应缴纳个人所得税计算:

先将吴某当月内取得的全年一次性奖金,除以 12 个月,即:24 000÷12＝2 000 元,再按其商数确定适用税率为 10%,速算扣除数为 105。

吴某实际取得的年终奖 24 000 元应缴纳个人所得税:24 000×10%－105＝2 295 元。

对于吴某预计在 2015 年 7 月取得的年终奖 6 000 元的税务处理:

个人所得税:2015 年 7 月实际取得时,需要合并到取得当月工资薪金项目缴纳个人所得税。

企业所得税:如果 1 月计提了 6 000 元应付职工薪酬,在预缴企业所得税时,可以按会计利润计算预缴。

如果 7 月份发放了这 6 000 元年终奖,年终汇算清缴按工资薪金项目规定在税前扣除。

2. 解除劳动关系一次性补偿收入

(1)企业依照国家有关法律规定宣告破产,企业职工从该破产企业取得的一次性安置费收入,免征个人所得税。

(2)个人因与用人单位解除劳动关系而取得的一次性补偿收入(包括用人单位发放的经济补偿金、生活补助费和其他补助费用),其收入在当地上年职工平均工资 3 倍数额以内的部分,免征个人所得税;超过 3 倍数额部分的一次性补偿收入,可视为依次取得数月的工资、薪金收入,允许在一定期限内平均计算。方法为:以超过 3 倍数额部分的一次性补偿收入,除以个人在本企业的工作年限数(超过 12 年的按 12 年计算),以其商数作为个人的月工资、薪金收入,按照税法规定计算缴纳个人所得税。

个人在解除劳动关系合同后再次任职、受雇的,已纳税的一次性补偿收入不再与再次任职、受雇的工资薪金所得合并计算补缴个人所得税。

(3)个人领取一次性补偿收入时按国家和地方政府规定的比例实际缴纳的住房公积金、医疗保险费、基本养老保险费、失业保险费,可以在计征其一次性补偿收入的个人所得税时予以扣除。

例 7.7　2014 年 3 月,某单位增效减员与在单位工作了 10 年的张三解除劳动关系,张三取得一次性补偿收入 10 万元,当地上年职工平均工资 20 000 元。计算张三该项收入应纳的个人所得税。

解 ①计算免征额为 20 000×3=60 000 元。

②按其工作年限平摊其应税收入，即其工作多少年，就将应税收入看作多少个月的工资，最后再推回全部应纳税额：视同月应纳税所得额为(100 000-60 000)/10-3 500=500 元。

③应纳税为 500×3%×10=150 元。

则张三该项收入应纳的个人所得税是 150 元。

3. 个人股票期权所得个人所得税的征税方法

实施股票期权计划企业授予该企业员工的股票期权所得，应按《个人所得税法》及其实施条例有关规定征收个人所得税。

企业员工股票期权(以下简称股票期权)是指上市公司按照规定的程序授予本公司及其控股企业员工的一项权利，该权利允许被授权员工在未来时间内以某一特定价格购买本公司一定数量的股票。

上述“某一特定价格”被称为“授予价”或“施权价”，即根据股票期权计划可以购买股票的价格，一般为股票期权授予日的市场价格或该价格的折扣价格，也可以是按照事先设定的计算方法约定的价格；“授予日”也称“授权日”，是指公司授予员工上述权利的日期；“行权”也称“执行”，是指员工根据股票期权计划选择购买股票的过程；员工行使上述权利的当日为“行权日”，也称“购买日”。

例 7.8 某企业员工小李月薪 5 000 元，公司按照股权激励计划授予其股票期权(该期权不可公开交易)，承诺小李在企业工作自 2013 年 8 月至 2014 年 3 月须履行工作义务 8 个月，则以每股 1 元的面值购买该企业股票 20 000 股。2013 年 8 月小李得到期权时不对此行为纳税；2014 年 3 月小李行权时，该股票市价每股 2.5 元，小李月薪和行权所得都各自按照工资薪金纳税。计算小李当月应缴纳的个人所得税。

解 ①小李 5 000 元月薪应纳税为(5 000-3 500)×3%-0=45 元。

②小李股票行权所得应纳税如下：

应纳税所得额为 20 000×(2.5-1)=30 000 元。

应单独计算税额为(30 000/8×10%-105)×8=2 160 元。

③小李当月共缴纳个人所得税为 45+2 160=2 205 元。

4. 两处以上取得工资薪金收入的情况

纳税人两处以上取得工资薪金所得的，只能扣除一次生计费。即由雇用单位扣除生计费，派遣单位不能对其重复扣除生计费；在各支付单位源泉扣税之后，个人还应按月将各处取得的工资薪金合计汇总计算税款，并选择固定税务机关汇算清缴，多退少补(补的情况居多)。

例 7.9 一位中国公民同时在两个单位任职，从派遣单位 A 每月取得工薪收入 2 000 元，从合资企业 B 单位每月取得工薪收入 7 400 元。计算该公民每月应申报补税数额。

解 ①A 单位每月为其扣税 2 000×10%-105=95 元。

②B 单位每月为其扣税(7 400-3 500)×10%-105=285 元。

③该公民每月应纳税额为(2 000+7 400-3 500)×20%-555=625 元。

④申报补税为 625-(95+285)=245 元。

5. 在中国境内无住所的个人取得工资薪金所得的征税问题

(1)在中国境内无住所而在一个纳税年度中在中国境内连续或累计工作不超过 90 日

或在税收协定规定的期间中在中国境内连续或累计居住不超过183日的个人，在计税时应适用下述公式

应纳税额＝(当月境内外工资薪金应纳税所得额×适用税率－速算扣除数)×(当月境内支付工资/当月境内外支付工资总额)×(当月境内工作天数/当月天数)　(7.6)

(2)在中国境内无住所而在一个纳税年度中在中国境内连续或累计工作超过90日或在税收协定规定的期间中在中国境内连续或累计居住超过183日但不满1年的个人，在计税时应适用下述公式

应纳税额＝(当月境内外工资薪金应纳税所得额×适用税率－速算扣除数)×(当月境内工作天数/当月天数)　(7.7)

(3)在中国境内无住所但在境内居住满1年而不超过5年的个人，在计税时应适用下述公式

应纳税额＝(当月境内外工资薪金应纳税所得额×适用税率－速算扣除数)×[1－(当月境外支付工资/当月境内外支付工资总额)×(当月境外工作天数/当月天数)]　(7.8)

6. 不属于工薪性质的补贴、津贴不征税

具体项目有：

(1)独生子女补贴；

(2)公务交通补贴；

(3)误餐补助；

(4)托儿补助费；

(5)差旅费津贴。

二、个体工商户的生产、经营所得

个体工商户是指依法取得个体工商户营业执照，从事生产经营的个体工商户；经政府有关部门批准，从事办学、医疗、咨询等有偿服务活动的个人以及其他从事个体生产、经营的个人。

(一)个体工商户的生产、经营所得的内容

个体工商户的生产、经营所得，以每一纳税年度的收入总额，减除成本、费用、税金、损失、其他支出以及允许弥补的以前年度亏损后的余额，为应纳税所得额。

1. 个体工商户的生产、经营所得

指个体工商户从事生产经营以及与生产经营有关的活动(以下简称生产经营)取得的货币形式和非货币形式的各项收入。包括：销售货物收入、提供劳务收入、转让财产收入、利息收入、租金收入、接受捐赠收入、其他收入。开始生产经营之日为个体工商户取得第一笔销售(营业)收入的日期。其他收入包括个体工商户资产溢余收入、逾期一年以上的未退包装物押金收入、确实无法偿付的应付款项、已作坏账损失处理后又收回的应收款项、债务重组收入、补贴收入、违约金收入、汇兑收益等。

2. 个体工商户的生产经营成本、费用、税金、损失及支出

成本是指个体工商户在生产经营活动中发生的销售成本、销货成本、业务支出以及其他耗费。

费用是指个体工商户在生产经营活动中发生的销售费用、管理费用和财务费用,已经计入成本的有关费用除外。

税金是指个体工商户在生产经营活动中发生的除个人所得税和允许抵扣的增值税以外的各项税金及其附加。

损失是指个体工商户在生产经营活动中发生的固定资产和存货的盘亏、毁损、报废损失,转让财产损失,坏账损失,自然灾害等不可抗力因素造成的损失以及其他损失。个体工商户发生的损失,减除责任人赔偿和保险赔款后的余额,参照财政部、国家税务总局有关企业资产损失税前扣除的规定扣除。个体工商户已经作为损失处理的资产,在以后纳税年度又全部收回或者部分收回时,应当计入收回当期的收入。

其他支出是指除成本、费用、税金、损失外,个体工商户在生产经营活动中发生的与生产经营活动有关的、合理的支出。

(二)扣除项目及标准

(1)个体工商户按照国务院有关主管部门或者省级人民政府规定的范围和标准为其业主和从业人员缴纳的基本养老保险费、基本医疗保险费、失业保险费、生育保险费、工伤保险费和住房公积金,准予扣除。

(2)工会、福利、教育费用分别在工资薪金总额的2%、14%、2.5%的标准内据实扣除。职工教育经费的实际发生数额超出规定比例当期不能扣除的数额,准予在以后纳税年度结转扣除。个体工商户业主本人向当地工会组织缴纳的工会经费、实际发生的职工福利费支出、职工教育经费支出,以当地(地级市)上年度社会平均工资的3倍为计算基数,在上述规定比例内据实扣除。

(3)每一纳税年度发生的广告费和业务宣传费不超过当年销售(营业)收入15%的部分,可以据实扣除;超过部分,准予以后年度结转扣除。

(4)每一纳税年度发生的与其生产经营有关的业务招待费支出,按照发生额的60%扣除,但最高不得超过当年销售(营业)收入的5‰。业主自申请营业执照之日起至开始生产经营之日止所发生的业务招待费,按照实际发生额的60%计入个体工商户的开办费。

(5)向金融企业借款的利息支出;向非金融企业和个人借款的利息支出,不超过按照金融企业同期同类贷款利率计算的数额的部分准予扣除。

(6)个体工商户在生产经营活动中发生的合理的不需要资本化的借款费用,准予扣除。个体工商户为购置、建造固定资产、无形资产和经过12个月以上的建造才能达到预定可销售状态的存货发生借款的,在有关资产购置、建造期间发生的合理的借款费用,应当作为资本性支出计入有关资产的成本,并依照本办法的规定扣除。

(7)个体工商户在货币交易中,以及纳税年度终了时将人民币以外的货币性资产、负债按照期末即期人民币汇率中间价折算为人民币时产生的汇兑损失,除已经计入有关资产成本部分外,准予扣除。

(8)个体工商户按照规定缴纳的摊位费、行政性收费、协会会费等,按实际发生数额扣除。

(9)个体工商户根据生产经营活动的需要租入固定资产支付的租赁费,按照以下方法扣除:

①以经营租赁方式租入固定资产发生的租赁费支出,按照租赁期限均匀扣除;

②以融资租赁方式租入固定资产发生的租赁费支出,按照规定构成融资租入固定资产

价值的部分应当提取折旧费用,分期扣除。

(10)个体工商户参加财产保险,按照规定缴纳的保险费,准予扣除。

(11)个体工商户发生的合理的劳动保护支出,准予扣除。

(12)个体工商户自申请营业执照之日起至开始生产经营之日止所发生符合本办法规定的费用,除为取得固定资产、无形资产的支出,以及应计入资产价值的汇兑损益、利息支出外,作为开办费,个体工商户可以选择在开始生产经营的当年一次性扣除,也可自生产经营月份起在不短于3年期限内摊销扣除,但一经选定,不得改变。

(13)个体工商户通过公益性社会团体或者县级以上人民政府及其部门,用于《中华人民共和国公益事业捐赠法》规定的公益事业的捐赠,捐赠额不超过其应纳税所得额30%的部分可以据实扣除。

(三)不得扣除项目及标准

(1)个人所得税税款。

(2)税收滞纳金。

(3)罚金、罚款和被没收财物的损失。

(4)不符合扣除规定的捐赠支出;如个体工商户直接对受益人的捐赠不得扣除。

(5)赞助支出;是指个体工商户发生的与生产经营活动无关的各种非广告性质支出。

(6)用于个人和家庭的支出;个体工商户生产经营活动中,应当分别核算生产经营费用和个人、家庭费用。对于生产经营与个人、家庭生活混用难以分清的费用,其40%视为与生产经营有关费用,准予扣除。

(7)与取得生产经营收入无关的其他支出。

(8)国家税务总局规定不准扣除的支出。

(四)特殊项目的处理

(1)个体工商户为从业人员缴纳的补充养老保险费、补充医疗保险费,分别在不超过从业人员工资总额5%标准内的部分据实扣除;超过部分,不得扣除。

(2)个体工商户业主本人缴纳的补充养老保险费、补充医疗保险费,以当地(地级市)上年度社会平均工资的3倍为计算基数,分别在不超过该计算基数5%标准内的部分据实扣除;超过部分,不得扣除。

(3)除个体工商户依照国家有关规定为特殊工种从业人员支付的人身安全保险费和财政部、国家税务总局规定可以扣除的其他商业保险费外,个体工商户业主本人或者为从业人员支付的商业保险费,不得扣除。

(4)个体工商户纳税年度发生的亏损,准予向以后年度结转,用以后年度的生产经营所得弥补,但结转年限最长不得超过五年。

(5)个体工商户使用或者销售存货,按照规定计算的存货成本,准予在计算应纳税所得额时扣除。

(6)个体工商户转让资产,该项资产的净值,准予在计算应纳税所得额时扣除。

(7)个体工商户研究开发新产品、新技术、新工艺所发生的开发费用,以及研究开发新产品、新技术而购置单台价值在10万元以下的测试仪器和试验性装置的购置费准予直接扣除;单台价值在10万元以上(含10万元)的测试仪器和试验性装置,按固定资产管理,不得在当期直接扣除。

(8)个人独资企业、合伙企业生产经营所得的纳税问题。

个人独资企业、合伙企业的个人投资者以企业资金为本人、家庭及其相关人员支付与企业生产经营无关的消费性支出及购买汽车、住房等财产性支出，视为企业对个人投资者的利润分配，并入投资者个人的生产经营所得，依照“个体工商户的生产经营所得”项目计征个人所得税。

（五）个体工商户生产经营所得应纳税额的计算

个体工商户的生产、经营所得适用五级超额累进税率。最低一级为5%，最高一级为35%。税率表如表7.2。

全年应纳税额=（全年应纳税所得额×适用税率-速算扣除数） （7.9）

应纳税所得额=收入总额（含业主工资）-（成本+费用+损失+准予扣除的税金）-规定的费用扣除 （7.10）

费用减除标准，即每月3 500元。（业主工资不能扣除）

提示：当计算实际经营期不足一年个体工商户的个人所得税时，应先换算成一年的生产经营所得后，再寻找适用税率，计算出应纳税款，最后换算出实际的应纳税额。

表7.2 个体工商户的生产、经营所得税率表

级 数	全年应纳税所得额		税率/%	速算扣除数
	含税级距	不含税级距		
1	不超过15 000元的	不超过14 250元的	5	0
2	超过15 000元至30 000元的部分	超过14 250元至27 750元的部分	10	750
3	超过30 000元至60 000元的部分	超过27 750元至51 750元的部分	20	3 750
4	超过60 000元至100 000元的部分	超过51 750元至79 750元的部分	30	9 750
5	超过100 000元的部分	超过79 750元的部分	35	14 750

注：①本表所列含税级距与不含税级距，均为按照税法规定以每一纳税年度的收入总额减除成本、费用以及损失后的所得额。②含税级距适用于个体工商户的生产、经营所得和由纳税人负担税款的对企事业单位的承包经营、承租经营所得；不含税级距适用于由他人（单位）代付税款的对企事业单位的承包经营、承租经营所得

例7.10 我国公民赵某2014年5月经批准开办一家超市（工商登记为个体工商户），2014年5月至12月取得经营收入350 000元，准予扣除的成本、费用及相关支出共计236 000元。计算赵某2014年经营超市应缴纳的个人所得税。

解 赵某经营的超市5～12月所得额=350 000-236 000-3 500×8=86 000（元）。

年纳税所得额=86 000÷8×12=129 000（元）。

赵某全年应纳个人所得税=129 000×35%-14 750=30 400（元）。

赵某2014年经营超市应纳个人所得税=30 400÷12×8=20 266.67（元）。

（六）个体工商户纳税的其他规定

（1）个体工商户以业主为个人所得税纳税义务人。

（2）个体工商户应纳税所得额的计算，以权责发生制为原则。

（3）实行查账征收的个体工商户应当按照本办法的规定，计算并申报缴纳个人所得税。

（4）个体工商户有两处或两处以上经营机构的，选择并固定向其中一处经营机构所在地主管税务机关申报缴纳个人所得税。

（5）个体工商户终止生产经营的，应当在注销工商登记或者向政府有关部门办理注销前向主管税务机关结清有关纳税事宜。

三、对企事业单位的承包经营、承租经营所得,以每一纳税年度的收入总额,减除必要费用后的余额,为应纳税所得额

1. 征税范围

(1)个人对企事业单位承包、承租经营后,工商登记改变为个体工商户的,按"个体工商户的生产、经营所得"税目征收个人所得税,不再征收企业所得税。

(2)个人对企事业单位承包、承租经营后,工商登记仍为企业的,不论其分配方式如何,均应先依法缴纳企业所得税,然后根据不同情况依法缴纳个人所得税。

①承包、承租人对企业经营成果不拥有所有权,仅按合同(协议)规定取得一定所得的,应按"工资、薪金所得"税目征收个人所得税;

②承包、承租人按合同(协议)规定只向发包方、出租方缴纳一定的费用,缴纳承包、承租费用后的企业的经营成果归承包、承租人所有的,其取得的所得,按"对企事业单位承包、承租经营所得"税目征收个人所得税。

2. 应纳税所得额=纳税年度收入总额-必要费用　(7.11)

3. 应纳税额=应纳税所得额×适用税率-速算扣除数　(7.12)

例 7.11　张某承包某大酒店,2014 年酒店营业收入 800 万元,营业成本 400 万元,营业费用 200 万元,管理费用 100 万元,(员工 30 人,工资薪金支出 170 万元,承租人每月领取的 3 000 元生活费已计入"管理费用/其他"),另外缴纳承租费用 40 万元在"营业外支出"中列支(其余利润归承包人张某所有),缴纳"营业税金及附加"448 000 元。财务费用 4 800 元。

职工福利费、职工教育经费、工会经费的列支均未超过《税法》规定的标准;广告费和业务宣传费未超标准列支;业务招待费超标准列支 3 万元;单位给员工正常缴纳各项社会保险和住房公积金,未超过《税法》规定的标准。本年度未发生各项行政性罚款和税收滞纳金。固定资产折旧未超标准计提。承租者按当地政府规定缴纳各项社会保险和住房公积金个人部分为 10 000 元。

张某除该承租企业外,无其他收入来源。张某在中国境内有住所。该承租企业无以前年度未弥补亏损。2014 年度张某预缴个人所得税 25 000 元。

解　2014 年酒店实现的利润总额

=营业收入-营业成本-营业费用-管理费用-营业税金及附加-营业外收支-财务费用

=8 000 000-4 000 000-2 000 000-1 000 000-448 000—400 000-4 800

=147 200 元

纳税调整后的生产经营所得=利润总额+业务招待费超支+承租人年生活费

=147 200+30 000+3 000×12=213 200 元

应纳税所得额=生产经营所得-允许扣除的其他费用-投资者减除费用

=213 200-10 000-42 000=161 200 元

应纳税额=应纳税所得额×适用税率-速算扣除数=161 200×35%-14 750=41 670 元

本期应补缴税额=全年应缴税额-全年已预缴税额=41 670-25 000=16 670 元

每一纳税年度的收入总额,是指纳税义务人按照承包经营、承租经营合同规定分得的经营利润和工资、薪金性质的所得;所说的减除必要费用,是指按月减除 3 500 元。税率同个体工商户的生产、经营所得税率表 7.2。纳税人应在年度终了后的 3 个月内,按照上述方法计算年度应纳税额,进行汇算清缴。

四、劳务报酬所得的计税问题

(1)劳务报酬所得以个人每次取得的收入,定额或定率减除规定费用后的余额为应纳税所得额。每次收入不超过4 000元的,定额减除费用800元;每次收入在4 000以上的,定率减除20%的费用。劳务报酬所得适用20%的比例税率;对于纳税人每次劳务报酬所得的应纳税所得额超过20 000元至50 000元的部分,适用30%的税率;对劳务报酬所得一次收入畸高的,可以实行加成征收,具体办法由国务院规定。超过50 000元的部分,适用40%的税率。

(2)个人劳务报酬所得应纳税额=应纳税所得额×适用税率-速算扣除数 (7.13)

劳务报酬所得计税税率见表7.3。

表7.3 劳务报酬所得计税税率表

级 数	含税所得	不含税收入额	税率/%	速算扣除数
1	不超过20 000元的	21 000元以下的部分	20	0
2	超过20 000元至50 000元的部分	超过21 000元至49 500元的部分	30	2 000
3	超过50 000元的部分	超过49 500元的部分	40	7 000

注:实质上为超额累进税率,判断加成征税的依据是应纳税所得额而非收入额

个人独立从事非雇用劳务活动取得的所得是劳务报酬所得。个人兼职取得的收入,按照劳务报酬所得缴纳个人所得税。

(3)对商品营销活动中,企业和单位对营销业绩突出的非雇员以培训班、研讨会、工作考察等名义组织旅游活动,通过免收差旅费、旅游费对个人实行的营销业绩奖励(包括实物、有价证券等),应根据所发生费用全额计入营销人员当期的劳务收入,按照“劳务报酬所得”项目征收个人所得税,并由提供上述费用的企业和单位代扣代缴。

例7.12 王某为国内一大学的著名教授,他经常到全国各地进行演讲。7月,他在一大学就环保问题连续演讲两次,分别获演讲费3 000元和5 000元。计算王某应缴个人所得税。

解 属于同一事项连续取得的,应以一个月内取得的收入为一次。

王某应纳税额为(3 000+5 000)×(1-20%)×20%=1 280元。

例7.13 某演员一次获得表演收入60 000元,其应适用于加征5成的情况。计算其应纳个人所得税。

解 ①应纳税所得额为60 000×(1-20%)=48 000元。

②应纳个人所得税税额为48 000×30%-2 000=12 400元。

(4)劳务报酬所得为纳税人代付税款(不含税所得)的特殊计税。代付税款(不含税所得)的计算公式如下。

①不含税收入额为3 360元(即含税收入额4 000元)以下的公式为

$$应纳税所得额=(不含税收入额-800)\div(1-税率) \quad (7.14)$$

$$应纳税额=应纳税所得额\times适用税率 \quad (7.15)$$

②不含税收入额为3 360元(即含税收入额4 000元)以上的公式为

$$应纳税所得额 = [(不含税收入额 - 速算扣除数) \times (1 - 20\%)] \div [1 - 税率 \times (1 - 20\%)] \quad (7.16)$$

或

$$应纳税所得额 = [(不含税收入额 - 速算扣除数) \times (1 - 20\%)] \div 换算系数 \quad (7.17)$$

关于换算系数：

适用20%税率的，换算系数＝1－20%×(1－20%)＝84%；

适用30%税率的，换算系数＝1－30%×(1－20%)＝76%；

适用40%税率的，换算系数＝1－40%×(1－20%)＝68%。

$$应纳税额 = 应纳税所得额 \times 适用税率 - 速算扣除数 \quad (7.18)$$

单位为纳税人代付税款，从单位角度看，意味着税款部分也属于劳务成本的一部分；从个人角度看，代付税款的所得是税后净所得。代付税款和代扣税款的含义是不同的，见表7.4。

表7.4　代扣税款与代付税款比较

2 000元收入	代扣税款	代付税款
应纳税所得额	2 000－800＝1 200	(2 000－800)/(1－20%)＝1 500
税额	1 200×20%＝240	1 500×20%＝300
个人税后实得	2 000－240＝1 760	2 000
支付单位劳务成本	2 000	2 000+300＝2 300
校验计算		(2 300－800)×20%＝300

五、稿酬所得的征税问题

稿酬所得每次收入不超过4 000元的，减除费用800元；4 000元以上的，减除20%的费用，其余额为应纳税所得额。

(一)稿酬所得

稿酬所得以个人每次出版、发表作品取得的收入为一次，定额或定率减除规定费用后的余额为应纳税所得额。任职、受雇于报纸、杂志等单位的记者、编辑等专业人员，因在本单位的报刊、杂志上发表作品取得的所得，属于因任职、受雇而取得的所得，应与其当月工资收入合并，按“工资、薪金所得”项目征收个人所得税。除上述专业人员以外，其他人员在本单位的报刊、杂志上发表作品取得的所得，应按“稿酬所得”项目征收个人所得税。

(二)关于“次”的规定

稿酬所得，以每次出版、发表取得的收入为一次，具体可分为：

(1)同一作品再版取得的所得，应视为另一次稿酬所得计征个人所得税；

(2)同一作品先在报刊上连载，然后再出版，或者先出版，再在报刊上连载的，应视为两次稿酬所得征税，即连载作为一次，出版作为另一次；

(3)同一作品在报刊上连载取得收入的，以连载完成后取得的所有收入合并为一次，计征个人所得税；

(4)同一作品在出版和发表时，以预付稿酬或分次支付稿酬等形式取得的稿酬收入，应合并计算为一次；

(5)同一作品出版、发表后，因添加印数而追加稿酬的，应与以前出版、发表时取得的稿酬合并计算为一次,计征个人所得税。

(三)适用税率

稿酬所得适用20%的比例税率,并按应纳税额减征30%,故其实际适用税率为14%(20%-20%×30%)。

(四)应纳税额计算公式

按次计税:

(1)每次收入不足4 000元的:

$$\begin{aligned}应纳税额 &= 应纳税所得额 \times 适用税率 \times (1-30\%)\\ &= (每次收入额-800)\times 20\% \times (1-30\%)\end{aligned} \tag{7.19}$$

(2)每次收入额在4 000元以上的:

$$\begin{aligned}应纳税额 &= 应纳税所得额 \times 适用税率 \times (1-30\%)\\ &= 每次收入额 \times (1-20\%)\times 20\% \times (1-30\%)\end{aligned} \tag{7.20}$$

例7.14 李四2014年3月一次获得稿酬收入32 000元。计算其应纳个人所得税。

解 应纳个人所得税为32 000×(1-20%)×20%×(1-30%)=3 584元。

例7.15 作家马某2014年2月初在杂志上发表一篇小说,取得稿酬3 800元,自2月15日起又将该小说在晚报上连载10天,每天稿酬450元。计算马某当月需缴纳的个人所得税。

解 杂志发表与晚报连载视为两次稿酬。

应纳个人所得税为(3 800-800)×20%×(1-30%)+450×10×(1-20%)×20%×(1-30%)=924元。

例7.16 国内某作家的一篇小说在一家日报上连载两个月,第一个月月末报社支付稿酬3 000元;第二个月月末报社支付稿酬15 000元。计算该作家两个月所获稿酬应缴纳的个人所得税。

解 连载稿酬,以连载完所有收入合并为一次计税,减征30%。

应纳个人所得税为(3 000+15 000)×(1-20%)×20%×(1-30%)=2 016元。

例7.17 王某的一篇论文被编入某论文集出版,取得稿酬5 000元,当年因添加印数又取得追加笔稿酬2 000元。计算王某所获稿酬应缴纳的个人所得税。

解 同一作品出版、发表后,因添加印数而追加稿酬的,应与以前出版、发表时取得的稿酬合并计算为一次,计征个人所得税。

王某所获稿酬应缴纳的个人所得税为(5 000+2 000)×(1-20%)×20%×(1-30%)=784元。

六、特许权使用费所得的征税问题

特许权使用费所得,以一项特许权的一次许可使用所取得的收入为一次,定额或定率减除规定费用后的余额为应纳税所得额。

每次收入不超过4 000元的,定额减除费用800元;每次收入在4 000以上的,定率减除20%的费用。特许权使用费所得适用20%的比例税率。

$$个人所得税应纳税额 = 应纳税所得额 \times 适用税率 \tag{7.21}$$

对个人从事技术转让中所支付的中介费,若能提供有效的合法凭证,允许从所得中扣除。

七、财产租赁所得的征税问题

(1)财产租赁所得以一个月内取得的收入为一次,定额或定率减除规定费用后的余额为应纳税所得额,即

$$个人所得税应纳税额 = 应纳税所得额 \times 适用税率$$

(2)应纳税额计算公式

按次计税:

①每次(月)收入额不足 4 000 元的:

$$\begin{aligned}应纳税额 &= 应纳税所得额 \times 适用税率\\ &= [每次(月)收入额 - 允许扣除的项目(税费) - \\ &\quad 修缮费用(800 为限) - 800] \times 20\% \end{aligned} \tag{7.22}$$

②每次收入额在 4 000 元以上的:

$$\begin{aligned}应纳税额 &= 应纳税所得额 \times 适用税率\\ &= [每次收入额 - 允许扣除的项目(税费) - \\ &\quad 修缮费用(800 为限)] \times (1 - 20\%) \times 20\% \end{aligned} \tag{7.23}$$

例 7.18　王某 20×9 年 1 月份将市区内闲置的一处住房出租用于他人居住,租期 1 年,每月租金 2 000 元,房产原值 70 万元,当地政府规定减免比例为 30%,可提供实际缴纳营业税和房产税的完税凭证(假定其他税费忽略不计)。7 月发生漏雨修缮费 1 000 元。计算 7,8 两个月应纳个人所得税。

解　7 月租金应纳税为[2 000×(1-3%-4%)-800-800]×10% =26 元。

8 月租金应纳税为[2 000×(1-3%-4%)-200-800]×10% =86 元。

说明:①个人按市场价出租的居民住房,营业税减按 3% 的税率,房产税减按 4% 的税率,个人所得税减按 10% 的税率;②财产租赁收入扣除费用包括:税费+修缮费+法定扣除标准;③允许扣除的修缮费用,以每次 800 元为限。一次扣除不完的,准予在下一次继续扣除,直到扣完为止。此题中的 1 000 元修缮费 7 月扣了 800 元,8 月扣了 200 元。

个人出租居住用房有特殊规则:财产租赁收入扣除费用包括税费+修缮费+法定扣除标准。其中,在出租财产过程中缴纳的税金和教育费附加等税费要有完税(缴款)凭证;还准予扣除能够提供有效、准确凭证,证明由纳税人负担的该出租财产实际开支的修缮费用。允许扣除的修缮费每月以 800 元为限,一次扣除不完的,未扣完的余额可无限期向以后月份结转抵扣;法定扣除标准为 800 元(月收入不超过 4 000 元)或 20%(月收入 4 000 元以上)。

八、财产转让所得的征税问题

财产转让所得以一次转让财产的收入额减除财产原值和合理费用后的余额,为应纳税所得额,适用 20% 的比例税率。

$$\begin{aligned}应纳税额 &= 应纳税所得额 \times 适用税率\\ &= (收入总额 - 财产原值 - 合理费用) \times 20\% \end{aligned} \tag{7.24}$$

个人拍卖除文字作品原稿及复印件外的其他财产,应以其转让收入额减除财产原值和合理费用后的余额为应纳税所得额,按照“财产转让所得”项目适用 20% 税率缴纳个人所得税。

财产原值的确定:

(1)有价证券,为买入价以及买入时按照规定交纳的有关费用;

(2)建筑物,为建造费或者购进价格以及其他有关费用;

(3)土地使用权,为取得土地使用权所支付的金额、开发土地的费用以及其他有关费用;

(4)机器设备、车船,为购进价格、运输费、安装费以及其他有关费用;

(5)其他财产,参照以上方法确定。

纳税义务人未提供完整、准确的财产原值凭证,不能正确计算财产原值的,由主管税务机关核定其财产原值。

九、利息、股息、红利所得,偶然所得和其他所得,以每次收入额为应纳税所得额

利息、股息、红利所得以每次收入额为应纳税所得额,适用比例税率,税率为20%。

$$个人所得税应纳税额 = 应纳税所得额 \times 适用税率 = 每次收入额 \times 20\% \tag{7.25}$$

(1)个人取得国债利息、国家发行的金融债券利息、教育储蓄存款利息,均免征个人所得税。储蓄存款在2008年10月9日后(含10月9日)滋生的利息,暂免征收个人所得税。

(2)特殊规定。

①除个人独资企业、合伙企业以外的其他企业的个人投资者,以企业资金为本人、家庭成员及其相关人员支付与企业经营无关的消费性支出及购买汽车、住房等财产性支出,视为企业对个人投资者的红利分配,依照“利息、股息、红利所得”项目计征个人所得税。

企业购买车辆并将车辆所有权办到股东个人名下,其实质为企业对股东进行了红利性质的实物分配,应按照“利息、股息、红利所得”项目征收个人所得税。考虑到该股东个人名下的车辆同时也为企业经营使用的实际情况,允许合理减除部分所得,减除的具体数额由主管税务机关根据车辆的实际使用情况合理确定。企业的上述支出不允许在企业所得税前扣除,也不得在企业所得税前扣除折旧。

②纳税年度内个人投资者从其投资企业(个人独资企业、合伙企业除外)借款,在该纳税年度终了后仍不归还,又未用于企业生产经营的,其未归还的借款可视为企业对个人投资者的红利分配,依照“利息、股息、红利所得”项目计征个人所得税。

十、偶然所得的计税规定

偶然所得是指个人取得的所得是非经常性的,属于各种机遇性所得,包括得奖、中奖、中彩以及其他偶然性质的所得(含奖金、实物和有价证券)。个人购买社会福利有奖募捐奖券、中国体育彩票,一次中奖收入不超过10 000元的,免征个人所得税,超过10 000元的,应以全额按偶然所得项目计税(截止至2011年4月21日的税率为20%)。

偶然所得以每次取得的收入额为应纳税所得额,适用20%的比例税率,即

$$个人所得税应纳税额 = 应纳税所得额 \times 适用税率 = 每次收入额 \times 20\% \tag{7.26}$$

个人参加有奖储蓄取得的各种形式的中奖所得,属于机遇性的所得,应按照个人所得税法中“偶然所得”应税项目的规定征收个人所得税。个人因参加企业的有奖销售活动而取得的赠品所得,应按“偶然所得”项目,由举办有奖销售活动的企业(单位)代扣代缴个人所得税。

十一、其他所得的计税规定

（一）其他所得的范围

这是立法时留有余地的惯常做法，为不包含在工资薪金所得、个体户生产经营所得、对企事业单位承包承租经营所得、劳务报酬所得、稿酬所得、特许权使用费所得、财产租赁所得、财产转让所得、利息股息红利所得、偶然所得这十项列举应税所得之外的还需要征收个人所得税的所得，留下了列入征税范围的政策空间。

目前明确的具体项目有：个人为单位或他人提供担保获得报酬，应按照个人所得税法规定的“其他所得”项目缴纳个人所得税，税款由支付所得的单位或个人代扣代缴。

（二）应纳税所得额的计算

其他所得以每次收入额为应纳税所得额。关于“次”的规定，是以每次收入为一次。

（三）适用税率

其他所得适用20%的比例税率。

（四）应纳税额计算公式

$$应纳税额=应纳税所得额\times适用税率=每次收入额\times20\%$$

第四节　个人所得税的税收优惠

个人所得税的税收优惠是指在征纳个人所得税时给予纳税义务人在纳税额上的减税、免税优惠。

一、免征个人所得税的优惠

（1）省级人民政府、国务院部委和中国人民解放军军以上单位，以及外国组织、国际组织颁发的科学、教育、技术、文化、卫生、体育、环境保护等方面的奖金。

（2）国债和国家发行的金融债券利息。

（3）按照国家统一规定发给的补贴、津贴。

（4）福利费、抚恤金、救济金。

（5）保险赔款。

（6）军人的转业费、复员费。

（7）按照国家统一规定发给干部、职工的安家费、退职费、退休工资、离休工资、离休生活补助费。

（8）依照我国有关法律规定应予免税的各国驻华使馆、领事馆的外交代表、领事官员和其他人员的所得。

（9）中国政府参加的国际公约、签订的协议中规定免税的所得。

（10）经国务院财政部门批准免税的所得。

①个人通过上述机构向教育事业、红十字事业、农村义务教育、福利性非营利性的老年服务机构、公益性青少年活动场所的捐赠，以及通过中华慈善总会、中国福利会、中国儿童少年基金会、中国青少年发展基金会等财政部、国家税务总局规定准予全额扣除的机构向四川汶川地震灾区的捐赠，准予在缴纳个人所得税前全额扣除。

②除此之外，个人将其所得通过中国境内公益性社会团体或者县级以上人民政府及其

部门向遭受严重自然灾害地区的捐赠，捐赠额不超过其申报的应纳税所得额30%的部分，允许从应纳税所得额中扣除。

③企业和个人等社会力量向上述单位捐赠时，应取得由财政部门统一印（监）制，并加盖接受捐赠单位或转赠单位财务专用印章的公益救济性捐赠票据，作为抵扣企业所得税和个人所得税的凭证。

④对个人通过代扣代缴单位举办的救灾捐款活动统一进行捐赠的，代扣代缴单位可登记个人捐款金额，在取得统一的正式捐赠票据后，将加盖接受捐赠单位财务专用印章的个人捐款金额明细表附后，作为扣缴个人所得税申报的税前扣除凭证。

(11)企业和个人按照省级以上人民政府规定的比例提取并缴付的住房公积金、医疗保险金、基本养老保险金、失业保险金，不计入个人当期的工资、薪金收入，免予征收个人所得税。超过规定的比例缴付的部分计征个人所得税。个人领取原提存的住房公积金、医疗保险金、基本养老保险金时，免予征收个人所得税。

(12)对个人取得的教育储蓄存款利息所得以及国务院财政部门确定的其他专项储蓄存款或者储蓄性专项基金存款的利息所得，免征个人所得税。

(13)储蓄机构内从事代扣代缴工作的办税人员取得的扣缴利息税手续费所得，免征个人所得税。

(14)对延长离退休年龄的高级专家从其劳动人事关系所在单位取得的，单位按国家有关规定向职工统一发放的工资、薪金、奖金、津贴、补贴等收入，视同离、退休工资，免征个人所得税。

(15)个人领取一次性收入时，按政府规定缴纳的住房公积金、医疗保险费、基本养老保险费、失业保险费可予以扣除。

企业按国家有关法律规定宣告破产，企业职工从该破产企业取得的一次性安置费收入免征个人所得税。

(16)个人通过扣缴单位统一向灾区的捐赠，由扣缴单位凭政府机关或非营利组织开具的汇总捐赠凭据、扣缴单位记载的个人捐赠明细表，由扣缴单位在代扣代缴税款时，依法据实扣除。

二、减征个人所得税的优惠

(1)残疾、孤老人员和烈属的所得；

(2)因严重自然灾害造成重大损失的；

(3)其他经国务院财政部门批准减税的。

三、暂免征收个人所得税的优惠

(1)外籍个人“衣”“食”“住”“行”；

(2)个人举报、协查各种违法行为获得的奖金；

(3)代扣代缴税款手续费；

(4)转让5年以上唯一居住用房；

(5)外籍个人从外商投资企业取得的股息红利所得；

(6)符合条件的外籍专家的工薪所得；

(7)符合规定标准的拆迁补偿款；

(8)单张有奖发票不超过800元；

(9)对个人购买“福利彩票”“体育彩票”，凡一次中奖收入不超过1万元的，暂免征收个人所得税；超过1万元的，应就取得的收入额依照20%的税率计算缴纳个人所得税。

(10)保险营销员佣金；

(11)高校教师的名师奖。

例7.19　某市保险公司保险营销员年3月取得佣金5 000元。计算其应纳的个人所得税。

解　对佣金收入的60%的部分扣除营业税金及附加后征收个人所得税，假定某营销员月佣金收入为R，划定为劳务报酬的部分是$(1-40\%)R-R\times5.5\%$，再按照个人所得税规定缴纳个人所得税。

①属于该业务员劳务收入为$5\ 000\times(1-40\%)-5\ 000\times5\%\times(1+7\%+3\%)=2\ 725$元。

②应纳个人所得税为$(2\ 725-800)\times20\%=385$元。

四、对在中国境内无住所，但在境内居住1年以上5年以下的纳税人的减免税优惠

在中国境内无住所，但是居住1年以上5年以下的个人，其来源于中国境外的所得，经主管税务机关批准，可以只就由中国境内公司、企业以及其他经济组织或者个人支付的部分缴纳个人所得税；居住超过5年的个人，从第6年起，应当就其来源于中国境内外的全部所得缴纳个人所得税。

个人在中国境内居住满5年后，从第6年起的以后年度中，凡在境内居住满1年的应当就其来源于境内、境外的所得申报纳税；凡在境内居住不满1年的，则仅就该年内来源于境内的所得申报纳税。该个人在第6年起以后的某一纳税年度内在境内居住不足90天，可以按《个人所得税法实施条例》第七条的规定确定纳税义务，并从再次居住满1年的年度起重新计算5年期限。

五、对在中国境内无住所，但在一个纳税年度中在中国境内居住不超过90日的纳税人的减免税优惠

在中国境内无住所，但是在一个纳税年度中在中国境内连续或者累计居住不超过90日的个人，其来源于中国境内的所得，由境外雇主支付并且不由该雇主在中国境内的机构、场所负担的部分，免予缴纳个人所得税。

第五节　个人所得税境外所得的税额扣除

纳税义务人从中国境外取得的所得，依照该所得来源国家或者地区的法律应当缴纳个人所得税税额。

在境外缴纳的个人所得税税额，应区别不同国家或者地区和不同所得项目，依照税法规定的费用减除标准和适用税率计算；同一国家或者地区内不同所得项目的应纳税额之和，为该国家或者地区的扣除限额。

纳税义务人在中国境外一个国家或者地区实际已经缴纳的个人所得税税额，低于该国家或者地区扣除限额的，应当在中国缴纳差额部分的税款；超过该国家或者地区扣除限额的，其超过部分不得在本纳税年度的应纳税额中扣除，但是可以在以后纳税年度的该国家或者地区扣除限额的余额中补扣。补扣期限最长不得超过 5 年。

税法规定,纳税义务人从中国境外取得的所得,准予其在应纳税额中扣除已在境外缴纳的个人所得税税额;但扣除额不得超过该纳税义务人境外所得依照我国税法规定计算的应纳税额。

例 7.20 某纳税人在 2011 纳税年度,从 A,B 两国取得应税收入。其中,在 A 国一公司任职,取得工资、薪金收入 69 600 元(平均每月 5 800 元),因提供一项专利技术使用权,一次取得特许权使用费收入 30 000 元,该两项收入在 A 国缴纳个人所得税 5 200 元;因在 B 国出版著作,获得稿酬收入(版税)15 000 元,并在 B 国缴纳该项收入的个人所得税 1 720 元。计算该纳税人 2011 年度在中国应补缴的个人所得税。

解 (1)A 国所纳个人所得税的抵减。

按照我国税法规定的费用减除标准和税率,计算该纳税义务人从 A 国取得的应税所得应纳税额,该应纳税额即为抵减限额。

①工资、薪金所得。该纳税义务人从 A 国取得的工资、薪金收入,应每月减除费用4 800元,其余额按超额累进税率表的适用税率计算应纳税额。

1 ~ 8 月应纳税额为[(5 800−4 800)×10% −25]×8 = 600 元。

9 ~ 12 月应纳税额为[(5 800−4 800)×3% −0]×4 = 120 元。

全年应纳税额为 600+120 = 720 元。

②特许权使用费所得。该纳税义务人从 A 国取得的特许权使用费收入,应减除 20% 的费用,其余额按 20% 的比例税率计算应纳税额。

应纳税额为 30 000×(1−20%)×20%(税率)= 4 800 元。

根据计算结果,该纳税义务人从 A 国取得应税所得在 A 国缴纳的个人所得税额的抵减限额为 5 520 元(720+4 800)。其在 A 国实际缴纳个人所得税 5 200 元,低于抵减限额,可以全额抵扣,并需在中国补缴差额部分的税款,计 320(5 520−5 200)元。

(2)B 国所纳个人所得税的抵减。

按照我国税法的规定,该纳税义务人从 B 国取得的稿酬收入,应减除 20% 的费用,就其余额按 20% 的税率计算应纳税额并减征 30% 。计算结果为

[15 000×(1−20%)×20%(税率)]×(1−30%)= 1 680 元

即其抵扣限额为 1 680 元。该纳税义务人的稿酬所得在 B 国实际缴纳个人所得税1 720元,超出抵减限额 40 元,不能在本年度扣除,但可在以后 5 个纳税年度的该国减除限额的余额中补减。

(3)综合上述计算结果,该纳税义务人在本纳税年度中的境外所得,应在中国补缴个人所得税 320 元。其在 B 国缴纳的个人所得税未抵减完的 40 元,可按我国税法规定的前提条件下补减。

为了保证正确计算扣除限额及合理扣除境外已纳税额,税法要求:在中国境内有住所,或者无住所而在境内居住满 1 年的个人,从中国境内和境外取得的所得,应当分别计算应纳税额。

第六节　个人所得税的纳税申报和缴纳

一、个人所得税的纳税申报

个人所得税，以所得人为纳税义务人，以支付所得的单位或者个人为扣缴义务人。个人所得超过国务院规定数额的，在两处以上取得工资、薪金所得或者没有扣缴义务人的，以及具有国务院规定的其他情形的，纳税义务人应当按照国家规定办理纳税申报。扣缴义务人应当按照国家规定办理全员全额扣缴申报。

（一）自行申报纳税

纳税义务人有下列情形之一的，应当按照规定到主管税务机关办理纳税申报。

（1）年所得 12 万元以上的；

（2）从中国境内两处或者两处以上取得工资、薪金所得的；

（3）从中国境外取得所得的；

（4）取得应纳税所得，没有扣缴义务人的；

（5）国务院规定的其他情形。

（二）自行申报纳税的申报地点

（1）在中国境内有任职、受雇单位的，向任职、受雇单位所在地主管税务机关申报。

（2）在中国境内有两处或者两处以上任职、受雇单位的，选择并固定向其中一处单位所在地主管税务机关申报。

（3）在中国境内无任职、受雇单位，年所得项目中有个体工商户的生产、经营所得或者对企事业单位的承包经营、承租经营所得（以下统称生产、经营所得）的，向其中一处实际经营所在地主管税务机关申报。

（4）在中国境内无任职、受雇单位，年所得项目中无生产、经营所得的，向户籍所在地主管税务机关申报。在中国境内有户籍，但户籍所在地与中国境内经常居住地不一致的，选择并固定向其中一地主管税务机关申报。在中国境内没有户籍的，向中国境内经常居住地主管税务机关申报。

（5）其他所得的纳税人纳税申报地点。个人独资、合伙企业投资者兴办两个或两个以上企业的，区分不同情形确定纳税申报地点：兴办的企业全部是个人独资性质的，分别向各企业的实际经营管理所在地主管税务机关申报；兴办的企业中含有合伙性质的，向经常居住地主管税务机关申报；兴办的企业中含有合伙性质，个人投资者经常居住地与其兴办企业的经营管理所在地不一致的，选择并固定向其参与兴办的某一合伙企业的经营管理所在地主管税务机关申报；除以上情形外，纳税人应当向取得所得所在地主管税务机关申报。

（三）自行申报纳税的申报期限

（1）年所得 12 万元以上的纳税人，在纳税年度终了后 3 个月内向主管税务机关办理纳税申报。

（2）个体工商户和个人独资、合伙企业投资者取得的生产、经营所得应纳的税款，分月预缴的，纳税人在每月终了后 15 日内办理纳税申报；分季预缴的，纳税人在每个季度终了后 15 日内办理纳税申报；纳税年度终了后，纳税人在 3 个月内进行汇算清缴。

二、个人所得税的缴纳

（一）自行缴纳

（1）扣缴义务人每月所扣的税款，自行申报纳税人每月应纳的税款，都应当在次月15日内缴入国库，并向税务机关报送纳税申报表。

（2）工资、薪金所得应纳的税款，按月计征，由扣缴义务人或者纳税义务人在次月15日内缴入国库，并向税务机关报送纳税申报表。特定行业的工资、薪金所得应纳的税款，可以实行按年计算、分月预缴的方式计征，具体办法由国务院规定。

（3）个体工商户的生产、经营所得应纳的税款，按年计算，分月预缴，由纳税义务人在次月15日内预缴，年度终了后3个月内汇算清缴，多退少补。

（4）对企事业单位的承包经营、承租经营所得应纳的税款，按年计算，由纳税义务人在年度终了后30日内缴入国库，并向税务机关报送纳税申报表。纳税义务人在一年内分次取得承包经营、承租经营所得的，应当在取得每次所得后的7日内预缴，年度终了后3个月内汇算清缴，多退少补。

（5）从中国境外取得所得的纳税义务人，应当在年度终了后30日内，将应纳的税款缴入国库，并向税务机关报送纳税申报表。

（二）代扣代缴

（1）代扣代缴的范围不包括个体工商业户生产经营所得、合伙企业所得；

（2）同一扣缴义务人的不同部门支付应纳税所得时，应报办税人员汇总；

（3）扣缴义务人对纳税人的应扣未扣的税款，其应纳税款仍然由纳税人缴纳，扣缴义务人应承担应扣未扣税款50%以上至3倍的罚款。

【本章小结】

个人所得税是我国的重要税种之一，在收入和调节等方面都发挥着日趋重要的作用。学生应该掌握个人所得税的类型、征收管理模式以及各征税项目范围和计算规则，也要熟悉个人所得税的税收优惠。重点掌握个人所得税各应税项目的具体规定及应纳税额的计算。

【中英文关键词对照】

个人所得税	Individual Income Tax
应纳所得税额	Taxable Income
税收优惠	Preferential Tax
税额扣除	Tax Deduction
纳税申报与缴纳	Tax Declaration and Payment

【复习思考题】

1. 什么是个人所得税，个人所得税的征收模式有哪几种，我国采用哪种模式？
2. 个人所得税应税所得项目包括哪些？
3. 工资薪金所得、劳务报酬所得、稿酬所得的应纳税额如何计算？
4. 个人所得税的税收优惠包括哪些内容？
5. 个人所得税如何申报和缴纳？

【案例分析】

1. 朱某为国内某知名企业的高管,2016 年其收入情况如下。

(1)单位每月支付工资、薪金 12 000 元;

(2)从国外一次取得特许权使用费收入折合人民币 18 000 元,并提供了来源国纳税凭证,纳税折合人民币 1 800 元;

(3)从国内一单位分三次取得工程设计费共计 30 000 元;

(4)8 月企业为该个人支付商业保险金 5 000 元;

(5)将其拥有的另一境内上市公司的股票转让,取得转让收益 50 000 元。

要求:按下列顺序回答问题,每问均为共计金额:

(1)计算该职工工资、薪金应缴的个人所得税;

(2)从国外一次取得特许权使用费收入应缴纳的个人所得税;

(3)从国内一单位分三次取得工程设计费应缴纳的个人所得税;

(4)将另一境内上市公司的股票转让,取得转让收益应缴纳的个人所得税;

(5)朱某当年应纳个人所得税合计。

2. 公民张某开办个人独资企业 B(餐饮服务行业),2016 年度初向税务机关报送 2015 年度的个人所得税申报表。申报表中填报的营业收入为 200 万元,减除成本费用、税金后,应纳税所得为-10 万元,税务机关经审查后核实 B 独资企业以下几项支出存在问题:

(1)张某每月领取工资 3 000 元,另有雇员 10 名,每人每月工资 1 500 元,已全部列支;

(2)全年发生广告费 35 万元,已列支;

(3)发生违法经营处以罚款 3 万元,已列支;

(4)通过教育局向农村义务教育捐赠 2 万元,已列支。

根据上述资料回答下列问题:

(1)计算 B 独资企业能够扣除的工资;

(2)计算 B 独资企业能够扣除的广告费;

(3)计算 B 独资企业捐赠扣除限额;

(4)计算 B 独资企业当年的应纳税额。

第四篇　其他税法律制度

第八章　资源税类法律制度

【学习目标】

资源税法主要是为保护和合理使用国家自然资源而课征的税,包括资源税、城镇土地使用税和土地增值税。资源税法是对矿产资源征税,城镇土地使用税法是对土地资源征税,土地增值税是对有偿转让国有土地使用权及地上建筑物和其他附着物产权,取得增值收入的单位和个人征收的一种税。

通过本章学习应掌握资源税法的基本规定及其实际运用;熟悉城镇土地使用税法的基本制度。本章应重点分析资源税、土地增值税法、城镇土地使用税的纳税人、征税对象、税率、应纳税额计算等问题。

第一节　资　源　税　法

资源税法是指国家制定的用以调整资源税征收与缴纳权利及义务关系的法律规范。现行资源税法的基本规范是1993年12月25日国务院颁布并于1994年1月1日实施的《中华人民共和国资源税暂行条例》(简称《资源税暂行条例》)。

一、资源税基本原理

(一)资源税的概念

资源税是对在我国境内从事应税矿产品开采和生产盐的单位和个人课征的一种税,属于对自然资源占用课税的范畴。

(二)资源税计税方法

由于资源税的课税对象主要为计量单位标准的矿产资源,因此在对资源征税时,往往采用从量定额的征收方法,不仅计算简单,而且便于管理。但是采取定额征收的方法,对于资源开采中的级差收入的征税政策不能体现出来,尤其当资源价格波动比较大时,不能做到随价格提高而相应提高资源税额,不利于资源的合理开采和利用。因此我国现行资源税的计税方法有进一步调整的空间。

二、纳税义务人

资源税的纳税义务人是指在中华人民共和国境内开采应税资源的矿产品或者生产盐的单位和个人。

单位是指国有企业、集体企业、私营企业、股份制企业、其他企业和行政单位、事业单位、军事单位、社会团体及其他单位;个人是指个体经营者和其他个人;其他单位和其他个人包括外商投资企业、外国企业及外籍人员。

中外合作开采石油、天然气，按照现行规定只征收矿区使用费，暂不征收资源税。因此，中外合作开采石油、天然气的企业不是资源税的纳税义务人。

《资源税暂行条例》还规定，收购未税矿产品的单位为资源税的扣缴义务人。规定资源税的扣缴义务人，主要是针对零星、分散、不定期开采的情况，为了加强管理，避免漏税，由扣缴义务人在收购矿产品时代扣代缴资源税。

三、税目、单位税额

资源税采取从量定额和从价定率（适用于在新疆开采原油、天然气）的办法计征。资源条件好的，税额高一些；资源条件差的，税额低一些。

资源税税目、税额包括7大类，在7个税目下面又设有若干个子目。现行资源税的税目及子目主要是根据资源税应税产品和纳税人开采资源的行业特点设置的。

（一）原油

开采的天然原油征税；人造石油不征税。税额为8～30元/吨。

（二）天然气

专门开采的天然气和与原油同时开采的天然气征税；煤矿生产的天然气暂不征税。税额为2～15元/千立方米。

（三）煤炭

原煤征税；洗煤、选煤和其他煤炭制品不征税。税额为0.3～8元/吨。

（四）其他非金属矿原矿

其他非金属矿原矿是指原油、天然气、煤炭和井矿盐以外的非金属矿原矿，包括宝石、金刚石、玉石、膨润土、石墨、石英砂、萤石、重晶石、毒重石、蛭石、长石、氟石、滑石、白云石、硅灰石、凹凸棒石黏土、高岭石土、耐火黏土、云母、大理石、花岗石、石灰石、菱镁矿、天然碱、石膏、硅线石、工业用金刚石、石棉、硫铁矿、自然硫、磷铁矿等。税额为0.5～20元/吨、克拉或者立方米。

（五）黑色金属矿原矿

黑色金属矿原矿是指纳税人开采后自用、销售的，用于直接入炉冶炼或作为主产品先入选精矿、制造人工矿，再最终入炉冶炼的黑色金属矿石原矿，包括铁矿石、锰矿石和铬矿石。税额为2～30元/吨。

（六）有色金属矿原矿

有色金属矿原矿包括铜矿石、铅锌矿石、铝土矿石、钨矿石、锡矿石、锑矿石、铝矿石、镍矿石、黄金矿石、钒矿石（含石煤钒）等。税额为0.4～30元/吨或立方米挖出量。

（七）盐

一是固体盐，包括海盐原盐、湖盐原盐和井矿盐，税率为10～60元/吨；二是液体盐（卤水），是指氯化钠含量达到一定浓度的溶液，是用于生产碱和其他产品的原料，税额为2～10元/吨。

纳税人在开采主矿产品的过程中伴采的其他应税矿产品，凡未单独规定适用税额的，一律按主矿产品或视同主矿产品税目征收资源税。

未列举名称的其他非金属矿原矿和其他有色金属矿原矿，由省、自治区、直辖市人民政府决定征收或暂缓征收资源税，并报财政部和国家税务总局备案。

(八)自2010年6月1日起,在新疆开采原油、天然气缴纳资源税的纳税人,原油、天然气资源税实行从价计征,税率为5%。

四、扣缴义务人适用的税额

(1)独立矿山、联合企业收购未税矿产品的单位,按照本单位应税产品税额标准,依据收购的数量代扣代缴资源税。

(2)其他收购单位收购的未税矿产品,按税务机关核定的应税产品税额标准,依据收购的数量代扣代缴资源税。

五、课税数量

(1)纳税人开采或者生产应税产品销售的,以销售数量为课税数量。

(2)纳税人开采或者生产应税产品自用的,以移送使用(非生产用)数量为课税数量。

如果纳税人不能准确提供应税产品销售数量或移送使用数量的,以应税产品的产量或主管税务机关确定的折算比换算成的数量为课税数量。

(3)原油中的稠油、高凝油与稀油划分不清或不易划分的,一律按原油的数量课税。

(4)对于连续加工前无法正确计算原煤移送使用量的煤炭,可按加工产品的综合回收率,将加工产品实际销量和自用量折算成原煤数量,以此作为课税数量。

(5)金属和非金属矿产品原矿,因无法准确掌握纳税人移送使用原矿数量的,可将其精矿按选矿比折算成原矿数量,以此作为课税数量,其计算公式为

$$选矿比=精矿数量/耗用原矿数量$$

(6)纳税人以自产的液体盐加工固体盐,按固体盐税额征税,以加工的固体盐数量为课税数量。纳税人以外购的液体盐加工成固体盐,其加工固体盐所耗用液体盐的已纳税额准予抵扣。

对于纳税人开采或者生产不同税目应税产品的,应当分别核算;不能准确提供不同税目应税产品的课税数量的,从高适用税额。

六、应纳税额的计算

(1)实行从量定额征收的,根据应税产品的课税数量和规定的单位税额可以计算应纳税额,具体计算公式为

$$应纳税额=课税数量\times单位税额$$

$$代扣代缴应纳税额=收购未税矿产品的数量\times适用的单位税额$$

(2)实行从价定额征收的,适用于在新疆开采原油、天然气缴纳资源税的纳税人。应纳税额计算公式为

$$应纳税额=销售额\times税率$$

例8.1 大庆某油田4月销售原油8 000吨,油田自用6 000吨,另有2 000吨采油过程中用于加热和修理油井。同时当月开采天然气100万立方米,对外销售90万立方米,其余部分自用。已知该油田原油适用的税额为每吨10元,天然气适用的税额为5元/千立方米。计算该油田当月应纳资源税税额。

解 开采原油销售或自用的都应缴纳资源税,加热或修井的原油免纳资源税。

该企业4月应纳资源税为(8 000+6 000)×10+1 000×5=145 000元。

七、税收优惠

（一）减税、免税项目

（1）开采原油过程中用于加热、修井的原油，免税。

（2）纳税人开采或者生产应税产品过程中，因意外事故或者自然灾害等原因遭受重大损失的，由省、自治区、直辖市人民政府酌情决定减税或者免税。

（3）自2007年2月1日起，北方海盐资源税暂减按每吨15元征收，南方海盐、湖盐、井矿盐资源税暂减按每吨10元征收，液体盐资源税暂减按每吨2元征收。

（4）国务院规定的其他减税、免税项目。

纳税人的减税、免税项目，应当单独核算课税数量；未单独核算或者不能准确提供课税数量的，不予减税或者免税。

（5）从2007年1月1日起，对地面抽采煤层气暂不征收资源税。煤层气是指赋存于煤层及其围岩中与煤炭资源伴生的非常规天然气，也称煤矿瓦斯。

（6）自2010年6月1日起，纳税人在新疆开采的原油、天然气，自用于连续生产原油、天然气的，不缴纳资源税；自用于其他方面的，视同销售，依照本规定计算缴纳资源税。有下列情形之一的，免征或者减征资源税。

①油田范围内运输稠油过程中用于加热的原油、天然气，免征资源税。

②稠油、高凝油和高含硫天然气资源税减征40%。

稠油是指地层原油黏度大于或等于50毫帕/秒或原油密度大于或等于0.92克/立方厘米的原油。高凝油是指凝固点大于40℃的原油。高含硫天然气是指硫化氢含量大于或等于30克/立方米的天然气。

③三次采油资源税减征30%。三次采油是指二次采油后继续以聚合物驱、三元复合驱、泡沫驱、二氧化碳驱、微生物驱等方式进行采油。

（二）出口应税产品不退（免）资源税的规定

资源税规定仅对在中国境内开采或生产应税产品的单位和个人征收，进口的矿产品和盐不征收资源税。由于对进口应税产品不征收资源税，相应的，对出口应税产品也不免征或退还已纳资源税。

八、征收管理

（一）纳税义务发生时间

（1）纳税人销售应税产品，其纳税义务发生时间如下：

①纳税人采取分期收款结算方式的，其纳税义务发生时间为销售合同规定的收款日期的当天；

②纳税人采取预收货款结算方式的，其纳税义务发生时间为发出应税产品的当天；

③纳税人采取其他结算方式的，其纳税义务发生时间为收讫销售款或者取得索取销售款凭据的当天。

（2）纳税人自产自用应税产品的纳税义务发生时间为移送使用应税产品的当天。

（3）扣缴义务人代扣代缴税款的纳税义务发生时间为支付首笔货款或者开具应支付货款凭据的当天。

（二）纳税期限

（1）纳税期限是纳税人发生纳税义务后缴纳税款的期限。资源税的纳税期限为1日、3日、5日、10日、15日或者1个月，纳税人的纳税期限由主管税务机关根据实际情况具体核定。不能按固定期限计算纳税的，可以按次计算纳税。

（2）纳税人以1个月为一期纳税的，自期满之日起10日内申报纳税；以1日、3日、5日、10日或者15日为一期纳税的，自期满之日起5日内预缴税款，于次月1日起10日内申报纳税并结清上月税款。

（三）纳税地点

（1）凡是缴纳资源税的纳税人，都应当向应税产品的开采或者生产所在地主管税务机关缴纳税款。

（2）如果纳税人在本省、自治区、直辖市范围内开采或者生产应税产品，其纳税地点需要调整的，由所在地省、自治区、直辖市税务机关决定。

（3）如果纳税人应纳的资源税属于跨省开采，其下属生产单位与核算单位不在同一省、自治区、直辖市的，对其开采的矿产品一律在开采地纳税，其应纳税款由独立核算、自负盈亏的单位，按照开采地的实际销售量（或者自用量）及适用的单位税额计算划拨。

（4）扣缴义务人代扣代缴的资源税，也应当向收购地主管税务机关缴纳。

第二节 城镇土地使用税法

城镇土地使用税法是指国家制定的调整城镇土地使用税征收与缴纳权利及义务关系的法律规范。现行城镇土地使用税法的基本规范是1988年9月27日国务院颁布于2006年12月31日修订，2007年1月1日起施行的《中华人民共和国城镇土地使用税暂行条例》（简称《城镇土地使用税暂行条例》）。

一、城镇土地使用税基本原理

（一）城镇土地使用税概念

城镇土地使用税是以城镇土地为征税对象，对拥有土地使用权的单位和个人征收的一种税。

（二）城镇土地使用税的特点

1. 征税对象是国有土地

我国宪法明确规定，城镇土地的所有权归国家，单位和个人对占用的土地只有使用权而无所有权。国家既可以凭借财产权利对土地使用人获取的收益进行分配，又可以凭借政治权利对土地使用者进行征税。开征城镇土地使用税，实质上是运用国家政治权力，将纳税人获取的本应属于国家的土地收益集中到国家手中。农业土地因属于集体所有，故未纳入征税范围。

2. 征税范围

现行城镇土地使用税对在我国境内使用土地的所有单位和个人征收。征收范围较广，在筹集地方财政资金、调节土地使用和收益分配方面，发挥积极作用。

3. 实行差别幅度税额

开征城镇土地使用税的目的之一，在于调节土地的级差收入，而级差收入的产生主要取决于土地的位置。占有土地位置优越的纳税人可以节约运输和流通费用,扩大销售和经营规模,取得额外经济收益。为了有利于体现国家政策,城镇土地使用税实行差别幅度税额。对不同城镇适用不同税额,对同一城镇的不同地段,也根据市政建设状况和经济繁荣程度确定不等的负担水平。

二、纳税义务人

在城市、县城、建制镇、工矿区范围内使用土地的单位和个人,为城镇土地使用税(以下简称土地使用税)的纳税人。

所称单位包括国有企业、集体企业、私营企业、股份制企业、外商投资企业、外国企业以及其他企业和事业单位、社会团体、国家机关、军队以及其他单位;所称个人包括个体工商户以及其他个人。

城镇土地使用税的纳税人通常包括以下几类:

(1)拥有土地使用权的单位和个人;

(2)拥有土地使用权的单位和个人不在土地所在地的,其土地的实际使用人和代管人为纳税人;

(3)土地使用权未确定或权属纠纷未解决的,其实际使用人为纳税人;

(4)土地使用权共有的,共有各方都是纳税人,由共有各方分别纳税。

几个人或几个单位共同拥有一块土地的使用权,这块土地的城镇土地使用税的纳税人应是对这块土地拥有使用权的每一个人或每一个单位。他们应以其实际使用的土地面积占总面积的比例,分别计算缴纳土地使用税。

三、征税范围

城镇土地使用税的征税范围包括在城市、县城、建制镇和工矿区内的国家所有和集体所有的土地。

上述城市、县城、建制镇和工矿区分别按以下标准确认:

(1)城市是指经国务院批准设立的市;

(2)县城是指县人民政府所在地;

(3)建制镇是指经省、自治区、直辖市人民政府批准设立的建制镇;

(4)工矿区是指工商业比较发达,人口比较集中,符合国务院规定的建制镇标准,但尚未设立建制镇的大中型工矿企业所在地,工矿区须经省、自治区、直辖市人民政府批准。

上述城镇土地使用税的征税范围中,城市的土地包括市区和郊区的土地,县城的土地是指县人民政府所在地的城镇的土地,建制镇的土地是指镇人民政府所在地的土地。

建立在城市、县城、建制镇和工矿区以外的工矿企业不需缴纳城镇土地使用税。

另外,自2009年1月1日起,公园、名胜古迹内的索道公司经营用地,应按规定缴纳城镇土地使用税。

四、税率和计税依据

(一)税率

城镇土地使用税采用定额税率,即采用有幅度的差别税额,按大、中、小城市和县城、建制镇、工矿区分别规定每平方米土地使用税年应纳税额。具体标准如下:

(1)大城市1.5~30元;

(2)中等城市1.2~24元;

(3)小城市0.9~18元;

(4)县城、建制镇、工矿区0.6~12元。

大、中、小城市以公安部门登记在册的非农业正式户口人数为依据,按照国务院颁布的《城市规划条例》中规定的标准划分。人口在50万以上者为大城市;人口在20万~50万之间者为中等城市;人口在20万以下者为小城市。城镇土地使用税税率见表8.1。

表8.1 城镇土地使用税税率

级 别	人口/人	每平方米税额/元
大城市	50万以上	1.5~30
中等城市	20万~50万	1.2~24
小城市	20万以下	0.9~18
县城、建制镇、工矿区		0.6~12

各省、自治区、直辖市人民政府可根据市政建设情况和经济繁荣程度在规定税额幅度内,确定所辖地区的适用税额幅度。经济落后地区,土地使用税的适用税额标准可适当降低,但降低额不得超过上述规定最低税额的30%。经济发达地区的适用税额标准可以适当提高,但须报财政部批准。

土地使用税规定幅度税额主要考虑到我国各地区存在着悬殊的土地级差收益,同一地区内不同地段的市政建设情况和经济繁荣程度也有较大的差别。把土地使用税税额定为幅度税额,拉开档次,而且每个幅度税额的差距规定为20倍。这样,各地政府在划分本辖区不同地段的等级,确定适用税额时,有选择余地,便于具体操作。幅度税额还可以调节不同地区、不同地段之间的土地级差收益,尽可能地平衡税负。

(二)计税依据

城镇土地使用税以纳税人实际占用的土地面积为计税依据,土地面积计量标准为每平方米。即税务机关根据纳税人实际占用的土地面积,按照规定的税额计算应纳税额,向纳税人征收土地使用税。

纳税人实际占用的土地面积按下列办法确定:

(1)由省、自治区、直辖市人民政府确定的单位组织测定土地面积的,以测定的面积为准;

(2)尚未组织测量,但纳税人持有政府部门核发的土地使用证书的,以证书确认的土地面积为准;

(3)尚未核发土地使用证书的,应由纳税人申报土地面积,据以纳税,待核发土地使用证以后再作调整。

五、应纳税额的计算

城镇土地使用税的应纳税额可以通过纳税人实际占用的土地面积乘以该土地所在地段的适用税额求得。其计算公式为

$$全年应纳税额=实际占用应税土地面积(平方米)\times 适用税额$$

例 8.2　某市甲与乙两个商场在一等地段共同拥有一块土地的使用权，土地使用证书记载占用土地面积为 6 000 平方米，甲实际使用 1/3，乙实际使用 2/3；甲商场的一座仓库位于市郊，属五等地段，占地面积为 1 000 平方米；乙商场自办幼儿园占地面积 3 000 平方米，属三等地段，该幼儿园用地与商场用地能区分开。计算甲商场、乙商场全年应纳城镇土地使用税税额。注：一等地段年税额 4 元/平方米；三等地段年税额 2 元/平方米；五等地段年税额 1 元/平方米。

解　①甲商场应纳的税额为 6 000×1/3×4＝8 000 元；

②甲商场仓库应纳税额为 1 000×1＝1 000 元；

③乙商场应纳的税额为 6 000×2/3×4＝16 000 元；

④乙商场幼儿园用地与商场用地能区分开，按税法规定免税；

⑤甲商场全年应纳城镇土地使用税额为 8 000+1 000＝9 000 元；

⑥乙商场全年应纳城镇土地使用税额为 16 000 元。

六、税收优惠

法定免缴土地使用税的优惠如下：

(1)国家机关、人民团体、军队自用的土地。这部分土地是指这些单位本身的办公用地和公务用地。如国家机关、人民团体的办公楼用地，军队的训练场用地等。

(2)由国家财政部门拨付事业经费的单位自用的土地。这部分土地是指这些单位本身的业务用地。如学校的教学楼、操场、食堂等占用的土地。

(3)宗教寺庙、公园、名胜古迹自用的土地。宗教寺庙自用的土地是指举行宗教仪式等的用地和寺庙内的宗教人员生活用地。公园、名胜古迹自用的土地是指供公共参观游览的用地及其管理单位的办公用地。

以上单位的生产、经营用地和其他用地，不属于免税范围，应按规定缴纳土地使用税，如公园、名胜古迹中附设的营业单位(如影剧院、饮食部、茶社、照相馆等)使用的土地。

(4)市政街道、广场、绿化地带等公共用地。

(5)直接用于农、林、牧、渔业的生产用地。这部分土地是指直接从事于种植养殖、饲养的专业用地，不包括农副产品加工场地和生活办公用地。

(6)经批准开山填海整治的土地和改造的废弃土地，从使用的月份起免缴土地使用税 5 年至 10 年。具体免税期限由各省、自治区、直辖市地方税务局在《城镇土地使用税暂行条例》规定的期限内自行确定。

(7)对非营利性医疗机构、疾病控制机构和妇幼保健机构等卫生机构自用的土地，免征城镇土地使用税。

(8)企业办的学校、医院、托儿所、幼儿园，其用地能与企业其他用地明确区分的，免征城镇土地使用税。

(9)免税单位无偿使用纳税单位的土地(如公安、海关等单位使用铁路、民航等单位的土地)，免征城镇土地使用税。纳税单位无偿使用免税单位的土地，纳税单位应照章缴纳城镇土地使用税。纳税单位与免税单位共同使用、共有使用权土地上的多层建筑，对纳税单位可按其占用的建筑面积占建筑总面积的比例计征城镇土地使用税。

(10)对行使国家行政管理职能的中国人民银行总行(含国家外汇管理局)所属分支机构自用的土地，免征城镇土地使用税。

(11)为了体现国家的产业政策,支持重点产业的发展,对石油、电力、煤炭等能源用地,民用港口、铁路等交通用地和水利设施用地,三线调整企业、盐业、采石场、邮电等一些特殊用地划分了征免税界限和给予政策性减免税照顾。

七、征收管理

(一)纳税期限

城镇土地使用税实行按年计算、分期缴纳的征收方法,具体纳税期限由省、自治区、直辖市人民政府确定。

(二)纳税义务发生时间

(1)纳税人购置新建商品房,自房屋交付使用之次月起,缴纳城镇土地使用税。

(2)纳税人购置存量房,自办理房屋权属转移、变更登记手续,房地产权属登记机关签发房屋权属证书之次月起,缴纳城镇土地使用税。

(3)纳税人出租、出借房产,自交付出租、出借房产之次月起,缴纳城镇土地使用税。

(4)以出让或转让方式有偿取得土地使用权的,应由受让方从合同约定交付土地时间的次月起缴纳城镇土地使用税;合同未约定交付时间的,由受让方从合同签订的次月起缴纳城镇土地使用税。

(5)纳税人新征用的耕地,自批准征用之日起满1年时开始缴纳土地使用税。

(6)纳税人新征用的非耕地,自批准征用次月起缴纳土地使用税。

(7)自2009年1月1日起,纳税人因土地的权利发生变化而依法终止城镇使用税纳税义务的,其应纳税款的计算应截止到土地权利发生变化的当月末。

(三)纳税地点和征收机构

城镇土地使用税在土地所在地缴纳。

纳税人使用的土地不属于同一省、自治区、直辖市管辖的,由纳税人分别向土地所在地的税务机关缴纳土地使用税;在同一省、自治区、直辖市管辖范围内,纳税人跨地区使用的土地,其纳税地点由各省、自治区、直辖市地方税务局确定。

土地使用税由土地所在地的地方税务机关征收,其收入纳入地方财政预算管理。

第三节 土地增值税法

土地增值税法是指国家制定的用以调整土地增值税征收与缴纳之间权利及义务关系的法律规范。现行的土地增值税法的基本规范是1993年12月13日国务院颁布并于1994年1月1日实施的《中华人民共和国土地增值税暂行条例》(简称《土地增值税暂行条例》)。

一、土地增值税基本原理

(一)土地增值税概念

土地增值税是对有偿转让国有土地使用权及地上建筑物和其他附着物产权,取得增值收入的单位和个人征收的一种税。

(二)我国土地增值税的特点

1. 以转让房地产的增值额为计税依据

增值额为纳税人转让房地产的收入,减除税法规定准予扣除的项目金额后的余额。土地增值税的增值额与增值税的增值额有所不同,土地增值税的增值额以征税对象的全部销售收入额扣除与其相关的成本、费用、税金及其他项目金额后的余额,与会计核算中计算会计利润的方法基本相似。增值税的增值额只扣除与其销售额直接相关的进货成本价格。

2. 征税面比较广

凡在我国境内转让房地产并取得收入的单位和个人,除税法规定免税的以外,均应依照土地增值税条例规定缴纳土地增值税。换言之,凡发生应税行为的单位和个人,不论其经济性质,也不分内、外资企业或中、外籍人员,无论专营或兼营房地产业务,均有缴纳土地增值税的义务。

3. 实行超率累进税率

土地增值税的税率是以转让房地产增值率的高低为依据来确认的,按照累进原则设计,实行分级计税。增值率是以收入总额扣除相关项目金额后的余额再除以扣除项目合计金额,增值率高的,税率高、多纳税;增值率低的,税率低、少纳税。

4. 实行按次征收

土地增值税在房地产发生转让的环节,实行按次征收,每发生一次转让行为,就应根据每次取得的增值额征一次税。

二、纳税义务人

土地增值税的纳税义务人为转让国有土地使用权、地上的建筑及其附着物(以下简称转让房地产)并取得收入的单位和个人。单位包括各类企业、事业单位、国家机关和社会团体及其他组织;个人包括个体经营者。

三、征税范围

土地增值税的征税范围包括国有土地、地上建筑物及其附着物,即转让国有土地使用权,地上建筑物及其附着物连同国有土地使用权一并转让。

(一)征税范围的界定

(1)土地增值税只对转让国有土地使用权的行为课税,转让非国有土地和出让国有土地的行为均不征税。

所谓国有土地使用权是指土地使用人根据法律、合同等规定,对国家所有的土地享有的使用权利。对属于集体所有的土地按现行规定需先由国家征用后才能转让。集体所有的土地自行转让是违法行为。土地使用权出让是指土地使用者在政府垄断的土地一级市场,通过支付土地出让金而获得一定年限的土地使用权的行为。土地使用权转让是指土地使用者通过出让等形式取得土地使用权后,在土地二级市场上将土地再转让的行为。

(2)土地增值税既对转让土地使用权课税,也对转让地上建筑物及其附着物的产权征税。

(3)土地增值税只对有偿转让的房地产征税,即对转让房地产并取得收入的行为征税。

(二)对若干具体情况的判定

(1)以出售方式转让国有土地使用权、地上的建筑物及附着物的,因同时符合上述三个标准,所以属于土地增值税的征税范围。又分以下三种情况:①出售国有土地使用权的;②取得国有土地使用权后进行房屋开发建造然后出售的,即房地产开发;③存量房地产的买卖。

(2)以继承、赠予方式转让房地产的,因只发生房地产产权的转让,没有取得相应的收入,属于无偿转让房地产的行为,不能纳入土地增值税的征税范围。这里的房地产的赠予仅指以下情况:①房产所有人、土地使用权所有人将房屋产权、土地使用权赠予直系亲属或承担直接赡养义务人的;②房产所有人、土地使用权所有人通过中国境内非营利的社会团体、国家机关将房屋产权、土地使用权赠予教育、民政和其他社会福利、公益事业的。

(3)房地产的出租,出租人虽取得了收入,但没有发生房产产权、土地使用权的转让。因此,不属于土地增值税的征税范围。

(4)房地产的抵押,在抵押期间不征收土地增值税。待抵押期满后,视该房地产是否转移占有而确定是否征收土地增值税。对于以房地产抵债而发生房地产权属转让的,应列入土地增值税的征税范围。

(5)房地产的交换,这种行为既发生了房产产权、土地使用权的转移,交换双方又取得了实物形态的收入,所以属于土地增值税的征税范围。但对个人之间互换自有居住用房地产的,经当地税务机关核实,可以免征土地增值税。

(6)以房地产进行投资、联营,投资、联营的一方以土地(房地产)作价入股进行投资或作为联营条件,将房地产转让到所投资、联营的企业中时,暂免征收土地增值税。对投资、联营企业将上述房地产再转让的,应征收土地增值税。

(7)合作建房,对于一方出地,一方出资金,双方合作建房,建成后按比例分房自用的,暂免征收土地增值税;建成后转让的,应征收土地增值税。

(8)企业兼并转让房地产,对被兼并企业将房地产转让到兼并企业中的,暂免征收土地增值税。

(9)房地产的代建房行为是指房地产开发公司代客户进行房地产的开发,开发完成后向客户收取代建收入的行为。对于房地产开发公司而言,虽然取得了收入,但没有发生房地产权属的转移,其收入属于劳务收入性质,故不属于土地增值税的征税范围。

(10)房地产的重新评估,是指国有企业在清产核资时对房地产进行重新评估而使其升值的情况。这种情况房地产虽然有增值,但既没有发生房地产权属的转移,房产产权、土地使用权人也未取得收入,所以不属于土地增值税的征税范围。

四、税率

土地增值税实行四级超率累进税率。

(1)增值额未超过扣除项目金额50%的部分,税率为30%。

(2)增值额超过扣除项目金额50%、未超过扣除项目金额100%的部分,税率为40%。

(3)增值额超过扣除项目金额100%、未超过扣除项目金额200%的部分,税率为50%。

(4)增值额超过扣除项目金额200%的部分,税率为60%。

上述所列四级超率累进税率,每级“增值额未超过扣除项目金额”的比例,均包括本比例数。超率累进税率见表8.2。

表8.2　土地增值税四级超率累进税率

级　数	增值额与扣除项目金额的比率	税率/%	速算扣除系数/%
1	不超过50%的部分	30	0
2	超过50%至100%的部分	40	5
3	超过100%至200%的部分	50	15
4	超过200%的部分	60	35

五、应税收入与扣除项目

(一)应税收入的确定

根据《土地增值税暂行条例》及其《实施细则》的规定,纳税人转让房地产取得的应税收入,应包括转让房地产的全部价款及有关的经济收益。从收入的形式来看,包括货币收入、实物收入和其他收入。

1. 货币收入

货币收入是指纳税人转让房地产而取得的现金、银行存款、支票、银行本票、汇票等各种信用票据和国库券、金融债券、企业债券、股票等有价证券。这些类型的收入其实质都是转让方因转让土地使用权、房屋产权而向取得方收取的价款。货币收入一般比较容易确定。

2. 实物收入

实物收入是指纳税人转让房地产而取得的各种实物形态的收入。实物收入的价值不太容易确定,一般要对这些实物形态的财产进行估价。

3. 其他收入

其他收入是指纳税人转让房地产而取得的无形资产收入或具有财产价值的权利,如专利权、商标权、著作权、专有技术使用权、土地使用权、商誉权等。这种类型的收入比较少见,其价值需要进行专门的评估。

(二)扣除项目的确定

计算土地增值税应纳税额,并不是直接对转让房地产所取得的收入征税,而是要对收入额减除国家规定的各项扣除项目金额后的余额计算征税(这个余额就是纳税人在转让房地产中获取的增值额)。因此,要计算增值额,首先必须确定扣除项目。税法准予纳税人从转让收入额中减除的扣除项目包括如下几项。

1. 取得土地使用权所支付的金额

取得土地使用权所支付的金额包括两方面的内容:

(1)纳税人为取得土地使用权所支付的地价款。如果是以协议、招标、拍卖等出让方式取得土地使用权的,地价款为纳税人所支付的土地出让金;如果是以行政划拨方式取得土地使用权的,地价款为按照国家有关规定补交的土地出让金;如果是以转让方式取得土地使用权的,地价款为向原土地使用权人实际支付的地价款。

(2)纳税人在取得土地使用权时按国家统一规定缴纳的有关费用。它系指纳税人在取得土地使用权过程中为办理有关手续,按国家统一规定缴纳的有关登记、过户手续费。

2. 房地产开发成本

房地产开发成本是指纳税人房地产开发项目实际发生的成本,包括土地的征用及拆迁补偿费、前期工程费、建筑安装工程费、基础设施费、公共配套设施费、开发间接费用等。

3. 房地产开发费用

房地产开发费用是指与房地产开发项目有关的销售费用、管理费用和财务费用。根据现行财务会计制度的规定，这三项费用作为期间费用，直接计入当期损益，不按成本核算对象进行分摊。故作为土地增值税扣除项目的房地产开发费用，不按纳税人房地产开发项目实际发生的费用进行扣除，而按《实施细则》的标准进行扣除。

《实施细则》规定，财务费用中的利息支出，凡能够按转让房地产项目计算分摊并提供金融机构证明的，允许据实扣除，但最高不能超过按商业银行同类同期贷款利率计算的金额。其他房地产开发费用，按《实施细则》第七条（一）、（二）项规定（即取得土地使用权所支付的金额和房地产开发成本，下同）计算的金额之和的5%以内计算扣除。凡不能按转让房地产项目计算分摊利息支出或不能提供金融机构证明的，房地产开发费用按《实施细则》第七条（一）、（二）项规定计算的金额之和的10%以内计算扣除。计算扣除的具体比例，由各省、自治区、直辖市人民政府规定。

4. 与转让房地产有关的税金

与转让房地产有关的税金是指在转让房地产时缴纳的营业税、城市维护建设税、印花税。因转让房地产缴纳的教育费附加，也可视同税金予以扣除。

需要明确的是，房地产开发企业按照《施工、房地产开发企业财务制度》有关规定，其在转让时缴纳的印花税因列入管理费用中，故在此不允许单独再扣除。其他纳税人缴纳的印花税（按产权转移书据所载金额的5‰贴花）允许在此扣除。

5. 其他扣除项目

对从事房地产开发的纳税人可按《实施细则》第七条（一）、（二）项规定计算的金额之和，加计20%扣除。在此，应特别指出的是：此条优惠只适用于从事房地产开发的纳税人，除此之外的其他纳税人不适用。

6. 旧房及建筑物的评估价格

纳税人转让旧房的，应按房屋及建筑物的评估价格、取得土地使用权所支付的地价款或出让金、按国家统一规定缴纳的有关费用和转让环节缴纳的税金作为扣除项目金额计征土地增值税。对取得土地使用权时未支付地价款或不能提供已支付的地价款凭据的，在计征土地增值税时不允许扣除。

旧房及建筑物的评估价格是指在转让已使用的房屋及建筑物时，由政府批准设立的房地产评估机构评定的重置成本价乘以成新度折扣率后的价格。评估价格须经当地税务机关确认。

重置成本价的含义是：对旧房及建筑物，按转让时的建材价格及人工费用计算，建造同样面积、同样层次、同样结构、同样建设标准的新房及建筑物所需花费的成本费用。成新度折扣率的含义是：按旧房的新旧程度作一定比例的折扣。

纳税人转让旧房及建筑物，凡不能取得评估价格，但能提供购房发票的，经当地税务部门确认，根据《土地增值税暂行条例》第六条第（一）、（三）项规定的扣除项目的金额（即取得土地使用权所支付的金额、新建房及配套设施的成本、费用，或者旧房及建筑物的评估价格），可按发票所载金额并从购买年度起至转让年度止每年加计5%计算扣除。计算扣除项目时"每年"按购房发票所载日期起至售房发票开具之日止，每满12个月计一年；超过一年，未满12个月但超过6个月的，可以视同为一年。

对纳税人购房时缴纳的契税，凡能提供契税完税凭证的，准予作为“与转让房地产有关的税金”予以扣除，但不作为加计5%的基数。

对于转让旧房及建筑物，既没有评估价格，又不能提供购房发票的，地方税务机关可以根据《中华人民共和国税收征收管理法》第35条的规定，实行核定征收。

六、应纳税额的计算

（一）增值额的确定

土地增值税纳税人转让房地产所取得的收入减除规定的扣除项目金额后的余额，为增值额。

准确核算增值额，还需要有准确的房地产转让收入额和扣除项目的金额。在实际房地产交易活动中，有些纳税人由于不能准确提供房地产转让价格或扣除项目金额，致使增值额不准确，直接影响应纳税额的计算和缴纳。因此，纳税人有下列情形之一的，按照房地产评估价格计算征收：①隐瞒、虚报房地产成交价格的；②提供扣除项目金额不实的；③转让房地产的成交价格低于房地产评估价格，又无正当理由的。

房地产评估价格是指由政府批准设立的房地产评估机构根据相同地段、同类房地产进行综合评定的价格。

（二）应纳税额的计算方法

土地增值税以转让房地产的增值额为税基，依据超率累进税率，计算应纳税额。计算公式为

$$应纳税额=\sum(每级距的土地增值额\times适用税率)$$

实际工作中分步计算比较烦琐，一般采用速算扣除法计算。计算公式为

$$应纳税额=增值额\times适用税率-扣除项目金额\times速算扣除率$$

1. 转让土地使用权和出售新建房及配套设施应纳增值税的计算方法

（1）计算增值额

$$增值额=收入额-扣除项目金额$$

（2）计算增值率

$$增值率=增值额/扣除项目金额$$

（3）确定适用税率：依据计算的增值率按税率表确定其适用税率。

（4）依据适用税率计算应纳税额

$$应纳税额=增值额\times适用税率-扣除项目金额\times速算扣除率$$

例8.3　某房地产开发公司出售一幢居民楼，收入总额为1 000万元。开发该居民楼有关支出如下：支付地价款及各种费用200万元；房地产开发成本150万元；财务费用中的利息支出为80万元（不能提供金融机构贷款证明），其中有20万元属加罚的利息；转让环节缴纳的有关税费共计为60万元；该公司所在地政府规定的其他房地产开发费用扣除比例为8%。试计算该房地产开发公司应纳的土地增值税。

解　①取得土地使用权支付的地价款及有关费用为200万元。

②房地产开发成本为150万元。

③房地产开发费用为(200+150)×8%=28万元。

④允许扣除的税费为60万元。

⑤从事房地产开发的纳税人加计扣除20%；加计扣除额为(200+150)×20%=70万元。

⑥允许扣除的项目金额合计=200+150+28+60+70=508 万元。

⑦增值额为 1 000-508=492 万元。

⑧增值率为 492/508×100%=96.85%。

⑨应纳税额为 492×40%-508×5%=171.4 万元。

2. 出售旧房应纳税额的计算方法

(1)计算评估价格

评估价格=重置成本价×成新度折扣率

(2)汇集扣除项目金额。

(3)计算增值率。

(4)依据增值率确定适用税率。

(5)依据适用税率计算应纳税额

应纳税额=增值额×适用税率-扣除项目金额×速算扣除率

例 8.4 某企业将一幢八成新办公楼出售,取得收入 1 000 万元,经过税务机关审定,该办公楼重置价格为 550 万元,企业为取得这幢办公楼的土地使用权支付金额 180 万元,支付转让环节缴纳的税费共计 45 万元。计算该企业应缴纳的土地增值税。

解 ①办公楼评估价格为 550×80%=440 万元。

②扣除项目总金额为 440+180+45=665 万元。

③增值额为 1 000-665=335 万元。

④增值率为 335/665=50.38%。

⑤应纳税额为 335×40%-665×5%=100.75 万元。

七、税收优惠

(一)建造普通标准住宅的税收优惠

纳税人建造普通标准住宅出售,增值额未超过扣除项目金额 20% 的,免征土地增值税。

这里所说的"普通标准住宅",是指按所在地一般民用住宅标准建造的居住用住宅。高级公寓、别墅、度假村等不属于普通标准住宅。普通标准住宅应同时满足:住宅小区建筑容积率在 1.0 以上;单套建筑面积在 120 平方米以下;实际成交价格低于同级别土地上住房平均交易价格 1.2 倍以下。各省、自治区、直辖市要根据实际情况,制定本地区享受优惠政策普通住房的具体标准。允许单套建筑面积和价格标准适当浮动,但向上浮动的比例不得超过上述标准的 20%。纳税人建造普通标准住宅出售,增值额未超过扣除项目金额 20% 的,免征土地增值税;增值额超过扣除项目金额 20% 的,应就其全部增值额按规定计税。

对于纳税人既建造普通标准住宅,又建造其他房地产开发的,应分别核算增值额。不分别核算增值额或不能准确核算增值额的,其建造的普通标准住宅不能适用这一免税规定。

(二)国家征用收回的房地产的税收优惠

因国家建设需要依法征用、收回的房地产,免征土地增值税。

这里所说的"因国家建设需要依法征用、收回的房地产",是指因城市实施规划、国家建设的需要而被政府批准征用的房产或收回的土地使用权。

(三)因城市实施规划、国家建设需要而搬迁由纳税人自行转让原房地产的税收优惠

因城市实施规划、国家建设的需要而搬迁,由纳税人自行转让原房地产的,免征土地增值税。

（四）个人转让房地产的税收优惠

个人因工作调动或改善居住条件而转让原自用住房，经向税务机关申报核准，凡居住满5年或5年以上的，免予征收土地增值税；居住满3年未满5年的，减半征收土地增值税。居住未满3年的，按规定计征土地增值税。

八、征收管理

（一）纳税申报

土地增值税的纳税人应在转让房地产合同签订后的7日内，到房地产所在地主管税务机关办理纳税申报，并向税务机关提交房屋及建筑物产权、土地使用权证书，土地转让、房产买卖合同，房地产评估报告及其他与转让房地产有关的资料。纳税人因经常发生房地产转让而难以在每次转让后申报的，经税务机关审核同意后，可以定期进行纳税申报，具体期限由税务机关根据情况确定。

国家税务总局规定，纳税人必须按照税法的有关规定，向房地产所在地主管税务机关如实申报转让房地产所取得的收入、扣除项目金额以及应纳土地增值税税额，并按期缴纳税款。

（二）纳税地点

土地增值税的纳税人应向房地产所在地主管税务机关办理纳税申报，并在税务机关核定的期限内缴纳土地增值税。

这里所说的“房地产所在地”，是指房地产的坐落地。纳税人转让的房地产坐落在两个或两个以上地区的，应按房地产所在地分别申报纳税。

在实际工作中，纳税地点的确定又可分为以下两种情况：

（1）纳税人是法人的。当转让的房地产坐落地与其机构所在地或经营所在地一致时，则在办理税务登记的原管辖税务机关申报纳税即可；如果转让的房地产坐落地与其机构所在地或经营所在地不一致时，则应在房地产坐落地所管辖的税务机关申报纳税。

（2）纳税人是自然人的。当转让的房地产坐落地与其居住所在地一致时，则在住所所在地税务机关申报纳税；当转让的房地产坐落地与其居住所在地不一致时，在办理过户手续所在地的税务机关申报纳税。

【本章小结】

资源税是对在中国境内开采资源税条例规定的矿产品和生产盐等特定资源开发的单位和个人，就其资源绝对收益和级差收益征收的一种税。资源税的征收范围包括原油、天然气、煤炭、金属矿产品原矿和其他非金属原矿及盐等资源。资源税的纳税人为在中国境内开采应税矿产品或者生产盐的单位和个人。资源税采用从量定额办法征税，税率为地区差别幅度税额，计税依据为生产销售或自产自用应税产品的课税数量。

城镇土地使用税是以国有土地为征税对象，对在中国境内拥有土地使用权的单位和个人，就其使用的土地面积按规定税额征收的一种税。城镇土地使用税的征税范围为城市、县城、建制镇和工矿区。城镇土地使用税的纳税人为在城市、县城、建制镇和工矿区范围内使用土地的单位和个人。城镇土地使用税实行分级幅度税额，计税依据为纳税人实际占用土地面积。

土地增值税是对有偿转让国有土地使用权及地上建筑物和其他附着物产权、取得增值收入的单位和个人征收的一种税。凡有偿转让中华人民共和国国有土地使用权、地上建筑物及其附着物并取得收入的单位和个人为土地增值税的纳税义务人。土地增值税的征税范围包括国有土地、地上建筑物及其他附着物。土地增值税以纳税人转让房地产所取得的增值额为计税依据。房地产增值额为纳税人转让房地产所取得的收入减除税法规定的扣除项目金额后的余额。土地增值税实行四级超率累进税率。

【中英文关键词对照】

资源税	Resource Tax
课税数量	Quantity of Taxable
土地增值税	Land Appreciation Tax
增值额	Increased Value Volume
扣除项目金额	The Sum of Deductible Items
超率累进税率	Progressive Tax Rates Beyond Ratio
城镇土地使用税	City and Town Land Use Tax

【复习思考题】

1. 资源税的征税范围如何规定?
2. 城镇土地使用税的纳税义务人如何规定?
3. 土地增值税的征税范围如何界定?
4. 土地增值税的扣除项目有哪些?

【案例分析】

1. 某矿山为增值税一般纳税人,2016 年开采铜矿石 80 万吨,在 A 地收购未税铜矿石 3 万吨;销售铜矿石 50 万吨(其中销售收购的铜矿石 2 万吨)。计算该企业应就上述业务在矿山所在地税务机关申报缴纳资源税。(矿山铜矿石资源税额为 1.6 元/吨,A 地铜矿石资源税额为 1.2 元/吨)

2. 某铅锌矿 2016 年销售铅锌矿原矿 80 000 吨,另外移送入选精矿 30 000 吨,选矿比为 30%。当地适用的单位税额为 2 元/吨,计算该矿当年应缴纳资源税。

3. 某油田 1 月生产原油 20 万吨,当月销售 19.5 万吨,加热、修井用 0.5 万吨;开采天然气 1 000 万立方米,当月销售 900 万立方米,待售 100 万立方米。若原油、天然气的单位税额分别为 30 元/吨和 15 元/千立方米,计算该油田本月应纳资源税。

4. 某纳税人本期以自产液体盐 50 000 吨和外购液体盐 10 000 吨(每吨已缴纳资源税 2 元)加工固体盐 12 000 吨对外销售,取得销售收入 600 万元。已知固体盐税额为每吨 10 元,计算该纳税人本期应缴纳资源税。

5. 甲企业生产经营用地分布于某市的三个地域,第一块土地的土地使用权属于某免税单位,面积 6 000 平方米;第二块土地的土地使用权属于甲企业,面积 30 000 平方米,其中企业办学校 5 000 平方米,医院 3 000 平方米;第三块土地的土地使用权属于甲企业与乙企业共同拥有,面积 10 000 平方米,实际使用面积各 50%。假定甲企业所在地城镇土地使用税单位税额每平方米 8 元,计算甲企业全年应缴纳的城镇土地使用税。

6. 某房地产开发公司于 2016 年 1 月受让一宗土地使用权,根据转让合同支付转让方地价款6 000万元,当月办好土地使用权权属证书。2016年2月至2017年3月中旬该房地产开发公司将受让土地70%(其余30%尚未使用)的面积开发建造一栋写字楼。在开发过程中,根据建筑承包合同支付给建筑公司的劳务费和材料费共计5 800万元;发生的利息费用为300万元,不高于同期限贷款利率并能提供金融机构的证明。3月下旬该公司将开发建造的写字楼总面积的20%转为公司的固定资产并用于对外出租,其余部分对外销售。2017年4月~6月该公司取得租金收入共计60万元,销售部分全部售完,共计取得销售收入14 000万元。该公司在写字楼开发和销售过程中,共计发生管理费用800万元、销售费用400万元。计算该房地产开发公司销售写字楼应缴纳的土地增值税。(说明:该公司适用的城市维护建设税税率为7%;教育费附加征收率为3%;契税税率为3%;其他开发费用扣除比例为5%。)

第九章　财产、行为税法

【学习目标】

财产税是对财产所有人、占用人或使用人所拥有或支配的应税财产，就其数量或价值依法征收的一种税。财产税具有以下特点：课税对象具有特殊性；课税比较公平；属于直接税、税负不易转嫁；收入弹性小；征管比较复杂。财产税的征收具有以下作用：根据量能负担原则征税，能有效促进纳税人合理使用财产；有利于缓解社会分配不公、节制财富集中和贫富悬殊问题；有利于增强税收宏观调控作用。

行为税是以纳税人的某种特定行为作为课税对象征收的一类税收。行为税具有以下特点：针对性较强、调节力度较强、分散性和灵活性、收入不稳定。行为税收的开征，主要是为国家财政提供收入来源，维护市场经济秩序，增强纳税人的法制观念。财产、行为税在现代各国税收结构中并不占主导地位，但由于它能起到其他税种难以达到的独特的调节作用，因而被大多数国家的政府所采用，并成为许多国家地方财政收入的重要来源。

我国现行的财产、行为税法主要包括房产税法、车船税法、印花税法、契税法。通过本章学习应掌握房产税法、车船税法、印花税法、契税法各自的基本规定及其实际运用。

第一节　房 产 税 法

房产税法是指国家制定的调整房产税征收与缴纳之间权利及义务关系的法律规范。现行房产税法的基本规范是1986年9月15日国务院颁布并于同年10月1日实施的《中华人民共和国房产税暂行条例》(简称《房产税暂行条例》)。

一、房产税基本原理

(一)房产税的概念

房产税是以房屋为征税对象，按照房屋的计税余值或租金收入，向产权所有人征收的一种财产税。

(二)房产税的特点

1. 房产税属于财产税中的个别财产税

财产税按征收方式分类，可分为一般财产税与个别财产税。一般财产税也称综合财产税，是对纳税人拥有的财产综合课征的税收。个别财产税，也称特种财产税，是对纳税人所有的土地、房屋、资本或其他财产分别课征的税收。我国现行房产税属于个别财产税。

2. 征税范围限于城镇的经营性房屋

房产税的征税范围是在城市、县城、建制镇和工矿区，不涉及农村。

3. 区别房屋的经营使用方式规定征税办法

拥有房屋的单位和个人，既可以自己使用房屋，又可以把房屋用于出租、出典。房产税根据纳税人经营形式的不同，确定对房屋征税可以按房产计税余值征收，又可以按租金收入征收，使其符合纳税人的经营特点，便于平衡税收负担和征收管理。

二、纳税义务人

房产税以在征税范围内的房屋产权所有人为纳税人。

(1)产权属国家所有的,由经营管理单位纳税;产权属集体和个人所有的,由集体单位和个人纳税。

所称单位,包括国有企业、集体企业、私营企业、股份制企业、外商投资企业、外国企业以及其他企业和事业单位、社会团体、国家机关、军队以及其他单位;所称个人,包括个体工商户以及其他个人。

(2)产权出典的,由承典人纳税。所谓产权出典,是指产权所有人将房屋、生产资料等的产权,在一定期限内典当给他人使用,而取得资金的一种融资业务。这种业务大多发生于出典人急需用款,但又想保留产权回赎权的情况。承典人向出典人交付一定的典价之后,在质典期内即获抵押物品的支配权,并可转典。产权的典价一般要低于卖价。出典人在规定期间内须归还典价的本金和利息,方可赎回出典房屋等的产权。由于在房屋出典期间,产权所有人已无权支配房屋,因此,税法规定由对房屋具有支配权的承典人为纳税人。

(3)产权所有人、承典人不在房屋所在地的,由房产代管人或者使用人纳税。

(4)产权未确定及租典纠纷未解决的,亦由房产代管人或者使用人纳税。所谓租典纠纷,是指产权所有人在房产出典和租赁关系上,与承典人、租赁人发生各种争议,特别是权利和义务的争议悬而未决的。此外还有一些产权归属不清的问题,也都属于租典纠纷。

(5)无租使用其他单位房产的问题。纳税单位和个人无租使用房产管理部门、免税单位及纳税单位的房产,应由使用人代为缴纳房产税。

(6)自 2009 年 1 月 1 日起,外商投资企业、外国企业和组织以及外籍个人,依照《中华人民共和国房产税暂行条例》缴纳房产税。

三、征税范围

房产税以房产为征税对象。房地产开发企业建造的商品房,在出售前,不征收房产税;但对出售前房地产开发企业已使用或出租、出借的商品房应按规定征收房产税。

房产税的征税范围为城市、县城、建制镇和工矿区。

房产税的征税范围不包括农村。农村的房屋大部分是农民居住用房,为了不增加农民负担,对农村的房屋没有纳入征税范围。另外,对某些拥有房屋但自身没有纳税能力的单位,如国家拨付行政经费、事业经费和国防经费的单位自用的房产,税法也通过免税的方式将这类房屋排除在征税范围之外。因为这些单位本身没有经营收入,若对其征税,就要相应增加财政拨款,征税也就失去了意义。

四、税率与计税依据

(一)税率

我国现行房产税采用的是比例税率。由于房产税的计税依据分为从价计征和从租计征两种形式,所以房产税的税率也有两种:一种是按房产原值一次减除 10% ~30% 后的余值计征的,税率为 1.2%;另一种是按房产出租的租金收入计征的,税率为 12%。对个人按市场价格出租的居民住房,用于居住的,可暂减按 4% 的税率征收房产税。

(二)计税依据

房产税的计税依据是房产的计税价值或房产的租金收入。按照房产计税价值征税的,称为从价计征;按照房产租金收入计征的,称为从租计征。

1. 从价计征

《房产税暂行条例》规定,房产税依照房产原值一次减除10%～30%后的余值计算缴纳。各地扣除比例由当地省、自治区、直辖市人民政府确定。

(1)房产原值是指纳税人按照会计制度规定,在账簿"固定资产"科目中记载的房屋原价。没有记载房屋原价的,由房屋所在地税务机关参照同类房屋价值核定。

(2)房产原值应包括与房屋不可分割的各种附属设备或一般不单独计算价值的配套设施。纳税人对原有房屋进行改建、扩建的,要相应增加房屋的原值。

(3)对投资联营的房产,在计征房产税时应予以区别对待。对于以房产投资联营,投资者参与投资利润分红,共担风险的,按房产余值作为计税依据计征;对以房产投资,收取固定收入,不承担联营风险的,实际是以联营名义取得房产租金,应按租金收入计征。

(4)对融资租赁的房屋,以房产余值计算征收房产税。融资租赁与一般房屋出租不同,租赁期满后,房屋产权要转移到承租方,实际是一种变相的分期付款购买固定资产的形式。

2. 从租计征

《房产税暂行条例》规定,房产出租的,以房产租金收入为房产税的计税依据。

所谓房产的租金收入,是房屋产权所有人出租房产使用权所得的报酬,包括货币收入和实物收入。

如果是以劳务或者其他形式为报酬抵付房租收入的,应根据当地同类房产的租金水平,确定一个标准租金额从租计征。

对出租房产,租赁双方签订的租赁合同约定有免收租金期限的,免收租金期间由产权所有人按照房产原值缴纳房产税。

五、应纳税额的计算

房产税的计税依据有两种,与之相适应的应纳税额计算也分为两种:一是从价计征的计算;二是从租计征的计算。

(一)从价计征的计算

从价计征是按房产的原值减除一定比例后的余值计征,其计算公式为

$$应纳税额=应税房产原值\times(1-扣除比例)\times 1.2\%$$

如前所述,房产原值是"固定资产"科目中记载的房屋原价;减除一定比例是省、自治区、直辖市人民政府规定的10%～30%的减除比例;计征的适用税率为1.2%。

(二)从租计征的计算

从租计征是按房产的租金收入计征,其计算公式为

$$应纳税额=租金收入\times 12\%(或4\%)$$

例9.1 甲企业在某地拥有两幢房屋,其中一幢用于本企业生产经营,房产账面原值为130万元,年中对这幢房屋进行改造花费了20万元。另一幢房屋账面原值为100万元,租给乙企业年租金收入为10万元。当地政府规定减除比例为20%,计算该企业应纳房产税额。

解 自用房产应纳房产税额为$[(130+20)\times(1-20\%)]\times 1.2\%=1.44$万元。

租金收入应纳房产税额为 $10\times12\%=1.2$ 万元。

六、税收优惠

目前，房产税的税收优惠政策主要包括以下方面：

(1)国家机关、人民团体、军队自用的房产。其中，人民团体是指经国务院授权的政府部门批准设立或登记备案的并由国家拨付行政事业费的各种社会团体，如文艺工作团体、学术研究团体、社会公益团体等。自用的房产是指这些单位本身的办公用房和公务用房。

(2)国家财政部门拨付(全额或差额)事业经费的单位的自用房产。事业单位自用的房产是指这些单位本身的业务用房(企业办的各类学校、托儿所、幼儿园自用的房产可以比照)。

(3)宗教寺庙、公园、名胜古迹自用的房产。宗教寺庙自用的房产，是指举行宗教仪式等的房屋和宗教人员使用的生活用房屋。公园、名胜古迹自用的房产，是指供公共参观游览的房屋及其管理单位的办公用房屋。

(4)非营利性医疗机构、疾病控制机构、妇幼保健机构等自用的房产。营利性医疗机构自用的房产，自 2000 年起免征房产税 3 年。

(5)个人拥有的非营业用房产。个人所有的非营业用房产指居民住房。个人所有的营业用房或出租等非自用的房产，应按照规定征收房产税。

(6)政府部门和企业、事业单位、社会团体、个人投资兴办的福利性、非营利性老年服务机构自用的房产。

(7)经过有关部门鉴定停止使用的毁损房屋和危险房屋。

(8)微利企业和亏损企业，可以定期免征房产税。

(9)基建工地建造的为工地服务的临时性房屋，在施工期间可以免征房产税。

(10)房屋大修停用半年以上的，在大修期间可以免征房产税。

(11)企业停产、撤销以后，其房产闲置不用的，可以暂免征收房产税。

(12)按照政府规定价格出租的公有住房和廉租住房暂免征收房产税。

(13)高校后勤实体免征房产税。

(14)地下人防设施暂不征收房产税。

(15)经过财政部批准免征房产税的其他房产。

七、征收管理

(一)纳税义务发生时间

(1)纳税人将原有房产用于生产经营，从生产经营之月起缴纳房产税；

(2)纳税人自行新建房屋用于生产经营，从建成之次月起缴纳房产税；

(3)纳税人委托施工企业建设的房屋，从办理验收手续之次月起缴纳房产税；

(4)纳税人购置新建商品房，自房屋交付使用之次月起缴纳房产税；

(5)纳税人购置存量房，自办理房屋权属转移、变更登记手续，房地产权属登记机关签发房屋权属证书之次月起，缴纳房产税；

(6)纳税人出租、出借房产，自交付出租、出借房产之次月起，缴纳房产税；

(7)房地产开发企业自用、出租、出借本企业建造的商品房，自房屋使用或交付之次月起，缴纳房产税；

(8)自2009年1月1日起,纳税人因房产的实物或权利状态发生变化而依法终止房产税纳税义务的,其应纳税款的计算应截止到房产的实物或权利状态发生变化的当月末。

(二)纳税期限

房产税实行按年计算、分期缴纳的征收方法,具体纳税期限由省、自治区、直辖市人民政府确定。

(三)纳税地点

房产税在房产所在地缴纳。房产不在同一地方的纳税人,应按房产的坐落地点分别向房产所在地的税务机关纳税。

第二节 车船税法

车船税法是指国家制定的用以调整车船税征收与缴纳权利及义务关系的法律规范。现行车船税法的基本规范是2006年12月29日国务院公布并于2007年1月1日起施行的《中华人民共和国车船税暂行条例》(简称《车船税暂行条例》)。原1951年9月13日政务院发布的《车船使用牌照税暂行条例》和1986年9月15日国务院发布的《中华人民共和国车船使用税暂行条例》同时废止。

车船税是以车船为征税对象,向拥有车船的单位和个人征收的一种税。

一、纳税义务人

所谓车船税,是指在中华人民共和国境内的车辆、船舶的所有人或者管理人按照中华人民共和国车船税暂行条例应缴纳的一种税。

车船税的纳税义务人是指在中华人民共和国境内,车辆、船舶(以下简称车船)的所有人或者管理人,应当依照《中华人民共和国车船税暂行条例》的规定缴纳车船税。

二、征税范围

车船税的征收范围是指依法应当在我国车船管理部门登记的车船(除规定减免的车船外)。

(一)车辆

车辆包括机动车辆和非机动车辆。机动车辆指依靠燃油、电力等能源作为动力运行的车辆,如汽车、拖拉机、无轨电车等;非机动车辆指依靠人力、畜力运行的车辆,如三轮车、自行车、畜力驾驶车等。

(二)船舶

船舶包括机动船舶和非机动船舶。机动船舶指依靠燃料等能源作为动力运行的船舶,如客轮、货船、气垫船等;非机动船舶指依靠人力或者其他力量运行的船舶,如木船、帆船、舢板等。

三、税目与税率

车船税实行定额税率。定额税率也称固定税额,是税率的一种特殊形式。定额税率计算简便,适宜于从量计征的税种。车船税的适用税额依照条例所附的《车船税税目税额表》执行。

车船税采用定额税率，即对征税的车船规定单位固定税额。车船税确定税额总的原则是：非机动车船的税负轻于机动车船；人力车的税负轻于畜力车；小吨位船舶的税负轻于大船舶。由于车辆与船舶的行驶情况不同，车船税的税额也有所不同（见表9.1）。

表9.1　车船税税目税额表

税　目	计税单位	每年税额/元	备　注
载客汽车	每辆	60～660	包括电车
载货汽车专项作业车	按自重每吨	16～120	包括半挂牵引车、挂车
三轮汽车低速货车	按自重每吨	24～120	
摩托车	每辆	36～180	
船舶	按净吨位每吨	3～6	拖船和非机动驳船分别按船舶税额的50%计算

四、应纳税额的计算

（一）计税依据

（1）纳税人在购买机动车交通事故责任强制保险时，应当向扣缴义务人提供地方税务机关出具的本年度车船税的完税凭证或者减免税证明。不能提供完税凭证或者减免税证明的，应当在购买保险时按照当地的车船税税额标准计算缴纳车船税。

（2）拖船按照发动机功率每2马力折合净吨位1吨计算征收车船税。

（3）条例及本细则所涉及的核定载客人数、自重、净吨位、马力等计税标准，以车船管理部门核发的车船登记证书或者行驶证书相应项目所载数额为准。纳税人未按照规定到车船管理部门办理登记手续的，上述计税标准以车船出厂合格证明或者进口凭证相应项目所载数额为准；不能提供车船出厂合格证明或者进口凭证的，由主管地方税务机关根据车船自身状况并参照同类车船核定。

（4）车辆自重尾数在0.5吨以下（含0.5吨）的，按照0.5吨计算；超过0.5吨的，按照1吨计算。船舶净吨位尾数在0.5吨以下（含0.5吨）的不予计算，超过0.5吨的按照1吨计算。1吨以下的小型车船，一律按照1吨计算。

（5）条例和本细则所称的自重，是指机动车的整备质量。

（6）对于无法准确获得自重数值或自重数值明显不合理的载货汽车、三轮汽车、低速货车、专项作业车和轮式专用机械车，由主管税务机关根据车辆自身状况并参照同类车辆核定计税依据。对能够获得总质量和核定载质量的，可按照车辆的总质量和核定载质量的差额作为车辆的自重；无法获得核定载质量的专项作业车和轮式专用机械车，可按照车辆的总质量确定自重。

（二）应纳税额的计算方法

购置的新车船，购置当年的应纳税额自纳税义务发生的当月起按月计算。计算公式为

$$应纳税额=年应纳税额/12\times应纳税月份数$$

例9.2　某运输公司拥有载货汽车8辆，自重吨位均为4吨；拥有小轿车10辆。计算该公司应缴纳的车船税。该地车船税年税额是自重载货汽车为每吨30元，载客汽车每辆150元。

解　载货汽车应纳税额为 8×4×30 = 960 元。小轿车应纳税额为 150×10 = 1 500 元。

五、税收优惠

（一）法定减免

《车船税暂行条例》规定下列车船免征车船税：

（1）非机动车船（不包括非机动驳船）。非机动车是指以人力或者畜力驱动的车辆，以及符合国家有关标准的残疾人机动轮椅车、电动自行车等车辆；非机动船是指自身没有动力装置，依靠外力驱动的船舶；非机动驳船是指在船舶管理部门登记为驳船的非机动船。

（2）拖拉机。拖拉机是指在农业（农业机械）部门登记为拖拉机的车辆。

（3）捕捞、养殖渔船。捕捞、养殖渔船是指在渔业船舶管理部门登记为捕捞船或者养殖船的渔业船舶。不包括在渔业船舶管理部门登记为捕捞船或者养殖船以外类型的渔业船舶。

（4）军队、武警专用的车船。军队、武警专用的车船是指按照规定在军队、武警车船管理部门登记，并领取军用牌照、武警牌照的车船。

（5）警用车船。警用车船是指公安机关、国家安全机关、监狱、劳动教养管理机关和人民法院、人民检察院领取警用牌照的车辆和执行警务的专用船舶。

（6）按照有关规定已经缴纳船舶吨税的船舶。

（7）依照我国有关法律和我国缔结或者参加的国际条约的规定应当予以免税的外国驻华使馆、领事馆和国际组织驻华机构及其有关人员的车船。

（二）特定减免

（1）对尚未在车辆管理部门办理登记、属于应减免税的新购置车辆，车辆所有人或管理人可提出减免税申请，并提供机构或个人身份证明文件和车辆权属证明文件以及地方税务机关要求的其他相关资料。经税务机关审验符合车船税减免条件的，税务机关可为纳税人出具该纳税年度的减免税证明，以方便纳税人购买机动车交通事故责任强制保险。

新购置应予减免税的车辆所有人或管理人在购买机动车交通事故责任强制保险时已缴纳车船税的，在办理车辆登记手续后可向税务机关提出减免税申请，经税务机关审验符合车船税减免税条件的，税务机关应退还纳税人多缴的税款。

（2）省、自治区、直辖市人民政府可以根据当地实际情况，对城市、农村公共交通车船给予定期减税、免税。

六、征收管理

（一）纳税期限

车船税的纳税义务发生时间，为车船管理部门核发的车船登记证书或者行驶证书所记载日期的当月。纳税人未按照规定到车船管理部门办理应税车船登记手续的，以车船购置发票所载开具时间的当月作为车船税的纳税义务发生时间。对未办理车船登记手续且无法提供车船购置发票的，由主管地方税务机关核定纳税义务发生时间。

车船税按年申报缴纳。纳税年度自公历 1 月 1 日起至 12 月 31 日止。具体申报纳税期限由省、自治区、直辖市人民政府确定。

（二）纳税地点

车船税由地方税务机关负责征收。纳税地点由省、自治区、直辖市人民政府根据当地实际情况确定。跨省、自治区、直辖市使用的车船，纳税地点为车船的登记地。

第三节　印花税法

印花税法是指国家制定的用以调整印花税征收与缴纳权利及义务关系的法律规范。现行印花税法的基本规范是1988年8月6日国务院发布并于同年10月1日实施的《中华人民共和国印花税暂行条例》（简称《印花税暂行条例》）。

一、印花税基本原理

（一）印花税的概念

印花税是以经济活动和经济交往中，书立、领受应税凭证的行为为征税对象征收的一种税。印花税因其采用在应税凭证上粘贴印花税票的方法缴纳税款而得名。

（二）印花税的特点

1. 征税范围广

印花税的征税对象是经济活动和经济交往中书立、领受应税凭证的行为，其征税范围十分广泛，主要表现在两个方面：一是涉及的应税行为广泛，包括书立和领受应税凭证的行为，这些行为在经济生活中是经常发生的；二是涉及的应税凭证范围广泛，包括各类经济合同、营业账簿、权利许可证照等，这些凭证在经济生活中被广泛地使用着。

2. 税负从轻

印花税税负较轻，主要表现在其税率或税额明显低于其他税种，最低比例税率为应税凭证所载金额的万分之零点五，一般都为万分之几或千分之几；定额税率是每件应税凭证5元。

3. 自行贴花纳税

印花税的纳税方法完全不同于其他税种，它采取纳税人自行计算应纳税额、自行购买印花税票、自行贴花、自行在每枚税票的骑缝处盖戳注销或画销的纳税方法。

4. 多缴不退不抵

印花税条例规定，凡多贴印花税票者，不得申请退税或者抵用。

二、纳税义务人

印花税的纳税义务人是在中国境内书立、使用、领受印花税法所列举的凭证并应依法履行纳税义务的单位和个人。

所称单位和个人是指国内各类企业、事业、机关、团体、部队以及中外合资企业、合作企业、外资企业、外国公司和其他经济组织及其在华机构等单位和个人。

上述单位和个人，按照书立、使用、领受应税凭证的不同，可以分别确定为立合同人、立据人、立账簿人、领受人和使用人五种。

（一）立合同人

立合同人指合同的当事人。所谓当事人，是指对凭证有直接权利义务关系的单位和个人，但不包括合同的担保人、证人、鉴定人。各类合同的纳税人是立合同人。各类合同，包括购销、加工承揽、建设工程承包、财产租赁、货物运输、仓储保管、借款、财产保险、技术合同或者具有合同性质的凭证。

所称合同,是指根据《中华人民共和国合同法》和其他有关合同法规订立的合同。所称具有合同性质的凭证,是指具有合同效力的协议、契约、合约、单据、确认书及其他各种名称的凭证。

当事人的代理人有代理纳税的义务,他与纳税人负有同等的税收法律义务和责任。

(二)立据人

产权转移书据的纳税人是立据人,是指土地、房屋权属转移过程中买卖双方的当事人。

(三)立账簿人

营业账簿的纳税人是立账簿人。所谓立账簿人,指设立并使用营业账簿的单位和个人。

(四)领受人

权利、许可证照的纳税人是领受人。领受人是指领取或接受并持有该项凭证的单位和个人。

(五)使用人

在国外书立、领受,但在国内使用的应税凭证,其纳税人是使用人。

(六)各类电子应税凭证的签订人

各类电子应税凭证的签订人即以电子形式签订的各类应税凭证的当事人。

值得注意的是,对应税凭证,凡由两方或两方以上当事人共同书立的,其当事人各方都是印花税的纳税人,应各就其所持凭证的计税金额履行纳税义务。

三、税目

印花税的税目指印花税法明确规定的应当纳税的项目,它具体划定了印花税的征税范围。一般地说,列入税目的就要征税,未列入税目的就不征税。印花税共有13个税目。

(一)购销合同

购销合同包括供应、预购、采购、购销结合及协作、调剂、补偿、贸易等合同。此外,还包括出版单位与发行单位之间订立的图书、报纸、期刊和音像制品的应税凭证。还包括发电厂与电网之间、电网与电网之间(国家电网公司系统、南方电网公司系统内部各级电网互供电量除外)签订的购售电合同。但是,电网与用户之间签订的供用电合同不属于印花税列举征税的凭证,不征收印花税。

(二)加工承揽合同

加工承揽合同包括加工、定做、修缮、修理、印刷、广告、测绘、测试等合同。

(三)建设工程勘察设计合同

建设工程勘察设计合同包括勘察、设计合同。

(四)建筑安装工程承包合同

建筑安装工程承包合同包括建筑、安装工程承包合同。承包合同包括总承包合同、分包合同和转包合同。

(五)财产租赁合同

财产租赁合同包括租赁房屋、船舶、飞机、机动车辆、机械、器具、设备等合同,还包括企业、个人出租门店、柜台等签订的合同。

(六)货物运输合同

货物运输合同包括民用航空、铁路运输、海上运输、公路运输和联运合同,以及作为合同使用的单据。

（七）仓储保管合同

仓储保管合同包括仓储、保管合同，以及作为合同使用的仓单、栈单等。

（八）借款合同

借款合同包括银行及其他金融组织与借款人（不包括银行同业拆借）所签订的合同，以及只填开借据并作为合同使用、取得银行借款的借据。银行及其他金融机构经营的融资租赁业务，是一种以融物方式达到融资目的的业务，实际上是分期偿还的固定资金借款，因此融资租赁合同也属于借款合同。

（九）财产保险合同

财产保险合同包括财产、责任、保证、信用保险合同，以及作为合同使用的单据。财产保险合同，分为企业财产保险、机动车辆保险、货物运输保险、家庭财产保险和农牧业保险五大类。“家庭财产两全保险”属于家庭财产保险性质，其合同在财产保险合同之列，应照章纳税。

（十）技术合同

技术合同包括技术开发、转让、咨询、服务等合同，以及作为合同使用的单据。

技术转让合同，包括专利申请权转让、专利实施许可和非专利技术转让。

技术咨询合同，是当事人就有关项目的分析、论证、预测和调查订立的技术合同。但一般的法律、会计、审计等方面的咨询不属于技术咨询，其所立合同不贴印花。

技术服务合同，是当事人一方委托另一方就解决有关特定技术问题，如为改进产品结构、改良工艺流程、提高产品质量、降低产品成本、保护资源环境、实现安全操作、提高经济效益等提出实施方案，进行实施指导所订立的技术合同，包括技术服务合同、技术培训合同和技术中介合同。但不包括以常规手段或者为生产经营目的进行一般加工、修理、修缮、广告、印刷、测绘、标准化测试，以及勘察、设计等所书立的合同。

（十一）产权转移书据

产权转移书据包括财产所有权和版权、商标专用权、专利权、专有技术使用权等转移书据和土地使用权出让合同、土地使用权转让合同、商品房销售合同等权力转移合同。

所称产权转移书据，是指单位和个人产权的买卖、继承、赠予、交换、分割等所立的书据。“财产所有权”转换书据的征税范围，是指经政府管理机关登记注册的动产、不动产的所有权转移所立的书据，以及企业股权转让所立的书据，并包括个人无偿赠送不动产所签订的“个人无偿赠予不动产登记表”。当纳税人完税后，税务机关（或其他征收机关）应在纳税人印花税完税凭证上加盖“个人无偿赠予”印章。

（十二）营业账簿

营业账簿指单位或者个人记载生产经营活动的财务会计核算账簿。营业账簿按其反映内容的不同，可分为记载资金的账簿和其他账簿。

记载资金的账簿是指反映生产经营单位资本金数额增减变化的账簿。其他账簿是指除上述账簿以外的有关其他生产经营活动内容的账簿，包括日记账簿和各明细分类账簿。

（十三）权利、许可证照

权利、许可证照包括政府部门发给的房屋产权证、工商营业执照、商标注册证、专利证、土地使用证。

四、税率

印花税的税率有比例税率和定额税率两种形式。

（一）比例税率

在印花税的13个税目中，各类合同以及具有合同性质的凭证（含以电子形式签订的各类应税凭证）、产权转移书据、营业账簿中记载资金的账簿，适用比例税率。

印花税的比例税率分为4个档次，分别是0.05‰，0.3‰，0.5‰，1‰。

（1）适用0.05‰税率的为“借款合同”；

（2）适用0.3‰税率的为“购销合同”“建筑安装工程承包合同”“技术合同”；

（3）适用0.5‰税率的为“加工承揽合同”“建筑工程勘察设计合同”“货物运输合同”“产权转移书据”“营业账簿”税目中记载资金的账簿；

（4）适用1‰税率的为“财产租赁合同”“仓储保管合同”“财产保险合同”；

（5）适用1‰税率的为“股权转让书据”，包括A股和B股。

（二）定额税率

在印花税的13个税目中，“权利、许可证照”和“营业账簿”税目中的其他账簿，适用定额税率，均为按件贴花，税额为5元。

印花税税目税率详见表9.2。

表9.2 印花税税目、税率

税 目	范 围	税 率	纳税人	说 明
1. 购销合同	包括供应、预购、采购、购销结合及协作、调剂、补偿、易货等合同	按购销金额3‰贴花	立合同人	
2. 加工承揽合同	包括加工、定做、修缮、修理、印刷、广告、测绘、测试等合同	按加工或承揽收入5‰贴花	立合同人	
3. 建设工程勘察设计合同	包括勘察、设计合同	按收取费用5‰贴花	立合同人	
4. 建筑安装工程承包合同	包括建筑、安装工程承包合同	按承包金额3‰贴花	立合同人	
5. 财产租赁合同	包括租赁房屋、船舶、飞机、机动车辆、机械、器具、设备等合同	按租赁金额1‰贴花。税额不足1元按1元贴花	立合同人	
6. 货物运输合同	包括民用航空运输、铁路运输、海上运输、内河运输、公路运输和联运合同	按运输费用0.5‰贴花	立合同人	单据作为合同使用的，按合同贴花
7. 仓储保管合同	包括仓储、保管合同	按仓储保管费用1‰贴花	立合同人	仓单或栈单作为合同使用的，按合同贴花
8. 借款合同	银行及其他金融组织和借款人（不包括银行同业拆借）所签订的借款合同	按借款金额0.05‰贴花	立合同人	单据作为合同使用的，按合同贴花

续表 9.2

税　目	范　围	税　率	纳税人	说　明
9. 财产保险合同	包括财产、责任、保证、信用等保险合同	按收取的保险费收入 1‰贴花	立合同人	单据作为合同使用的，按合同贴花
10. 技术合同	包括技术开发、转让、咨询、服务等合同	按所记载金额 0.3‰贴花	立合同人	
11. 产权转移书据	包括财产所有权和版权、商标专用权、专利权、专有技术使用权等转移书据、土地使用权出让合同、土地使用权转让合同、商品房销售合同	按所记载金额 0.5‰贴花	立据人	
12. 营业账簿	生产、经营用账册	记载资金的账簿。按实收资本和资本公积的合计金额 0.5‰贴花。其他账簿按件贴花 5 元	立账簿人	
13. 权利、许可证照	包括政府部门发给的房屋产权证、工商营业执照、商标注册证、专利证、土地使用证	按件贴花 5 元	领受人	

五、应纳税额的计算

(一)计税依据的一般规定

印花税的计税依据为各种应税凭证上所记载的计税金额。具体规定介绍如下：

(1)购销合同的计税依据为合同记载的购销金额。

(2)加工承揽合同的计税依据是加工或承揽收入的金额。

(3)建设工程勘察设计合同的计税依据为收取的费用。

(4)建筑安装工程承包合同的计税依据为承包金额。

(5)财产租赁合同的计税依据为租赁金额；经计算，税额不足 1 元的，按 1 元贴花。

(6)货物运输合同的计税依据为取得的运输费金额(即运费收入)，不包括所运货物的金额、装卸费和保险费等。

(7)仓储保管合同的计税依据为收取的仓储保管费用。

(8)借款合同的计税依据为借款金额。

(9)财产保险合同的计税依据为支付(收取)的保险费，不包括所保财产的金额。

(10)技术合同的计税依据为合同所载的价款、报酬或使用费。为了鼓励技术研究开发，对技术开发合同，只就合同所载的报酬金额计税，研究开发经费不作为计税依据。单对合同约定按研究开发经费一定比例作为报酬的，应按一定比例的报酬金额贴花。

(11)产权转移书据的计税依据为所载金额。

(12)营业账簿税目中记载资金的账簿的计税依据为“实收资本”与“资本公积”两项的合计金额。实收资本包括现金、实物、无形资产和材料物资。现金按实际收到或存入纳税人开户银行的金额确定。实物,指房屋、机器等,按评估确认的价值或者合同、协议约定的价格确定。无形资产和材料物资,按评估确认的价值确定。

资本公积包括接受捐赠、法定财产重估增值、资本折算差额、资本溢价等。如果是实物捐赠,则按同类资产的市场价格或有关凭据确定。

其他账簿的计税依据为应税凭证件数。

(13)权利、许可证照的计税依据为应税凭证件数。

(二)计税依据的特殊规定

(1)上述凭证以“金额”“收入”“费用”作为计税依据的,应当全额计税,不得作任何扣除。

(2)同一凭证,载有两个或两个以上经济事项而适用不同税目税率,如分别记载金额的,应分别计算应纳税额,相加后按合计税额贴花;如未分别记载金额的,按税率高的计税贴花。

(3)按金额比例贴花的应税凭证,未标明金额的,应按照凭证所载数量及国家牌价计算金额;没有国家牌价的,按市场价格计算金额,然后按规定税率计算应纳税额。

(4)应税凭证所载金额为外国货币的,应按照凭证书立当日国家外汇管理局公布的外汇牌价折合成人民币,然后计算应纳税额。

(5)应纳税额不足1角的,免纳印花税;1角以上的,其税额尾数不满5分的不计,满5分的按1角计算。

(6)有些合同,在签订时无法确定计税金额,如技术转让合同中的转让收入,是按销售收入的一定比例收取或是按实现利润分成的;财产租赁合同,只是规定了月(天)租金标准而无租赁期限的。对这类合同,可在签订时先按定额5元贴花,以后结算时再按实际金额计税,补贴印花。

(7)应税合同在签订时纳税义务即已产生,应计算应纳税额并贴花。所以,不论合同是否兑现或是否按期兑现,均应贴花。

对已履行并贴花的合同,所载金额与合同履行后实际结算金额不一致的,只要双方未修改合同金额,一般不再办理完税手续。

(8)对有经营收入的事业单位,凡属由国家财政拨付事业经费,实行差额预算管理的单位,其记载经营业务的账簿,按其他账簿定额贴花,不记载经营业务的账簿不贴花;凡属经费来源实行自收自支的单位,其营业账簿,应对记载资金的账簿和其他账簿分别计算应纳税额。

(9)商品购销活动中,采用以货换货方式进行商品交易签订的合同,是反映既购又销双重经济行为的合同。对此,应按合同所载的购、销合计金额计税贴花。合同未列明金额的,应按合同所载购、销数量依照国家牌价或者市场价格计算应纳税额。

必须明确的是,印花税票为有价证券,其票面金额以人民币为单位,分为1角、2角、5角、1元、2元、5元、10元、50元、100元九种。

(三)应纳税额的计算方法

纳税人的应纳税额根据应纳税凭证的性质,分别按比例税率或者定额税率计算,其计算公式为

应纳税额=应税凭证计税金额(或应税凭证件数)×适用税率

例9.3　某公司2016年1月开业,当年发生以下应税项目:

①领受工商营业执照、房屋产权证、土地使用证、银行开户许可证各一件;

②企业记载资金的账簿上"实收资本"500万元,"资本公积"300万元,其他营业账簿6本;

③与甲公司签订一项易货合同,约定以该公司20万元产品换取对方30万元商品;

④为乙公司加工商品,乙公司提供原材料40万元,该公司提供辅助材料10万元并收取加工费15万元;

⑤与丙企业签订一项900万元的建筑工程合同,将其中100万元的工程转包给丁企业并签订了转包合同;

⑥与国外某机构书立60万元购销合同。

计算该公司2016年应纳的印花税。

解　①应纳印花税为4×5=20元。

②应纳印花税为(5 000 000+3 000 000)×0.5‰+6×5=4 030元。

③应纳印花税为(200 000+300 000)×0.3‰=150元。

④应纳印花税为(100 000+150 000)×0.5‰=125元。

⑤应纳印花税为(9 000 000+1 000 000)×0.3‰=3 000元。

⑥应纳印花税为600 000×0.3‰=180元。

2016年该公司应纳印花税额为20+4 030+150+125+3 000+180=7 505元。

六、税收优惠

(1)对已缴纳印花税凭证的副本或者抄本免税。

凭证的正式签署本已按规定缴纳了印花税,其副本或者抄本对外不发生权利义务关系,只是留存备查。但以副本或者抄本视同正本使用的,则应另贴印花。

(2)对财产所有人将财产赠给政府、社会福利单位、学校所立的书据免税。

所谓社会福利单位,是指扶养孤老伤残的社会福利单位。

对上述书据免税,旨在鼓励财产所有人这种有利于发展文化教育事业,造福社会的捐赠行为。

(3)对国家指定的收购部门与村民委员会、农民个人书立的农副产品收购合同免税。

(4)对无息、贴息贷款合同免税。

(5)对外国政府或者国际金融组织向我国政府及国家金融机构提供优惠贷款所书立的合同免税。

(6)对房地产管理部门与个人签订的用于生活居住的租赁合同免税。

(7)对农牧业保险合同免税。

(8)对特殊货运凭证免税。

这类凭证包括以下几种:

(1)军事物资运输凭证,即附有军事运输命令或使用专用的军事物资运费结算凭证;

(2)抢险救灾物资运输凭证,即附有县级以上(含县级)人民政府抢险救灾物资运输证明文件的运费结算凭证;

(3)新建铁路的工程临管线运输凭证,即为新建铁路运输施工所需物料,使用工程临管线专用的运费结算凭证。

七、征收管理

(一)纳税方法

印花税的纳税办法,根据税额大小、贴花次数以及税收征收管理的需要,分别采用以下三种纳税办法。

1. 自行贴花办法

这种办法,一般适用于应税凭证较少或者贴花次数较少的纳税人。纳税人书立、领受或者使用印花税法列举的应税凭证的同时,纳税义务即已产生,应当根据应纳税凭证的性质和适用的税目税率自行计算应纳税额,自行购买印花税票,自行一次贴足印花税票并加以注销或划销,纳税义务才算全部履行完毕。这也就是通常所说的"三自"纳税办法。

对已贴花的凭证,修改后所载金额增加的,其增加部分应当补贴印花税票。凡多贴印花税票者,不得申请退税或者抵用。

2. 汇贴或汇缴办法

这种办法,一般适用于应纳税额较大或者贴花次数频繁的纳税人。

一份凭证应纳税额超过 500 元的,应向当地税务机关申请填写缴款书或者完税证,将其中一联粘贴在凭证上或者由税务机关在凭证上加注完税标记代替贴花。这就是通常所说的"汇贴"办法。

同一种类应纳税凭证,需频繁贴花的,纳税人可以根据实际情况自行决定是否采用按期汇总缴纳印花税的方式,汇总缴纳的期限为 1 个月。采用按期汇总缴纳方式的纳税人应事先告知主管税务机关。缴纳方式一经选定,1 年内不得改变。主管税务机关接到纳税人要求按期汇总缴纳印花税的告知后,应及时登记,制定相应的管理办法。对采用按期汇总缴纳方式缴纳印花税的纳税人,应加强日常监督、检查。

实行印花税按期汇总缴纳的单位,对征税凭证和免税凭证汇总时,凡分别汇总的,按本期征税凭证的汇总金额计算缴纳印花税;凡确属不能分别汇总的,应按本期全部凭证的实际汇总金额计算缴纳印花税。

凡汇总缴纳印花税的凭证,应加注税务机关指定的汇缴戳记、编号并装订成册后,将已贴印花或者缴款书的一联黏附册后,盖章注销,保存备查。

3. 委托代征办法

这一办法主要是通过税务机关的委托,经由发放或者办理应纳税凭证的单位代为征收印花税税款。税务机关应与代征单位签订代征委托书。所谓发放或者办理应纳税凭证的单位,是指发放权利、许可证照的单位和办理凭证的鉴证、公证及其他有关事项的单位。如按照印花税法规定,工商行政管理机关核发各类营业执照和商标注册证的同时,负责代售印花税票,征收印花税税款,并监督领受单位或个人负责贴花。税务机关委托工商行政管理机关代售印花税票,按代售金额 5% 的比例支付代售手续费。

(二)纳税环节

印花税应当在书立或领受时贴花。具体是指在合同签订时、账簿启用时和证照领受时贴花。如果合同是在国外签订,并且不便在国外贴花的,应在将合同带入境时办理贴花纳税手续。

（三）纳税地点

印花税一般实行就地纳税。对于全国性商品物资订货会（包括展销会、交易会等）上所签订合同应纳的印花税，由纳税人回其所在地后及时办理贴花完税手续；对地方主办、不涉及省际关系的订货会、展销会上所签合同的印花税，其纳税地点由各省、自治区、直辖市人民政府自行确定。

第四节　契　税　法

契税法是指国家制定的用以调整契税征收与缴纳权利及义务关系的法律规范。现行契税法的基本规范是1997年7月7日国务院颁布并于同年10月1日实施的《中华人民共和国契税暂行条例》（简称《契税暂行条例》）。

一、契税基本原理

（一）契税的概念

契税是以在中华人民共和国境内转移土地、房屋权属为征税对象，向产权承受人征收的一种财产税。

（二）契税的特点

（1）契税属于财产转移税。它以权属发生转移的土地和房屋为征税对象，具有对财产转移课税性质。

（2）契税由财产承受人纳税。一般税种在税制中确定纳税人，都确定销售者为纳税人，即卖方纳税。对买方征税的主要目的，在于承认不动产转移生效，承受人纳税以后，便可拥有转移过来的不动产的产权或使用权，法律保护纳税人的合法权益。

二、征税对象

契税的征税对象是境内转移的土地、房屋权属。具体包括以下五项内容：

（一）国有土地使用权出让

国有土地使用权出让是指土地使用者向国家交付土地使用权出让费用，国家将国有土地使用权在一定年限内让与土地使用者的行为。

（二）土地使用权的转让

土地使用权的转让是指土地使用者以出售、赠予、交换或者其他方式将土地使用权转移给其他单位和个人的行为。土地使用权的转让不包括农村集体土地承包经营权的转移。

（三）房屋买卖

房屋买卖即以货币为媒介，出卖者向购买者过渡房产所有权的交易行为。

（四）房屋赠予

房屋的赠予是指房屋产权所有人将房屋无偿转让给他人所有。其中，将自己的房屋转交给他人的法人和自然人，称作房屋赠予人；接受他人房屋的法人和自然人，称为受赠人。房屋赠予的前提必须是，产权无纠纷，赠予人和受赠人双方自愿。

赠予房屋应有书面合同（契约），并到房地产管理机关或农村基层政权机关办理登记过户手续，才能生效。如果房屋赠予行为涉及涉外关系，还需公证处证明和外事部门认证，才能有效。房屋的受赠人要按规定缴纳契税。

(五)房屋交换

房屋交换是指房屋所有者之间互相交换房屋的行为。

(六)承受国有土地使用权支付的土地出让金

对承受国有土地使用权所应支付的土地出让金,要计征契税。不得因减免土地出让金而减免契税。

三、纳税义务人与税率

(一)纳税义务人

契税的纳税义务人是境内转移土地、房屋权属,承受的单位和个人。境内是指中华人民共和国实际税收行政管辖范围内。土地、房屋权属是指土地使用权和房屋所有权。单位是指企业单位、事业单位、国家机关、军事单位和社会团体以及其他组织。个人是指个体经营者及其他个人,包括中国公民和外籍人员。

(二)税率

契税实行3%~5%的幅度税率。各省、自治区、直辖市人民政府可以在3%~5%的幅度税率规定范围内,按照本地区的实际情况决定。

四、应纳税额的计算

(一)计税依据

契税的计税依据为不动产的价格。由于土地、房屋权属转移方式不同,定价方法不同,因而具体计税依据视不同情况而决定。

(1)国有土地使用权出让、土地使用权出售、房屋买卖,以成交价格为计税依据。成交价格是指土地、房屋权属转移合同确定的价格,包括承受者应交付的货币、实物、无形资产或者其他经济利益。

(2)土地使用权赠予、房屋赠予,由征收机关参照土地使用权出售、房屋买卖的市场价格核定。

(3)土地使用权交换、房屋交换,为所交换的土地使用权、房屋的价格差额。也就是说,交换价格相等时,免征契税;交换价格不等时,由多交付的货币、实物、无形资产或者其他经济利益的一方缴纳契税。

(4)以划拨方式取得土地使用权,经批准转让房地产时,由房地产转让者补交契税。计税依据为补交的土地使用权出让费用或者土地收益。

(5)房屋附属设施征收契税的依据。

①采取分期付款方式购买房屋附属设施土地使用权、房屋所有权的,应按合同规定的总价款计征契税。

②承受的房屋附属设施权属如为单独计价的,按照当地确定的适用税率征收契税;如与房屋统一计价的,适用与房屋相同的契税税率。

(6)个人无偿赠予不动产行为(法定继承人除外),应对受赠人全额征收契税。

(二)应纳税额的计算方法

契税采用比例税率。当计税依据确定以后,应纳税额的计算比较简单。应纳税额的计算公式为

$$应纳税额=计税依据\times税率$$

例 9.4　居民甲共有两套住房，将一套出售给居民乙，成交价格为 200 000 元；将另一套住房与居民丙交换，并支付换房差价款 50 000 元。居民丙取得该现值 120 000 元房屋和差价款 50 000 元后，将房屋等价交换给居民丁。计算甲、乙、丙、丁相关行为应缴纳的契税（假定税率为 5%）。

解　①甲作为交换支付差价方应缴纳契税为 50 000×5% = 2 500 元。

②乙作为房屋买方应缴纳契税为 200 000×5% = 10 000 元。

③丙不支付差价故不缴纳契税；与丁等价交换房屋也不缴纳契税。

④丁与丙等价交换房屋不缴纳契税。

五、税收优惠一般规定

（1）国家机关、事业单位、社会团体、军事单位承受土地、房屋用于办公、教学、医疗、科研和军事设施的，免征契税。

（2）对个人购买普通住房，且该住房属于家庭（成员范围包括购房人、配偶以及未成年子女，下同）唯一住房的，减半征收契税。对个人购买 90 平方米及以下普通住房，且该住房属于家庭唯一住房的，减按 1% 税率征收契税。

（3）因不可抗力灭失住房而重新购买住房的，酌情减免。不可抗力是指自然灾害、战争等不能预见、不可避免，并不能克服的客观情况。

（4）土地、房屋被县级以上人民政府征用、占用后，重新承受土地、房屋权属的，由省级人民政府确定是否减免。

（5）承受荒山、荒沟、荒丘、荒滩土地使用权，并用于农、林、牧、渔业生产的，免征契税。

（6）经外交部确认，依照我国有关法律规定以及我国缔结或参加的双边和多边条约或协定，应当予以免税的外国驻华使馆、领事馆、联合国驻华机构及其外交代表、领事官员和其他外交人员承受土地、房屋权属。

六、征收管理

（一）纳税义务发生时间

契税的纳税义务发生时间是纳税人签订土地、房屋权属转移合同的当天，或者纳税人取得其他具有土地、房屋权属转移合同性质凭证的当天。

（二）纳税期限

纳税人应当自纳税义务发生之日起 10 日内，向土地、房屋所在地的契税征收机关办理纳税申报，并在契税征收机关核定的期限内缴纳税款。

（三）纳税地点

契税在土地、房屋所在地的征收机关缴纳。

（四）征收管理

纳税人办理纳税事宜后，征收机关应向纳税人开具契税完税凭证。纳税人持契税完税凭证和其他规定的文件材料，依法向土地管理部门、房产管理部门办理有关土地、房屋的权属变更登记手续。土地管理部门和房产管理部门应向契税征收机关提供有关资料，并协助契税征收机关依法征收契税。

【本章小结】

房产税是以房屋为征税对象，按房屋的计税余值或租金收入，向产权所有人征收的一种财产税。房产税的征税范围仅限于城市、县城、建制镇和工矿区房屋。房产税的计算方法分为从价计征和从租计征。经营自用的房屋，以房产原值一次减除 10% ~30% 的损耗价值以后的余额为计税依据，按 1.2% 征税；出租的房屋，以租金收入为计税依据，按 12% 征税。

车船税是以依法应在公安、交通、农业等车船管理部门登记的车船为征税对象，对在我国境内拥有车船的单位和个人征收的一种税。车船税的纳税义务人是指在中华人民共和国境内，车辆、船舶（以下简称车船）的所有人或者管理人。从事机动车交通事故责任强制保险业务的保险机构为机动车车船税的扣缴义务人依法代收代缴车船税。车船税的征税对象是依法应在公安、交通、农业等车船管理部门登记的车船。车船税以征税对象的计量标准为计税依据，将计税依据分别确定为辆、净吨位和自重吨位三种。车船税对应税车船实行幅度定额税率，按从量定额的方法计征。

印花税是对经济活动和经济交往中书立、领受的凭证征收的一种税。印花税的纳税人为立合同人、立账簿人、立据人、领受人和使用人以及成交过户交割单持有人。印花税对各类经济技术合同、产权转移书据、营业账簿中的资金账簿、股份转让书据采用从价比例税率征税。对于营业账簿中的其他账簿、权利许可证照采用从量定额征税。

契税是以所有权发生转移、变动的不动产为征税对象，向产权承受人征收的一种财产税。契税的征税对象是发生土地使用权和房屋所有权权属转移的土地和房屋。国有土地使用权出让、土地使用权出售和房屋买卖的计税依据为交易的成交价格。土地使用权赠予和房屋赠予的计税依据由征收机关参照土地使用权出售、房屋买卖的市场价格核定。土地使用权、房屋交换的计税依据为所交换的土地使用权、房屋的价格差额。契税实行幅度税率，税率幅度为3% ~5%。

【中英文关键词对照】

财产税	Property Tax
行为税	Action Tax
房产税	House Tax
从价计征	Calculating Levy in Accord with Price
从租计征	Calculating Levy in Accord with Rental
车船税	Vehicle and Vessel Tax
印花税	Stamp Tax
契税	Deed Tax

【复习思考题】

1. 房产税有哪两种计税方法？
2. 车船税的计税依据如何规定？
3. 车船税纳税义务人和代扣代缴义务人如何规定？
4. 印花税的纳税义务人如何规定？
5. 什么是印花税的“三自”纳税办法？
6. 契税的征税对象包括哪些？
7. 契税的计税依据如何规定？

【案例分析】

1. 某公司2015年购进一处房产，2016年5月1日用于投资联营（收取固定收入，不承担联营风险），投资期3年，当年取得固定收入160万元。该房产原值3 000万元，当地政府规定的减除幅度为30%，求该公司2016年应缴纳的房产税。

2. 某供热企业2016年度拥有生产用房原值3 000万元，当年取得供热收入2 000万元，其中直接向居民供热的收入500万元，房产所在地规定计算房产余值的扣除比例为20%。计算该企业2016年应缴纳的房产税。

3. 某渔业公司2016年拥有捕捞船5艘，每艘净吨位20.6吨；非机动驳船2艘，每艘净吨位10吨；机动补给船1艘，净吨位15.2吨；机动运输船10艘，每艘净吨位7.5吨。当地船舶适用年税额为每吨3元，求该公司当年应缴纳车船税。

4. 某交通运输企业拥有自重5吨的载重汽车20辆；自重4吨的挂车10辆；自重3吨的客货两用车6辆，其中有1辆归企业自办托儿所专用。该企业所在地载货汽车年税额40元/吨，乘人汽车年税额200元/辆。求该企业当年应缴纳车船税。

5. 居民甲2016年购置了一套价值100万元的新住房，同时对原有的两套住房处理如下：一套出售给居民乙，成交价格50万元；另一套市场价格80万元的住房与居民丙进行等价交换。假定当地省政府规定的契税税率为4%，计算居民甲2016年应缴纳的契税。

6. 某公司主要从事建筑工程机械的生产制造，2016年发生以下业务：

（1）签订钢材采购合同一份，采购金额8 000万元；签订以货换货合同一份，用库存的3 000万元A型钢材换取对方相同金额的B型钢材；签订销售合同一份，销售金额15 000万元。

（2）公司作为受托方签订甲、乙两份加工承揽合同，甲合同约定：由委托方提供主要材料（金额300万元），受托方只提供辅助材料（金额20万元），受托方另收取加工费50万元；乙合同约定：由受托方提供主要材料（金额200万元）并收取加工费40万元。

（3）公司作为受托方签订技术开发合同一份，合同约定：技术开发金额共计1 000万元，其中研究开发费用与报酬金额之比为3∶1。

（4）公司作为承包方签订建筑安装工程承包合同一份，承包金额300万元，公司随后又将其中的100万元业务分包给另一单位，并签订相关合同。

（5）公司新增实收资本2 000万元，资本公积500万元。

（6）公司启用其他账簿10本。请计算该公司2016年应缴纳的印花税。（说明：购销合同、加工承揽合同、技术合同、建筑安装工程承包合同的印花税税率分别为0.3‰，0.5‰，0.3‰，0.3‰；营业账簿的印花税率分为0.5‰和每件5元两种）

第十章　特定目的的税法

【学习目标】

特定目的税是政府为特定的社会经济政策目的和意图而设计征收的一类税种。一般来说，特定目的税应有时效性，即在一定时期内开征，当政府的政策意图和目的完成后应停征。特定目的税的开征大致有三种情况：出于特定社会目的而课征并有指定用途；出于特定经济目的而课征；出于财政目的而课征。特定目的税具有以下特点：税种多、税源分散；政策性强、调节范围明确；税负直接、难以转嫁；变化大、稳定性差等。我国现行特定目的税法主要包括城市维护建设税法、车辆购置税法、耕地占用税法、烟叶税、固定资产投资方向调节税和筵席税法。

通过本章学习应掌握城市维护建设税法、车辆购置税法的基本规定及其实际运用；熟悉耕地占用税法的基本规定。本章应重点分析以上税法各自的纳税人、征税对象、税率、应纳税额计算等问题。

第一节　城市维护建设税法

城市维护建设税法是指国家制定的用以调整城市维护建设税征收与缴纳权利及义务关系的法律规范。现行城市维护建设税法的基本规范是 1985 年 2 月 8 日国务院发布并于同年 1 月 1 日实施的《中华人民共和国城市维护建设税暂行条例》(简称《城建税暂行条例》)。

一、城市维护建设税基本原理

(一)城市维护建设税的概念

城市维护建设税是对从事工商经营，缴纳增值税、消费税、营业税的单位和个人征收的一种税。

(二)城市维护建设税的特点

1. 税款专款专用

一般情况下，税收收入都直接纳入国家预算，由中央和地方政府根据需要，统一安排使用到国家建设和事业发展的各个方面，税法并不规定各个税种收入的具体使用范围和方向。但城市维护建设税不同，其所征税款要求保证用于城市公用事业和公共设施的维护和建设。

2. 属于一种附加税

征税对象是税法规定征税的目的物，是一个税种区别于另一个税种的主要标志。而城市维护建设税是以纳税人实际缴纳的增值税、消费税、营业税税额为计税依据，随"三税"同时征收，其本身没有特定的课税对象，其征管方法也完全比照"三税"的有关规定办理。

3. 根据城镇规模设计不同的比例税率

城市维护建设税的负担水平，不是依据纳税人获取的利润水平或经营特点而定，而是根据纳税人所在城镇的规模及其资金需要设计的。城镇规模大的，税率高一些；反之，就低一些。

4. 征收范围较广

增值税、消费税、营业税是对商品和劳务的征税,在我国现行税制体系中居主体税种的地位,占全部税收收入总额的70%左右,其征税范围基本上包括了我国境内所有经营行为的单位和个人。城市维护建设税以增值税、消费税、营业税额作为税基,城市维护建设税几乎是对所有纳税人征税,因此,它的征税范围比其他任何税种的征税范围都要广。

二、纳税义务人

城建税的纳税义务人是指负有缴纳增值税、消费税和营业税(以下简称"三税")义务的单位和个人,包括国有企业、集体企业、私营企业、股份制企业、其他企业和行政单位、事业单位、军事单位、社会团体、其他单位,以及个体工商户及其他个人。

三、税率

城建税的税率是指纳税人应缴纳的城建税税额与纳税人实际缴纳的"三税"税额之间的比率。城建税按纳税人所在地的不同,设置了三档地区差别比例税率,除特殊规定外,均按此执行。

(1)纳税人所在地为市区的,税率为7%;

(2)纳税人所在地为县城、镇的,税率为5%;

(3)纳税人所在地不在市区、县城或者镇的,税率为1%。

城建税的适用税率,应当按纳税人所在地的规定税率执行。但是,对下列两种情况,可按缴纳"三税"所在地的规定税率就地缴纳城建税。

(1)由受托方代扣代缴、代收代缴"三税"的单位和个人,其代扣代缴、代收代缴的城建税按受托方所在地适用税率执行;

(2)流动经营等无固定纳税地点的单位和个人,在经营地缴纳"三税"的,其城建税的缴纳按经营地适用税率执行。

四、计税依据

城建税的计税依据是指纳税人实际缴纳的"三税"税额。纳税人违反"三税"有关税法而加收的滞纳金和罚款,是税务机关对纳税人违法行为的经济制裁,不作为城建税的计税依据,但纳税人在被查补"三税"和被处以罚款时,应同时对其偷漏的城建税进行补税、征收滞纳金和罚款。

城建税以"三税"税额为计税依据并同时征收,如果要免征或者减征"三税",就要同时免征或者减征城建税。

对出口产品退还增值税、消费税的,不退还已缴纳的城建税。

五、应纳税额的计算

城建税纳税人的应纳税额大小是由纳税人实际缴纳的"三税"税额决定的,其计算公式为

应纳税额=纳税人实际缴纳的增值税、消费税、营业税税额×适用税率

例 10.1 某市甲生产经营企业,1月份产品销售缴纳消费税10万元,增值税1万元,产品出口退还增值税3万元,进口原材料在海关缴纳增值税5万元,同期税务部门检查发现该

企业少缴增值税 2 万元，令其补缴税款。计算该企业当月应纳城市维护建设税。

解　应纳城市维护建设税为 $(10+1+2)\times7\%=0.91$ 万元。

由于城建税法实行纳税人所在地差别比例税率，所以在计算应纳税额时，应十分注意根据纳税人所在地来确定适用税率。

六、税收优惠

城建税原则上不单独减免，但因城建税又具附加税性质，当主税发生减免时，城建税相应发生税收减免。城建税的税收减免具体有以下几种情况：

(1) 城建税按减免后实际缴纳的"三税"税额计征，即随"三税"的减免而减免；

(2) 对于因减免税而需进行"三税"退库的，城建税也可同时退库；

(3) 海关对进口产品代征的增值税、消费税，不征收城建税；

(4) 对"三税"实行先征后返、先征后退、即征即退办法的，除另有规定外，对随"三税"附征的城市维护建设税和教育费附加，一律不予退（返）还；

(5) 对国家重大水利工程建设基金免征城市维护建设税。

七、征收管理

（一）纳税环节

城建税的纳税环节是指《城市维护建设税暂行条例》规定的纳税人应当缴纳城建税的环节。城建税的纳税环节实际就是纳税人缴纳"三税"的环节。纳税人只要发生"三税"的纳税义务，就要在同样的环节，分别计算缴纳城建税。

（二）纳税地点

城建税以纳税人实际缴纳的增值税、消费税、营业税税额为计税依据，分别与"三税"同时缴纳。所以，纳税人缴纳"三税"的地点，就是该纳税人缴纳城建税的地点。但是，属于下列情况的，纳税地点情况说明如下：

(1) 代扣代缴、代收代缴"三税"的单位和个人，同时也是城市维护建设税的代扣代缴、代收代缴义务人，其城建税的纳税地点在代扣代收地。

(2) 跨省开采的油田，下属生产单位与核算单位不在一个省内的，其生产的原油，在油井所在地缴纳增值税，其应纳税款由核算单位按照各油井的产量和规定税率，计算汇拨各油井缴纳。所以，各油井应纳的城建税，应由核算单位计算，随同增值税一并汇拨油井所在地，由油井在缴纳增值税的同时，一并缴纳城建税。

(3) 对管道局输油部分的收入，由取得收入的各管道局于所在地缴纳营业税。所以，其应纳城建税也应由取得收入的各管道局于所在地缴纳营业税时一并缴纳。

(4) 对流动经营等无固定纳税地点的单位和个人，应随同"三税"在经营地按适用税率缴纳。

（三）纳税期限

由于城建税是由纳税人在缴纳"三税"时同时缴纳的，所以其纳税期限分别与"三税"的纳税期限一致。根据增值税法和消费税法规定，增值税、消费税的纳税期限均分别为 1 日、3 日、5 日、10 日、15 日或者 1 个月；根据营业税法规定，营业税的纳税期限分别为 5 日、10 日、15 日或者 1 个月。增值税、消费税、营业税的纳税人的具体纳税期限，由主管税务机关根据纳税人应纳税额大小分别核定；不能按照固定期限纳税的，可以按次纳税。

第二节　教育费附加

一、教育费附加概述

教育费附加是对缴纳增值税、消费税、营业税的单位和个人,就其实际缴纳的税额为计算依据征收的一种附加费。

教育费附加是为加快地方教育事业,扩大地方教育经费的资金而征收的一项专用基金。

二、教育费附加的征收范围及计征依据

教育费附加对缴纳增值税、消费税、营业税的单位和个人征收,以其实际缴纳的增值税、消费税和营业税为计征依据,分别与增值税、消费税和营业税同时缴纳。

三、教育费附加计征比率

现行教育费附加征收比率为3%。

四、教育费附加的计算

教育费附加的计算公式为

应纳教育费附加=实际缴纳的增值税、消费税、营业税×征收比率

五、教育费附加的减免规定

(1)对海关进口的产品征收的增值税、消费税,不征收教育费附加。

(2)对由于减免增值税、消费税和营业税而发生退税的,可同时退还已征收的教育费附加。但对出口产品退还增值税、消费税的,不退还已征的教育费附加。

(3)对国家重大水利工程建设基金免征教育费附加。

第三节　车辆购置税法

车辆购置税法是指国家制定的用以调整车辆购置税征收与缴纳权利及义务关系的法律规范。现行车辆购置税法的基本规范是2000年10月22日发布并于2001年1月1日实施的《中华人民共和国车辆购置税暂行条例》(简称《车辆购置税暂行条例》)。

一、车辆购置税基本原理

(一)车辆购置税的概念

车辆购置税是以在中国境内购置规定车辆为课税对象,在特定的环节向车辆购置者征收的一种税。

(二)车辆购置税的特点

1. 征收范围单一

作为财产税的车辆购置税,是以购置的特定车辆为课税对象,而不是对所有的财产或消费财产征税,范围窄,是一种特种财产税。

2. 征收环节单一

车辆购置税实行一次课征制，它不是在生产、经营和消费的每一环节实行道道征收，而只是在退出流通进入消费领域的特定环节征收。

3. 税率单一

车辆购置税只确定一个统一比例税率征收，税率具有不随课税对象数额变动的特点，计征简便、负担稳定，有利于依法治税。

4. 征收方法单一

车辆购置税根据纳税人购置应税车辆的计税价格实行从价计征，以价格为计税标准，课税与价值直接发生关系，价值高者多征税，价值低者少征税。

5. 征税具有特定目的

车辆购置税具有专门用途，由中央财政根据国家交通建设投资计划，统筹安排。

6. 价外征收，税负不发生转嫁

车辆购置税的计税依据中不包含车辆购置税税额，车辆购置税税额是附加在价格之外的，且纳税人即为负税人，税负不发生转嫁。

二、纳税义务人

车辆购置税的纳税人是指在我国境内购置应税车辆的单位和个人。其中购置是指购买使用行为、进口使用行为、受赠使用行为、自产自用行为、获奖使用行为以及以拍卖、抵债、走私、罚没等方式取得并使用的行为，这些行为都属于车辆购置税的应税行为。

车辆购置税的纳税人具体是指：所称单位，包括国有企业、集体企业、私营企业、股份制企业、外商投资企业、外国企业以及其他企业、事业单位、社会团体、国家机关、部队以及其他单位；所称个人，包括个体工商户及其他个人，既包括中国公民又包括外国公民。

三、征税范围

车辆购置税以列举的车辆作为征税对象，未列举的车辆不纳税。其征税范围包括汽车、摩托车、电车、挂车、农用运输车。

为了体现税法的统一性、固定性、强制性和法律的严肃性特征，车辆购置税征收范围的调整，由国务院决定，其他任何部门、单位和个人无权擅自扩大或缩小车辆购置税的征税范围。

(一)汽车

汽车包括各类汽车。

(二)摩托车

摩托车包括以下种类：

(1)轻便摩托车，最高设计时速不大于50 km/h，发动机气缸总排量不大于50 cm^3 的两个或三个车轮的机动车。

(2)二轮摩托车，最高设计时速大于50 km/h，或者发动机气缸总排量大于50 cm^3 的两个或三个车轮的机动车。

(3)三轮摩托车，最高设计时速大于50 km/h，或发动机气缸总排量不大于50 cm^3，空车质量不大于400 kg有三个车轮的机动车。

(三)电车

电车包括以下种类:

(1)无轨电车,以电能为动力,由专用输电电缆线供电的轮式公共车辆;

(2)有轨电车,以电能为动力,在轨道上行驶的公共车辆。

(四)挂车

挂车包括以下种类:

(1)全挂车,无动力设备,独立承载,由牵引车辆牵引行驶的车辆;

(2)半挂车,无动力设备,与牵引车共同承载,由牵引车牵引行驶的车辆。

(五)农用运输车

农用运输车包括以下种类:

(1)三轮农用运输车,柴油发动机,功率不大于7.4 kW,载重量不大于500 kg,最高时速不大于40 km/h的三个车轮的机动车;

(2)四轮农用运输车,柴油发动机,功率不大于28 kW,载重量不大于1 500 kg,最高时速不大于50 km/h的四个车轮的机动车。

四、税率与计税依据

(一)税率

车辆购置税实行统一比例税率,税率为10%。

(二)计税依据

车辆购置税以应税车辆为课税对象,实行从价定率、价外征收的方法计算应纳税额,应税车辆的价格,即计税价格就成为车辆购置税的计税依据。车辆购置税的计税依据有以下几种情况。

1. 购买自用应税车辆计税依据的确定

纳税人购买自用的应税车辆的计税依据为纳税人购买应税车辆而支付给销售方的全部价款和价外费用(不含增值税)。

购买的应税自用车辆包括购买自用的国产应税车辆和购买自用的进口应税车辆。

价外费用是指销售方价外向购买方收取的手续费、基金、违约金、包装费、运输费、保管费、代垫款项、代收款项和其他各种性质的价外收费,但不包括增值税税款。

2. 进口自用应税车辆计税依据的确定

纳税人进口自用的应税车辆以组成计税价格为计税依据,组成计税价格的计算公式为

$$组成计税价格=关税完税价格+关税+消费税$$

进口自用的应税车辆是指纳税人直接从境外进口或委托代理进口自用的应税车辆,即非贸易方式进口自用的应税车辆。而且进口自用的应税车辆的计税依据,应根据纳税人提供的、经海关审查确认的有关完税证明资料确定。

3. 其他自用应税车辆计税依据的确定

现行政策规定,纳税人自产、受赠、获奖和以其他方式取得并自用的应税车辆的计税依据,凡不能或不能准确提供车辆价格的,由主管税务机关依国家税务总局核定的、相应类型的应税车辆的最低计税价格确定。因此,纳税人自产自用、受赠使用、获奖使用和以其他方式取得并自用的应税车辆一般以国家税务总局核定的最低计税价格为计税依据。

4. 最低计税价格作为计税依据的确定

现行车辆购置税条例规定:"纳税人购买自用或者进口自用应税车辆,申报的计税价格低于同类型应税车辆的最低计税价格,又无正当理由的,按照最低计税价格征收车辆购置税。"也就是说,纳税人购买和自用的应税车辆,首先应分别按前述计税价格、组成计税价格来确定计税依据。当申报的计税价格偏低,又无正当理由的,应以最低计税价格作为计税依据。实际工作中,通常是当纳税人申报的计税价格等于或高于最低计税价格时,按申报的价格计税;当纳税人申报的计税价格低于最低计税价格时,按最低计税价格计税。

最低计税价格由国家税务总局依据全国市场的平均销售价格制定。

车辆购置税的计税依据和应纳税额应使用统一货币单位计算。纳税人以外汇结算应税车辆价款的,按照申报纳税之日中国人民银行公布的人民币基准汇价,折合成人民币计算应纳税额。

五、应纳税额的计算

车辆购置税实行从价定率的方法计算应纳税额,计算公式为

应纳税额=计税依据×税率

由于应税车辆的来源、应税行为的发生以及计税依据组成的不同,因而,车辆购置税应纳税额的计算方法也有区别。

(一)购买自用应税车辆应纳税额的计算

在应纳税额的计算当中,应注意以下费用的计税规定:

(1)购买者随购买车辆支付的工具件和零部件价款应作为购车价款的一部分,并入计税依据中征收车辆购置税。

(2)支付的车辆装饰费应作为价外费用并入计税依据中计税。

(3)代收款项应区别征税。凡使用代收单位(受托方)票据收取的款项,应视作代收单位价外收费,购买者支付的价费款,应并入计税依据中一并征税;凡使用委托方票据收取,受托方只履行代收义务和收取代收手续费的款项,应按其他税收政策规定征税。

(4)销售单位开给购买者的各种发票金额中包含增值税税款,因此,计算车辆购置税时,应换算为不含增值税的计税价格。

(5)购买者支付的控购费,是政府部门的行政性收费,不属于销售者的价外费用范围,不应并入计税价格计税。

(6)销售单位开展优质销售活动所开票收取的有关费用,应属于经营性收入,企业在代理过程中按规定支付给有关部门的费用,企业已作经营性支出列支核算,其收取的各项费用并在一张发票上难以划分的,应作为价外收入计算征税。

例 10.2　某企业 2014 年 11 月从汽车销售公司购买一辆轿车自用,支付含增值税车价款 117 000 元,另支付代上车辆牌照费 240 元,代收保险费 3 500 元,车内装饰费 1 600 元。并取得了该汽车销售公司开具的"机动车销售统一发票"和有关票据。计算该企业应纳的车辆购置税。

解　计税价格为(117 000+240+3 500+1 600)/(1+17%)= 104 564.10 元。

应纳税额为 104 564.10×10% =10 456.41 元。

(二)进口自用应税车辆应纳税额的计算

纳税人进口自用的应税车辆应纳税额的计算公式为

应纳税额=(关税完税价格+关税+消费税)×税率

例 10.3　某公司2014年12月从国外进口3辆轿车自用,海关核对每辆轿车的关税完税价格为210 000元,每辆轿车的关税额为48 000元,海关分别代征每辆轿车的进口消费税1 600元和进口增值税3 200元。计算该公司进口应纳车辆购置税税额。

解　纳税人进口自用的应税车辆组成计税价格为(关税完税价格+关税+消费税)=210 000+48 000+1 600=259 600元。

应纳车辆购置税=自用数量×组成计税价格×税率=3×259 600×10%=77 880元

(三)其他自用应税车辆应纳税额的计算

纳税人自产自用、受赠使用、获奖使用和以其他方式取得并自用应税车辆的,凡不能取得该型车辆的购置价格,或者低于最低计税价格的,以国家税务总局核定的最低计税价格作为计税依据计算征收车辆购置税,即

应纳税额=最低计税价格×税率

六、税收优惠

(一)车辆购置税减免税规定

我国车辆购置税实行法定减免,减免税范围的具体规定如下:

(1)外国驻华使馆、领事馆和国际组织驻华机构及其外交人员自用车辆免税;

(2)中国人民解放军和中国人民武装警察部队列入军队武器装备订货计划的车辆免税;

(3)设有固定装置的非运输车辆免税;

(4)有国务院规定予以免税或者减税的其他情形的,按照规定免税或减税。

(二)车辆购置税的退税

纳税人已经缴纳车辆购置税但在办理车辆登记手续前,因下列原因需要办理退还车辆购置税的,由纳税人申请,征收机构审查后办理退还车辆购置税手续。

(1)公安机关车辆管理机构不予办理车辆登记注册手续的,凭公安机关车辆管理机构出具的证明办理退税手续;

(2)因质量等原因发生退回所购车辆的,凭经销商的退货证明办理退税手续。

七、征收管理

车辆购置税的征收规定如下:

(一)纳税申报

车辆购置税实行一车一申报制度。纳税人在办理纳税申报时应如实填写《车辆购置税纳税申报表》,同时提供车主身份证明、车辆价格证明、车辆合格证明及税务机关要求提供的其他资料的原件和复印件,经车购办审核后,由税务机关保存有关复印件。

(二)纳税环节

车辆购置税的征税环节为使用环节,即最终消费环节。具体而言,纳税人应当在向公安机关等车辆管理机构办理车辆登记注册手续前,缴纳车辆购置税。

(三)纳税地点

纳税人购置应税车辆,应当向车辆登记注册地的主管税务机关申报纳税;购置不需办理车辆登记注册手续的应税车辆,应当向纳税人所在地主管税务机关申报纳税。车辆登记注

册地是指车辆的上牌落籍地或落户地。

(四)纳税期限

纳税人购买自用的应税车辆，自购买之日起60日内申报纳税；进口自用的应税车辆，应当自进口之日起60日内申报纳税；自产、受赠、获奖和以其他方式取得并自用的应税车辆，应当自取得之日起60日内申报纳税。

这里的“购买之日”是指纳税人购车发票上注明的销售日期；“进口之日”是指纳税人报关进口的当天。

(五)车辆购置税的缴税方法

车辆购置税税款缴纳方法主要有以下几种。

1. 自报核缴

自报核缴即由纳税人自行计算应纳税额、自行填报纳税申报表有关资料，向主管税务机关申报，经税务机关审核后，开具完税证明，由纳税人持完税凭证向当地金库或金库经收处缴纳税款。

2. 集中征收缴纳

集中征收缴纳包括两种情况：一是由纳税人集中向税务机关统一申报纳税。它适用于实行集中购置应税车辆的单位缴纳和经批准实行代理制经销商的缴纳。二是由税务机关集中报缴税款。即在纳税人向实行集中征收的主管税务机关申报缴纳税款，税务机关开具完税凭证后，由税务机关填写汇总缴款书，将税款集中缴入当地金库或金库经收处。它适用于税源分散、税额较少、税务部门实行集中征收管理的地区。

3. 代征、代扣、代收

代征、代扣、代收即扣缴义务人按税法规定代扣代缴、代收代缴税款，税务机关委托征收单位代征税款的征收方式。它适用于税务机关委托征收或纳税人依法受托征收税款。

第四节　耕地占用税法

耕地占用税法是指国家制定的调整耕地占用税征收与缴纳权利及义务关系的法律规范。现行耕地占用税法的基本规范，是2007年12月1日国务院重新颁布的《中华人民共和国耕地占用税暂行条例》。

一、耕地占用税基本原理

(一)耕地占用税的概念

耕地占用税是对占用耕地建房或从事其他非农业建设的单位和个人，就其实际占用的耕地面积征收的一种税，它属于对特定土地资源占用课税。

(二)耕地占用税的特点

耕地占用税作为一个出于特定目的、对特定的土地资源课征的税种，与其他税种相比，具有比较鲜明的特点，主要表现在以下几方面。

1. 兼具资源税与特定行为税的性质

耕地占用税以占用农用耕地建房或从事其他非农用建设的行为为征税对象，以约束纳税人占用耕地的行为、促进土地资源的合理运用为课征目的，除具有资源占用税的属性外，还具有明显的特定行为税特点。

2. 采用地区差别税率

耕地占用税采用地区差别税率，根据不同地区的具体情况，分别制定差别税额，以适应我国地域辽阔、各地区之间耕地质量差别较大、人均占有耕地面积相差悬殊的具体情况，具有因地制宜的特点。

3. 在占用耕地环节一次性课征

耕地占用税在纳税人获准占用耕地的环节征收，除对获准占用耕地后超过两年未使用者须加征耕地占用税外，此后不再征收耕地占用税。因而，耕地占用税具有一次性征收的特点。

4. 税收收入专用于耕地开发与改良

耕地占用税收入按规定应用于建立发展农业专项基金，主要用于开展宜耕土地开发和改良现有耕地之用，因此，具有“取之于地、用之于地”的补偿性特点。

二、纳税义务人

耕地占用税的纳税义务人是占用耕地建房或从事非农业建设的单位和个人。

所称单位，包括国有企业、集体企业、私营企业、股份制企业、外商投资企业、外国企业以及其他企业和事业单位、社会团体、国家机关、军队以及其他单位；所称个人，包括个体工商户以及其他个人。

三、征税范围

耕地占用税的征税范围包括纳税人为建房或从事其他非农业建设而占用的国家所有和集体所有的耕地。

所谓“耕地”是指种植农业作物的土地，包括菜地、园地。其中，园地包括花圃、苗圃、茶园、果园、桑园和其他种植经济林木的土地。

占用鱼塘及其他农用土地建房或从事其他非农业建设，也视同占用耕地，必须依法征收耕地占用税。

四、税率

税率规定如下：

(1)人均耕地不超过1亩的地区(以县级行政区域为单位，下同)，每平方米为10～50元；

(2)人均耕地超过1亩但不超过2亩的地区，每平方米为8～40元；

(3)人均耕地超过2亩但不超过3亩的地区，每平方米6～30元；

(4)人均耕地超过3亩以上的地区，每平方米5～25元。

经济特区、经济技术开发区和经济发达、人均耕地特别少的地区，适用税额可以适当提高，但最多不得超过上述规定税额的50%。

表 10.1 各省、自治区、直辖市耕地占用税平均税额表

地 区	每平方米平均税额/元
上海	45
北京	40
天津	35
江苏、浙江、福建、广东	30
辽宁、湖北、湖南	25
河北、安徽、江西、山东、河南、重庆、四川	22.5
广西、海南、贵州、云南、陕西	20
山西、吉林、黑龙江	17.5
内蒙古、西藏、甘肃、青海、宁夏、新疆	12.5

五、计税依据和应纳税额的计算

(一)计税依据

耕地占用税以纳税人占用耕地的面积为计税依据,以每平方米为计量单位。

(二)应纳税额的计算

耕地占用税以纳税人实际占用的耕地面积为计税依据,以每平方米土地为计税单位,按适用的定额税率计税。其计算公式为

应纳税额=实际占用耕地面积(平方米)×适用定额税率

例 10.4 某企业占用林地 60 万平方米用于非农业建设,所占耕地适用的定额税率为 20 元/平方米。计算该企业应缴纳的耕地占用税。

解 应缴纳耕地占用税为 60×20=1 200 万元。

六、税收优惠

(一)免征耕地占用税

(1)军事设施占用耕地;

(2)学校、幼儿园、养老院、医院占用耕地。

(二)减征耕地占用税

(1)铁路线路、公路线路、飞机场跑道、停机坪、港口、航道占用耕地,减按每平方米 2 元的税额征收耕地占用税;

(2)农村居民占用耕地新建住宅,按照当地适用税额减半征收耕地占用税。

免征或者减征耕地占用税后,纳税人改变原占地用途,不再属于免征或者减征耕地占用税情形的,应当按照当地适用税额补缴耕地占用税。

七、征收管理

耕地占用税由地方税务机关负责征收。土地管理部门在通知单位或者个人办理占用耕地手续时,应当同时通知耕地所在地同级地方税务机关。获准占用耕地的单位或者个人应当在收到土地管理部门的通知之日起 30 日内缴纳耕地占用税。土地管理部门凭耕地占用

税完税凭证或者免税凭证和其他有关文件发放建设用地批准书。

纳税人临时占用耕地,应当依照本条例的规定缴纳耕地占用税。纳税人在批准临时占用耕地的期限内恢复所占用耕地原状的,全额退还已经缴纳的耕地占用税。

【本章小结】

城市维护建设税(简称城建税)是对从事生产、经营取得收入的单位和个人,以实际缴纳的增值税、消费税和营业税为计税依据征收,税款专项用于城市、县城、乡镇维护建设方面的一种税。城市维护建设税对城市、县城、建制镇,以及其他地区实行地区差别税率。

车辆购置税是以在中国境内购置规定的车辆为课税对象,在特定的环节向车辆购置者征收的一种税。车辆购置税征收范围包括汽车、摩托车、电车、挂车、农用运输车。车辆购置税的计税价格一般为纳税人购买应税车辆时支付的全部价款和价外费用(不包括增值税),税率为10%。车辆购置税实行一次征收制度,税款一次缴清,纳税人在办理车辆登记注册前,缴纳车辆购置税,没有完税或者免税证明的,不得办理车辆登记注册手续。

耕地占用税是对占用耕地建房或从事其他非农业建设的单位和个人,就其实际占用的耕地面积征收的一种税,它属于对特定土地资源占用课税。耕地占用税的纳税义务人是占用耕地建房或从事非农业建设的单位和个人。耕地占用税的征税范围包括纳税人为建房或从事其他非农业建设而占用的国家所有和集体所有的耕地。耕地占用税以纳税人实际占用的耕地面积为计税依据,以每平方米土地为计税单位,按适用的定额税率计税。耕地占用税由地方税务机关负责征收。

【中英文关键词对照】

特定目的税	Specified Purpose Tax
城市维护建设税	City Maintenance and Construction Tax
车辆购置税	Vehicle Acquisition Tax
耕地占用税	Farm Land Occupation Tax

【复习思考题】

1. 城建税的计税依据是什么?
2. 车辆购置税的计税价格是如何规定的?
3. 简述耕地占用税的征税范围以及耕地占用税的特点。

【案例分析】

1. 位于市区的某内资生产企业为增值税一般纳税人,经营内销与出口业务。2016年6月份实际缴纳增值税40万元,出口货物免抵税额5万元。另外,进口货物缴纳增值税17万元、消费税30万元。计算该企业6月份应缴纳的城市维护建设税。

2. 某市一家生产企业转让一块位于县城的土地使用权,取得收入600万元。年初取得该土地使用权时支付金额480万元,转让时发生相关费用5万元。计算该企业此项业务应缴纳的城市维护建设税和教育费附加。

3. 某汽车贸易公司2016年10月进口11辆小轿车,海关审定的关税完税价格为25万元/辆,当月销售8辆,取得含税销售收入240万元;2辆企业自用,1辆用于抵偿债务。合同约定的

含税价格为 30 万元。计算该公司应纳车辆购置税。(小轿车关税税率 28%,消费税税率 9%)

4. 某企业占用林地 40 万平方米建造生态高尔夫球场,还占用林地 100 万平方米开发经济林木,所占耕地适用的定额税率为 20 元/平方米。计算该企业应缴纳耕地占用税。

第五篇　税收程序法律制度

第十一章　税务管理制度

【学习目标】

税务管理制度主要包括税务登记制度、账簿和凭证的管理制度、发票管理制度、税务检查制度、税务稽查制度和税款征收制度。

通过本章学习，掌握税务登记制度、账簿和凭证的管理制度和发票管理制度规定，掌握税务检查和税款征收方式，正确理解税款征收的重要意义。

第一节　税务登记制度

税务登记是税务机关对纳税人的生产、经营活动进行登记并据此对纳税人实施税务管理的一种法定制度。税务登记又称纳税登记，它是税务机关对纳税人实施税收管理的首要环节和基础工作，是征纳双方法律关系成立的依据和证明，也是纳税人必须依法履行的义务。

根据《征管法》和国家税务总局印发的《税务登记管理办法》，我国税务登记制度大体包括以下内容。

一、开业税务登记

(一)开业税务登记的对象

根据有关规定，开业税务登记的纳税人分为以下两类。

1. 领取营业执照从事生产、经营的纳税人

(1)企业，即从事生产经营的单位或组织，包括国有、集体、私营企业，中外合资合作企业、外商独资企业，以及各种联营、联合、股份制企业等。

(2)企业在外地设立的分支机构和从事生产、经营的场所。

(3)个体工商户。

(4)从事生产、经营的事业单位。

2. 其他纳税人

根据有关法规规定，不从事生产、经营，但依照法律、法规的规定负有纳税义务的单位和个人，除临时取得应税收入或发生应税行为以及只缴纳个人所得税、车船税的外，都应按规定向税务机关办理税务登记。

(二)开业税务登记的时间和地点

(1)从事生产、经营的纳税人，应当自领取营业执照之日起 30 日内，向生产、经营地或者纳税义务发生地的主管税务机关申报办理税务登记，如实填写税务登记表并按照税务机

关的要求提供有关证件、资料。

(2)除上述以外的其他纳税人,除国家机关和个人外,应当自纳税义务发生之日起30日内,持有关证件向所在地主管税务机关申报办理税务登记。

以下几种情况应比照开业登记办理。

(1)扣缴义务人应当自扣缴义务发生之日起30日内,向所在地的主管税务机关申报办理扣缴税款登记,领取扣缴税款登记证件;税务机关对已办理税务登记的扣缴义务人,可以只在其税务登记证件上登记扣缴税款事项,不再发给扣缴税款登记证件。

(2)跨地区的非独立核算分支机构应当自设立之日起30日内,向所在地税务机关办理注册税务登记。

(3)有独立的生产经营权、在财务上独立核算并定期向发包人或者出租人上缴承包费或租金的承包承租人,应当自承包承租合同签订之日起30日内,向其承包承租业务发生地税务机关申报办理税务登记,税务机关核发临时税务登记证及副本。

(4)从事生产、经营的纳税人外出经营,在同一地连续12个月内累计超过180天的,应当自期满之日起30日内,向生产、经营所在地税务机关申报办理税务登记,税务机关核发临时税务登记证及副本。

(5)境外企业在中国境内承包建筑、安装、装配、勘探工程和提供劳务的,应当自项目合同或协议签订之日起30日内,向项目所在地税务机关申报办理税务登记,税务机关核发临时税务登记证及副本。

(三)开业税务登记的内容

(1)单位名称、法定代表人或业主姓名及其居民身份证、护照或者其他证明身份的合法证件;

(2)住所、经营地点;

(3)登记注册类型及所属主管单位;

(4)核算方式;

(5)行业、经营范围、经营方式;

(6)注册资金(资本)、投资总额、开户银行及账号;

(7)经营期限、从业人数、营业执照号码;

(8)财务负责人、办税人员;

(9)其他有关事项。

企业在外地的分支机构或者从事生产、经营的场所,还应当登记总机构名称、地址、法人代表、主要业务范围、财务负责人。

(四)开业税务登记程序

1. 税务登记的申请

办理税务登记是为了建立正常的征纳程序,是纳税人履行纳税义务的第一步。为此,纳税人必须严格按照规定的期限,向当地主管税务机关及时申报办理税务登记手续,实事求是地填报登记项目,并如实回答税务机关提出的问题。纳税人所属的本县(市)以外的非独立经济核算的分支机构,除由总机构申报办理税务登记外,还应当自设立之日起30日内,向分支机构所在地税务机关申报办理注册税务登记。在申报办理税务登记时,纳税人应认真填写税务登记表。

2. 纳税人办理税务登记时应提供的证件、资料

(1)营业执照或其他核准执业证件及工商登记表,或其他核准执业登记表复印件;

(2)有关机关、部门批准设立的文件;

(3)有关合同、章程、协议书;

(4)法定代表人和董事会成员名单;

(5)法定代表人(负责人)或业主居民身份证、护照或者其他证明身份的合法证件;

(6)组织机构统一代码证书;

(7)住所或经营场所证明;

(8)委托代理协议书复印件;

(9)属于享受税收优惠政策的企业,还应包括需要提供的相应证明、资料,税务机关需要的其他资料、证件。

企业在外地的分支机构或者从事生产、经营的场所,在办理税务登记时,还应当提供由总机构所在地税务机关出具的在外地设立分支机构的证明。

3. 税务登记表的种类、适用对象

(1)内资企业税务登记表。适用于核发税务登记证的国有企业、集体企业、股份合作企业、国有联营企业、集体联营企业、国有与集体联营企业、其他联营企业、国有独资公司、其他有限责任公司、股份有限公司、私营独资企业、私营合作企业、私营有限责任公司、私营股份有限公司、其他企业填用。

(2)分支机构税务登记表。主要适用于核发注册税务登记证的各种类型企业的非独立核算分支机构填用。

(3)个体经营税务登记表。主要适用于核发税务登记证的个体工商业户填用。

(4)其他单位税务登记表。主要适用于除工商行政管理机关外,其他部门批准登记核发税务登记证的纳税人。

(5)涉外企业税务登记表。主要适用于中外合资经营企业、合作经营企业和外国企业填用。

4. 税务登记表的受理、审核

(1)受理。税务机关对申请办理税务登记的单位和个人所提供的申请税务登记报告书,及要求报送的各种附列资料、证件进行查验,对手续完备、符合要求的,方可受理登记,并根据其经济类型发给相应的税务登记表。

(2)审核。税务登记审核工作,既是税务机关税务登记工作的开始,也是税务登记管理工作的关键。为此,加强税务登记申请的审核就显得十分必要。通过税务登记申请的审核,可以发现应申报办理税务登记户数,实际办理税务登记户数,进而掌握申报办理税务登记户的行业构成等税务管理信息。

为此,税务机关对纳税人填报的税务登记表、提供的证件和资料,应当在收到之日起30日内审核完毕,符合规定的,予以登记;对不符合规定的不予登记,并应在30日内予以答复。

5. 税务登记证的核发

根据《征管法》第十五条规定:“税务机关应当于收到申报当日办理登记并发给税务登记证件。”具体规定如下。

(1)对从事生产、经营并经工商行政管理部门核发营业执照的纳税人,核发税务登记证及其副本。

(2)对未取得营业执照或工商登记核发临时营业执照从事生产经营的纳税人,暂核发税务登记证及其副本,并在正、副本右上角加盖“临时”章。

(3)对纳税人非独立核算的分支机构及非从事生产经营的纳税人(除临时取得应税收入或发生应税行为以及只缴纳个人所得税、车船税的外),核发注册税务登记证及其副本。

(4)对外商投资企业、外国企业及外商投资企业分支机构,分别核发外商投资企业税务登记证及其副本、外国企业税务登记证及其副本、外商投资企业分支机构税务注册证及其副本。

对既没有税收纳税义务又不需领用收费(经营)票据的社会团体等,可以只登记不发证。

二、变更税务登记

变更税务登记,是纳税人税务登记内容发生重要变化时向税务机关申报办理的税务登记手续。

(一)变更税务登记的范围及时间要求

1. 适用范围

纳税人办理税务登记后,如发生下列情形之一,应当办理变更税务登记:发生改变名称、改变法定代表人、改变经济性质或经济类型、改变住所和经营地点(不涉及主管税务机关变动的)、改变生产经营或经营方式、增减注册资金(资本)、改变隶属关系、改变生产经营期限、改变或增减银行账号、改变生产经营权属以及改变其他税务登记内容的。

2. 时间要求

纳税人税务登记内容发生变化的,应当自工商行政管理机关或者其他机关办理变更登记之日起30日内,持有关证件向原税务登记机关申报办理变更税务登记。

纳税人税务登记内容发生变化,不需要到工商行政管理机关或者其他机关办理变更登记的,应当自发生变化之日起30日内,持有关证件向原税务登记机关申报办理变更税务登记。

(二)变更税务登记的程序、方法

(1)申请。纳税人申请办理变更税务登记时,应向主管税务机关领取税务登记变更表,如实填写变更登记事项、变更登记前后的具体内容。

(2)提供相关证件、资料。

(3)税务登记变更表的内容。主要包括纳税人名称、变更项目、变更前内容、变更后内容、上缴的证件情况。

(4)受理。税务机关对纳税人填报的表格及提交的附列资料、证件要进行认真审阅,在符合要求及资料证件提交齐全的情况下,予以受理。

(5)审核。主管税务机关对纳税人报送的已填登完毕的变更表及相关资料,进行分类审核。

(6)发证。对需变更税务登记证内容的,主管税务机关应收回原税务登记证(正、副本),按变更后的内容,重新制发税务登记证(正、副本)。

三、停业、复业登记

实行定期定额征收方式的纳税人,在营业执照核准的经营期限内需要停业的,应当向税务机关提出停业登记，说明停业的理由、时间、停业前的纳税情况和发票的领、用、存情况，并如实填写申请停业登记表。税务机关经过审核（必要时可实地审查），应当责成申请停业的纳税人结清税款并收回税务登记证件、发票领购簿和发票，办理停业登记。纳税人停业期间发生纳税义务，应当及时向主管税务机关申报，依法补缴应纳税款。

纳税人应当于恢复生产、经营之前，向税务机关提出复业登记申请，经确认后，办理复业登记，领回或启用税务登记证件和发票领购簿及其领购的发票，纳入正常管理。

纳税人停业期满不能及时恢复生产、经营的，应当在停业期满前向税务机关提出延长停业登记。纳税人停业期满未按期复业又不申请延长停业的，税务机关应当视为已恢复营业，实施正常的税收征收管理。

四、注销税务登记

注销税务登记是指纳税人税务登记内容发生了根本性变化，需终止履行纳税义务时向税务机关申报办理的税务登记手续。纳税人发生解散、破产、撤销以及其他情形，依法终止纳税义务的，应当在向工商行政管理机关或者其他机关办理注销登记前，持有关证件和资料向原税务登记机关申报办理注销税务登记；按规定不需要在工商行政管理机关或者其他机关办理注册登记的，应当自有关机关批准或者宣告终止之日起 15 日内，持有关证件和资料向原税务登记机关申报办理注销税务登记。具体规定如下。

（一）注销税务登记的适用范围及时间要求

1. 适用范围

纳税人因经营期限届满而自动解散；企业由于改组、分立、合并等原因而被撤销；企业资不抵债而破产；纳税人住所、经营地址迁移而涉及改变原主管税务机关的；纳税人被工商行政管理部门吊销营业执照；以及纳税人依法终止履行纳税义务的其他情形。

2. 时间要求

纳税人发生解散、破产、撤销以及其他情形，依法终止纳税义务的，应当在向工商行政管理机关办理注销登记前，持有关证件向原税务登记管理机关申报办理注销税务登记；按照规定不需要在工商管理机关办理注销登记的，应当自有关机关批准或者宣告终止之日起 15 日内，持有关证件向原税务登记管理机关申报办理注销税务登记。

纳税人因住所、生产、经营场所变动而涉及改变主管税务登记机关的，应当在向工商行政管理机关申请办理变更或注销登记前，或者住所、生产、经营场所变动前，向原税务登记机关申报办理注销税务登记，并在 30 日内向迁达地主管税务登记机关申报办理税务登记。

纳税人被工商行政管理机关吊销营业执照的，应当自营业执照被吊销之日起 15 日内，向原税务登记机关申报办理注销税务登记。

（二）注销税务登记的程序、方法

（1）纳税人办理注销税务登记时，应向原税务登记机关领取注销税务登记申请审批表，如实填写注销登记事项内容及原因。

（2）提供有关证件、资料。纳税人如实填写注销税务登记申请审批表，连同下列资料、证件报税务机关。

①注销税务登记申请书；

②主管部门批文或董事会、职代会的决议及其他有关证明文件；

③营业执照被吊销的应提交工商机关发放的注销决定；

④主管税务机关原发放的税务登记证件(税务登记证正、副本及登记表等);

⑤其他有关资料。

(3)注销税务登记申请审批表的内容。由纳税人填写的项目主要包括纳税人名称(含分支机构名称)、注销原因、批准机关名称、批准文号及日期。

由税务机关填写的项目主要包括纳税人实际经营期限、纳税人已享受税收优惠、发票缴销情况、税款清缴情况、税务登记证件收回情况。

(4)受理。税务机关受理纳税人填写完毕的表格,审阅其填报内容是否符合要求,所附资料是否齐全后,督促纳税人做好下列事宜:

纳税人持“注销税务登记申请审批表”“未经税务机关查验的发票”和“发票领购簿”到发票管理环节申请办理发票缴销;发票管理环节按规定清票后,在注销税务登记申请审批表上签署发票缴销情况,同时将审批表返还纳税人。

纳税人向征收环节清缴税款;征收环节在纳税人缴纳税款后,在注销税务登记申请审批表上签署意见,同时将审批表返还纳税人。

(5)核实。纳税人持由上述两个环节签署意见后的审批表交登记管理环节;登记管理环节审核确认后,制发“税务文书领取通知书”给纳税人,同时填制税务文书传递单,并附注销税务登记申请审批表送稽查环节。

若稽查环节确定需对申请注销的纳税人进行实地稽查的,应在税务文书传递单上注明批复期限内稽查完毕,在“注销税务登记申请审批表”上签署税款清算情况,及时将“税务文书传递单”和“注销税务登记申请审批表”返还税务登记环节,登记部门在纳税人结清税款(包括滞纳金、罚款)后据以办理注销税务登记手续。

纳税人因生产、经营场所发生变化需改变主管税务登记机关的,在办理注销税务登记时,原税务登记机关在对其注销税务登记的同时,应向迁达地税务登记机关递交“纳税人迁移通知书”,并附“纳税人档案资料移交清单”,由迁达地税务登记机关重新办理税务登记。如遇纳税人已经或正在享受税收优惠待遇的,迁出地税务登记机关应当在“纳税人迁移通知书”上注明。

五、外出经营报验登记

(1)纳税人到外县(市)临时从事生产经营活动的,应当在外出生产经营以前,持税务登记证向主管税务机关申请开具“外出经营活动税收管理证明”(以下简称“外管证”)。

(2)税务机关按照一地一证的原则,核发“外管证”,“外管证”的有效期限一般为30日,最长不得超过180天。

(3)纳税人应当在“外管证”注明地进行生产经营前向当地税务机关报验登记,并提交下列证件、资料。

①税务登记证件副本。

②“外管证”。

纳税人在“外管证”注明地销售货物的,除提交以上证件、资料外,应如实填写“外出经营货物报验单”,申报查验货物。

(4)纳税人外出经营活动结束,应当向经营地税务机关填报“外出经营活动情况申报表”,并结清税款、缴销发票。

(5)纳税人应当在“外管证”有效期届满后10日内,持“外管证”回原税务登记地税务机关办理“外管证”缴销手续。

六、税务登记证的作用和管理

(一)税务登记证的作用

除按照规定不需要发给税务登记证件的外,纳税人办理下列事项时,必须持以下税务登记证件:

(1)开立银行账户;

(2)申请减税、免税、退税;

(3)申请办理延期申报、延期缴纳税款;

(4)领购发票;

(5)申请开具外出经营活动税收管理证明;

(6)办理停业、歇业;

(7)其他有关税务事项。

(二)税务登记证管理

(1)税务机关对税务登记证件实行定期验证和换证制度。纳税人应当在规定的期限内持有关证件到主管税务机关办理验证或者换证手续。

(2)纳税人应当将税务登记证件正本在其生产、经营场所或者办公场所公开悬挂,接受税务机关检查。

(3)纳税人遗失税务登记证件的,应当在 15 日内书面报告主管税务机关,并登报声明作废。同时,凭报刊上刊登的遗失声明向主管税务机关申请补办税务登记证件。

七、非正常户处理

(1)已办理税务登记的纳税人未按照规定的期限申报纳税,在税务机关责令其限期改正后,逾期不改正的,税务机关应当派人员实地检查,查无下落并且无法强制其履行纳税义务的,由检查人员制作非正常户认定书,存入纳税人档案,税务机关暂停其税务登记证件、发票领购簿和发票的使用。

(2)纳税人被列入非正常户超过 3 个月的,税务机关可以宣布其税务登记证件失效,其应纳税款的追征仍按《征管法》及其《实施细则》的规定执行。

八、法律责任

(1)纳税人未按照规定期限申报办理税务登记、变更或者注销登记的,税务机关应当自发现之日起 3 日内责令其限期改正,并依照《征管法》第六十条第一款的规定处罚。

纳税人不办理税务登记的,税务机关应当自发现之日起 3 日内责令其限期改正;逾期不改正的,依照《征管法》第六十条第一款和第二款的规定处罚。

(2)纳税人未按照规定使用税务登记证件,或者转借、涂改、损毁、买卖、伪造税务登记证件的,依照《税收征管法》第六十条第三款的规定处罚。

(3)纳税人通过提供虚假的证明资料等手段,骗取税务登记证的,处2 000元以下的罚款;情节严重的,处2 000元以上10 000元以下的罚款。纳税人涉嫌其他违法行为的,按有关法律、行政法规的规定处理。

(4)扣缴义务人未按照规定办理扣缴税款登记的,税务机关应当自发现之日起 3 日内责令其限期改正,并可处以2 000元以下的罚款。

(5)纳税人、扣缴义务人违反本办法规定,拒不接受税务机关处理的,税务机关可以收缴其发票或者停止向其发售发票。

(6)税务人员徇私舞弊或者玩忽职守,违反本办法规定为纳税人办理税务登记相关手续,或者滥用职权,故意刁难纳税人、扣缴义务人的,调离工作岗位,并依法给予行政处分。

第二节 账簿和凭证的管理制度

账簿是纳税人、扣缴义务人连续地记录其各种经济业务的账册或簿籍。凭证是纳税人用来记录经济业务,明确经济责任,并据以登记账簿的书面证明。账簿、凭证管理是继税务登记之后税收征管的又一重要环节,在税收征管中占有十分重要的地位。

一、关于对账簿和凭证设置的管理

(一)设置账簿的范围

根据《征管法》第十九条和《实施细则》第二十二条的有关规定,所有的纳税人和扣缴义务人都必须按照有关法律、行政法规和国务院财政、税务主管部门的规定设置账簿。

所称账簿,是指总账、明细账、日记账以及其他辅助性账簿。总账、日记账应当采用订本式。

从事生产、经营的纳税人应当自领取营业执照或者发生纳税义务之日起15日内设置账簿。

扣缴义务人应当自税收法律、行政法规规定的扣缴义务发生之日起10日内,按照所代扣、代收的税种,分别设置代扣代缴、代收代缴税款账簿。

生产、经营规模小又确无建账能力的纳税人,可以聘请经批准从事会计代理记账业务的专业机构或者经税务机关认可的财会人员代为建账和办理账务;聘请上述机构或者人员有实际困难的,经县以上税务机关批准,可以按照税务机关的规定,建立收支凭证粘贴簿、进货销货登记簿或者使用税控装置。

(二)对会计核算的要求

根据《征管法》第十九条的有关规定,所有纳税人和扣缴义务人都必须根据合法、有效的凭证进行账务处理。

纳税人建立的会计电算化系统应当符合国家有关规定,并能正确、完整核算其收入或者所得。

纳税人使用计算机记账的,应当在使用前将会计电算化系统的会计核算软件、使用说明书及有关资料报送主管税务机关备案。

纳税人、扣缴义务人会计制度健全,能够通过计算机正确、完整计算其收入和所得或者代扣代缴、代收代缴税款情况的,其计算机输出的完整的书面会计记录,可视同会计账簿。

纳税人、扣缴义务人会计制度不健全,不能通过计算机正确、完整计算其收入和所得或者代扣代缴、代收代缴税款情况的,应当建立总账及与纳税或者代扣代缴、代收代缴税款有关的其他账簿。

账簿、会计凭证和报表,应当使用中文。民族自治地方可以同时使用当地通用的一种民族文字。外商投资企业和外国企业可以同时使用一种外国文字。如外商投资企业、外国企业的会计记录不使用中文的，应按照《征管法》第六十三条第二款“未按照规定设置、保管账簿或者保管记账凭证和有关资料”的规定处理。

二、关于备案制度

(1)根据《征管法》第二十条和《实施细则》第二十四条的有关规定，凡从事生产、经营的纳税人必须将所采用的财务、会计制度和具体的财务、会计处理办法，按税务机关的规定，自领取税务登记证件之日起15日内，及时报送主管税务机关备案。

(2)纳税人使用计算机记账的，应当在使用前将会计电算化系统的会计核算软件、使用说明书及有关资料报送主管税务机关备案。

纳税人建立的会计电算化系统应当符合国家有关规定，并能正确、完整核算其收入或者所得。

三、关于账簿和凭证的保管

根据《征管法》第二十四条的有关规定：“从事生产经营的纳税人、扣缴义务人必须按照国务院财政、税务主管部门规定的保管期限保管账簿、记账凭证、完税凭证及其他有关资料。账簿、记账凭证、报表、完税凭证、发票、出口凭证以及其他有关涉税资料不得伪造、变造或者擅自损毁。”

账簿、记账凭证、报表、完税凭证、发票、出口凭证以及其他有关涉税资料的保管期限，根据《实施细则》第二十九条，除另有规定者外，应当保存10年。

四、财会制度、办法与税收规定相抵触的处理办法

根据《征管法》第二十条的有关规定，当从事生产、经营的纳税人、扣缴义务人所使用的财务会计制度和具体的财务、会计处理办法与国务院和财政部、国家税务总局有关税收方面的规定相抵触时，纳税人、扣缴义务人必须按照国务院制定的税收法规的规定或者财政部、国家税务总局制定的有关税收的规定计缴税款。

第三节　发票管理制度

根据《征管法》第二十一条规定：“税务机关是发票的主管机关，负责发票的印制、领购、开具、取得、保管、缴销的管理和监督。”

一、发票印制管理

根据《征管法》第二十二条规定：“增值税专用发票由国务院税务主管部门指定的企业印制；其他发票，按照国务院税务主管部门的规定，分别由省、自治区、直辖市国家税务局、地方税务局指定企业印制。”未经规定的税务机关指定，不得印制发票。

二、发票领购管理

依法办理税务登记的单位和个人，在领取税务登记证后，向主管税务机关申请领购发票。对无固定经营场地或者财务制度不健全的纳税人申请领购发票，主管税务机关有权要求其提供担保人，不能提供担保人的，可以视其情况，要求其提供保证金，并限期缴销发票。

对发票保证金应设专户储存,不得挪作他用。纳税人可以根据自己的需要申请领购普通发票。增值税专用发票只限于增值税一般纳税人领购使用。

三、发票开具、使用、取得的管理

根据《征管法》第二十一条的规定:"单位、个人在购销商品、提供或者接受经营服务以及从事其他经营活动中,应当按照规定开具、使用、取得发票。"普通发票开具、使用、取得的管理,应注意以下几点(增值税专用发票开具、使用、取得的管理,按增值税有关规定办理)。

(1)销货方按规定填开发票。

(2)购买方按规定索取发票。

(3)纳税人进行电子商务必须开具或取得发票。

(4)发票要全联一次填写。

(5)发票不得跨省、自治区、直辖市使用。发票限于领购单位和个人在本省、自治区、直辖市内开具。发票领购单位未经批准不得跨规定使用区域携带、邮寄、运输空白发票,禁止携带、邮寄或者运输空白发票出入境。

(6)开具发票要加盖财务印章或发票专用章。

(7)开具发票后,如发生销货退回需开红字发票的,必须收回原发票并注明"作废"字样或取得对方有效证明;发生销售折让的,在收回原发票并证明"作废"后,重新开具发票。

四、发票保管管理

根据发票管理的要求,发票保管分为税务机关保管和用票单位、个人保管两个层次,都必须建立严格的发票保管制度。包括:专人保管制度,专库保管制度,专账登记制度,保管交接制度和定期盘点制度。

五、发票缴销管理

发票缴销包括发票收缴和发票销毁。发票收缴是指用票单位和个人按照规定向税务机关上缴已经使用或者未使用的发票;发票销毁是指由税务机关统一将自己或者他人已使用或者未使用的发票进行销毁。发票收缴与发票销毁既有联系又有区别,发票销毁首先必须收缴;但收缴的发票不一定都要销毁,一般都要按照法律法规保存一定时期后才能销毁。

第四节 税务检查制度

一、税务检查的形式

(一)重点检查

重点检查是指对公民举报、上级机关交办或有关部门转来的有偷税行为或偷税嫌疑的,纳税申报与实际生产经营情况有明显不符的纳税人及有普遍逃税行为的行业的检查。

(二)分类计划检查

分类计划检查是指根据纳税人历来纳税情况、纳税人的纳税规模及税务检查间隔时间的长短等综合因素,按事先确定的纳税人分类、计划检查时间及检查频率而进行的检查。

（三）集中性检查

集中性检查是指税务机关在一定时间、一定范围内，统一安排、统一组织的税务检查，这种检查一般规模比较大，如以前年度的全国范围内的税收、财务大检查就属于这类检查。

（四）临时性检查

临时性检查是指由各级税务机关根据不同的经济形势、偷逃税趋势、税收任务完成情况等综合因素，在正常的检查计划之外安排的检查。如行业性解剖、典型调查性的检查等。

（五）专项检查

专项检查是指税务机关根据税收工作实际，对某一税种或税收征收管理某一环节进行的检查。比如增值税一般纳税专项检查、漏征漏管户专项检查等。

二、税务检查的方法

（一）全查法

全查法是对被查纳税人一定时期内所有会计凭证、账簿、报表及各种存货进行全面、系统检查的一种方法。

（二）抽查法

抽查法是对被查纳税人一定时期内的会计凭证、账簿、报表及各种存货，抽取一部分进行检查的一种方法。

（三）顺查法

顺查法与逆查法对称，是对被查纳税人按照其会计核算的顺序，依次检查会计凭证、账簿、报表，并将其相互核对的一种检查方法。

（四）逆查法

逆查法与顺查法对称，指逆会计核算的顺序，依次检查会计报表、账簿及凭证，并将其相互核对的一种稽查方法。

（五）现场检查法

现场检查法与调账检查法对称，指税务机关派人员到被查纳税人的机构办公地点对其账务资料进行检查的一种方法。

（六）调账检查法

调账检查法与现场检查法对称，是指将被查纳税人的账务资料调到税务机关进行检查的一种方法。

（七）比较分析法

比较分析法是将被查纳税人检查期有关财务指标的实际完成数进行纵向或横向比较，分析其异常变化情况，从中发现纳税问题线索的一种方法。

（八）控制计算法

控制计算法也称逻辑推算法，是指根据被查纳税人财务数据的相互关系，用可靠或科学测定的数据，验证其检查期账面记录或申报的资料是否正确的一种检查方法。

（九）审阅法

审阅法是指对被查纳税人的会计账簿、凭证等账务资料，通过直观地审查阅览，发现在纳税方面存在问题的一种检查方法。

（十）核对法

核对法是指通过被查纳税人的各种相关联的会计凭证、账簿、报表及实物进行相互核对,验证其在纳税方面存在问题的一种检查方法。

(十一)观察法

观察法是指通过被查纳税人的生产经营场所、仓库、工地等现场,实地观察其生产经营及存货等情况,以发现纳税问题或验证账中可疑问题的一种检查方法。

(十二)外调法

外调法是指对被查纳税人有怀疑或已掌握一定线索的经济事项,通过向与其有经济联系的单位或个人进行调查,予以查证核实的一种方法。

(十三)盘存法

盘存法是指通过对被查纳税人的货币资金、存货及固定资产等实物进行盘点清查,核实其账实是否相符,进而发现纳税问题的一种检查方法。

(十四)交叉稽核法

国家为加强增值税专用发票管理,应用计算机将开出的增值税专用发票抵扣联与存根联进行交叉稽核,以查出虚开及假开发票行为,避免国家税款流失。目前这种方法通过“金税工程”体现,对利用增值税专用发票偷逃税款行为起到了极大的遏制作用。

三、税务检查的职责

(1)税务机关有权进行下列税务检查。

①检查纳税人的账簿、记账凭证、报表和有关资料,检查扣缴义务人代扣代缴、代收代缴税款账簿、记账凭证和有关资料。

因检查需要时,经县以上税务局(分局)局长批准,可以将纳税人、扣缴义务人以前会计年度的账簿、记账凭证、报表和其他有关资料调回税务机关检查,但是税务机关必须向纳税人、扣缴义务人开付清单,并在3个月内完整退还;有特殊情况的,经设区的市、自治州以上税务局局长批准,税务机关可以将纳税人、扣缴义务人当年的账簿、记账凭证、报表和其他有关资料调回检查,但是税务机关必须在30日内退还。

②到纳税人的生产、经营场所和货物存放地检查纳税人应纳税的商品、货物或者其他财产,检查扣缴义务人与代扣代缴、代收代缴税款有关的经营情况。

③责成纳税人、扣缴义务人提供与纳税或者代扣代缴、代收代缴税款有关的文件、证明材料和有关资料。

④询问纳税人、扣缴义务人与纳税或者代扣代缴、代收代缴税款有关的问题和情况。

⑤到车站、码头、机场、邮政企业及其分支机构检查纳税人托运、邮寄、应税商品、货物或者其他财产的有关单据凭证和资料。

⑥经县以上税务局(分局)局长批准,凭全国统一格式的检查存款账户许可证明,查询从事生产、经营的纳税人、扣缴义务人在银行或者其他金融机构的存款账户。税务机关在调查税收违法案件时,经设区的市、自治州以上税务局(分局)局长批准,可以查询案件涉嫌人员的储蓄存款。税务机关查询所获得的资料,不得用于税收以外的用途。

上述所称的“经设区的市、自治州以上税务局局长”包括地(市)一级(含直辖市下设区)的税务局局长。

税务机关查询的内容,包括纳税人存款账户余额和资金往来情况。查询时应当指定专人负责,凭全国统一格式的检查存款账户许可证明进行,并有责任为被检查人保守秘密。

(2)税务机关对纳税人以前纳税期的纳税情况依法进行税务检查时,发现纳税人有逃避纳税义务的行为，并有明显的转移、隐匿其应纳税的商品、货物、其他财产或者应纳税收入的迹象的，可以按照批准权限采取税收保全措施或者强制执行措施。这里的批准权限是指县级以上税务局（分局）局长批准。

税务机关采取税收保全措施的期限一般不得超过6个月；重大案件需要延长的，应当报国家税务总局批准。

（3）纳税人、扣缴义务人必须接受税务机关依法进行的税务检查，如实反映情况，提供有关资料，不得拒绝、隐瞒。

（4）税务机关依法进行税务检查时，有权向有关单位和个人调查纳税人、扣缴义务人和其他当事人与纳税或者代扣代缴、代收代缴税款有关的情况，有关单位和个人有义务向税务机关如实提供有关资料及证明材料。

（5）税务机关调查税务违法案件时，对与案件有关的情况和资料，可以记录、录音、录像、照相和复制。

（6）税务人员进行税务检查时，应当出示税务检查证和税务检查通知书；无税务检查证和税务检查通知书的，纳税人、扣缴义务人及其他当事人有权拒绝检查。税务机关对集贸市场及集中经营业户进行检查时，可以使用统一的税务检查通知书。

税务机关对纳税人、扣缴义务人及其他当事人处以罚款或者没收违法所得时，应当开付罚没凭证；未开付罚没凭证的，纳税人、扣缴义务人以及其他当事人有权拒绝给付。

对采用电算化会计系统的纳税人，税务机关有权对其会计电算化系统进行检查，并可复制与纳税有关的电子数据作为证据。

税务机关进入纳税人电算化系统进行检查时，有责任保证纳税人会计电算化系统的安全性，并保守纳税人的商业秘密。

第五节　税务稽查制度

税务稽查是税收征收管理工作的重要步骤和环节，是税务机关代表国家依法对纳税人的纳税情况进行检查监督的一种形式。税务稽查的依据是具有各种法律效力的各种税收法律、法规及各种政策规定。具体包括日常稽查、专项稽查和专案稽查。

一、税务稽查制度的概念

税务稽查制度是指国家制定的关于税务稽查活动方面的法律规范的总称。我国自1992年9月4日第七届全国人民代表大会常务委员会第二十七次会议通过、1993年1月1日开始实施《中华人民共和国征收管理法》之后，为了规范税务稽查的执法行为，我国各地税务机关将业已普遍建立的稽查大队组建为稽查局，以强化内部监督制约机制，并为外部监督制约疏通渠道。在立法方面，我国国家税务总局1995年12月1日印发了《税务稽查工作规程》，1998年印发了《税务违法案件举报管理办法》和《税务稽查业务公开业务制度》等。这一系列稽查规章制度，促使我国的稽查执法行为规范化，也标志着我国开始建立、健全税务稽查制度。

二、税务稽查组织机构及其职责

按照现行有关税收法律、法规规定，我国税务稽查机构为稽查局。稽查组织机构体系可以分为:国家级稽查局;省、自治区、直辖市级稽查局;市(地)、县(市)级稽查局。在市(地)的全部城区、直辖市的区和县(市)的全域集中设立稽查局进行稽查。在大城市或城区较大、交通不便的城市,市稽查局可以适当设立少数分支机构或派出机构。

稽查局内设选案、检查、审理和执行四个机构,严格分工职责。国家税务总局稽查局和省、自治区、直辖市稽查局以系统业务管理为主兼具直接办案职能;省以下稽查局以实施稽查、办案为主兼具系统业务管理职能。稽查局在主管税务局直接领导下进行工作,贯彻落实同级税务局和上级税务局的工作部署。上级税务局有权监督检查下级税务局的稽查工作。

各级税务机关设立的税务稽查机构,应按照各自的管辖范围行使税务稽查职能。各级税务机关应当在所属税务稽查机构建立税务违法案件举报中心,受理公民举报税务违法案件。

三、税务稽查程序

(一)制订税务稽查计划

税务稽查的基本任务是依照国家税收法律、法规、查处税收违法行为,保障税收收入,维护税收秩序,促进依法纳税,保证税法的实施。为此税务稽查必须以事实为依据,以国家发布的税收法律、法规、规章为准绳,加强与司法机关和其他有关部门的配合。

制定税务稽查计划是税务稽查的首要步骤。各级税务局在进行任何专项或专案稽查时,必须提出计划和方案,由稽查局汇总或合并,报经税务局长审批后组织实施。

稽查计划应该突出重点,兼顾相关,做好与日常稽查的衔接协调。税务机关必须严格控制稽查次数,尽量实行综合检查,尽量避免单税种、单项目重复稽查。对每一纳税人稽查的时间原则上不超过 15 天,稽查结果在辖区内所属系统内相互认可,信息共享。国家税务局和地方税务局应尽量联合稽查,分别进行的稽查应采取联席会议或其他形式及时沟通情况和反馈信息,以促进稽查的针对性和有效性。

稽查计划必须报上一级税务局及其稽查局备案,上一级税务局及其稽查局应当对下一级税务局及其稽查局的稽查计划进行必要的调整。

(二)税务稽查对象的确立与立案

税务稽查的范围包括税务法律、法规、制度等的贯彻执行情况,纳税人生产经营活动及税务活动的合法性,偷、逃、抗、骗、漏税及滞纳情况。

1. 税务稽查对象的确定

税务稽查对象一般应当通过以下方法产生:通过电子计算机选案分析系统筛选;根据稽查计划,按照征管户数的一定比例筛选或者随机抽样选择;根据公民举报、有关部门转办、上级交办、情报确定。通过上述方法确定稽查对象,既能全面了解纳税人、扣缴义务人履行税法义务的情况,又能突出重点。

2. 税务稽查对象的立案

税务稽查对象中,经初步判明有以下情形之一的,应当立案查处:逃避追缴欠税、骗取出口退税、抗税和为纳税人、扣缴义务人非法提供银行账户、发票、证明或者其他方便,导致税收流失的;无上述违法行为,但是查补税额在 5 000 元至 2 万元以内的;私自印制、伪造、倒卖、非法代开、虚开发票,非法携带、邮寄、运输或者存放空白发票,伪造、私自制作发票监制章和发票防伪专用品的;税务机关认为需要立案查处的其他情形。

(三)税务稽查的实施

税务机关在实施税务稽查之前,应当先全面了解被查对象的有关情况,确定稽查办法,然后向被查对象发出书面通知,告知其稽查时间和需要准备的材料等。但是,对于被举报有税收违法行为的,税务机关有根据认为被查对象有税收违法行为的,预先通知有碍稽查的,不必事先通知。

如果税务稽查人员与被查对象有近亲属关系、利害关系和可能影响公正执法的其他关系,应当自行回避,被查对象也有权要求他们回避。

实施税务稽查应当2人以上,并出示税务检查证。

实施税务稽查可以根据需要和法定程序采取询问、调取账簿资料和实地稽查等手段。税务稽查需要跨管辖区域稽查的,可以采取发函调查和异地调查两种方式。

在税务稽查结束的时候,税务稽查人员应当将稽查的结果和主要问题向被查对象说明,核对事实,听取意见。

对于经过稽查没有发现问题的,如果没有立案查处,由稽查人员制作“税务稽查结论”报批。

对于不需要立案查处的一般税收违法案件,税务稽查完毕,可以按照简易程序,由稽查人员直接制作“税务处理决定书”,按照规定报经批准之后执行。

对于立案查处的案件,税务稽查完毕,稽查人员应当制作“税务稽查报告”,连同“税务稽查底稿”和其他证据,提交审理部门审理。

第六节　税款征收制度

税款征收是税收征收管理工作中的中心环节,是全部税收征管工作的目的和归宿,在整个税收工作中占据着极其重要的地位。

一、税款征收的原则

(一)税务机关是征税的唯一行政主体的原则

根据《征管法》第三十条的规定:“除税务机关、税务人员以及经税务机关依照法律、行政法规委托的单位和个人外,任何单位和个人不得进行税款征收活动。”第四十一条同时规定:“采取税收保全措施、强制执行措施的权利,不得由法定的税务机关以外的单位和个人行使。”

(二)税务机关只能依照法律、行政法规的规定征收税款

根据《征管法》第二十九条的规定,税务机关只能依照法律、行政法规的规定征收税款。未经法定机关和法定程序调整,征纳双方均不得随意变动。税务机关代表国家向纳税人征收税款,不能任意征收,只能依法征收。

(三)税务机关不得违反法律、行政法规的规定开征、停征、多征、少征、提前征收或者延缓征收税款或者摊派税款

《征管法》第二十九条规定:“税务机关依照法律、行政法规的规定征收税款,不得违反法律、行政法规的规定开征、停征、多征、少征、提前征收、延缓征收或者摊派税款。”税务机关是执行税法的专职机构,既不得在税法生效之前先行向纳税人征收税款,也不得在税法尚未失效时,停止征收税款,更不得擅立章法,新开征一种税。

在税款征收过程中,税务机关应当按照税收法律、行政法规预先规定的征收标准进行征税。不得擅自增减改变税目、调高或降低税率、加征或减免税款、提前征收或延缓征收税款以及摊派税款。

(四)税务机关征收税款必须遵守法定权限和法定程序的原则

税务机关执法必须遵守法定权限和法定的程序,这也是税款征收的一项基本原则。例如,采取税收保全措施或强制执行措施时;办理减税、免税、退税时;核定应纳税额时;进行纳税调整时;针对纳税人的欠税,进行清理,采取各种措施时,税务机关都必须按照法律或者行政法规规定的审批权限和程序进行操作,否则就是违法。

(五)税务机关征收税款或扣押、查封商品、货物或其他财产时,必须向纳税人开具完税凭证或开付扣押、查封的收据或清单

《征管法》第三十五条规定:"税务机关征收税款时,必须给纳税人开具完税凭证。"第四十七条规定:"税务机关扣押商品、货物或其他财产时,必须开付收据;查封商品、货物或者其他财产时,必须开付清单。"这是税款征收的又一原则。

(六)税款、滞纳金、罚款统一由税务机关上缴国库

《征管法》第五十四条规定:"国家税务局和地方税务局应当按照国家规定的税收征管范围和税款入库预算级次,将征收的税款缴入国库。"这也是税款征收的一个基本原则。

(七)税款优先的原则

《征管法》第四十六条的规定,第一次在税收法律上确定了税款优先的地位,确定了税款征收在纳税人支付各种款项和偿还债务时的顺序。税款优先的原则不仅增强了税法的刚性,而且增强了税法在执行中的可操作性。

(1)税收优先于无担保债权。这里所说的税收优先于无担保债权是有条件的,也就是说并不是优先于所有的无担保债权,对于法律上另有规定的无担保债权,不能行使税收优先权。

(2)纳税人发生欠税在前的,税收优先于抵押权、质权和留置权的执行。这里有两个前提条件:其一,纳税人有欠税;其二,欠税发生在前。即纳税人的欠税发生在以其财产设定抵押、质押或被留置之前。纳税人在有欠税的情况下设置抵押权、质权、留置权时,纳税人应当向抵押权人、质权人说明其欠税情况。

欠缴的税款是指纳税人发生纳税义务,但未按照法律、行政法规规定的期限或者未按照税务机关依照法律、行政法规的规定确定的期限向税务机关申报缴纳的税款或者少缴的税款。纳税人应缴纳税款的期限届满之次日即是纳税人欠缴税款的发生时间。

(3)税收优先于罚款、没收非法所得。

①纳税人欠缴税款,同时又被税务机关决定处以罚款、没收非法所得的,税收优先于罚款、没收非法所得;

②纳税人欠缴税款,同时又被税务机关以外的其他行政部门处以罚款、没收非法所得的,税款优先于罚款、没收非法所得。

二、税款征收的方式

税款征收方式是指税务机关根据各税种的不同特点、征纳双方的具体条件而确定的计算征收税款的方法和形式。

（一）查账征收

查账征收是指税务机关按照纳税人提供的账表所反映的经营情况，依照适用税率计算缴纳税款的方式。这种方式一般适用于财务会计制度较为健全，能够认真履行纳税义务的纳税单位。

（二）查定征收

查定征收是指税务机关根据纳税人的从业人员、生产设备、采用原材料等因素，对其产制的应税产品查实核定产量、销售额并据以征收税款的方式。这种方式一般适用于账册不够健全，但是能够控制原材料或进销货的纳税单位。

（三）查验征收

查验征收是指税务机关对纳税人应税商品，通过查验数量，按市场一般销售单价计算其销售收入并据以征税的方式。这种方式一般适用于经营品种比较单一，经营地点、时间和商品来源不固定的纳税单位。

（四）定期定额征收

定期定额征收是指税务机关通过典型调查，逐户确定营业额和所得额并据以征税的方式。这种方式一般适用于无完整考核依据的小型纳税单位。

（五）委托代征税款

委托代征税款是指税务机关委托代征人以税务机关的名义征收税款，并将税款缴入国库的方式。这种方式一般适用于小额、零散税源的征收。

（六）邮寄纳税

邮寄纳税是一种新的纳税方式。这种方式主要适用于那些有能力按期纳税，但采用其他方式纳税又不方便的纳税人。

（七）其他方式

如利用网络申报、用 IC 卡纳税等方式。

三、代扣代缴、代收代缴税款制度

（1）对法律、行政法规没有规定负有代扣、代收税款义务的单位和个人，税务机关不得要求其履行代扣、代收税款义务。

（2）税法规定的扣缴义务人必须依法履行代扣、代收税款义务。如果不履行义务，就要承担法律责任。除按《征管法》及《实施细则》的规定给予处罚外，应当责成扣缴义务人限期将应扣未扣、应收未收的税款补扣或补收。

（3）扣缴义务人依法履行代扣、代收税款义务时，纳税人不得拒绝。纳税人拒绝的，扣缴义务人应当在 1 日之内报告主管税务机关处理。不及时向主管税务机关报告的，扣缴义务人应承担应扣未扣、应收未收税款的责任。

（4）扣缴义务人代扣、代收税款，只限于法律、行政法规规定的范围，并依照法律、行政法规规定的征收标准执行。对法律、法规没有规定代扣、代收的，扣缴义务人不能超越范围代扣、代收税款，扣缴义务人也不得提高或降低标准代扣、代收税款。

（5）税务机关按照规定付给扣缴义务人代扣、代收手续费。代扣、代收税款手续费只能由县（市）以上税务机关统一办理退库手续，不得在征收税款过程中坐支。

四、延期缴纳税款制度

纳税人和扣缴义务人必须在税法规定的期限内缴纳、解缴税款。但考虑到纳税人在履行纳税义务的过程中，可能会遇到特殊困难的客观情况，为了保护纳税人的合法权益，《征管法》第三十一条第二款规定："纳税人因有特殊困难，不能按期缴纳税款的，经省、自治区、直辖市国家税务局、地方税务局批准，可以延期缴纳税款，但最长不得超过3个月。"

特殊困难的主要内容包括：一是因不可抗力，导致纳税人发生较大损失，正常生产经营活动受到较大影响的；二是当期货币资金在扣除应付职工工资、社会保险费后，不足以缴纳税款的。所谓"当期货币资金"，是指纳税人申请延期缴纳税款之日的资金余额，其中不含国家法律和行政法规明确规定企业不可动用的资金；"应付职工工资"是指当期计提数。

五、税收滞纳金征收制度

《征管法》第三十三条规定："纳税人未按照规定期限缴纳税款的，扣缴义务人未按照规定期限解缴税款的，税务机关除责令限期缴纳外，从滞纳税款之日起，按日加收滞纳税款万分之五的滞纳金。"

六、减免税收制度

根据《征管法》第三十四条的有关规定，办理减税、免税应注意下列事项：

(1)减免税必须有法律、行政法规的明确规定(具体规定将在税收实体法中体现)。

(2)纳税人申请减免税，应向主管税务机关提出书面申请，并按规定附送有关资料。

(3)减免税的申请须经法律、行政法规规定的减税、免税审查批准机关审批。

(4)纳税人在享受减免税待遇期间，仍应按规定办理纳税申报。

(5)纳税人享受减税、免税的条件发生变化时，应当自发生变化之日起15日内向税务机关报告，经税务机关审核后，停止其减税、免税；对不报告的，又不再符合减税、免税条件的，税务机关有权追回已减免的税款。

(6)减税、免税期满，纳税人应当自期满次日起恢复纳税。

(7)减免税分为报批类减免税和备案类减免税。报批类减免税是指应由税务机关审批的减免税项目；备案类减免税是指取消审批手续的减免税项目和不需税务机关审批的减免税项目。

(8)纳税人同时从事减免项目与非减免项目的，应分别核算，独立计算减免项目的计税依据以及减免税额度。不能分别核算的，不能享受减免税；核算不清的，由税务机关按合理方法核定。

(9)纳税人依法可以享受减免税待遇，但未享受而多缴税款的，凡属于无明确规定需经税务机关审批或没有规定申请期限的，纳税人可以在《征管法》第五十一条规定的期限内申请减免税，要求退还多缴的税款，但不加算银行同期存款利息。

(10)减免税审批机关由税收法律、法规、规章设定。凡规定应由国家税务总局审批的，经由各省、自治区、直辖市和计划单列市税务机关上报国家税务总局；凡规定应由省级税务机关及省级以下税务机关审批的，由各省级税务机关审批或确定审批权限，原则上由纳税人所在地的县(区)税务机关审批；对减免税金额较大或减免税条件复杂的项目，各省、自治区、直辖市和计划单列市税务机关可根据效能与便民、监督与责任的原则适当划分审批权限。

(11)纳税人申请报批类减免税的，应当在政策规定的减免税期限内，向主管税务机关提出书面申请，并报送以下资料。

①减免税申请报告,列明减免税理由、依据、范围、期限、数量、金额等;

②财务会计报表、纳税申报表;

③有关部门出具的证明材料;

④税务机关要求提供的其他资料。

纳税人报送的材料应真实、准确、齐全。税务机关不得要求纳税人提交与其申请的减免税项目无关的技术资料和其他材料。

(12)纳税人可以向主管税务机关申请减免税,也可以直接向有权审批的税务机关申请。由纳税人所在地主管税务机关受理、应当由上级税务机关审批的减免税申请,主管税务机关应当自受理申请之日起10个工作日内直接上报有权审批的上级税务机关。

(13)税务机关受理或者不予受理减免税申请,应当出具加盖本机关专用印章和注明日期的书面凭证。

(14)减免税审批是对纳税人提供的资料与减免税法定条件的相关性进行的审核,不改变纳税人的真实申报责任。

(15)减免税期限超过1个纳税年度的,进行一次性审批。

(16)减免税申请符合法定条件、标准的,主管税务机关应当在规定的期限内做出准予减免税的书面决定。依法不予减免税的,应当说明理由,并告知纳税人享有依法申请行政复议或者提起行政诉讼的权利。

(17)纳税人在执行备案类减免税之前,必须向主管税务机关申报以下资料备案。

①减免税政策的执行情况;

②主管税务机关要求提供的有关资料。

主管税务机关应在受理纳税人减免税备案后7个工作日内完成登记备案工作,并告知纳税人执行。

(18)纳税人享受减免税的,应当纳入正常申报,进行减免税申报。纳税人享受减免税到期的,应当申报缴纳税款。税务机关和税收管理员应当对纳税人已享受减免税情况加强管理监督。

七、税额核定和税收调整制度

(一)税额核定制度

目前税务机关核定税额的方法主要有以下四种:

(1)参照当地同类行业或者类似行业中,经营规模和收入水平相近的纳税人的收入额和利润率核定。

(2)按照成本加合理费用和利润的方法核定。

(3)按照耗用的原材料、燃料、动力等推算或者测算核定。

(4)按照其他合理的方法核定。

采用以上一种方法不足以正确核定应纳税额时,可以同时采用两种以上的方法核定。

纳税人对税务机关采取规定的方法核定的应纳税额有异议的,应当提供相关证据,经税务机关认定后,调整应纳税额。

(二)税收调整制度

所说的税收调整制度,主要指的是关联企业的税收调整制度。

《征管法》第三十七条规定:“企业或者外国企业在中国境内设立的从事生产、经营的机构、场所与其关联企业之间的业务往来,应当按照独立企业之间的业务往来收取或者支付价款、费用;不按照独立企业之间的业务往来收取或者支付价款、费用,而减少其应纳税的收入或者所得额的,税务机关有权进行合理调整。"

八、未办理税务登记的纳税人的税款征收制度

《征管法》第三十八条规定:"对未按照规定办理税务登记的从事生产、经营的纳税人以及临时从事生产、经营的纳税人,由税务机关核定其应纳税额,责令缴纳;不缴纳的,税务机关可以扣押其价值相当于应纳税款的商品、货物。扣押后缴纳应纳税款的,税务机关必须立即解除扣押,并归还所扣押的商品、货物;扣押后仍不缴纳应纳税款的,经县以上税务局(分局)局长批准,依法拍卖或者变卖所扣押的商品、货物,以拍卖或者变卖所得抵缴税款。"

九、税收保全措施

税收保全措施是指税务机关对可能由于纳税人的行为或者某种客观原因,致使以后税款的征收不能保证或难以保证的案件,采取限制纳税人处理或转移商品、货物或其他财产的措施。

《征管法》第三十九条规定:"税务机关有根据认为从事生产、经营的纳税人有逃避纳税义务行为的,可以在规定的纳税期之前,责令限期缴纳税款;在限期内发现纳税人有明显的转移、隐匿其应纳税的商品、货物以及其他财产迹象的,税务机关应责令其提供纳税担保。如果纳税人不能提供纳税担保,经县以上税务局(分局)局长批准,税务机关可以采取下列税收保全措施。"

(1)书面通知纳税人开户银行或者其他金融机构冻结纳税人的金额相当于应纳税款的存款。

(2)扣押、查封纳税人的价值相当于应纳税款的商品、货物或者其他财产。其他财产包括纳税人的房地产、现金、有价证券等不动产和动产。

纳税人在上款规定的限期内缴纳税款的,税务机关必须立即解除税收保全措施;限期期满仍未缴纳税款的,经县以上税务局(分局)局长批准,税务机关可以书面通知纳税人开户银行或者其他金融机构,从其冻结的存款中扣缴税款,或者依法拍卖或者变卖所扣押、查封的商品、货物或者其他财产,以拍卖或者变卖所得抵缴税款。

采取税收保全措施不当,或者纳税人在期限内已缴纳税款,税务机关未立即解除税收保全措施,使纳税人的合法利益遭受损失的,税务机关应当承担赔偿责任。

个人及其所扶养家属维持生活必需的住房和用品,不在税收保全措施的范围之内。个人所扶养家属,是指与纳税人共同居住生活的配偶、直系亲属以及无生活来源并由纳税人扶养的其他亲属。生活必需的住房和用品不包括机动车辆、金银饰品、古玩字画、豪华住宅或者一处以外的住房。税务机关对单价 5 000 元以下的其他生活用品,不采取税收保全措施和强制执行措施。

十、税收强制执行措施

税收强制执行措施是指当事人不履行法律、行政法规规定的义务,有关国家机关采用法定的强制手段,强迫当事人履行义务的行为。

《征管法》第四十一条规定,从事生产、经营的纳税人、扣缴义务人未按照规定的期限缴

纳或者解缴税款,纳税担保人未按照规定的期限缴纳所担保的税款,由税务机关责令限期缴纳,逾期仍未缴纳的,经县以上税务局(分局)局长批准,税务机关可以采取下列强制执行措施。

(1)书面通知其开户银行或者其他金融机构从其存款中扣缴税款。

(2)扣押、查封、依法拍卖或者变卖其价值相当于应纳税款的商品、货物或者其他财产,以拍卖或者变卖所得抵缴税款。

税务机关采取强制执行措施时,对上款所列纳税人、扣缴义务人、纳税担保人未缴纳的滞纳金同时强制执行。

个人及其所扶养家属维持生活必需的住房和用品,不在强制执行措施的范围之内。

十一、欠税清缴制度

欠税是指纳税人未按照规定期限缴纳税款,扣缴义务人未按照规定期限解缴税款的行为。

《征管法》在欠税清缴方面主要采取了以下措施:

(1)严格控制欠缴税款的审批权限。根据《征管法》第三十二条的规定,缓缴税款的审批权限集中在省、自治区、直辖市国家税务局、地方税务局。这样规定,一方面能帮助纳税人渡过暂时的难关,另一方面也体现了严格控制欠税的精神,保证国家税收免遭损失。

(2)限期缴税时限。从事生产、经营的纳税人、扣缴义务人未按照规定的期限缴纳或者解缴税款的,纳税担保人未按照规定的期限缴纳所担保的税款的,由税务机关发出限期缴纳税款通知书,责令缴纳或者解缴税款的最长期限不得超过15日。

(3)建立欠税清缴制度,防止税款流失。

①扩大了阻止出境对象的范围。《征管法》第四十五条规定:“欠缴税款的纳税人及其法定代表需要出境的,应当在出境前向税务机关结清应纳税款或者提供担保。未结清税款,又不提供担保的,税务机关可以通知出境管理机关阻止其出境。”

②建立改制纳税人欠税的清缴制度。《征管法》第四十九条规定:“纳税人有合并、分立情形的,应当向税务机关报告,并依法缴清税款。纳税人合并时未缴清税款的,应当由合并后的纳税人继续履行未履行的纳税义务;纳税人分立时未缴清税款的,分立后的纳税人对未履行的纳税义务应当承担连带责任。”

③大额欠税处分财产报告制度。根据《征管法》第五十条和《实施细则》第七十七条的规定,欠缴税款数额在5万元以上的纳税人,在处分其不动产或者大额资产之前,应当向税务机关报告。这一规定有利于税务机关及时掌握欠税企业处置不动产和大额资产的动向。税务机关可以根据其是否侵害了国家税收,是否有转移资产、逃避纳税义务的情形,决定是否行使税收优先权,是否采取税收保全措施或者强制执行措施。

④税务机关可以对欠缴税款的纳税人行使代位权、撤销权,即对纳税人的到期债权等财产权利,税务机关可以依法向第三者追索以抵缴税款。《征管法》第五十一条规定了在哪些情况下税务机关可以依据《中华人民共和国合同法》行使代位权、撤销权。税务机关代表国家,拥有对欠税的债权,是纳税人应该偿还国家的债务。

如果欠税的纳税人,怠于行使其到期的债权,怠于收回其到期的资产、款项等,税务机关可以向人民法院请求以自己的名义代为行使债权。

⑤建立欠税公告制度。根据《征管法》第四十六条和《实施细则》第七十六条的规定,税

务机关应当对纳税人欠缴税款的情况,在办税场所或者广播、电视、报纸、期刊、网络等新闻媒体上定期予以公告。定期公告是指税务机关定期向社会公告纳税人的欠税情况。同时税务机关还可以根据实际情况和实际需要,制定纳税人的纳税信用等级评比制度。

十二、税款的退还和追征制度

(一)税款的退还

《征管法》第五十二条规定,纳税人超过应纳税额缴纳的税款,税务机关发现后应当立即退还;纳税人自结算缴纳税款之日起3年内发现的,可以向税务机关要求退还多缴的税款并加算银行同期存款利息,税务机关及时查实后应当立即退还;涉及从国库中退库的,依照法律、行政法规中有关国库管理的规定退还。

(二)税款的追征

《征管法》第五十三条规定:"因税务机关责任,致使纳税人、扣缴义务人未缴或者少缴税款的,税务机关在3年内可要求纳税人、扣缴义务人补缴税款,但是不得加收滞纳金。

因纳税人、扣缴义务人计算等失误,未缴或者少缴税款的,税务机关在3年内可以追征税款、滞纳金;有特殊情况的追征期可以延长到5年。

所称特殊情况,是指纳税人或者扣缴义务人因计算错误等失误,未缴或者少缴、未扣或者少扣、未收或者少收税款,累计数额在10万元以上的。

对偷税、抗税、骗税的,税务机关追征其未缴或者少缴的税款、滞纳金或者所骗取的税款,不受前款规定期限的限制。"

十三、税款入库制度

(1)审计机关、财政机关依法进行审计、检查时,对税务机关的税收违法行为做出的决定,税务机关应当执行;发现被审计、检查单位有税收违法行为的,向被审计、检查单位下达决定、意见书,责成被审计、检查单位向税务机关缴纳应当缴纳的税款、滞纳金。税务机关应当根据有关机关的决定、意见书,依照税收法律、行政法规的规定,将应收的税款、滞纳金按照国家规定的税收征收管理范围和税款入库预算级次缴入国库。

(2)税务机关应当自收到审计机关、财政机关的决定、意见书之日起30日内将执行情况书面回复审计机关、财政机关。

有关机关不得将其履行职责过程中发现的税款、滞纳金自行征收入库或者以其他款项的名义自行处理、占压。

【本章小结】

税收征收管理是国家征税机构依据国家税收法律、行政法规的规定,对纳税人应纳税额组织入库的一种行政活动,是国家将税法贯彻实施到每一个纳税人,有效、及时、足额地组织税收收入入库的一系列活动的总称。因此,税收征管法在税法体系中具有重要地位,是国家组织税收收入的重要保障;同时,对于防止征税机关滥用征税权、保障纳税人合法权益具有重要意义。

税务登记是税务机关对纳税人的生产、经营活动进行登记并据此对纳税人实施税务管理的一种法定制度。税务登记又称纳税登记,它是税务机关对纳税人实施税收管理的首要环节和基础工作,是征纳双方法律关系成立的依据和证明,也是纳税人必须依法履行的义务。我国税务登记制度主要包括开业税务登记、变更税务登记、停业复业登记、注销税务登记、外出经营报验登记、税务登记证的管理、非正常户管理等内容。

账簿是纳税人、扣缴义务人连续地记录其各种经济业务的账册或簿籍。凭证是纳税人用来记录经济业务,明确经济责任,并据以登记账簿的书面证明。账簿、凭证管理是继税务登记之后税收征管的又一重要环节,在税收征管中占有十分重要的地位。

依法办理税务登记的单位和个人,在领取税务登记证后,向主管税务机关申请领购发票。单位、个人在购销商品、提供或者接受经营服务以及从事其他经营活动中,应当按照规定开具、使用、取得发票。税务机关负责发票的印制、领购、开具、取得、保管、缴销的管理和监督。

税务机关应当建立科学的检查制度,统筹安排检查工作,严格控制对纳税人、扣缴义务人的检查次数。税务机关应当制定合理的税务稽查工作规程,负责选案、检查、审理、执行的人员的职责应当明确,并相互分离、相互制约,规范选案程序和检查行为。税务检查工作的具体办法,由国家税务总局制定。

税款征收是税收征收管理工作中的中心环节,是全部税收征管工作的目的和归宿,在整个税收工作中占据着极其重要的地位。

【中英文关键词对照】

税务登记	Tax Registration
发票管理	Invoice Management
税务检查	Tax Inspection
税务稽查	Tax Check
税款征收	Tax Collection

【复习思考题】

1. 我国税务登记制度包括哪些内容?
2. 发票管理主要内容是什么?
3. 税务检查的形式有哪些?
4. 税务检查和税务稽查有何区别和联系?
5. 税款征收方式都有哪些?
6. 如何核定纳税人的应纳税额?
7. 什么是税收保全措施,税务机关可以采取哪些税收保全措施?

【资料】

征　管　法

第五章 法律责任

第六十一条　纳税人有下列行为之一的,由税务机关责令限期改正,可以处两千元以下的罚款;情节严重的,处两千元以上一万元以下的罚款:

(一)未按照规定的期限申报办理税务登记、变更或者注销登记的;

(二)未按照规定设置、保管账簿或者保管记账凭证和有关资料的;

(三)未按照规定将财务、会计制度或者财务、会计处理办法和会计核算软件报送税务

机关备查的;

(四)未按照规定将其全部银行账号向税务机关报告的;

(五)未按照规定安装、使用税控装置,或者损毁或者擅自改动税控装置的。

纳税人不办理税务登记的,由税务机关责令限期改正;逾期不改正的,经税务机关提请,由工商行政管理机关吊销其营业执照。

纳税人未按照规定使用税务登记证件,或者转借、涂改、损毁、买卖、伪造税务登记证件的,处两千元以上一万元以下的罚款;情节严重的,处一万元以上五万元以下的罚款。

第六十二条　扣缴义务人未按照规定设置、保管代扣代缴、代收代缴税款账簿或者保管代扣代缴、代收代缴税款记账凭证及有关资料的,由税务机关责令限期改正,可以处两千元以下的罚款;情节严重的,处两千元以上五千元以下的罚款。

第六十三条　纳税人未按照规定的期限办理纳税申报和报送纳税资料的,或者扣缴义务人未按照规定的期限向税务机关报送代扣代缴、代收代缴税款报告表和有关资料的,由税务机关责令限期改正,可以处两千元以下的罚款;情节严重的,可以处两千元以上一万元以下的罚款。

第六十四条　纳税人采取欺骗、隐瞒手段进行虚假纳税申报或者不申报,逃避缴纳税款的,由税务机关追缴其不缴或者少缴的税款、税款滞纳金,并处不缴或者少缴的税款百分之五十以上五倍以下的罚款;构成犯罪的,依法追究刑事责任。

扣缴义务人采取前款所列手段,不缴或者少缴已扣、已收税款,由税务机关追缴其不缴或者少缴的税款、税款滞纳金,并处不缴或者少缴的税款百分之五十以上五倍以下的罚款;构成犯罪的,依法追究刑事责任。

纳税人、扣缴义务人因过失未缴或者少缴税款造成漏税的,税务机关除按照本法第五十三条的规定追缴其未缴或者少缴的税款、税款滞纳金外,可以处未缴或者少缴税款百分之二十以下的罚款。

第六十五条　纳税人、扣缴义务人编造虚假计税依据的,由税务机关责令限期改正,并处五万元以下的罚款。

第六十六条　纳税人欠缴应纳税款,采取转移或者隐匿财产的手段,妨碍税务机关追缴欠缴的税款的,由税务机关追缴欠缴的税款、税款滞纳金,并处欠缴税款百分之五十以上五倍以下的罚款;构成犯罪的,依法追究刑事责任。

第六十七条　以假报出口或者其他欺骗手段,骗取国家出口退税款,由税务机关追缴其骗取的退税款,并处骗取税款一倍以上五倍以下的罚款;构成犯罪的,依法追究刑事责任。

对骗取国家出口退税款的,税务机关可以在规定期间内停止为其办理出口退税。

第六十八条　以暴力、威胁方法拒不缴纳税款的,是抗税,除由税务机关追缴其拒缴的税款、税款滞纳金外,依法追究刑事责任。情节轻微,未构成犯罪的,由税务机关追缴其拒缴的税款、税款滞纳金,并处拒缴税款一倍以上五倍以下的罚款。

第六十九条　纳税人、扣缴义务人在规定期限内不缴或者少缴应纳或者应解缴的税款,经税务机关责令限期缴纳,逾期仍未缴纳的,税务机关除依照本法第四十一条的规定采取强制执行措施追缴其不缴或者少缴的税款外,可以处不缴或者少缴的税款百分之五十以上五倍以下的罚款。

第七十条　扣缴义务人应扣未扣、应收而不收税款的,由税务机关向纳税人追缴税款,对扣缴义务人处应扣未扣、应收未收税款百分之五十以上三倍以下的罚款。

第七十一条　纳税人、扣缴义务人逃避、拒绝或者以其他方式阻挠税务机关检查的，由税务机关责令改正，可以处一万元以下的罚款；情节严重的，处一万元以上五万元以下的罚款。

第七十二条　违反本法第二十二条规定，非法印制发票的，由税务机关销毁非法印制的发票，没收违法所得和作案工具，并处一万元以上五万元以下的罚款；构成犯罪的，依法追究刑事责任。

第七十三条　从事生产、经营的纳税人、扣缴义务人有本法规定的税收违法行为，拒不接受税务机关处理的，税务机关可以收缴其发票或者停止向其发售发票。

第七十四条　纳税人、扣缴义务人的开户银行或者其他金融机构拒绝接受税务机关依法检查纳税人、扣缴义务人存款账户，或者拒绝执行税务机关做出的冻结存款或者扣缴税款的决定，或者在接到税务机关的书面通知后帮助纳税人、扣缴义务人转移存款，造成税款流失的，由税务机关处十万元以上五十万元以下的罚款，对直接负责的主管人员和其他直接责任人员处一千元以上一万元以下的罚款。

第七十五条　本法规定的行政处罚，罚款额在两千元以下的，可以由税务所决定。

第七十六条　税务机关和司法机关的涉税罚没收入，应当按照税款入库预算级次上缴国库。

第七十七条　税务机关违反规定擅自改变税收征收管理范围和税款入库预算级次的，责令限期改正，对直接负责的主管人员和其他直接责任人员依法给予降级或者撤职的行政处分。

第七十八条　纳税人、扣缴义务人有本法第六十四条、第六十六条、第六十七条、第六十八条、第七十二条规定的行为涉嫌犯罪的，税务机关应当依法移交司法机关追究刑事责任。

税务人员徇私舞弊，对依法应当移交司法机关追究刑事责任的不移交，情节严重的，依法追究刑事责任。

第七十九条　未经税务机关依法委托征收税款的，责令退还收取的财物，依法给予行政处分或者行政处罚；致使他人合法权益受到损失的，依法承担赔偿责任；构成犯罪的，依法追究刑事责任。

第八十条　税务机关、税务人员查封、扣押纳税人个人及其所扶养家属维持生活必需的住房和用品的，责令退还，依法给予行政处分；构成犯罪的，依法追究刑事责任。

第八十一条　税务人员与纳税人、扣缴义务人勾结，唆使或者协助纳税人、扣缴义务人有本法第六十四条、第六十六条、第六十七条规定的行为，构成犯罪的，依法追究刑事责任；尚不构成犯罪的，依法给予行政处分。

第八十二条　税务人员利用职务上的便利，收受或者索取纳税人、扣缴义务人财物或者谋取其他不正当利益，构成犯罪的，依法追究刑事责任；尚不构成犯罪的，依法给予行政处分。

第八十三条　税务人员徇私舞弊或者玩忽职守，不征或者少征应征税款，致使国家税收遭受重大损失，尚不构成犯罪的，依法给予行政处分；构成犯罪的，依法追究刑事责任；

税务人员滥用职权，故意刁难纳税人、扣缴义务人的，调离税收工作岗位，并依法给予行政处分。

税务人员对控告、检举税收违法违纪行为的纳税人、扣缴义务人以及其他检举人进行打击报复的，依法给予行政处分；构成犯罪的，依法追究刑事责任。

第八十四条 违反法律、行政法规的规定提前征收、延缓征收或者摊派税款的,由其上级机关或者行政监察机关责令改正,对直接负责的主管人员和其他直接责任人员依法给予行政处分。

第八十五条 违反法律、行政法规的规定,擅自做出税收的开征、停征或者减税、免税、退税、补税以及其他同税收法律、行政法规相抵触的决定的,除依照本法规定撤销其擅自做出的决定外,补征应征未征税款,退还不应征收而征收的税款,并由上级机关追究直接负责的主管人员和其他直接责任人员的行政责任;构成犯罪的,依法追究刑事责任。

第八十六条 税务人员在征收税款或者查处税收违法案件时,未按照本法规定进行回避的,对直接负责的主管人员和其他直接责任人员,依法给予行政处分。

第八十七条 违反税收法律、行政法规应当给予行政处罚的行为,在五年内未被发现的,不再给予行政处罚。

第八十八条 未按照本法规定为纳税人、扣缴义务人、检举人保密的,对直接负责的主管人员和其他直接责任人员,由所在单位或者有关单位依法给予行政处分。

第八十九条 纳税人、扣缴义务人、纳税担保人同税务机关在纳税上发生争议时,必须先依照税务机关的纳税决定缴纳或者解缴税款及税款滞纳金或者提供相应的担保,然后可以依法申请行政复议;对行政复议决定不服的,可以依法向人民法院起诉。

当事人对税务机关的处罚决定、强制执行措施或者税收保全措施不服的,可以依法申请行政复议,也可以依法向人民法院起诉。

当事人对税务机关的处罚决定逾期不申请行政复议也不向人民法院起诉、又不履行的,做出处罚决定的税务机关可以采取本法第四十一条规定的强制执行措施,或者申请人民法院强制执行。

第十二章　税收处罚制度

【学习目标】

本章主要介绍税收处罚制度。税收处罚制度包括税务行政处罚和税务刑事处罚。税务行政处罚是指公民、法人或者其他组织有违反税收征收管理秩序的违法行为，尚未构成犯罪，依法应当承担行政责任的，由税务机关给予行政处罚。税务刑事处罚是指享有刑事处罚权的国家机关对违反税收刑事法律规范，依法应当给予刑事处罚的公民、法人或者其他组织给予法律制裁的行为。

通过本章学习，了解税收处罚法是对税收活动中违法犯罪行为进行处罚的法律规范的总称，税收处罚包括税务行政处罚和税务刑事处罚，重点掌握税务行政处罚和税务刑事处罚的含义、种类和程序等内容，正确理解税收处罚制度的作用。

第一节　税收处罚法概述

税收处罚法是对税收活动中违法犯罪行为进行处罚的法律规范的总称。我国税收处罚法由四部分构成：①刑法中对偷税、抗税、骗税等税收犯罪行为的刑事罚则；②最高司法机关对税收犯罪做出的司法解释和规定；③《中华人民共和国税收征收管理法》中的“法律责任”一章对税收违法行为的行政处罚规定；④有关单行税法和其他法规中有关税收违法处罚的规定。

第二节　税务行政处罚

为了保障和监督行政机关有效实施行政管理，保护公民、法人和其他组织的合法权益，1996 年 3 月 17 日第八届全国人民代表大会第四次会议通过了《中华人民共和国行政处罚法》（以下简称《行政处罚法》），于 1996 年 10 月 1 日实施。它的颁布实施，进一步完善了我国的社会主义民主法制制度。

税务行政处罚是行政处罚的重要组成部分。为了贯彻实施《行政处罚法》，规范税务行政处罚的实施，保护纳税人和其他税务当事人的合法权益，1996 年 9 月 28 日国家税务总局发布了《税务案件调查取证与处罚决定分开制度实施办法（试行）》和《税务行政听证程序实施办法（试行）》，并于 1996 年 10 月 1 日施行。

一、税务行政处罚概念

税务行政处罚是指公民、法人或者其他组织有违反税收征收管理秩序的违法行为，尚未构成犯罪，依法应当承担行政责任的，由税务机关给予行政处罚。它包括以下几方面内容。

（1）当事人行为违反了税收法律规范，侵犯的客体是税收征收管理秩序，应当承担税务行政责任。

（2）从当事人主观方面说，并不区分是否具有主观故意或者过失，只要有税务违法行为存在,并有法定依据给予行政处罚的,就要承担行政责任,依法给予税务行政处罚。

(3)当事人行为一般是尚未构成犯罪,依法应当给予行政处罚的行为。需要注意的是:一要区分税收违法与税收犯罪的界限。对此界限,新修订的《中华人民共和国税收征收管理法》(以下简称《征管法》)和1997年修订的《刑法》已经做了规定。进行税务行政处罚的一般是尚不构成税收犯罪的行为,如果构成了危害税收征管罪,就应当追究刑事责任。二要区分税收违法行为是不是轻微。并不是对所有的税务违法行为都一定要处罚,如果税务违法行为显著轻微,没有造成危害后果,只要予以纠正,经过批评教育后可以不必给予处罚。

(4)给予行政处罚的主体是税务机关。

二、税务行政处罚的原则

(一)法定原则

(1)对公民和组织实施税务行政处罚必须有法定依据,无明文规定不得处罚;

(2)税务行政处罚必须由法定的国家机关在其职权范围内设定;

(3)税务行政处罚必须由法定的税务机关在其职权范围内实施;

(4)税务行政处罚必须由税务机关按照法定程序实施。

(二)公正、公开原则

公正就是要防止偏听偏信,要使当事人了解其违法行为的性质,并给其申辩的机会。公开,一是指税务行政处罚的规定要公开,凡是需要公开的法律规范都要事先公布;二是指处罚程序要公开,如依法举行听证会等。

(三)以事实为依据原则

(四)过罚相当原则

过罚相当是指在税务行政处罚的设定和实施方面,都要根据税务违法行为的性质、情节、社会危害性的大小而定,防止畸轻畸重或者“一刀切”的行政处罚现象。

(五)处罚与教育相结合原则

税务行政处罚的目的是纠正违法行为,教育公民自觉守法,处罚只是手段。因此,税务机关在实施行政处罚时,要责令当事人改正或者限期改正违法行为,对情节轻微的违法行为也不一定都实施处罚。

(六)监督、制约原则

对税务机关实施行政处罚实行两方面的监督制约:一是内部的,如对违法行为的调查与处罚决定的分开,决定罚款的机关与收缴的机构分离,当场做出的处罚决定向所属行政机关备案等。二是外部的,包括税务系统上下级之间的监督制约和司法监督,具体体现主要是税务行政复议和诉讼。

三、税务行政处罚的设定和种类

(一)税务行政处罚的设定

税务行政处罚的设定是指由特定的国家机关通过一定形式首次独立规定公民、法人或者其他组织的行为规范,并规定违反该行为规范的行政制裁措施。现行我国税收法制的原则是税权集中、税法统一,税收的立法权主要集中在中央。

(1)全国人民代表大会及其常务委员会可以通过法律的形式设定各种税务行政处罚。

(2)国务院可以通过行政法规的形式设定除限制人身自由以外的税务行政处罚。

(3)国家税务总局可以通过规章的形式设定警告和罚款。税务行政规章对非经营活动中的违法行为设定罚款不得超过1 000元;对经营活动中的违法行为,有违法所得的,设定罚款不得超过违法所得的3倍,且最高不得超过3万元,没有违法所得的,设定罚款不得超过1万元;超过限额的,应当报国务院批准。

省、自治区、直辖市和计划单列市国家税务局、地方税务局及其以下各级税务机关制定的税收法律、法规、规章以外的规范性文件,在税收法律、法规、规章规定给予行政处罚的行为、种类和幅度的范围内做出具体规定,是一种执行税收法律、法规、规章的行为,不是对税务行政处罚的设定。因此,这类规范性文件与行政处罚法规定的处罚设定原则并不矛盾,是有效的,是可以执行的。

(二)税务行政处罚的种类

根据税务行政处罚的设定原则,税务行政处罚的种类是可变的,它将随着税收法律、法规、规章设定的变化而变化或者增减。根据税法的规定,现行执行的税务行政处罚种类主要有四种:一是罚款;二是没收非法所得;三是停止出口退税权;四是收缴发票和暂停供应发票。

四、税务行政处罚的主体与管辖

(一)主体

税务行政处罚的实施主体主要是县以上的税务机关。税务机关是指能够独立行使税收征收管理职权,具有法人资格的行政机关。我国税务机关的组织构成包括国家税务总局;省、自治区、直辖市国家税务局和地方税务局;地(市、州、盟)国家税务局和地方税务局;县(市、旗)国家税务局和地方税务局四级。这些税务机关都具有税务行政处罚主体资格。

各级税务机关的内设机构、派出机构不具处罚主体资格,不能以自己的名义实施税务行政处罚。但是税务所可以实施罚款额在2 000元以下的税务行政处罚。这是《征管法》对税务所的特别授权。

(二)管辖

根据《行政处罚法》和《征管法》的规定,税务行政处罚由当事人税收违法行为发生地的县(市、旗)以上税务机关管辖。这一管辖原则有以下几层含义:

(1)从税务行政处罚的地域管辖来看,税务行政处罚实行行为发生地原则。只有当事人违法行为发生地的税务机关才有权对当事人实施处罚,其他地方的税务机关则无权实施。

(2)从税务行政处罚的级别管辖来看,必须是县(市、旗)以上的税务机关。法律特别授权的税务所除外。

(3)从税务行政处罚管辖主体的要求来看,必须有税务行政处罚权。

五、税务行政处罚的简易程序

税务行政处罚的简易程序是指税务机关及其执法人员对于公民、法人或者其他组织违反税收征收管理秩序的行为,当场做出税务行政处罚决定的行政处罚程序。简易程序的适用条件:一是案情简单、事实清楚、违法后果比较轻微且有法定依据应当给予处罚的违法行为;二是给予的处罚较轻,仅适用于对公民处以50元以下和对法人或者其他组织处以1 000元以下罚款的违法案件。

符合上述条件,税务行政执法人员当场做出税务行政处罚决定应当按照下列程序进行:

(1)向当事人出示税务行政执法身份证件;

(2)告知当事人受到税务行政处罚的违法事实、依据和陈述申辩权;

(3)听取当事人陈述申辩意见;

(4)填写具有预定格式、编有号码的税务行政处罚决定书,并当场交付当事人。

税务行政处罚决定书应当包括下列事项:

(1)税务机关名称;

(2)编码;

(3)当事人姓名(名称)、住址等;

(4)税务违法行为事实、依据;

(5)税务行政处罚种类、罚款数额;

(6)做出税务行政处罚决定的时间、地点;

(7)罚款代收机构名称、地址;

(8)缴纳罚款期限;

(9)当事人逾期缴纳罚款是否加处罚款;

(10)当事人不服税务行政处罚的复议权和起诉权;

(11)税务行政执法人员签字或者盖章。

税务行政执法人员当场制作的税务行政处罚决定书,应当报所属税务机关备案。

六、税务行政处罚的一般程序

除了适用简易程序的税务违法案件外,对于其他违法案件,税务机关在做出处罚决定之前都要经过立案、调查取证(有的案件还要举行听证)、审查、决定、执行程序。适用一般程序的案件多是情节比较复杂、处罚比较重的案件。

(一)调查与审查

对税务违法案件的调查取证由税务机关内部设立的调查机构(如管理、检查机构)负责。调查机构进行调查取证后,对依法应当给予行政处罚的,应及时提出处罚建议,以税务机关的名义制作税务行政处罚事项告知书并送达当事人,告知当事人做出处罚建议的事实、理由和依据,以及当事人依法享有的陈述申辩或要求听证的权利。调查终结,调查机构应当制作调查报告,并及时将调查报告连同所有案卷材料移交审查机构审查。

对税务违法案件的审查由税务机关内部设立的比较超脱的机构(如法制机构)负责。审查机构收到调查机构移交的案卷后,应对案卷材料进行登记,填写税务案件审查登记簿。审查机构应对案件下列事项进行审查:

(1)调查机构认定的事实、证据和处罚建议适用的处罚种类、依据是否正确;

(2)调查取证是否符合法定程序;

(3)当事人陈述申辩的事实、证据是否成立;

(4)听证人、当事人听证申辩的事实、证据是否成立。

审查机构应在自收到调查机构移交案卷之日起 10 日内审查终结,制作审查报告,并连同案卷材料报送税务机关负责人审批。

(二)听证

听证是指税务机关在对当事人某些违法行为做出处罚决定之前,按照一定形式听取调查人员和当事人意见的程序。税务行政处罚听证的范围是对公民做出 2 000 元以上,或者对法人或其他组织做出 1 万元以上罚款的案件。税务行政处罚听证主持人应由税务机关内设的非本案调查机构的人员(如法制机构工作人员)担任。税务行政处罚听证程序如下。

(1)凡属听证范围的案件,在做出处罚决定之前,应当首先向当事人送达税务行政处罚事项告知书,告知当事人已经查明的违法事实、证据、处罚的法律依据和拟给予的处罚,并告知有要求举行听证的权利。

(2)要求听证的当事人,应当在收到税务行政处罚事项告知书后 3 日内向税务机关书面提出听证要求,逾期不提出的,视为放弃听证权利。

(3)税务机关应当在当事人提出听证要求后的 15 日内举行听证,并在举行听证的 7 日前将税务行政处罚听证通知书送达当事人,通知当事人举行听证的时间、地点、主持人的情况。

(4)除涉及国家秘密、商业秘密或者个人隐私的不公开听证的以外,对于公开听证的案件,应当先期公告案情和听证的时间、地点,并允许公众旁听。

(5)听证会开始时,主持人应首先声明并出示税务机关负责人授权主持听证的决定,然后查明当事人或其代理人、调查人员及其他人员是否到场;宣布案由和听证会的组成人员名单;告知当事人有关的权利义务;记录员宣读听证会纪律。

(6)听证会开始后,先由调查人员就当事人的违法行为进行指控,并出示事实证据材料,提出处罚建议,再由当事人或其代理人就所指控的事实及相关问题进行申辩和质证,然后控辩双方辩论;辩论终结,当事人进行最后陈述。

(7)听证的全部活动,应当由记录员制作笔录并交当事人审核、签章。

(8)完成听证任务或有听证终止情形发生时,主持人宣布终止听证。

听证结束后,主持人应当制作听证报告并连同听证笔录附卷移交审查机构审查。

(三)决定

审查机构做出审查意见并报送税务机关负责人审批后,应当在收到审批意见之日起 3 日内,根据不同情况分别制作以下处理决定书再报税务机关负责人签发。

(1)有应受行政处罚的违法行为的,根据情节轻重及具体情况予以处罚;

(2)违法行为轻微,依法可以不予行政处罚;

(3)违法事实不能成立,不得予以行政处罚;

(4)违法行为已构成犯罪的,移送公安机关。

税务机关做出罚款决定的行政处罚决定书应当载明罚款代收机构的名称、地址和当事人应当缴纳罚款的数额、期限等,并明确当事人逾期缴纳是否加处罚款。

七、税务行政处罚的执行

税务机关做出行政处罚决定后,应当依法送达当事人执行。

税务行政处罚的执行是指履行税务机关依法做出的行政处罚决定的活动。税务机关依法做出行政处罚决定后,当事人应当在行政处罚决定规定的期限内,予以履行。当事人在法定期限内不申请复议又不起诉,并且在规定期限内又不履行的,税务机关可以依法强制执行或者申请法院强制执行。

税务机关对当事人做出罚款行政处罚的,当事人应当在收到行政处罚决定书之日起 15 日内缴纳罚款,到期不缴纳的,税务机关可以对当事人每日按罚款数额的 3% 加处罚款。

(一)税务机关行政执法人员当场收缴罚款

税务机关对当事人当场做出行政处罚决定,具有依法给予20元以下罚款或者不当场收缴罚款事后难以执行情形的,税务机关行政执法人员可以当场收缴罚款。

税务机关行政执法人员当场收缴罚款的,必须向当事人出具合法罚款收据,并应当自收缴罚款之日起2日内将罚款交至税务机关。税务机关应当在2日内将罚款交付指定的银行或者其他金融机构。

(二)税务行政罚款决定与罚款收缴分离

除了依法可以当场收缴罚款的情形以外,税务机关做出罚款的行政处罚决定的执行,自1998年1月1日起,应当按照国务院制定的《罚款决定与罚款收缴分离实施办法》的规定,实行做出罚款决定的税务机关与收缴罚款的机构分离。

税务机关做出的罚款处罚决定,代收罚款的银行或其他金融机构(代收机构)由国家税务总局与财政部、中国人民银行研究确定。各级地方税务机关的代收机构也可以由各地地方税务局与当地财政部门、中国人民银行分支机构研究确定。

税务机关应当同代收机构签订代收罚款协议。代收罚款协议应当包括下列事项:

(1)税务机关、代收机构名称;

(2)具体代收网点;

(3)代收机构上缴罚款的预算科目、预算级次;

(4)代收机构告知税务机关代收罚款情况的方式、期限;

(5)需要明确的其他事项。

自代收罚款协议签订之日起15日内,税务机关应当将代收罚款协议报上一级税务机关和同级财政部门备案;代收机构应当将代收罚款协议报中国人民银行或当地分支机构备案。

代收机构代收罚款,应当向当事人出具财政部规定的罚款收据。

第三节 税务刑事处罚

一、税务刑事处罚概念及特征

税务刑事处罚是指享有刑事处罚权的国家机关对违反税收刑事法律规范,依法应当给予刑事处罚的公民、法人或者其他组织给予法律制裁的行为。税务刑事处罚具有以下特征:

(1)实施刑事处罚的主体是依法享有刑事处罚权的国家机关,包括公安机关、检察机关、人民法院;

(2)税务违法刑事处罚是对公民、法人或者其他组织违反税收刑事法律规范行为的处罚;

(3)税务违法刑事处罚所采取的制裁是刑事制裁。

二、税务刑事处罚的种类

适用于涉税犯罪的刑罚主要有以下几种。

(一)拘役

剥夺犯罪分子的短期自由,就近实行改造的刑罚。适用于罪行较轻而又需要关押的犯罪分子。执行期间,犯罪分子每月可以回家1到2天;参加劳动的,可以酌量发给报酬。拘役的期限为15天以上6个月以下。

（二）判处徒刑

徒刑分为有期徒刑和无期徒刑。

有期徒刑是剥夺犯罪分子一定期限的人身自由，实行强制劳动改造的刑罚。有期徒刑的期限为6个月以上15年以下。由于刑期幅度大，它既可以适用于较轻的犯罪，也可以适用于较重的犯罪。被判处有期徒刑的犯罪分子，有的在监狱执行，有的在其他劳动改造场所执行。

无期徒刑是剥夺犯罪分子终身自由，强制劳动改造的刑罚。对于不必判死刑，但判有期徒刑又嫌轻的罪犯，宜判无期徒刑。执行场所主要是监狱。

（三）罚金

判处犯罪分子向国家缴纳一定数额金钱的刑罚。是一种轻刑，单处罚金一般只适用于轻微犯罪；在主刑后附加并处罚金适用于较重的犯罪。罚金数额应当根据犯罪的具体情节和犯罪分子本人实际经济负担能力决定。罚金执行有四种情况：限期一次缴纳，分期缴纳，强制缴纳，减少或者免除缴纳。

（四）没收财产

将犯罪分子个人所有财产的一部分或全部强制无偿地收归国家所有的刑罚。是重于罚金的财产刑，主要适应于严重经济犯罪。财产没收一部分还是全部，要根据犯罪性质、犯罪情节的严重程度和案件的具体情况确定。

三、税务刑事处罚的程序

刑事处罚的程序由刑事诉讼法规定，涉税刑事案件的处罚是刑事处罚的一个分支，其程序也应遵循刑事诉讼法的规定。通常情况下，涉税犯罪案件的查处要经过立案、侦查、批捕、起诉和审判。按照目前我国司法机关的分工，立案、侦查由公安机关负责；批捕、起诉由检察机关负责；审判由人民法院负责。

（一）立案

与税务行政处罚相同的是，公安机关对于涉税犯罪案件行为，也有一个受理线索和材料的环节。这些线索中既有公安机关自行查获的，也有税务机关移送的（如偷税数额占应纳税额的比例在10%以上并且偷税数额在1万元以上的，或者因偷税被税务机关给予2次行政处罚又偷税的，税务机关就要移送公安机关）。公安机关对这些线索和材料经过初步审查后决定是否立案。

（二）侦查

凡是立案的涉税犯罪嫌疑人，公安机关都要逐一进行侦查，充分利用刑事诉讼法赋予的手段和方法，收集证据。一旦证据确凿，公安机关就会提请检察机关批准逮捕犯罪嫌疑人。

（三）批捕

检察机关认为公安机关侦查预审的案件基本事实清楚，证据确凿，就会签发逮捕令，交公安机关执行逮捕。

（四）提起公诉

犯罪嫌疑人被捕后，检察机关就要进一步审查案情，审阅案卷，决定是否起诉。凡是决定起诉的案件，检察机关就要准备好起诉书，向人民法院提起公诉。

（五）审判

人民法院对提起公诉的案件进行审查后，对于起诉书中有明确的指控犯罪事实并且附有证据目录，证人名单和主要的证据复印件或者照片的，就会决定开庭审判，做出有罪或无罪判决，对判决不服的可以上诉（检察机关不服可以抗诉），法院将依法做出终审判决。

（六）执行

判决和裁定发生法律效力后就要执行，发生法律效力的判决和裁定包括三种：①已过法定期限没有上诉、抗诉的判决和裁定；②终审的判决和裁定；③最高人民法院核准的判决。

【本章小结】

税收处罚法是对税收活动中违法犯罪行为进行处罚的法律规范的总称。税收处罚制度包括税务行政处罚和税务刑事处罚。税务行政处罚是指公民、法人或者其他组织有违反税收征收管理秩序的违法行为，尚未构成犯罪，依法应当承担行政责任的，由税务机关给予行政处罚。税务刑事处罚是指享有刑事处罚权的国家机关对违反税收刑事法律规范，依法应当给予刑事处罚的公民、法人或者其他组织给予法律制裁的行为。

【中英文关键词对照】

税务行政处罚	Tax Administrative Penalty
税务刑事处罚	Tax Criminal Penalty

【复习思考题】

1. 简述税务行政处罚的原则。
2. 简述税务行政处罚的种类。
3. 简述税务行政处罚的一般程序。
4. 简述税务刑事处罚的程序。

第十三章 税收救济制度

【学习目标】

本章主要介绍税收救济制度。税收救济法是调整税收救济关系的法律规范的总称。税收救济是纳税人、扣缴义务人和其他税收当事人依法维护自己合法权益的有效途径和机制，主要包括税务行政复议、税务行政诉讼和税务行政赔偿三种形式。

通过本章学习，了解税收救济制度是由税务行政复议制度、税务行政诉讼制度和税务行政赔偿制度组成，重点掌握税务行政复议制度、税务行政诉讼制度和税务行政赔偿制度有关规定，正确理解税收救济的含义。

第一节 税收救济法概述

一、税收救济法的基本概念

税收救济法是指为制止和纠正征税主体侵害纳税主体合法权益的行为，使纳税主体的合法权益获得补救而在法律上设计的一系列制度的总称。

所谓无救济则无权利，当征税主体违法或不当行使征税权时，势必侵害纳税主体的合法权益，若不能及时予以纠正和救济，则不仅造成纳税主体财产权的损失，而且造成纳税人群体对法律的信赖度降低，由此严重损害整个社会对法律的遵从度。因此，在法律上设置一系列完整的税收救济制度来纠正征税主体的违法行为，并为受到损害的纳税人提供救济补偿是十分必要的。通过相关制度的设计，税收救济制度可以有效地预防和消除征税主体违法或不当的行为造成的消极后果，保障纳税主体的合法权益免遭可能的侵害或对已经造成的损失进行补偿，以此平衡协调行政权力和国民权利，保障整个社会的长治久安。

二、税收救济法的特征

（一）税收救济法以税收争议为前提

没有税收争议就没有税收救济法。税收争议是税务机关在行使税务行政管理职权的过程中与税收相对人发生的，其性质属于行政争议，争议的实质是国家行政权力是否得到了正确行使。税收救济法是调整税务机关与税收相对人在税收救济活动中所发生的各种社会关系的法律，其主要任务是规范争议主体的行为，并使已经产生的税收争议得以有效解决。

（二）税收救济法的主要内容是审查具体税收行政行为的合法性与适当性

具体税收行政行为是指征税机关针对特定的纳税主体采取具体征税措施的行为。税收救济法以税收争议为调整对象，而税收争议的对象与范围是具体税收行政行为的合法性与适当性，这就决定了税收救济法所要解决的主要问题就是具体税收行政行为是否合法与适当。

（三）税收救济法的目的是保护税收相对人的合法权益

在税收实体法律关系中，税务机关是管理者，享有较多的权利，处于主动地位；而税收相对人是被管理者,承担较多的义务,处于被动地位。税收救济法作为一种法律补救机制,其实质是对违法或不当的税务具体行政行为所造成的消极后果进行补救,使受侵害的相对人的合法权益恢复原状,对相对人合法权益所造成的损害或损失予以赔偿,以切实保护税收相对人的合法权益。

三、税收救济法的体系

税收救济法律制度可划分为行政救济与司法救济两部分。行政救济即一般所说的行政复议,也有人称之为准司法救济;司法救济即行政诉讼。行政赔偿制度分散在行政复议和行政诉讼中,但又相对独立,因此,税收救济法律制度由税务行政复议制度、税务行政诉讼制度和税务行政赔偿制度三部分组成。

第二节 税务行政复议

为了防止和纠正税务机关违法或者不当的具体行政行为,保护纳税人及其他当事人的合法权益,保障和监督税务机关依法行使职权,根据《中华人民共和国行政复议法》《中华人民共和国税收征收管理法》和其他有关规定,国家税务总局制定了《税务行政复议规则》,已经2009年12月15日国家税务总局第二次局务会议审议通过并予公布,自2010年4月1日起施行。

一、税务行政复议的概念和特点

税务行政复议是我国行政复议制度的一个重要组成部分。税务行政复议是指当事人(纳税人、扣缴义务人、纳税担保人及其他税务当事人)不服税务机关及其工作人员做出的税务具体行政行为,依法向上一级税务机关(复议机关)提出申请,复议机关经审理对原税务机关具体行政行为依法做出维持、变更、撤销等决定的活动。

我国税务行政复议具有以下特点:

(1)税务行政复议以当事人不服税务机关及其工作人员做出的税务具体行政行为为前提。这是由行政复议对当事人进行行政救济的目的所决定的。如果当事人认为税务机关的处理合法、适当,或税务机关还没有做出处理,当事人的合法权益没有受到侵害,就不存在税务行政复议。

(2)税务行政复议因当事人的申请而产生。当事人提出申请是引起税务行政复议的重要条件之一。当事人不申请,就不可能通过行政复议这种形式获得救济。

(3)税务行政复议案件的审理一般由原处理税务机关的上一级税务机关进行。

(4)税务行政复议与行政诉讼相衔接。根据《中华人民共和国行政诉讼法》(以下简称《行政诉讼法》)和《行政复议法》的规定,对于大多数行政案件来说,当事人都可以选择行政复议或者行政诉讼程序解决,当事人对行政复议决定不服的,还可以向法院提起行政诉讼。在此基础上,两个程序的衔接方面,税务行政案件的适用还有其特殊性。根据《征管法》第八十八条的规定,对于因征税问题引起的争议,税务行政复议是税务行政诉讼的必经前置程序,未经复议不能向法院起诉,经复议仍不服的,才能起诉;对于因处罚、保全措施及强制执行引起的争议,当事人可以选择适用复议或诉讼程序,如选择复议程序,对复议决定仍不服的,可以向法院起诉。

二、税务行政复议机构和人员

(1)各级行政复议机关负责法制工作的机构(以下简称行政复议机构)依法办理行政复议事项,履行下列职责:

①受理行政复议申请;

②向有关组织和人员调查取证,查阅文件和资料;

③审查申请行政复议的具体行政行为是否合法和适当,起草行政复议决定;

④处理或者转送对本规则第十五条所列有关规定的审查申请;

⑤对被申请人违反行政复议法及其实施条例和本规则规定的行为,依照规定的权限和程序向相关部门提出处理建议;

⑥研究行政复议工作中发现的问题,及时向有关机关或者部门提出改进建议,重大问题及时向行政复议机关报告;

⑦指导和监督下级税务机关的行政复议工作;

⑧办理或者组织办理行政诉讼案件应诉事项;

⑨办理行政复议案件的赔偿事项;

⑩办理行政复议、诉讼、赔偿等案件的统计、报告、归档工作和重大行政复议决定备案事项;

⑪其他与行政复议工作有关的事项。

(2)各级行政复议机关可以成立行政复议委员会,研究重大、疑难案件,提出处理建议。行政复议委员会可以邀请本机关以外的具有相关专业知识的人员参加。

(3)行政复议工作人员应当具备与履行行政复议职责相适应的品行、专业知识和业务能力,并取得行政复议法实施条例规定的资格。

三、税务行政复议的受案范围

(1)行政复议机关受理申请人对税务机关下列具体行政行为不服提出的行政复议申请。

①征税行为,包括确认纳税主体、征税对象、征税范围,减税、免税、退税、抵扣税款、适用税率、计税依据、纳税环节、纳税期限、纳税地点和税款征收方式等具体行政行为,征收税款、加收滞纳金,扣缴义务人、受税务机关委托的单位和个人做出的代扣代缴、代收代缴、代征行为等。

②行政许可、行政审批行为。

③发票管理行为,包括发售、收缴、代开发票等。

④税收保全措施、强制执行措施。

⑤行政处罚行为:

a. 罚款;

b. 没收财物和违法所得;

c. 停止出口退税权。

⑥不依法履行下列职责的行为:

a. 颁发税务登记;

b. 开具、出具完税凭证、外出经营活动税收管理证明;

c. 行政赔偿；

d. 行政奖励；

e. 其他不依法履行职责的行为。

⑦资格认定行为。

⑧不依法确认纳税担保行为。

⑨政府信息公开工作中的具体行政行为。

⑩纳税信用等级评定行为。

⑪通知出入境管理机关阻止出境行为。

⑫其他具体行政行为。

(2)申请人认为税务机关的具体行政行为所依据的下列规定不合法，对具体行政行为申请行政复议时，可以一并向行政复议机关提出对有关规定的审查申请；申请人对具体行政行为提出行政复议申请时不知道该具体行政行为所依据的规定的，可以在行政复议机关做出行政复议决定以前提出对该规定的审查申请。

①国家税务总局和国务院其他部门的规定。

②其他各级税务机关的规定。

③地方各级人民政府的规定。

④地方人民政府工作部门的规定。

四、税务行政复议管辖

(1)对各级国家税务局的具体行政行为不服的，向其上一级国家税务局申请行政复议。

(2)对各级地方税务局的具体行政行为不服的，可以选择向其上一级地方税务局或者该税务局的本级人民政府申请行政复议。

省、自治区、直辖市人民代表大会及其常务委员会、人民政府对地方税务局的行政复议管辖另有规定的，从其规定。

(3)对国家税务总局的具体行政行为不服的，向国家税务总局申请行政复议。对行政复议决定不服，申请人可以向人民法院提起行政诉讼，也可以向国务院申请裁决。国务院的裁决为最终裁决。

(4)对下列税务机关的具体行政行为不服的，按照下列规定申请行政复议。

①对计划单列市税务局的具体行政行为不服的，向省税务局申请行政复议。

②对税务所(分局)、各级税务局的稽查局的具体行政行为不服的，向其所属税务局申请行政复议。

③对两个以上税务机关共同做出的具体行政行为不服的，向共同上一级税务机关申请行政复议；对税务机关与其他行政机关共同做出的具体行政行为不服的，向其共同上一级行政机关申请行政复议。

④对被撤销的税务机关在撤销以前所做出的具体行政行为不服的，向继续行使其职权的税务机关的上一级税务机关申请行政复议。

⑤对税务机关做出逾期不缴纳罚款加处罚款的决定不服的，向做出行政处罚决定的税务机关申请行政复议。但是对已处罚款和加处罚款都不服的，一并向做出行政处罚决定的税务机关的上一级税务机关申请行政复议。

有前款第②③④⑤项所列情形之一的，申请人也可以向具体行政行为发生地的县级地方人民政府提交行政复议申请,由接受申请的县级地方人民政府依法转送。

五、税务行政复议申请人和被申请人

(1)合伙企业申请行政复议的,应当以工商行政管理机关核准登记的企业为申请人,由执行合伙事务的合伙人代表该企业参加行政复议;其他合伙组织申请行政复议的,由合伙人共同申请行政复议。

前款规定以外的不具备法人资格的其他组织申请行政复议的,由该组织的主要负责人代表该组织参加行政复议;没有主要负责人的,由共同推选的其他成员代表该组织参加行政复议。

(2)股份制企业的股东大会、股东代表大会、董事会认为税务具体行政行为侵犯企业合法权益的,可以以企业的名义申请行政复议。

(3)有权申请行政复议的公民死亡的,其近亲属可以申请行政复议;有权申请行政复议的公民为无行为能力人或者限制行为能力人,其法定代理人可以代理申请行政复议。

有权申请行政复议的法人或者其他组织发生合并、分立或终止的,承受其权利义务的法人或者其他组织可以申请行政复议。

(4)行政复议期间,行政复议机关认为申请人以外的公民、法人或者其他组织与被审查的具体行政行为有利害关系的,可以通知其作为第三人参加行政复议。

行政复议期间,申请人以外的公民、法人或者其他组织与被审查的税务具体行政行为有利害关系的,可以向行政复议机关申请作为第三人参加行政复议。

第三人不参加行政复议,不影响行政复议案件的审理。

(5)非具体行政行为的行政管理相对人,但其权利直接被该具体行政行为所剥夺、限制或者被赋予义务的公民、法人或其他组织,在行政管理相对人没有申请行政复议时,可以单独申请行政复议。

(6)同一行政复议案件申请人超过5人的,应当推选1~5名代表参加行政复议。

(7)申请人对具体行政行为不服申请行政复议的,做出该具体行政行为的税务机关为被申请人。

(8)申请人对扣缴义务人的扣缴税款行为不服的,主管该扣缴义务人的税务机关为被申请人;对税务机关委托的单位和个人的代征行为不服的,委托税务机关为被申请人。

(9)税务机关与法律、法规授权的组织以共同的名义做出具体行政行为的,税务机关和法律、法规授权的组织为共同被申请人。

税务机关与其他组织以共同名义做出具体行政行为的,税务机关为被申请人。

(10)税务机关依照法律、法规和规章规定,经上级税务机关批准做出具体行政行为的,批准机关为被申请人。

申请人对经重大税务案件审理程序做出的决定不服的,审理委员会所在税务机关为被申请人。

(11)税务机关设立的派出机构、内设机构或者其他组织,未经法律、法规授权,以自己名义对外做出具体行政行为的,税务机关为被申请人。

(12)申请人、第三人可以委托1~2名代理人参加行政复议。申请人、第三人委托代理人的,应当向行政复议机构提交授权委托书。授权委托书应当载明委托事项、权限和期限。公民在特殊情况下无法书面委托的,可以口头委托。口头委托的,行政复议机构应当核实并记录在卷。申请人、第三人解除或者变更委托的,应当书面告知行政复议机构。

被申请人不得委托本机关以外人员参加行政复议。

六、税务行政复议申请

(1)申请人可以在知道税务机关做出具体行政行为之日起60日内提出行政复议申请。因不可抗力或者被申请人设置障碍等原因耽误法定申请期限的,申请期限的计算应当扣除被耽误时间。

(2)申请人对"征税行为"不服的,应当先向行政复议机关申请行政复议;对行政复议决定不服的,可以向人民法院提起行政诉讼。

(3) 申请人对"征税行为"以外的其他具体行政行为不服,可以申请行政复议,也可以直接向人民法院提起行政诉讼。

申请人对税务机关做出逾期不缴纳罚款加处罚款的决定不服的,应当先缴纳罚款和加处罚款,再申请行政复议。

(4)申请人可以在知道税务机关做出具体行政行为之日起60日内提出行政复议申请。

(5)申请人依照《行政复议法》第六条第(八)项、第(九)项、第(十)项的规定申请税务机关履行法定职责,税务机关未履行的,行政复议申请期限依照下列规定计算。

①有履行期限规定的,自履行期限届满之日起计算。

②没有履行期限规定的,自税务机关收到申请满60日起计算。

(6)税务机关做出的具体行政行为对申请人的权利、义务可能产生不利影响的,应当告知其申请行政复议的权利、行政复议机关和行政复议申请期限。

(7)申请人书面申请行政复议的,可以采取当面递交、邮寄或者传真等方式提出行政复议申请。

有条件的行政复议机关可以接受以电子邮件形式提出的行政复议申请。

对以传真、电子邮件形式提出行政复议申请的,行政复议机关应当审核确认申请人的身份、复议事项。

(8)申请人书面申请行政复议的,应当在行政复议申请书中载明下列事项:

①申请人的基本情况,包括公民的姓名、性别、出生年月、身份证件号码、工作单位、住所、邮政编码、联系电话;法人或者其他组织的名称、住所、邮政编码、联系电话和法定代表人或者主要负责人的姓名、职务。

②被申请人的名称。

③行政复议请求、申请行政复议的主要事实和理由。

④申请人的签名或者盖章。

⑤申请行政复议的日期。

(9)申请人口头申请行政复议的,行政复议机构应当依照本规则第三十九条规定的事项,当场制作行政复议申请笔录,交申请人核对或者向申请人宣读,并由申请人确认。

(10)有下列情形之一的,申请人应当提供证明材料。

①认为被申请人不履行法定职责的,提供要求被申请人履行法定职责而被申请人未履行的证明材料。

②申请行政复议时一并提出行政赔偿请求的,提供受具体行政行为侵害而造成损害的证明材料。

③法律、法规规定需要申请人提供证据材料的其他情形。

(11)申请人提出行政复议申请时错列被申请人的,行政复议机关应当告知申请人变更被申请人。申请人不变更被申请人的,行政复议机关不予受理,或者驳回行政复议申请。

(12)申请人向行政复议机关申请行政复议,行政复议机关已经受理的,在法定行政复议期限内申请人不得向人民法院提起行政诉讼;申请人向人民法院提起行政诉讼,人民法院已经依法受理的,不得申请行政复议。

七、税务行政复议受理

(1)行政复议申请符合下列规定的,行政复议机关应当受理:

①属于本规则规定的行政复议范围;

②在法定申请期限内提出;

③有明确的申请人和符合规定的被申请人;

④申请人与具体行政行为有利害关系;

⑤有具体的行政复议请求和理由;

⑥属于收到行政复议申请的行政复议机关的职责范围;

⑦其他行政复议机关尚未受理同一行政复议申请,人民法院尚未受理同一主体就同一事实提起的行政诉讼。

(2)行政复议机关收到行政复议申请后,应当在5日内审查,决定是否受理。对不符合本规则规定的行政复议申请,决定不予受理,并书面告知申请人。

对不属于本机关受理的行政复议申请,应当告知申请人向有关行政复议机关提出。

行政复议机关收到行政复议申请后未按照前款规定期限审查并做出不予受理决定的,视为受理。

(3)对符合规定的行政复议申请,自行政复议机关收到之日起即为受理;受理行政复议申请,应当书面告知申请人。

(4)行政复议申请材料不齐全、表述不清楚的,行政复议机关可以自收到该行政复议申请之日起5日内书面通知申请人补正。补正通知应当载明需要补正的事项和合理的补正期限。无正当理由逾期不补正的,视为申请人放弃行政复议申请。

补正申请材料所用时间不计入行政复议审理期限。

(5)上级税务机关认为行政复议机关不予受理行政复议申请的理由不成立的,可以督促其受理;经督促仍然不受理的,责令其限期受理。

上级税务机关认为行政复议申请不符合法定受理条件的,应当告知申请人。

(6)上级税务机关认为有必要的,可以直接受理或者提审由下级税务机关管辖的行政复议案件。

(7)对应当先向行政复议机关申请行政复议,对行政复议决定不服再向人民法院提起行政诉讼的具体行政行为,行政复议机关决定不予受理或者受理以后超过行政复议期限不作答复的,申请人可以自收到不予受理决定书之日起或者行政复议期满之日起15日内,依法向人民法院提起行政诉讼。

八、税务行政复议证据

(1)行政复议证据包括以下类别:

①书证；

②物证；

③视听资料；

④证人证言；

⑤当事人的陈述；

⑥鉴定结论；

⑦勘验笔录、现场笔录。

(2)在行政复议中，被申请人对其做出的具体行政行为负有举证责任。

(3)行政复议机关应当依法全面审查相关证据。行政复议机关审查行政复议案件，应当以证据证明的案件事实为根据。定案证据应当具有合法性、真实性和关联性。

(4)行政复议机关应当根据案件的具体情况，从以下方面审查证据的合法性：

①证据是否符合法定形式；

②证据的取得是否符合法律、法规、规章和司法解释的规定；

③是否有影响证据效力的其他违法情形。

(5)行政复议机关应当根据案件的具体情况，从以下方面审查证据的真实性：

①证据形成的原因；

②发现证据时的环境；

③证据是否为原件、原物，复制件、复制品与原件、原物是否相符；

④提供证据的人或者证人与行政复议参加人是否具有利害关系；

⑤影响证据真实性的其他因素。

(6)行政复议机关应当根据案件的具体情况，从以下方面审查证据的关联性：

①证据与待证事实是否具有证明关系；

②证据与待证事实的关联程度；

③影响证据关联性的其他因素。

(7)下列证据材料不得作为定案依据：

①违反法定程序收集的证据材料；

②以偷拍、偷录和窃听等手段获取侵害他人合法权益的证据材料；

③以利诱、欺诈、胁迫和暴力等不正当手段获取的证据材料；

④无正当事由超出举证期限提供的证据材料；

⑤无正当理由拒不提供原件、原物，又无其他证据印证，且对方不予认可的证据的复制件或者复制品；

⑥无法辨明真伪的证据材料；

⑦不能正确表达意志的证人提供的证言；

⑧不具备合法性和真实性的其他证据材料。

行政复议机构依据本规则第十一条第(二)项规定的职责所取得的有关材料(即向有关组织和人员调查取证，查阅文件和资料)，不得作为支持被申请人具体行政行为的证据。

(8)在行政复议过程中，被申请人不得自行向申请人和其他有关组织或者个人收集证据。

(9)行政复议机构认为必要时，可以调查取证。

行政复议工作人员向有关组织和人员调查取证时，可以查阅、复制和调取有关文件和资料,向有关人员询问。调查取证时,行政复议工作人员不得少于 2 人,并应当向当事人和有关人员出示证件。被调查单位和人员应当配合行政复议工作人员的工作,不得拒绝、阻挠。

需要现场勘验的,现场勘验所用时间不计入行政复议审理期限。

(10)申请人和第三人可以查阅被申请人提出的书面答复,做出具体行政行为的证据、依据和其他有关材料,除涉及国家秘密、商业秘密或者个人隐私外,行政复议机关不得拒绝。

九、税务行政复议审查和决定

(1)行政复议机构应当自受理行政复议申请之日起 7 日内,将行政复议申请书副本或者行政复议申请笔录复印件发送被申请人。被申请人应当自收到申请书副本或者申请笔录复印件之日起 10 日内提出书面答复,并提交当初做出具体行政行为的证据、依据和其他有关材料。

对国家税务总局的具体行政行为不服申请行政复议的案件,由原承办具体行政行为的相关机构向行政复议机构提出书面答复,并提交当初做出具体行政行为的证据、依据和其他有关材料。

(2)行政复议机构审理行政复议案件,应当由 2 名以上行政复议工作人员参加。

(3)行政复议原则上采用书面审查的办法,但是申请人提出要求或者行政复议机构认为有必要时,应当听取申请人、被申请人和第三人的意见,并可以向有关组织和人员调查了解情况。

(4)对重大、复杂的案件,申请人提出要求或者行政复议机构认为必要时,可以采取听证的方式审理。

(5)行政复议机构决定举行听证的,应当将举行听证的时间、地点和具体要求等事项通知申请人、被申请人和第三人。第三人不参加听证的,不影响听证的举行。

(6)听证应当公开举行,但是涉及国家秘密、商业秘密或者个人隐私的除外。

(7)行政复议听证人员不得少于 2 人,听证主持人由行政复议机构指定。

(8)听证应当制作笔录。申请人、被申请人和第三人应当确认听证笔录内容。行政复议听证笔录应当附卷,作为行政复议机构审理案件的依据之一。

(9)行政复议机关应当全面审查被申请人的具体行政行为所依据的事实证据、法律程序、法律依据和设定的权利义务内容的合法性、适当性。

(10)申请人在行政复议决定做出以前撤回行政复议申请的,经行政复议机构同意,可以撤回。

申请人撤回行政复议申请的,不得再以同一事实和理由提出行政复议申请。但是,申请人能够证明撤回行政复议申请违背其真实意思表示的除外。

(11)行政复议期间被申请人改变原具体行政行为的,不影响行政复议案件的审理。但是,申请人依法撤回行政复议申请的除外。

(12)申请人在申请行政复议时,依据本规则第十五条规定一并提出对有关规定的审查申请的,行政复议机关对该规定有权处理的,应当在 30 日内依法处理;无权处理的行政机关应当在 7 日内按照法定程序逐级转送有权处理的行政机关依法处理,有权处理的行政机关应当在 60 日内依法处理。处理期间,中止对具体行政行为的审查。

(13)行政复议机关审查被申请人的具体行政行为时,认为其依据不合法,本机关有权处理的,应当在 30 日内依法处理;无权处理的,应当在 7 日内按照法定程序逐级转送有权处理的国家机关依法处理。处理期间，中止对具体行政行为的审查。

(14)行政复议机构应当对被申请人的具体行政行为提出意见，经行政复议机关负责人批准，按照下列规定做出行政复议决定：

①具体行政行为认定事实清楚、证据确凿、适用依据正确、程序合法、内容适当的，决定维持；

②被申请人不履行法定职责的，决定其在一定期限内履行；

③具体行政行为有下列情形之一的，决定撤销、变更或者确认该具体行政行为违法；决定撤销或者确认该具体行政行为违法的，可以责令被申请人在一定期限内重新做出具体行政行为。

a. 主要事实不清、证据不足的。

b. 适用依据错误的。

c. 违反法定程序的。

d. 超越或者滥用职权的。

e. 具体行政行为明显不当的。

④被申请人自收到行政复议机构申请书副本或者申请笔录复印件之日起 10 日内，不能提出书面答复，提交当初做出具体行政行为的证据、依据和其他有关材料的，视为该具体行政行为没有证据、依据，决定撤销该具体行政行为。

(15)行政复议机关责令被申请人重新做出具体行政行为的，被申请人不得以同一事实和理由做出与原具体行政行为相同或者基本相同的具体行政行为；但是行政复议机关以原具体行政行为违反法定程序决定撤销的，被申请人重新做出具体行政行为的除外。

(16)行政复议机关责令被申请人重新做出具体行政行为的，被申请人不得做出对申请人更为不利的决定；但是行政复议机关以原具体行政行为主要事实不清、证据不足或适用依据错误决定撤销的，被申请人重新做出具体行政行为的除外。

(17)有下列情形之一的，行政复议机关可以决定变更：

①认定事实清楚，证据确凿，程序合法，但是明显不当或者适用依据错误的；

②认定事实不清，证据不足，但是经行政复议机关审理查明事实清楚，证据确凿的。

(18)有下列情形之一的，行政复议机关应当决定驳回行政复议申请：

①申请人认为税务机关不履行法定职责申请行政复议，行政复议机关受理以后发现该税务机关没有相应法定职责或者在受理以前已经履行法定职责的；

②受理行政复议申请后，发现该行政复议申请不符合行政复议法及其实施条例和本规则规定的受理条件的。

上级税务机关认为行政复议机关驳回行政复议申请的理由不成立的，应当责令限期恢复受理。行政复议机关审理行政复议申请期限的计算应当扣除回驳回耽误的时间。

(19)行政复议期间，有下列情形之一的，行政复议中止：

①作为申请人的公民死亡，其近亲属尚未确定是否参加行政复议的；

②作为申请人的公民丧失参加行政复议的能力，尚未确定法定代理人参加行政复议的；

③作为申请人的法人或者其他组织终止，尚未确定权利义务承受人的；

④作为申请人的公民下落不明或者被宣告失踪的；

⑤申请人、被申请人因不可抗力，不能参加行政复议的；

⑥行政复议机关因不可抗力原因暂时不能履行工作职责的；

⑦案件涉及法律适用问题，需要有权机关做出解释或者确认的；

⑧案件审理需要以其他案件的审理结果为依据，而其他案件尚未审结的；

⑨其他需要中止行政复议的情形。

行政复议中止的原因消除以后，应当及时恢复行政复议案件的审理。

行政复议机构中止、恢复行政复议案件的审理，应当告知申请人、被申请人、第三人。

(20)行政复议期间，有下列情形之一的，行政复议终止：

①申请人要求撤回行政复议申请，行政复议机构准予撤回的；

②作为申请人的公民死亡，没有近亲属，或者其近亲属放弃行政复议权利的；

③作为申请人的法人或者其他组织终止，其权利义务的承受人放弃行政复议权利的；

④申请人与被申请人依照本规则第八十七条的规定，经行政复议机构准许达成和解的；

⑤行政复议申请受理以后，发现其他行政复议机关已经先于本机关受理，或者人民法院已经受理的。

依照上述(19)条第①项、第②项、第③项规定中止行政复议，满60日行政复议中止的原因未消除的，行政复议终止。

(21)行政复议机关责令被申请人重新做出具体行政行为的，被申请人应当在60日内重新做出具体行政行为；情况复杂，不能在规定期限内重新做出具体行政行为的，经行政复议机关批准，可以适当延期，但是延期不得超过30日。

公民、法人或者其他组织对被申请人重新做出的具体行政行为不服，可以依法申请行政复议，或者提起行政诉讼。

(22)申请人在申请行政复议时可以一并提出行政赔偿请求，行政复议机关对符合国家赔偿法的规定应当赔偿的，在决定撤销、变更具体行政行为或者确认具体行政行为违法时，应当同时决定被申请人依法赔偿。

申请人在申请行政复议时没有提出行政赔偿请求的，行政复议机关在依法决定撤销、变更原具体行政行为确定的税款、滞纳金、罚款和对财产的扣押、查封等强制措施时，应当同时责令被申请人退还税款、滞纳金和罚款，解除对财产的扣押、查封等强制措施，或者赔偿相应的价款。

(23)行政复议机关应当自受理申请之日起60日内做出行政复议决定。情况复杂，不能在规定期限内做出行政复议决定的，经行政复议机关负责人批准，可以适当延期，并告知申请人和被申请人；但是延期不得超过30日。

行政复议机关做出行政复议决定，应当制作行政复议决定书，并加盖行政复议机关印章。

行政复议决定书一经送达，即发生法律效力。

(24)被申请人应当履行行政复议决定。

被申请人不履行、无正当理由拖延履行行政复议决定的，行政复议机关或者有关上级税务机关应当责令其限期履行。

(25)申请人、第三人逾期不起诉又不履行行政复议决定的，或者不履行最终裁决的行政复议决定的，按照下列规定分别处理：

①维持具体行政行为的行政复议决定，由做出具体行政行为的税务机关依法强制执行，或者申请人民法院强制执行；

②变更具体行政行为的行政复议决定，由行政复议机关依法强制执行，或者申请人民法

院强制执行。

第三节　税务行政诉讼

行政诉讼是人民法院处理行政纠纷、解决行政争议的法律制度，与刑事诉讼、民事诉讼一起，共同构筑起现代国家的诉讼制度。具体来讲，行政诉讼是指公民、法人和其他组织认为行政机关及其工作人员的具体行政行为侵犯其合法权益，依照行政诉讼法向人民法院提起诉讼，由人民法院进行审理并做出裁决的诉讼制度和诉讼活动。《行政诉讼法》颁布实施后，人民法院审理行政案件以及公民、法人和其他组织与行政机关进行行政诉讼进入了一个有法可依的新阶段。税务行政诉讼作为行政诉讼的一个重要组成部分，也必须遵循《行政诉讼法》所确立的基本原则和普遍程序；同时，税务行政诉讼又不可避免地具有本部门的特点。

一、税务行政诉讼的概念

税务行政诉讼是指公民、法人和其他组织认为税务机关及其工作人员的具体税务行政行为违法或者不当，侵犯了其合法权益，依法向人民法院提起行政诉讼，由人民法院对具体税务行政行为的合法性和适当性进行审理并做出裁决的司法活动。其目的是保证人民法院正确、及时审理税务行政案件，保护纳税人、扣缴义务人等当事人的合法权益，维护和监督税务机关依法行使行政职权。

从税务行政诉讼与税务行政复议及其他行政诉讼活动的比较中可以看出，税务行政诉讼具有以下特殊性。

(1)税务行政诉讼是由人民法院进行审理并做出裁决的一种诉讼活动。这是税务行政诉讼与税务行政复议的根本区别。税务行政复议和税务行政诉讼是解决税务行政争议的两条重要途径。由于税务行政争议范围广、数量多、专业性强，大量税务行政争议由税务机关以税务复议方式解决，只有由人民法院对税务案件进行审理并做出裁决的活动，才是税务行政诉讼。

(2)税务行政诉讼以解决税务行政争议为前提，这是税务行政诉讼与其他行政诉讼活动的根本区别，具体体现在以下几方面：

①被告必须是税务机关，或经法律、法规授权的行使税务行政管理权的组织，而不是其他行政机关或组织；

②税务行政诉讼解决的争议发生在税务行政管理过程中；

③因税款征纳问题发生的争议，当事人在向人民法院提起行政诉讼前，必须先经税务行政复议程序，即复议前置。

二、税务行政诉讼的原则

除共有原则外(如人民法院独立行使审判权，实行合议、回避、公开、辩论、两审、终审等)，税务行政诉讼还必须和其他行政诉讼一样，遵循以下几个特有原则：

(1)人民法院特定主管原则。即人民法院对税务行政案件只有部分管辖权。根据《行政诉讼法》第十一条的规定，人民法院只能受理因具体行政行为引起的税务行政争议案。

(2)合法性审查原则。除审查税务机关是否滥用权力、税务行政处罚是否显失公正外，人民法院只对具体税务行为是否合法予以审查。与此相适应,人民法院原则上不直接判决变更。

(3)不适用调解原则。税收行政管理权是国家权力的重要组成部分,税务机关无权依自己的意愿进行处置,因此,人民法院也不能对税务行政诉讼法律关系的双方当事人进行调解。

(4)起诉不停止执行原则。即当事人不能以起诉为理由而停止执行税务机关所做出的具体行政行为,如税收保全措施和税收强制执行措施。

(5)税务机关负举证责任原则。由于税务行政行为是税务机关单方依一定事实和法律做出的,只有税务机关最了解做出该行为的证据。如果税务机关不提供或不能提供证据,就可能败诉。

(6)由税务机关负责赔偿的原则。依据《中华人民共和国国家赔偿法》(以下简称《国家赔偿法》)的有关规定,税务机关及其工作人员因执行职务不当,给当事人造成人身及财产损害,应负担赔偿责任。

三、税务行政诉讼的管辖

税务行政诉讼管辖是指人民法院受理第一审税务案件的职权分工。《行政诉讼法》第十三条至第二十三条详细具体地规定了行政诉讼管辖的种类和内容。这对税务行政诉讼当然也是适用的。

具体来讲,税务行政诉讼的管辖分为级别管辖、地域管辖和裁定管辖。

(一)级别管辖

级别管辖是上下级人民法院之间受理第一审税务案件的分工和权限。根据《行政诉讼法》的规定,基层人民法院管辖一般的税务行政诉讼案件;中高级人民法院管辖本辖区内重大、复杂的税务行政诉讼案件;最高人民法院管辖全国范围内重大、复杂的税务行政诉讼案件。

(二)地域管辖

地域管辖是同级人民法院之间受理第一审行政案件的分工和权限,分一般地域管辖和特殊地域管辖两种。

1. 一般地域管辖

一般地域管辖是指按照最初做出具体行政行为的机关所在地来确定管辖法院。凡是未经复议直接向人民法院提起诉讼的,或者经过复议,复议裁决维持原具体行政行为,当事人不服向人民法院提起诉讼的,根据《行政诉讼法》第十七条的规定,均由最初做出具体行政行为的税务机关所在地人民法院管辖。

2. 特殊地域管辖

特殊地域管辖是指根据特殊行政法律关系或特殊行政法律关系所指的对象来确定管辖法院。税务行政案件的特殊地域管辖主要是指:经过复议的案件,复议机关改变原具体行政行为的,由原告选择最初做出具体行政行为的税务机关所在地的人民法院,或者复议机关所在地人民法院管辖。原告可以向任何一个有管辖权的人民法院起诉,最先收到起诉状的人民法院为第一审法院。

(三)裁定管辖

裁定管辖是指人民法院依法自行裁定的管辖,包括移送管辖、指定管辖及管辖权的转移三种情况。

1. 移送管辖

移送管辖是指人民法院将已经受理的案件，移送给有管辖权的人民法院审理。根据《行政诉讼法》第二十一条的规定，移送管辖必须具备三个条件：一是移送人民法院已经受理了该案件；二是移送法院发现自己对该案件没有管辖权；三是接受移送的人民法院必须对该案件确有管辖权。

2. 指定管辖

指定管辖是指上级人民法院以裁定的方式，指定某下一级人民法院管辖某一案件。根据《行政诉讼法》第二十二条的规定，有管辖权的人民法院因特殊原因不能行使对行政诉讼的管辖权的，由其上级人民法院指定管辖；人民法院对管辖权发生争议且协商不成的，由它们共同的上级人民法院指定管辖。

3. 管辖权的转移

根据《行政诉讼法》第二十三条的规定，上级人民法院有权审理下级人民法院管辖的第一审税务行政案件，也可以将自己管辖的第一审行政案件移交下级人民法院审判；下级人民法院对其管辖的第一审税务行政案件，认为需要由上级人民法院审判的，可以报请上级人民法院决定。

四、税务行政诉讼的受案范围

税务行政诉讼的受案范围是指人民法院对税务机关的哪些行为拥有司法审查权。换言之，公民、法人或者其他组织对税务机关的哪些行为不服可以向人民法院提起税务行政诉讼。在实际生活中，税务行政争议种类多、涉及面广，不可能也没有必要都诉诸人民法院通过诉讼程序解决。界定税务行政诉讼的受案范围，便于明确人民法院、税务机关及其他国家机关间在解决税务行政争议方面的分工和权限。

税务行政诉讼案件的受案范围除受《行政诉讼法》有关规定的限制外，也受《征管法》及其他相关法律、法规的调整和制约。具体来说，税务行政诉讼的受案范围与税务行政复议的受案范围基本一致，包括：

(1)税务机关做出的征税行为：一是征收税款、加收滞纳金；二是扣缴义务人、受税务机关委托的单位做出代扣代缴、代收代缴行为及代征行为。

(2)税务机关做出的责令纳税人提交纳税保证金或者纳税担保行为。

(3)税务机关做出的行政处罚行为：一是罚款；二是没收违法所得；三是停止出口退税权；四是收缴发票和暂停供应发票。

(4)税务机关做出的通知出境管理机关阻止出境行为。

(5)税务机关做出的税收保全措施：一是书面通知银行或者其他金融机构冻结存款；二是扣押、查封商品、货物或者其他财产。

(6)税务机关做出的税收强制执行措施：一是书面通知银行或者其他金融机构扣缴税款；二是拍卖所扣押、查封的商品、货物或者其他财产抵缴税款。

(7)认为符合法定条件申请税务机关颁发税务登记证和发售发票，税务机关拒绝颁发、发售或者不予答复的行为。

(8)税务机关的复议行为：一是复议机关改变了原具体行政行为；二是期限届满，税务机关不予答复。

五、税务行政诉讼的起诉和受理

（一）税务行政诉讼的起诉

税务行政诉讼起诉是指公民、法人或者其他组织认为自己的合法权益受到税务机关具体行政行为的侵害，而向人民法院提出诉讼请求，要求人民法院行使审判权，依法予以保护的诉讼行为。起诉是法律赋予税务行政管理相对人、用以保护其合法权益的权利和手段。在税务行政诉讼等行政诉讼中，起诉权是单向性的权利，税务机关不享有起诉权，只有应诉权，即税务机关只能作为被告；与民事诉讼不同，作为被告的税务机关不能反诉。

纳税人、扣缴义务人等税务管理相对人在提起税务行政诉讼时，必须符合下列条件：

（1）原告是认为具体税务行为侵犯其合法权益的公民、法人或者其他组织；

（2）有明确的被告；

（3）有具体的诉讼请求和事实、法律根据；

（4）属于人民法院的受案范围和受诉人民法院管辖。

此外，提起税务行政诉讼，还必须符合法定的期限和必经的程序。根据《征管法》第八十八条及其他相关规定，对税务机关的征税行为提起诉讼，必须先经过复议；对复议决定不服的，可以在接到复议决定书之日起15日内向人民法院起诉。对其他具体行政行为不服的，当事人可以在接到通知或者知道之日起15日内直接向人民法院起诉。

税务机关做出具体行政行为时，未告知当事人诉权和起诉期限，致使当事人逾期向人民法院起诉的，其起诉期限从当事人实际知道诉权或者起诉期限时计算。但最长不得超过2年。

（二）税务行政诉讼的受理

原告起诉，经人民法院审查，认为符合起诉条件并立案审理的行为，称为受理。对当事人的起诉，人民法院一般从以下几方面进行审查并做出是否受理的决定：一是审查是否属于法定的诉讼受案范围；二是审查是否具备法定的起诉条件；三是审查是否已经受理或者正在受理；四是审查是否有管辖权；五是审查是否符合法定的期限；六是审查是否经过必经复议程序。

根据法律规定，人民法院接到诉状，经过审查，应当在7日内立案或者做出裁定不予受理。原告对不予受理的裁定不服的，可以提起上诉。

六、税务行政诉讼的审理和判决

（一）税务行政诉讼的审理

人民法院审理行政案件实行合议、回避、公开审判和两审终审的审判制度。审理的核心是审查被诉具体行政行为是否合法，即做出该行为的税务机关是否依法享有该税务行政管理权；该行为是否依据一定的事实和法律做出；税务机关做出该行为是否遵照必备的程序等。

根据《行政诉讼法》第五十二条、第五十三条的规定，人民法院审查具体行政行为是否合法，依据法律、行政法规和地方性法规（民族自治地方的自治条例和单行条例）；参照部门规章和地方性规章。

（二）税务行政诉讼的判决

人民法院对受理的税务行政案件，经过调查、收集证据、开庭审理之后，分别做出如下判决：

(1)维持判决。适用于具体行政行为证据确凿，适用法律、法规正确，符合法定程序的案件。

(2)撤销判决。被诉的具体行政行为主要证据不足，适用法律、法规错误，违反法定程序，或者超越职权、滥用职权，人民法院应判决撤销或部分撤销，同时可判决税务机关重新做出具体行政行为。

(3)履行判决。税务机关不履行或拖延履行法定职责的，判决其在一定期限内履行。

(4)变更判决。税务机关处罚显失公正的，可以判决变更。

对一审人民法院的判决不服，当事人可以上诉。对发生法律效力的判决，当事人必须执行，否则人民法院有权依对方当事人的申请予以强制执行。

第四节　税务行政赔偿

一、税务行政赔偿概述

(一)税务行政赔偿的概念

税务行政赔偿是指税务机关及其工作人员违法行使职权，侵犯税收相对人的合法权益并给其造成损害，由国家承担赔偿责任，由致害的税务机关作为赔偿义务机关代表国家予以赔偿的一项法律救济制度。

(二)税务行政赔偿的构成要件

税务行政赔偿的构成要件是指国家承担赔偿责任应当具备的前提条件，即只有具备了这些条件，国家才承担相应的赔偿责任。税务行政赔偿的构成要件有以下四个：

(1)税务行政赔偿的侵权主体是行使国家税收征收和管理权的税务机关及其工作人员；

(2)税务机关及其工作人员行使职权的行为违法；

(3)要有损害事实；

(4)税务行政侵权行为与损害事实之间具有因果关系。

二、税务行政赔偿的范围

(一)侵犯人身权的赔偿范围

侵犯人身权的赔偿范围包括对人身自由权和生命健康权的侵犯两类。税务行政赔偿就税务机关及其工作人员违法行使职权，侵犯税收相对人的人身权，造成损害的赔偿范围包括下列情形：

(1)违法采取限制公民人身自由的行政强制措施的行为；

(2)非法拘禁或者以其他方法剥夺公民人身自由的行为；

(3)以殴打等暴力行为或者唆使他人以殴打等暴力行为造成公民身体伤害或死亡的行为；

(4)违法使用武器、警械造成公民身体伤害或死亡的行为；

(5)造成公民身体伤害或死亡的其他违法行为。

（二）侵犯财产权的赔偿范围

税务机关及其工作人员违法行使职权，侵犯税收相对人财产权，造成损害的，国家应予赔偿的行为包括以下几种：

（1）违法实施罚款、吊销许可证和执照、责令停产停业、没收财物等行政处罚；

（2）违法对财产查封、扣押、冻结等行政强制措施；

（3）违反国家规定征收财物、摊派费用的；

（4）造成财产损害的其他违法行为。

（三）国家不予赔偿的情形

有下列情形之一的，国家不承担税务行政赔偿责任：

（1）税务行政机关工作人员与行使职权无关的个人行为；

（2）因公民、法人和其他组织自己的行为致使损害发生的；

（3）法律规定的其他情形。

三、税务行政赔偿方式和标准

（一）税务行政赔偿方式

1. 支付赔偿金

支付赔偿金是指将受害人所受各项损害，以一定的标准折抵成金钱，以货币形式进行赔偿的方式。由于金钱赔偿是物质利益最主要的表现形式，也是简便易行的支付手段，因此，它是税务行政赔偿的主要赔偿方式。

2. 返还财产

返还财产是指赔偿义务机关将有关财产归还给对其享有所有权的受害方的赔偿形式。返还财产适用的前提：一是违法占有的财产存在；二是返还财产比支付赔偿金更便捷。

3. 恢复原状

恢复原状是指负有赔偿义务的机关按照被害人的愿望和要求恢复损害发生之前的原本状态。应当返还的财产损坏的，如果能够恢复原状，应恢复原状。

（二）税务行政赔偿的标准

1. 侵犯人身权的税收行政标准

根据《国家赔偿法》的规定，侵犯公民人身自由的，每日的赔偿金按照国家上年度职工日平均工资计算。

侵犯公民生命健康权的赔偿金按照下列规定计算：

（1）税务行政赔偿请求造成身体伤害的，应当支付医疗费，以及赔偿因误工减少的收入。减产的收入每日的赔偿金按照国家上年度职工日平均工资计算，最高额为国家上年度职工年平均工资的5倍。

（2）造成部分或者全部丧失劳动能力的，应当支付医疗费，以及残疾赔偿金。残疾赔偿金根据丧失劳动能力的程度确定，部分丧失劳动能力的最高额为国家上年度职工年平均工资的10倍，全部丧失劳动能力的为国家上年度职工年平均工资的20倍。造成全部丧失劳动能力的，对其扶养的无劳动能力的人，还应当支付生活费。

（3）造成死亡的，应当支付死亡赔偿金、丧葬费，总额为国家上年度职工年平均工资的20倍。对死者生前扶养的无劳动能力的人，还应当支付生活费。

2. 侵犯财产权的税务行政赔偿标准

根据《国家赔偿法》第二十八条的规定，侵犯公民、法人和其他组织的财产权造成损害的，按照下列规定处理：

(1) 处罚款、罚金、追缴、没收财产或者违反国家规定征收财物、摊派费用的，返还财产。

(2) 查封、扣押、冻结财产的，解除对财产的查封、扣押、冻结，造成财产损坏或者灭失的，依照有关规定赔偿。

(3) 应当返还的财产损坏的，能够恢复原状的恢复原状，不能恢复原状的，按照损害程度给付相应的赔偿金。

(4) 应当返还的财产灭失的，给付相应的赔偿金。

(5) 财产已经拍卖的，给付拍卖所得的价款。

(6) 吊销许可证和执照、责令停产停业的，赔偿停产停业期间必要的经常性费用开支。

(7) 对财产权造成其他损害的，按照直接损失给予赔偿。

四、税务行政赔偿程序

(一) 税务行政赔偿的请求程序

税务行政赔偿以赔偿请求的提出为前提，赔偿请求的提出是税务行政赔偿程序的开始。税务行政赔偿请求人提出赔偿请求的方式有两种：一种是单独式，即单独就赔偿问题向赔偿义务机关提出请求；另一种是附带式，即在申请税务行政复议或提起税务行政诉讼时一并提出赔偿请求。后者的特点是将确认行政违法与要求赔偿两项请求一并提出，要求并案审理。税务行政复议机关或人民法院通常先确认税务具体行政行为的合法性，然后再对税务行政赔偿做出处理。

(二) 税务行政赔偿的处理程序

1. 税务行政赔偿先行处理程序

赔偿请求人单独要求税务行政赔偿的，应当先向赔偿义务机关提出，由赔偿义务机关按行政程序先行予以处理。税务行政赔偿请求人对赔偿义务机关处理不服或赔偿义务机关逾期不予赔偿的，才可以申请复议或者提起诉讼。对未经先行程序处理而单独提起赔偿请求的，复议机关或者法院不予受理。税务行政赔偿义务机关逾期不予赔偿或者赔偿请求人对赔偿数额有异议的，请求人可以自期间届满之日起 3 个月内向人民法院提起税务行政赔偿诉讼。

2. 税务行政赔偿复议程序

申请人在申请行政复议时可以一并提出行政赔偿请求，行政复议机关对符合国家赔偿法的有关规定应当予以赔偿的，在决定撤销、变更税务具体行政行为或者确认税务具体行政行为违法时，应当同时决定被申请人依法予以赔偿。税务行政复议机关应当在收到复议申请书之日起 2 个月内做出复议决定，申请人对复议机关做出赔偿处理的复议决定不服的，可以在收到决定书之日起 15 日内，向人民法院提起税务行政诉讼。如果税务行政复议机关逾期不复议的，申请人也可向人民法院提起诉讼。

3. 税务行政赔偿诉讼程序

原告单独提起税务行政赔偿诉讼的，必须先经过赔偿义务机关的先行处理。对赔偿义务机关逾期不予赔偿或对赔偿数额有异议的，应在 3 个月内向人民法院提起诉讼。一并请求赔偿的时效按照行政诉讼法的规定进行。税务行政赔偿诉讼程序基本上同于税务行政诉讼程序,但有以下主要区别:一是税务行政赔偿诉讼可以适用调解;二是税务行政赔偿诉讼中,原告应当对被诉税务具体行政行为造成损害的事实提供证据,而被告有权提出不予赔偿或少赔偿的证据;三是税务行政赔偿诉讼裁判的执行,采取特殊的执行措施,如划拨、司法建议和追究刑事责任等。

【本章小结】

税收救济制度由税务行政复议制度、税务行政诉讼制度和税务行政赔偿制度组成。税务行政复议是指当事人不服税务机关及其工作人员做出的税务具体行政行为,依法向上一级税务机关提出申请,复议机关经审理对原税务机关具体行政行为依法做出维持、变更、撤销等决定的活动。税务行政诉讼是指公民、法人和其他组织认为税务机关及其工作人员的具体税务行政行为违法或者不当,侵犯了其合法权益,依法向人民法院提起行政诉讼,由人民法院对具体税务行政行为的合法性和适当性进行审理并做出裁决的司法活动。其目的是保证人民法院正确、及时审理税务行政案件,保护纳税人、扣缴义务人等当事人的合法权益,维护和监督税务机关依法行使行政职权。税务行政赔偿是指税务机关及其工作人员违法行使职权,侵犯税收相对人的合法权益并给其造成损害,由国家承担赔偿责任,由致害的税务机关作为赔偿义务机关代表国家予以赔偿的一项法律救济制度。

【中英文关键词对照】

税收救济法	Taxation Remedy Legal
税务行政复议	Tax Administrative Reconsideration
税务行政诉讼	Tax Administrative Litigation
税务行政赔偿	Tax Administrative Compensation

【复习思考题】

1. 简述税务行政复议的概念和特点。
2. 简述税务行政复议的受案范围。
3. 简述税务行政诉讼应遵循的原则。
4. 简述税务行政诉讼的受案范围。
5. 简述税务行政赔偿的范围。

参考文献

[1] 中国注册会计师协会. 税法[M]. 北京:经济科学出版社,2017.
[2] 蒙丽珍,安仲文. 国家税收[M]. 大连:东北财经大学出版社,2006.
[3] 曹鸿轩. 中国税法教程[M]. 北京:中国政法大学出版社,2002.
[4] 吴佩江. 税法教程新编[M]. 北京:科学出版社,2004.
[5] 刘隆亨. 税法学[M]. 北京:中国人民公安大学出版社,2003.
[6] 徐孟洲. 税法学案例教程[M]. 北京:知识产权出版社,2002.
[7] 王曙光. 税法学[M]. 大连:东北财经大学出版社,2006.
[8] 杨卫华,周凯. 中国税收制度[M]. 广州:中山大学出版社,2003.
[9] 刘澄,樊彩霞,刘欣华. 税收概论[M]. 北京:经济管理出版社,2004.
[10] 吴晓光,曹建安,肖忠东. 税收理论与实务[M]. 西安:西安交通大学出版社,2004.
[11] 艾华,侯石安,高亚军. 税法[M]. 武汉:武汉大学出版社,2010.
[12] 刘隆亨. 中国税法概论[M]. 北京:北京大学出版社,2011.
[13] 徐孟洲. 税法[M]. 北京:中国人民大学出版社,2010.
[14] 吴辛愚. 税法[M]. 北京:中国人民大学出版社,2010.
[15] 严振生. 税法[M]. 北京:中国政法大学出版社,2010.
[16] 徐孟洲. 税法原理[M]. 北京:中国人民大学出版社,2008.
[17] 戴芳. 税法学教程[M]. 北京:中国政法大学出版社,2008.
[18] 中华人民共和国增值税暂行条例. 国务院令第 134 号,1993.
[19] 中华人民共和国增值税暂行条例实施细则. 财法字第 038 号,1993.
[20] 国家税务总局关于印发《增值税一般纳税人申请认定办法》的通知. 1993.
[21] 国家税务总局关于印发《增值税小规模纳税人征收管理办法》的通知. 1994.
[22] 国家税务总局关于印发《增值税专用发票使用规定》的通知. 1993.
[23] 财政部、国家税务总局关于印发《东北地区扩大增值税抵扣范围若干问题的规定》的通知. 财税 156 号,2004.
[24] 中华人民共和国消费税暂行条例. 国务院令第 135 号,1993.
[25] 中华人民共和国消费税暂行条例实施细则. 财法字第 039 号,1993.
[26] 国家税务总局关于印发《调整和完善消费税政策征收管理规定》的通知. 国税发 49 号,2006.
[27] 中华人民共和国营业税暂行条例. 国务院令第 136 号,1993.
[28] 中华人民共和国营业税暂行条例实施细则. 财法第 40 号,1993.
[29] 国家税务总局关于印发《消费税若干具体问题的规定》的通知. 1993.
[30] 中华人民共和国进出口关税条例. 中华人民共和国国务院令第 392 号.
[31] 科学研究和教学用品免征进口税收规定. 财政部、海关总署、国家税务总局令第 45 号,2007.
[32] 关于 2007 年关税实施方案的通知. 国务院关税税则委员会 33 号,2006.
[33] 关于印发《营业税改征增值税试点方案》的通知. 财税 110 号,2011.

[34] 关于修改《中华人民共和国增值税暂行条例实施细则》和《中华人民共和国营业税暂行条例实施细则》的决定. 中华人民共和国财政部令第65号,2011.
[35] 财政部、国家税务总局关于企业所得税若干优惠政策的通知. 财税1号,2008.
[36] 国务院关于实施企业所得税过渡优惠政策的通知. 国发39号,2007.
[37] 房地产开发经营业务企业所得税处理办法. 国税发31号,2009.
[38] 跨地区经营汇总纳税所得税征收管理若干问题的通知. 国税函221号,2009.
[39] 关于技术先进型服务企业有关企业所得税政策问题的通知. 财税65号,2010.
[40] 关于环境保护节能节水安全生产等专用设备投资抵免企业所得税有关问题的通知. 国税函256号,2010.
[41] 关于非居民企业所得税管理若干问题的公告. 国家税务总局公告第24号,2011.
[42] 关于贯彻落实企业所得税法若干税收问题的通知. 国税函79号,2010.
[43] 企业研究开发费用税前扣除管理办法(试行). 国税发116号,2008.
[44] 中华人民共和国个人所得税法实施条例. 中华人民共和国国务院令第600号,2011.
[45] 关于调整个体工商户业主、个人独资企业和合伙企业自然人投资者个人所得税费用扣除标准的通知. 财税62号,2011.
[46] 财政部国家税务总局关于调整个体工商户业主个人独资企业和合伙企业自然人投资者个人所得税费用扣除标准的通知. 财税62号,2011.
[47] 中华人民共和国房产税暂行条例. 国务院颁布,1986.
[48] 中华人民共和国车船税暂行条例. 国务院颁布,2006.
[49] 中华人民共和国印花税暂行条例. 国务院颁布,1988.
[50] 中华人民共和国契税暂行条例. 国务院颁布,1997.
[51] 中华人民共和国城市维护建设税暂行条例. 国务院发布,1985.
[52] 中华人民共和国土地增值税暂行条例. 国务院颁布,1993.
[53] 中华人民共和国车辆购置税暂行条例. 国务院颁布,2000.
[54] 中华人民共和国耕地占用税暂行条例. 国务院颁布,2007.
[55] 中华人民共和国资源税暂行条例. 国务院颁布,1993.
[56] 中华人民共和国城镇土地使用税暂行条例. 国务院颁布,1988.
[57] 中华人民共和国税收征收管理法. 第九届全国人民代表大会常务委员会第二十一次会议通过,2001.
[58] 税务行政复议规则. 国家税务总局颁布,2010.
[59] 税务登记管理办法. 国家税务总局颁布,2003.